KARL HEYER

MACHIAVELLI UND LUDWIG XIV.

STUDIENMATERIALIEN ZUR GESCHICHTE DES ABENDLANDES
IV

I. Von der Atlantis bis Rom
II. Mittelalter
III. Die neuere Zeit
IV. Machiavelli und Ludwig XIV.
V. Friedrich der Große und das Preußentum
VI. Gestalten und Ereignisse vor der Französischen Revolution
VII. Die Französische Revolution und Napoleon
VIII. Sozialimpulse des deutschen Geistes im Goethe-Zeitalter
IX. Kaspar Hauser und das Schicksal Mitteleuropas im 19. Jahrhundert

KARL HEYER

MACHIAVELLI
UND
LUDWIG XIV.

VERLAG FREIES GEISTESLEBEN

Die Deutsche Bibliothek – CIP Einheitsaufnahme

Heyer, Karl:
Studienmaterialien zur Geschichte des Abendlandes /
[Karl Heyer]. – Stuttgart: Verlag Freies Geistesleben.
Früher u.d.T.: Heyer, Karl: Beiträge zur Geschichte des Abendlandes
NE: HST
4. Machiavelli und Ludwig XIV. – 3. Aufl. – 1991

ISBN 3-7725-0517-1

Einband: Martin Diethelm
1. Auflage Kreßbronn 1951
3. Auflage 1991

Druck: Schaubruch, Bodenheim

Inhalt

Zur Neuauflage 1991

Karl Heyer (1888 – 1964) gab seine historischen Studien in den 50er Jahren als Privatdrucke heraus, eine Neuauflage einiger Bände erschien im Verlag Freies Geistesleben; seit mehreren Jahren waren sie größtenteils vergriffen.

Wegen der anhaltenden Nachfrage nach diesem Quellenwerk, das für die anthroposophisch orientierte Geschichtswissenschaft von grundlegender Bedeutung ist, hat sich der Verlag zur Neuauflage aller neun Bände entschlossen. Sie erscheinen nun unter dem Reihentitel «Studienmaterialien zur Geschichte des Abendlandes».

Für die Neuauflage wurde der Text durchgesehen. Bei Hinweisen auf Äußerungen Rudolf Steiners wurde, soweit möglich, der entsprechende Band der Rudolf-Steiner-Gesamtausgabe (mit Bibliographie-Nummer) ermittelt und der Wortlaut der Zitate überprüft. Außerdem wurde zur besseren Übersicht eine Zeittafel der wichtigsten Ereignisse hinzugefügt.

«‹Alles, was im Laufe der Menschheitsentwicklung entsteht›, sagt Rudolf Steiner in einem Vortrag, ‹kommt an einem charakteristischen Punkte *nur einmal heraus*.›[1] Nun, solche Punkte sind für die Entstehung des neueren staatlich-sozialen Lebens in der Renaissance und im 17. Jahrhundert *Machiavelli* und *Ludwig XIV.* Unendlich vieles von grundlegender Wichtigkeit läßt sich an ihnen ablesen.»
(Aus dem Vorwort Karl Heyers zur 1. Auflage 1951)

Machiavelli und der politische Impuls der italienischen Renaissance

Die Renaissance in Italien

Eine erste große Etappe in der Entwicklung der neueren Zeit ist die Renaissancekultur, wie sie vor allem auf dem Boden Italiens erblüht ist. Weltlichkeit, Persönlichkeit und Intellektualität, diese drei Grundelemente der neueren Kultur- und Bewußtseinsentwicklung, kamen hier zu einer ersten starken Entfaltung. Hier liegen auch die Wurzeln des neueren Staates und des neueren politischen Lebens. Das ist die Welt, aus der *Machiavelli* hervorgegangen ist, in der er gelebt, die er widergespiegelt hat und ohne die er nicht zu verstehen ist. Wir lassen daher hier zunächst eine Schilderung dieser Welt folgen, und zwar indem wir Teile eines bisher unveröffentlichten älteren Manuskriptes (von hier bis zum Ende des nächsten Unterkapitels wiedergeben.[2]

Im 13. und besonders im 14. Jahrhundert bereitete sich in Italien die Renaissance vor. An äußeren Faktoren wirkten dabei zusammen die wirtschaftlichen und sozialen Verhältnisse, der Handel und die Geldwirtschaft, der Aufschwung der Städte und die große Bedeutung des Bürgertums in Italien.

Von dem Wiederaufleben der antiken Kultur hat die «Renaissance» ihren Namen. Wie aus unergründlichen Tiefen heraus war die Sehnsucht erwacht nach der längst vergangenen Welt der Alten*. Es hat etwas Wunderbares, wie die Menschen von dieser

* Rudolf Steiner hat davon gesprochen, wie dem Zurückgreifen auf die antike Kultur zugrunde lag das bange Gefühl der abendländischen Menschen gegenüber den seit dem Ende des Mittelalters machtvoll heraufziehenden *Todeskräften*, die das Menschentum bedrohen. Mit der antiken Kultur suchte man eine solche zu erneuern, in der das Menschentum noch leben konnte. Denn die eigentlich schöpferischen Kräfte waren im Zeitalter des heraufziehenden Materialismus zu

Sehnsucht gepackt wurden und wie die alte Kultur eine glanzvolle Erneuerung fand, wieder heraufzog aus den Untergründen der Zeit. Da wurde mit innigster Anteilnahme, ja mit Jubel und Begeisterung alles aufgenommen, was der vergangenen Welt angehörte. Und indem antike Kulturelemente wiedererblühten, ihr diesseitsfrohes Leben, antike Verstandesklarheit und Persönlichkeitsentfaltung, fanden die Menschen, die eben das Tor des Mittelalters durchschritten, den Weg in die «Neuzeit». Selbstverständlich war es nicht nur eine Wiederholung des schon Gewesenen, sondern eine Befruchtung des fortlaufenden Stromes der Geschichte durch den erneuerten antiken Einschlag, und die höchste und edelste Frucht dieser Renaissance reifte gerade da, wo antike Formenschönheit sich durchdrang mit christlichem Inhalt, vor allem in den Werken eines Raffael, Lionardo und anderer.

Mit Enthusiasmus wandte sich der Renaissancemensch dem

sehr erloschen, als daß man damals zu einer wirklichen kulturellen *Neuschöpfung* hätte kommen können. Man brachte es nicht zu einer «Naissance», sondern nur noch zu einer «Renaissance» (vgl. Vortrag vom 3. August 1919, GA 192).

In anderen Zusammenhängen (13. März 1911, GA 124) charakterisiert Rudolf Steiner die Renaissance von einem anderen Gesichtspunkte her. Er spricht dort von wichtigen, sechs bis sechseinhalb Jahrhunderte langen Epochen in der Geschichte: 600 Jahre nach Christus trat die mohammedanische Religion auf; der arabische Impuls teilte sich von da an durch sechs Jahrhunderte als eine Nebenströmung der abendländischen Welt, d.h. der fortlaufenden christlichen Strömung mit, bis ins 13. Jahrhundert hinein. Dann kommt, während der Arabismus sich weiter nach und nach einlebt, ein neuer Impuls: Es ist die «nachströmende Welle» der vierten nachatlantischen Kultur, insbesondere des *Griechentums*. «Das ist das, was wir die Zeit der *Renaissancekultur* nennen, die nun durch die nächsten Jahrhunderte alles, was schon da war, befruchtet... Und es bedeutet wieder einen Zeitraum von sechs Jahrhunderten ..., daß sozusagen diese griechische Welle sich auslebt. Darin lebt unsere Zeit auch heute noch.» Freilich drängt sich nun schon seit einiger Zeit wieder etwas Neues herein, und das ist (seit Schopenhauer) morgenländische Weisheit, besonders in der Form des *Buddhismus*.

(Über das Weiterwirken der durch die Renaissance erneuerten griechischen Erbschaft auch noch in unserer Gegenwart vgl. außerdem Rudolf Steiners Vorträge vom 16. September und 30. Oktober 1916, beide GA 171.)

weltlichen Treiben auf jedem Gebiete des Lebens zu, allem, was Natur und natürlich ist. Die Italiener aber waren das Volk, das die Anlagen dazu hatte, um den Boden für eine solche Kultur abzugeben. Sie waren nie so tief wie andere Völker von dem Geiste des Mittelalters ergriffen worden; die Gotik z.B. hatte bei ihnen nie recht Wurzel gefaßt und galt ihnen sogar als barbarisch; der Feudalismus war in Italien früh verschwunden. Der Anlage des Italieners entsprach es dagegen, mit nüchternem, kritischem Intellekt die äußere Welt zu erfassen und sich ihr zugleich mit warmer Empfindungsfähigkeit, vor allem in der Kunst, hinzugeben.

Die Kunst ist das eigentliche Lebenselement der Renaissance. In ihr feierte der Geist der Antike mit seiner strengen Formenschönheit seine würdigste Auferstehung. In wenigen Jahrzehnten erreichte man eine erstaunliche Höhe. Alles Leben schien in künstlerischen Geist eingetaucht. Mit begeistertem inneren Verständnis nahmen weite Kreise des italienischen Volkes – Päpste und Fürsten, reiche Kaufleute und einfache Bürger – Anteil an allem, was so auf dem Gebiete des künstlerischen Schaffens aufblühte.

Die Wissenschaft entwickelte sich als *Humanismus* im bewußten Gegensatz zur Scholastik. Die Beschäftigung mit den antiken Schriftstellern führte zu den Anfängen der modernen Textkritik, zu philologischer Kleinarbeit. In geselligen Kreisen und Akademien wurde eine antikisierende, besonders platonische Philosophie gepflegt. Aber noch nicht in der unpersönlichen, rein «sachlichen» Art späterer Zeiten wurde damals die Wissenschaft betrieben, vielmehr ist für die Art dieser Humanisten besonders charakteristisch eine eigentümliche – eben echt renaissancemäßige – Verbindung von intellektueller Schärfe mit gesteigerter Subjektivität und echt künstlerischem Geist, der allen Gedanken und Reden eine persönliche Färbung, persönlichen Schwung und persönliches Feuer verlieh.

Das *staatlich-politische* Leben ist ein drittes wichtiges Kulturgebiet der Renaissance. Der Staat mit seinem nun völlig weltlichen Charakter gewann für einige Zeit in Italien eine ähnlich große Bedeutung für den Menschen, wie sie der antike Staat besessen hatte. Auch im Staatsleben der Renaissance zeigt sich wieder jene Verbindung von intellektueller Schlauheit und diplomatischem Ränkespiel mit einem lebensvollen, künstlerisch-persönlichen Geist. Ganz besonders auch dieses politische Getriebe der Renaissance trug zu der «frühzeitigen Ausbildung des Italieners zum modernen Menschen» (Burckhardt) bei. Und die Fürstenhöfe Italiens wurden die Hauptpflegestätte der Kultur.

Der Geist der Kunst bedeutet für diese so mannigfaltige Renaissancekultur etwas wie eine alles verbindende Atmosphäre. Sie war das Element, in dem sich die Persönlichkeit bilden und ausleben konnte, in dem sie nach einer universalen harmonischen Ausbildung strebte, noch einmal wie im Altertum alle Anlagen gleichmäßig zu entfalten trachtete. Die sich voll auslebende Persönlichkeit, der italienische «uomo singulare», spielte eine Rolle wie nie zuvor. Bezeichnend für das alles war z.B. der Aufschwung der Biographik.[3]

Freilich fehlten auch stärkste Schattenseiten dieser Entwicklung nicht. Wo die menschliche Persönlichkeit derart zur Basis aller Kultur wurde, steigerte sich auch der Egoismus ins Maßlose. Alle Auswirkungen des Egoismus, alle Fehler und Laster treten uns als die Kehrseite dieses glänzenden Renaissancelebens entgegen; dem menschlichen Stolz und dem Zuge zur Größe entsprechen Überhebung, Selbstvergötterung und Ruhmsucht, der persönlichen Begabung Eitelkeit und schrankenloser Ehrgeiz, der Freiheit und dem Lebensgenuß Zügellosigkeit und Ausschweifung. Das Herrenmenschentum führte zu wilder Gewaltsamkeit und Grausamkeit. Allen edlen Leidenschaften steht ein Gegenbild gegenüber, das sich steigert bis zu scheußlichstem Verbrechertum und tiefer Verworfenheit. Mitleid und Gewissen waren mit dem Verschwinden der christlich frommen Stimmung des Mittelalters auf ein erschreckend geringes Maß zurückgegangen.

Aber was immer wieder der Renaissance ihren eigentlichen Zauber und ihre Größe gibt, ist eben doch die Schönheit und der Reichtum des Lebens, die Genialität vieler Seelen, die Unmittelbarkeit und Wahrheit der Empfindung, das Unerstarrte, Persönlich-Lebendige, das allem anhaftet. Und ein Zug von Größe und Schwung findet sich durchaus auch in jenen Schattenseiten. Das alles gab der ganzen Kultur trotz ihrer buntbewegten Mannigfaltigkeit und dem schon beginnenden Auseinanderstreben noch einmal eine Einheitlichkeit und Geschlossenheit, die freilich nur allzubald vergehen sollten, um seither nicht wiederzukehren.

Staatsleben und Fürstentum der Renaissancezeit, besonders in Italien

Es ist oftmals geschildert worden, wie im 15. und 16. Jahrhundert in fast ganz Europa eine kräftige Ausgestaltung der Staaten im neuzeitlichen Sinne begann, wie die Staaten eine immer größere Unabhängigkeit von der Kirche, ja sogar teilweise das Übergewicht über sie erlangten, wie sie in sich erstarkten, ihre Kräfte durch Zentralisation zusammenfaßten, wie die Macht der Fürsten wuchs und der neuere Fürstenstaat entstand. Die äußere Hauptvoraussetzung auch für diese Entwicklung waren die entwickelteren wirtschaftlichen und sozialen Verhältnisse, die zur Blüte gelangte städtisch-bürgerliche Kultur, der große Aufschwung von Handel, Gewerbe und Verkehr und die damit zusammenhängende Ausbildung der Geldwirtschaft. Als eine wichtige Stütze des neuen Staates spielt eine große Rolle das rezipierte römische Recht, das die Autorität der Staatsgewalt aufs stärkste gegenüber der mittelalterlichen Auffassung hervorhob. Der Fürst zog es immer mehr vor, seinen Staat durch juristisch gebildete *Beamte* zu regieren; die Verwaltung wurde ausgebaut, das Finanzwesen entwickelt und das Gebiet der Staatsaufgaben überhaupt erweitert, namentlich durch Fürsorge für das Wirtschaftsleben: Man mußte sich die Geldmittel verschaffen, die das neue Söldnerheer verschlang, welches an die Stelle des alten unzuverlässigen Lehensheeres getreten war, als ein sicheres Werkzeug in den Händen des Fürsten. So begann der Fürst mit Erfolg den jahrhundertelangen Kampf gegen den Feudalismus, gegen die Macht der Stände. Der Fürst stellt in diesem neuen Staat in steigendem Maße recht eigentlich das Element der Weiterentwicklung dar, er war auch einer der wichtigsten Förderer der Kultur überhaupt.

Die romanischen Länder Europas waren auch in dieser ganzen Entwicklung wie in so vielem den germanischen voraus, und der Westen dem Osten. Im Westen bildeten sich am frühesten unabhängige Nationalstaaten in Frankreich, Spanien und England. In Deutschland erstarkte bei der Schwäche des Reichs die Staatsgewalt in den Territorien der Landesherren.

Am wichtigsten für das Werden des neuzeitlichen Staates war aber in dieser Zeit die staatliche Entwicklung in *Italien*. Italien war der klassische Heimatboden des römischen Rechts gewesen. In Italien erwachte auch zuerst wieder – wenn auch unter gänzlich anderen Verhältnissen und in anderer Art – der antike Sinn für den Staat, seine hohe Wertschätzung als politische Machtorganisation. Damit soll nicht gesagt werden, daß die besondere Gestaltung der staatlichen Verhältnisse in Italien im eigentlichen Sinne «typisch» für die allgemein-europäischen Verhältnisse gewesen wäre. Mit Recht charakterisiert man sie vielmehr als etwas in radikaler Weise auf die Spitze Getriebenes. Aber gerade deshalb kommt in Italien der neue Impuls der Staatsentwicklung am reinsten zum Ausdruck, derselbe Impuls, der auch in den größeren europäischen Staaten als ein bestimmender Antrieb wirkte, nur daß er sich dort mehr in die Breite ergoß und mit den älteren, mittelalterlichen Elementen *zusammen*wirkend zu einer wesentlich ruhigeren Entwicklung führte. In Italien setzte der neue Impuls am stärksten und am frühesten mächtig ein. Dort ist er am besten in seiner Wesensart zu erkennen.

Die Hauptstufen der Entwicklung in der vielfältigen Welt der italienischen Staaten lassen sich in Kürze etwa folgendermaßen skizzieren.

Schon früh tauchte in Sizilien eine Staatsschöpfung auf, welche bereits die wesentlichen Elemente des modernen Staates enthielt. Es war der unteritalienische Staat Friedrichs II. von Hohenstaufen.[4] Es war ein Staat, wurzelnd in sarazenischen und normannischen Ursprüngen, mit streng durchgeführter Zentralisation, beruhend auf Beamtentum unter Ausschluß des Feudalismus; ein besoldetes Heer mit vielen moslemitischen Elementen machte den Herrscher von dem Lehensheereswesen unabhängig. Die Königsgewalt war unbeschränkt; eine rigorose Finanzverwaltung mit Monopolen und Zöllen wurde eingeführt, hohe Steuern mit Strenge eingezogen; Friedrich II. sorgte, um die Steuerkraft seines Landes zu heben, für dessen wirtschaftliche Blüte, aber auch für Wissenschaft und Kunst. Er griff in polizeistaatlicher Weise rücksichtslos bevormundend in das Privatleben der Untertanen ein. Es ist seltsam zu sehen, wie ebenderselbe staufische Herrscher Friedrich II., mit dem der kaiserliche Universalismus, diese Blüte des letzten Endes auf geistig-christliche Ziele gerichteten mittelalterlichen Wesens, zugrunde ging, durch seine nüchtern-rationalistische, ja brutal-gewaltsame Staatsschöpfung in Unteritalien zugleich einen ersten kräftigen Anstoß zu einer Entwicklung gab, die weit in die Jahrhunderte hinein wirksam sein sollte.*

* So nüchtern-rationalistisch die Staatsschöpfung Friedrichs II. in Wahrheit war, so eigenartig ist doch das Aufgebot von Mystik und Sakramentalismus, die an der Wiege dieses «ersten modernen Staates» entfaltet wurden! Ja, man kann gerade hier besonders deutlich den Prozeß der «Verweltlichung» (vgl. Bd. II, S. 113 bis 119), d.h. die Art beobachten, wie in der Morgenröte der neueren Zeit *das Weltlich-Rationalistische aus dem Mutterschoß des Religiös-Sakralen heraus geboren worden ist.* Sehr lehrreich sind in dieser Beziehung wie überhaupt für das Wesen dieses Staates Friedrichs II. die Schilderungen, die *Ernst Kantorowicz* in seinem Werke «Kaiser Friedrich der Zweite» (Berlin 1927) in dem Kapitel gibt, das Friedrich II. als «Tyrann von Sizilien» behandelt, und von denen wir daher einige charakteristische Züge anführen wollen.

Man nehme z.B. die folgenden eindrucksvollen Schilderungen: «Nichts berechtigt dazu, die sakrale Feierlichkeit, die aus jedem Worte des Gesetzbuches» (Friedrichs II. für seinen sizilischen Staat) «spricht, nicht genau so ernst zu nehmen, wie es vom Kaiser gesagt ist, zumal da reichlich weitere Zeugnisse erhalten sind, die den Kaiser zeigen, wenn er selbst das ‹sacratissimum ministerium› zelebriert... Jeder neue Kult schafft sich die neuen Riten, und so begegnen hier Zeremonien, Formen, Bräuche, die bisher im Abendland nirgends und in dieser Zusammensetzung sonst überhaupt nicht üblich waren. Denn auf unzugänglichen Höhen thronte dann in seiner Sacra Majestas der Kaiser, über dessen Haupt eine riesige Krone schwebte... Zum Fußkuß nahte man ihm in der Proskynese ..., in Prosternation verharrte das Volk vor dem Divus Augustus, der selbst wie die Gottheit im Hintergrund blieb, fast niemals selbst sprach, sondern nur dem ihm zur Seite stehenden Logotheten die Weisung gab, der dann, vom Kaiser durch eine Handbewegung ermächtigt, als Mund und Mittler

Freilich fand die Fortentwicklung des Staatslebens in Italien zunächst in ganz anderen Formen statt; nicht despotische Fürstenherrschaften sehen wir zunächst erstehen; es begann vielmehr die Blütezeit der nord- und mittelitalienischen *Stadtrepubliken* des 13. und 14. Jahrhunderts. Ein buntes Leben spielte sich ab in diesen italienischen Städten. «Kulturelle Produktivität und verfassungsmäßige Rechtssicherheit strebten sich hier harmonisch zu vereinigen.»[5] Unter fortwährenden Parteikämpfen arbeitete man an den Verfassungen. Adel, Optimaten, reiche Kaufherren, einfache Bürger und niederes Volk, alles stand gegeneinander oder auch untereinander in Parteien und kämpfte um die Herrschaft. Durch Verbannungen, Vertreibungen und Hinrichtungen suchte die jeweils herrschende

des Herrschers heiligen und vorausschauenden Willensentschluß als ein Orakel in Worte setzte, wobei in gewissen Fällen Glockenläuten des Kaisers Sentenzen begleitete. – Das war in der Tat ‹allerheiligster Dienst› und Mysterium: Hochgericht und Hochamt des Justitia-Gott-Kaisers.»

Was mit diesem Aufgebot an sakraler Feierlichkeit von Friedrich II. ins Leben gerufen wurde (und sich eben deshalb historisch als so keimkräftig erwies), war der «von der Kirche unabhängige, geistig vollkommen selbständige weltliche Juristenstaat», und «so entstand als Gegenbild der kirchlichen Gnadenhierarchie die weltliche geistige Juristenhierarchie». In ihm triumphierte feierlich der «Kult der Justitia…, der Gottheit des weltlichen Staates» (S. 216). «Nicht mehr durch das Gnadenwunder der Priester allein war jetzt die Gottheit gegenwärtig in der Civitas Dei, der Kirche, sondern sie war es außerdem noch im Erdenstaat, beschworen und zum Gesetze verdichtet durch den Kaiser, in ihm wie in seiner Priesterschaft auch verkörpert» (S. 216 f.).

Der Kaiser lehrte, daß der Staat selbst das wahre und einzig gültige Gottesgesetz täglich neu gebiert (S. 223).

Eine Wurzel dieser Staatsschöpfung Friedrichs II. lag in seinem Kampf gegen die Kirche, der er diese geistige Ordnung des weltlichen Staates «als einzig wirksame Gegenkraft» schuf, «hier beim Entstehen noch ganz im Sakralen gebunden, im Geiste der christlich-priesterlichen Weltzeit, und aufgehöht zu jenem Triumph der Gottheit Justitia. Noch in der Organisation dieser ersten abendländischen Beamtengruppe, in dieser Priesterschaft der Justitia kommt das Hieratische zum Ausdruck. Als ‹Orden der Justitia› oder ‹Orden der Officialen› bezeichnet Friedrich II. selbst den Beamtenkörper …» (S. 249).

Von besonderem Interesse ist unter solchen Gesichtspunkten auch die von Kantorowicz hervorgehobene Verwandtschaft des *Deutschordensstaates in Preußen* (vgl. hierzu Bd. II, S. 77 – 84) mit Friedrichs II. sizilischem Staat. In Sizilien

Partei die Gegenpartei zu schwächen. Die Gesamtentwicklung ging von der Aristokratie zur Demokratie. Die Verfassung wurde immer wieder verändert, sie wurde zu dem kunstvoll konstruierten Uhrwerk, von dem Jacob Burckhardt spricht; am raffiniertesten ausgeklügelt war sie in dem aristokratisch regierten, schon früh zu innerer Ruhe gekommenen Venedig. Die Städte befehdeten sich wieder untereinander; so herrschten unausgesetzt Rivalitäten, Kämpfe und Wirren. Und die Kultur blühte dabei! Am lebhaftesten spiegelt sich das alles in dem einzigartigen Florenz. – In diesen Demokratien waltete aber, wenigstens in den früheren Zeiten, trotz aller Zerklüftungen ein konkret-lebendiger Gemeingeist, ähnlich dem in der alten griechischen Polis. Jeder Bürger nahm innerlich warmen, lei-

wurde die staatliche Bürokratie ordensartig gestaltet, in Preußen wurden bei den Deutschherren wirkliche Ordensämter bürokratisiert; das geschah «unter dem Einfluß des sizilischen Staates, der dem Ordensmeister Hermann von Salza ja sehr genau bekannt war». Im Deutschritterorden wurden, anders als bei den Johannitern und Templern, die Träger der hohen Ämter sehr bald zu «Offizialen», «zu Beamten, deren Tätigkeit sich ganz offensichtlich in bestimmten Dingen den sizilischen Beamten angeähnelt hat ...» (S. 250). Diese Zusammenhänge sind dann ganz besonders wichtig, wenn man die Bedeutung bedenkt, die der preußische Ordensstaat seinerseits für die weitere Entwicklung des staatlichen Wesens in Mitteleuropa hatte (vgl. hierzu meine acht Aufsätze «Der Deutschritterorden und die Ursprünge des späteren Preußens» in «Die Drei» VIII 2, 3, 4 von Mai, Juni, Juli 1928).

«Der neue weltliche Staat Friedrichs II. war, geistesgeschichtlich gesehen, ein Sieg der neuen Laienbildung, die seit einem Jahrhundert immer weitere Kreise durchdrungen hatte ... Nicht mehr Kleriker, sondern gebildete Laien waren fortan des Staates geistige Träger. Erst durch die staatliche Zusammenballung des ‹säkularisiert›, freigewordenen Geistes hat Friedrich II. endgültig jenen Ring gesprengt, den die Kirche als geistig-seelische Einheit um das Gesamt des Nicht-Stofflichen gelegt hatte ...» «Von Juristen war der ganze Staat durchsetzt. Die früheren Träger alles geistigen Lebens, die Kleriker, verdrängend hielten die bürgerlichen Juristen ihren Einzug am Kaiserhof» (S. 269).

Das aber, was so seinen Ursprung in der einmaligen eigenartigen «*Staatsmetaphysik*» des Kaisers hatte, war die aus jenem Staatsgeist hervorgegangene (sehr unmetaphysische) «*Staatstechnik*», und diese war es, welche die Welt sehr rasch begriff und was jeder der europäischen Staaten früher oder später, mittelbar oder unmittelbar übernahm ...: der juristische Verwaltungskörper, die besoldete Beamtenschaft, die Finanz- und Wirtschaftspolitik» (S. 248).

denschaftlichen Anteil an allen Angelegenheiten seines Stadtstaates; der Einzelne konnte das Ganze übersehen, und das Ganze war ihm eine Welt, eine Welt von Interessen, von Freuden und Leidenschaften, von Enttäuschung und Niederlage, von Kampf und Sieg. Auf der anderen Seite aber entwickelte sich eben in diesen Städten durch die fortwährenden Parteikämpfe mächtig der Individualismus. Italien begann seit Ausgang des 13. Jahrhunderts, wie Burckhardt sagt, «von Persönlichkeiten zu wimmeln». Es war die Zeit, da der italienische Handel einen gewaltigen Aufschwung nahm, italienische Banken die ganze Welt versorgten; das Bürgertum erhob sich zur größten Bedeutung und entwickelte eine reiche kulturelle Fruchtbarkeit. Damals wurden die wirtschaftlichen und sozialen Voraussetzungen der Renaissancekultur geschaffen, und schon begann diese selbst sich allenthalben zu regen.

Die nächste Stufe der italienischen Staatsentwicklung hat mit dem unteritalienischen Staat Friedrichs II. schon viel mehr Ähnlichkeit. Die Zeit der Stadtrepubliken ging seit der Mitte des 14. Jahrhunderts allmählich ihrem Ende zu. An die Stelle der städtischen Demokratien traten absolute *Fürstenherrschaften*. Tyrannen oder Gewalthaber bemächtigten sich der Regierung in den meisten Städten und machten den auf die Dauer lebensunfähigen demokratischen Zuständen ein Ende. Gerade der Sieg der Demokratie hatte auch hier die Tyrannis notwendig gemacht; nur einige aristokratische Republiken, besonders Venedig, blieben bestehen. – Die Art, *wie* diese Despoten als Führer der Massen zu ihrer Herrschaft kamen, ist ungemein bezeichnend für die Renaissance; es war meist auf irgendeine ungesetzliche Weise; durch Verrat oder Mord oder sonstige Gewalttat setzte sich ein kühner und verschlagener Abenteurer in den Besitz der Macht und wurde «Principe». Francesco Sforza z.B., ein Condottiere von einfacher Abstammung, stieg durch seine eigene Tüchtigkeit auf und begründete 1450 mit Hilfe der Waffen in Mailand nach dem Aussterben der Visconti eine dauernde Herrschaft und Dynastie. Auf persönliche Fähigkeiten, auf persönliche Tüchtigkeit waren die meisten italienischen Fürstenherrschaften des 15. Jahrhunderts begründet; was man brauchte, war «*virtù*», dieses ebenso berühmte wie seltsame Renaissance-Gemisch von Tapferkeit, Tüchtigkeit, kühner Entschlossenheit, ja oft wirklicher Größe mit tückischer Verschlagenheit und verbrecherischer Gewaltsamkeit. Wenn nur persönliche Fähigkeiten vorhanden waren, fragte man nach vielem anderen nicht; so war auch z.B. illegitime Geburt kein unbedingtes Hindernis, zum Fürstentum zu gelangen. – In Florenz regierten die Medici; zwar hielten sie lange Zeit hindurch äußerlich den Anschein der Republik aufrecht, tatsächlich aber waren sie aus reichen Kaufleuten und Bankiers durch ihre hohe Begabung, ihre großen Verdienste um die Vaterstadt und ihr kluges Verhalten zu den eigentlichen Regenten von Florenz geworden und waren als solche in ganz Italien und auch im Ausland hoch angesehen und gleich «wirklichen Fürsten» geehrt.

Die Fürstenherrschaft, die sich allmählich über die Grenzen des Stadtstaates zu einer Territorialmonarchie erweiterte, zerstörte freilich die alte städtische Freiheit; dennoch war sie in anderem Sinne als ein großer Fortschritt zu betrachten. Sie setzte den ewigen Parteikämpfen ein Ende, sie brachte die Rechtsgleichheit der Untertanen, die es in den Stadtrepubliken nicht gegeben hatte, freilich auch polizeiliche Überwachung des einzelnen und starke Besteuerung. Die Fürstenherrschaft baute die vorgefundenen Einrichtungen des Stadtstaates weiter aus und übernahm besonders die Gesetzgebung; sie bedeutete vielfach eine ausgezeichnete Regierung, die Einführung einer gut funktionierenden Justiz und Verwaltung, die Sorge für die öffentliche Wohlfahrtspflege und das Gedeihen des Landes.[6] Nicht zuletzt aber wurden die Fürstenhöfe die Hauptpflegestätten von Kunst und Wissenschaft.

Durch diese italienischen Stadtrepubliken und Fürstenstaaten wurde die weitere Staatsentwicklung der Neuzeit in entscheidender Weise beeinflußt und bestimmt. Hier in diesem Gewimmel der italienischen Staatenwelt bildeten sich erstmalig eine ganze Reihe wichtigster Elemente des modernen Staatslebens mit voller Intensität aus.

Rein weltlich von Grund auf waren diese Staaten der italienischen

Renaissance. Und mit der Wahrhaftigkeit und Offenheit, die der Renaissance im Großen eigen waren, trat dieser weltliche Charakter unverschleiert zutage. Es kam den Machthabern dieser italienischen Staaten nicht in den Sinn, demutsvoll zu göttlichen Instanzen aufzuschauen, wie das Mittelalter es getan hatte, und den Staat als ein Werk der Vorsehung oder als ein Mittel zur Erreichung überirdischer Ziele zu betrachten. Irdische Macht, irdischer Ruhm und Glanz waren Selbstzweck geworden, welche man im politischen Leben einzig und allein anstrebte; der Egoismus des Einzelnen wie der den Staat bildenden Gemeinschaft war entfesselt; beide hatten sich in Wahrheit von den Schranken der Religion freigemacht und setzten sich damit zugleich über Moral und Sittlichkeit immer souveräner hinweg.*

Dieses Milieu der italienischen Renaissancestaaten ist die Wiege des neuzeitlichen Staatslebens überhaupt geworden. Selbst der Name «Staat» (lo stato) kam in Italien auf; literarisch wurde er zuerst von Machiavelli gebraucht.

Betrachten wir nun in Kürze die einzelnen Elemente der späteren Staatsentwicklung, die auf solchen Grundlagen damals in Italien ausgebildet wurde!

Das Walten rein egoistischer Kräfte, das Streben vor allem nach Macht, die Anbetung des Erfolges, gleichviel auf Kosten welcher sittlichen Werte er erzielt sei, führten zu einer reinen und unverfälschten «*Realpolitik*». Durch den Wettbewerb hauptsächlich einer Reihe größerer italienischer Staaten, deren jeder seine Macht auf Kosten der anderen zu vergrößern die Tendenz hatte, entstand damals der Gedanke des *politischen Gleichgewichts*: Die Machtentfal-

* Charakteristisch dafür ist z.B. eine Auslese von immer wiederkehrenden Wörtern und Motiven aus Machiavellis «Florentiner Geschichte», wo man fortwährend hört von Verrat, Untreue, Meineid, Tücke, Betrug, Überlistung, Gewalt, Drohung, Grausamkeit, Mord, Hinrichtung, Raubsucht, Umsturz, Neid, Argwohn, Eifersucht, Undankbarkeit, Haß, Rache, Zorn, Schmähungen, Beleidigungen, Stolz, Hochmut, Ansehen, Ehrgeiz, Leidenschaft, Parteisucht, Zwietracht usw., aber auch Enthusiasmus, Begeisterung, Freiheit, Feuer, Macht, Reichtum, Freigebigkeit, Wohltaten, Ehrenbezeugungen, Majestät, Prunk, glorreich, ehrenvoll...

tung und die Eifersucht eines jeden Staates führen dazu, daß alle zusammen in einem gewissen Machtverhältnis stehen, an dessen Aufrechterhaltung alle oder doch jeweils die Mehrheit ein Interesse haben. Eine weitere Errungenschaft der Renaissance ist die *Diplomatie*. Sie kam, besonders auch unter der Mitwirkung der Kurie, zur vollen Entfaltung in diesem Getriebe von Staaten, die, mit ihren Interessen einander entgegengesetzt, sich gegenseitig zu übervorteilen trachteten. In Italien, wo man es aus einem stark merkantilen Geist heraus gut versteht, seinen Vorteil zu berechnen, wurde diese Kunst ausgebildet, bei der es darauf ankommt, daß man sich eine möglichst genaue Kenntnis der allgemeinen Lage, der Interessen, der Stimmung, der Schwächen des anderen verschafft und diese Kenntnis dann ausnützt im Interesse des eigenen Staates, wobei scharfe Beobachtung, schlaue Berechnung mehr oder weniger verknüpft sind mit List und geschicktem Gebrauch der Unwahrheit. Die *Berechnung*, das Konstruieren macht seit damals überhaupt einen Grundwesenszug des Staates aus; in der inneren Politik zeigte sich dies in einer auf die äußerste Spitze getriebenen Weise durch das schon erwähnte, fein berechnete Ausarbeiten der italienischen Verfassungen, durch die Einsetzung einer großen Anzahl sich gegenseitig beschränkender und überwachender Behörden und dergleichen. Das großartigste Produkt des modernen berechnenden und konstruierenden Geistes, das moderne Heer, kannten freilich die italienischen Renaissancestaaten zu ihrem Nachteil noch nicht. – Aber ein anderes, ein wichtiger Begriff kam damals ebenfalls auf: der der «*Staatsräson*», der ratio status, die zum höchsten Gesetz erhoben wurde: Der Staat sollte, unabhängig von außer ihm liegenden Zielsetzungen, allein in sich selbst sein Recht und seinen Daseinszweck finden und dabei in seinen Mitteln nicht beschränkt sein. Von dieser Auffassung wurde denn auch reichlich Gebrauch gemacht. Verrat, Vertragsbruch, politischer Mord und dergleichen waren weit verbreitete Mittel. Berühmt ist der Giftschrank der Republik Venedig. Kaum ein Fürst starb im 16. Jahrhundert, ohne daß es hieß, er sei vergiftet. Es konnte nicht anders sein, als daß infolge des allgemeinen schrankenlosen Egoismus und der allgemeinen Amoral «das tiefste gegenseitige *Mißtrauen* zu einem Hauptgrundsatz der internationalen Beziehungen»[7] und weitgehend auch zur Grundlage der inneren Politik wurde.

So waren die alten Bande des Vertrauens gesprengt; überhaupt lösten sich die Zusammengehörigkeiten der Menschen immer mehr auf. Die Individuen standen sich egoistischer und losgelöster gegenüber. Ein Ähnliches trat nach und nach in ganz Europa im Laufe der Neuzeit ein. Eine neue Einheit mußte die isolierten einzelnen Menschen wenigstens äußerlich zusammenfassen. Das war der Staat der neueren Zeit, dem sich der einzelne unterzuordnen hatte. Der abstrakte moderne Staat ist insofern eine Folge des modernen Individualismus. Er entwickelte sich als eine rationalistische Schöpfung des menschlichen Geistes.

Damals freilich stand diese Entwicklung des Staatslebens noch in ihren Anfängen. Damals hatte auch im Staatsleben alles noch etwas gleichsam Flüssiges, Unverfestigtes, Unkonsolidiertes. Die italienischen Staaten trieben im Grunde alle nur eine Augenblickspolitik, durch die wohl alle die genannten Elemente für das Staatsleben entwickelt werden konnten, die aber nicht von großen, weitausschauenden Gesichtspunkten ausging, wie sie namentlich später für die Politik anderer Länder und Staaten maßgebend wurden. Die politische Berechnung war auf dieser Stufe nur schlau und raffiniert, aber nicht großzügig durchdacht. Der praktische Sinn ging zu sehr nur auf das unmittelbar Nächstliegende.* Seine Werke waren daher sehr vergänglich. Diese Augenblickspolitik hat dazu beigetragen, Italien unter die Fremdherrschaft zu bringen.

Doch weisen wir noch einmal auf die so wichtige Grundstimmung

* Das hängt auch mit dem Wesen der *Empfindungsseele* zusammen, in der das italienische Volkstum besonders lebt. Dieser liegt zwar sehr das Erfassen der äußeren, unmittelbar gegebenen Welt, weniger aber große, systematische Gestaltung aus umfassender, verstandesmäßiger Überschau, wie sie etwa das französische Wesen aus seiner Verstandesseelenhaftigkeit heraus zuwege brachte, wodurch im 17. Jahrhundert eine weitere Stufe in der Entwicklung des neueren Staates erreicht wurde, über die wir im III. Hauptteil dieses Bandes sprechen wollen.

des Lebens in diesen italienischen Renaissancestaaten hin! Wie die Renaissancekultur überhaupt nichts weniger als nüchtern oder erstarrt war, so auch das staatliche Leben. Alles war auch dort, wie erwähnt, noch Bewegung, alles erhielt seinen Antrieb durch menschliche Leidenschaft und Emotion, menschlichen seelischen Schwung, menschliche Genialität. In späteren Zeiten bemächtigte sich gerade des Staatlichen eine zunehmende Verfestigung und Erstarrung. Das war damals noch nicht der Fall, im wesentlichen hing in der Renaissancezeit alles noch ab vom Persönlichen des Menschen, alles war wie eingesenkt in eine Atmosphäre von künstlerisch-enthusiastischem Empfinden. Auch «Behörden» z.B. hatten noch etwas durchaus Persönliches, sie waren noch nicht bloße «Institutionen» oder kühl repräsentative Würde. Auch sie handelten oft nach menschlichen Affekten und Leidenschaften und reagierten auch in menschlicher Weise auf menschlich-persönliches Verhalten. Es gibt eine hierfür recht symptomatische Geschichte von den Erlebnissen und dem Umgange des Bildhauers *Verrocchio* mit der Republik Venedig. Verrocchio überwarf sich, weil er sich persönlich gekränkt fühlte, mit der Signoria der mächtigen Republik. Diese bedrohte ihn mit dem Tode; aber durch ein scharfes, nach heutigen Begriffen einer hohen Behörde gegenüber mehr als respektloses Witzwort weiß der Künstler gerade das Richtige zu treffen: Die Stimmung schlägt zu seinen Gunsten um, mit doppeltem Gehalt wird der Bildhauer zurückgerufen, und er schafft zum dauernden Ruhme Venedigs das herrliche Denkmal des Colleoni! So konnte der freie Geist und der persönliche Witz eines Künstlers damals noch der Staatsgewalt einer mächtigen Republik imponieren! In dieser Atmosphäre konnte die Kunst, konnte überhaupt das Geistesleben gedeihen. Das Menschlich-Persönliche kam noch überall zu seinem Recht; es bildete die Grundlage und den nächsten Zweck auch des Staatlichen. Die Renaissance faßt daher überall die Politik auf «lediglich und allein als ein Spiel starker Einzelmenschen und ihrer natürlichen Triebe». «Die Einzelnen sind alles; jeder eine Welt für sich, bestrebt, sich auszuleben bis an die Grenzen und über die Grenzen des Menschlichen hinaus.»[8] Und durch den Enthusiasmus und die Unmittelbarkeit des Erlebens herrschte im *Großen* – trotz allem «Machiavellismus» – auch in der Politik in gewisser Weise ein Geist der Aufrichtigkeit, der Offenheit, in seiner Art auch im Schlechten, ja Verbrecherischen, der oftmals freilich auch den Charakter des Zynismus und der Frivolität annahm. Dieser Zug von Wahrhaftigkeit unterscheidet die Renaissance sehr von der folgenden Zeit.

In drei charakteristischen Erscheinungen gipfelt das Leben der Renaissance in Italien: dem Künstler, dem Humanisten und dem *Fürsten.* So recht in dem unaufhörlichen politischen Getriebe der Renaissance, als seine Vollendung und Verkörperung, steht dieser Principe, wie ihn Machiavelli beschrieben hat. Er wird immer mehr das eigentliche Leben und Wesen des Staates; er leitet und gestaltet den Staat, er *ist* recht eigentlich der Staat. «Lo Stato» heißen «die Herrschenden und ihr Anhang ... zusammen», und dieser Name usurpierte dann «die Bedeutung des gesamten Daseins eines Territoriums».[9] Schon oben wurde einiges über den italienischen Renaissancefürsten gesagt, besonders über die Art, wie er im 14. und 15. Jahrhundert zur Herrschaft gekommen war. Hier seien noch einige Züge dieses Fürsten als Mensch, als Kulturbringer und Regent angefügt. Man wird am besten in sein Verständnis eindringen, wenn man ihn zuerst eben als Menschen versteht. Im Menschlichen lag damals noch unmittelbar der Ursprung des Geschehens auch auf staatlichem Gebiet. Da erscheint uns gerade der Principe als ausgesprochene Renaissancepersönlichkeit. Ganz auf die Grundlagen des eigenen Wesens gestellt, «lebt er sich aus», in dem mächtig dahinbrausenden Strom des irdischen Lebens; mit erhöhtem Selbstgefühl möchte er Macht und Reichtum genießen. Unruhevoll wird er umhergetrieben von seinem Ehrgeiz, seiner Ruhmsucht, seinem Machthunger. Er fühlt sich nicht als Fürst «Dei gratia», und er erheuchelt auch nicht das, was nicht ist.

Betrachtet man diesen Fürsten näher, so zeigen sich zwei Hauptseiten in seinem Wesen, die voneinander polarisch verschieden sind, die aber eben deshalb zusammengehören und die gerade in der

Renaissance und besonders beim Italiener eine eigenartige Verbindung eingehen. Da ist zunächst alles das, was zusammenhängt mit dem lebendigen Selbstgefühl der Persönlichkeit: Leidenschaft, Feuer, Begeisterungsfähigkeit, Sinn für Hoheit und Größe, auch Empfindungsfähigkeit für das Schöne, Liebe zu Glanz und Pracht, zu Ruhm und Ehre. Und dann sieht man auf der anderen Seite einen kühl und nüchtern denkenden, praktisch berechnenden Egoisten, für den Staat und Herrschaft ein Rechenexempel sind, der oftmals keine Gewalttätigkeit, kein noch so übles Mittel scheut, um sich selbst in seiner Machtstellung zu behaupten. Diese beiden Seiten machen in ihrem polaren Zusammenklang das Wesen des Renaissancefürsten aus. Man kann sie nicht nur abstrakt wissen, sondern auch gefühlsmäßig erleben und an den Physiognomien ablesen, wenn man etwa Renaissanceporträts von italienischen Nobili, von Fürsten oder Kardinälen betrachtet: Da sieht man die strengen Züge eines scharfgeschnittenen Antlitzes, eine schlaue und unbarmherzige Intelligenz, häufig Habgier und Herrschsucht, Grausamkeit und Gewissenlosigkeit; doch zugleich auch fühlt man oft, wie in einem solchen Antlitz ein Sinn für das Schöne und Erhabene sich ausdrückt, wie auch ein Glanz von edler Leidenschaft und feurigem Enthusiasmus die vielfach finsteren Züge durchleuchtet.

Diese beiden Wesensseiten des Fürsten als Menschen leben sich aus in seiner Tätigkeit als Herrscher, lassen sich wiederfinden in seiner Regierung, seiner Leistung für den Staat und die Kultur.

Liebe zu Glanz und Ruhm waren es, die den Fürsten dazu führte, sich mit einem glänzenden Hofe zu umgeben, dessen Mittelpunkt der Fürst selber war. Dort versammelte er Künstler und Gelehrte um sich, oftmals aus wahrem Verständnis für Kunst und Wissenschaft, außerdem auch, um durch die Anwesenheit des von ihm beschützten Malers und Bildhauers, Dichters und Humanisten Ehre und Ansehen zu erwerben und um durch sie in ihren Werken seinen eigenen Ruhm verkünden zu lassen. So entstand jenes in vielfacher Weise fruchtbare Mäzenatentum an den zahlreichen Höfen Italiens. Die Höfe wurden zu Mittelpunkten der Kultur und die Fürsten die verdienstvollsten Kulturförderer. An diesen Höfen auch wurde die neue aristokratische Kultur geschaffen, die für ganz Europa vorbildlich werden sollte. Glanzvolle rauschende Feste wurden dort gegeben, bei denen in theatralischen Darstellungen alle Götter des Altertums ihre Auferstehung zu feiern schienen; schwungvolle Reden in antikem Geiste wurden gehalten, prunkvolle Umzüge waren an der Tagesordnung. Für den Geist der Zeit war es bezeichnend, wie auch die Päpste die Rolle des Principe im großen Stile zu spielen wußten. Leo X. z.B. zog nach seiner Wahl wie ein römischer Triumphator durch ganz Rom, überall empfingen ihn antike Triumphbogen, begrüßten ihn antik gehaltene Ansprachen. Und das Wichtigste ist auch hier, daß dieses Treiben an den Renaissancehöfen von unmittelbarem, pulsierendem Leben erfüllt war. Es war nicht konventionell wie unter dem späteren Absolutismus. Ein freier ungezwungener Geist herrschte, der Fürst war kein unnahbarer Gott, er war ein Mensch unter Menschen, und so sah man auch in dem «cortigiano» das Ideal des nicht sklavisch-unterwürfigen, sondern frei-menschlichen, allseitig harmonisch gebildeten Hofmannes. Ein solches Hofleben war die Atmosphäre, in der die Teilnehmer – Männer wie Frauen – zur vollen Ausgestaltung ihrer Persönlichkeit kommen konnten, allen voran der Fürst, der Künstler und der Humanist. So ist Persönlichkeitsgefühl der Ausgangspunkt und Persönlichkeitsentfaltung auch wieder das Ergebnis dieses Hoflebens.

Der Fürst als klug berechnender Politiker, der sich mit rücksichtslosem Egoismus im Inneren und nach außen durchzusetzen weiß, tritt uns bei Machiavelli entgegen.[10] Aber bereits in der Renaissancezeit blieb der Fürst nicht dabei stehen, sich die Herrschaft als solche nur gerade zu sichern; sondern um sein Land für sich wertvoller zu machen und auch um die Masse an sich zu binden, fing er, wie bereits erwähnt, damit an, für Ordnung, Sicherheit, Wohlfahrt und wirtschaftliche Blüte des Landes zu sorgen. Jedoch spielen diese, wiewohl bedeutungsvollen, Anfänge noch keine sehr große Rolle im Vergleich zu der Leistung des Fürsten für die geistige Kultur und zu seiner Bedeutung als Politiker. *In der italienischen Renaissance handelt es sich für den Fürsten noch mehr darum, die*

Herrschaft zu erlangen und zu sichern, als sie zu benützen, um eine weitverzweigte Regierungstätigkeit auszuüben. Diesen weiteren Schritt tat erst der Absolutismus des 17. und 18. Jahrhunderts. Aber es trat doch schon in der späteren Renaissancezeit eine gewisse Festigung der politischen Verhältnisse und eine Konsolidierung der Fürstenherrschaft ein. Man stieg nun auch nicht mehr vom Privatmanne zum Principe auf.

So sind in dem Leben und der Tätigkeit des Renaissancefürsten jene zwei Seiten seines menschlichen Wesens wiederzufinden. Sie ergänzen und durchdringen sich hier zu einer gewissen Harmonie. Ohne seine politische Machtstellung wäre der Fürst nicht imstande gewesen, zum Mittelpunkt eines gesellschaftlichen Kreises und zum Förderer der geistigen Kultur zu werden, und ohne diese Förderung der Kultur wäre die bloße Macht öde und unfruchtbar gewesen. *Leopold Ranke* schildert dieses italienische Fürstentum mit Worten, die uns als Zusammenfassung unserer eigenen Darlegung dienen können.[11] Er charakterisiert es als «auf wohlberechneten politischen Verhältnissen beruhend, in dem Inneren unbeschränkt und gewaltsam, mit der Literatur verbündet, eifersüchtig auch auf den Schein der Gewalt. Sonderbare Gestalt menschlicher Dinge! Die Kräfte des Landes bringen den Hof hervor, der Mittelpunkt des Hofes ist der Fürst, das letzte Produkt des ganzen Lebens ist zuletzt das Selbstgefühl des Fürsten. Aus seiner Stellung zur Welt, dem Gehorsam, den er findet, der Verehrung, die man ihm widmet, entspringt ihm das Gefühl seines Wertes, seiner Bedeutung.»*

* Hier endet die Wiedergabe aus meinem oben S. 9 erwähnten älteren Manuskript.

Das also ist die Welt, aus der Niccolò *Machiavelli* (1469 bis 1527) hervorgegangen ist. Sie bildet die unmittelbare äußere Voraussetzung seines Denkens, sie hat er in seinen Werken beschrieben. Aber indem er sie beschrieb und aus der ihn umgebenden Wirklichkeit die ihr innewohnenden Lebensgesetze sich und der Mitwelt zum Bewußtsein brachte und so politische Maximen ableitete, hat er aufs stärkste auf die Welt zurückgewirkt und einen tiefgehenden Einfluß auf die staatlich-politische Entwicklung der neueren Jahrhunderte ausgeübt. Nicht allzuviele Gestalten der Geschichte haben so wie er die Nachwelt beschäftigt, und von der vielfältigen, mit der Gestalt Machiavellis verbundenen Problematik zeugt eine fast unermeßliche Literatur. Aber es sind umfassendere Gesichtspunkte und mehr in die Tiefe dringende Einsichten notwendig, wie sie nur die Geisteswissenschaft geben kann, um zu einem befriedigenderen Verständnis Machiavellis und zur rechten weltgeschichtlichen Einordnung und Würdigung seiner Wirksamkeit zu gelangen. In meiner historischen Dissertation «Der Machiavellismus», als Buch erschienen Berlin 1918, habe ich einen ersten Versuch gemacht, auf die inneren Triebkräfte hinzudeuten, die sich in Machiavelli ausgelebt haben. Jetzt soll nun der damalige Versuch weitergeführt, ergänzt und vertieft werden.

Zu bedeutsamen Gesichtspunkten kann ein Vergleich Machiavellis, des großen Florentiners, mit dem anderen großen Florentiner, *Dante*, führen. Machiavelli erscheint in jeder Beziehung wie der Gegenpol oder das Gegenteil Dantes. In Dante kulminierte die alte überlieferte Spiritualität des Mittelalters, Machiavelli ist, dieser völlig entfremdet, einer der bezeichnendsten Inauguratoren der materialistisch-intellektualistischen Denkart und Gesinnung. In Dante lebte, wie in einem letzten starken Aufleuchten, das mittelalterliche christlich-universale Ideal, insbesondere auch das Ideal des christlich-universal gedachten Reiches, wie es der mittelalterlichen Kaiseridee zugrunde lag und in Dantes Schrift «De monarchia»[12] Ausdruck fand; Machiavelli wurde der wichtigste Impulsator der neueren, rein weltlichen Politik und des rein weltlichen, letztlich mechanistischen Machtstaates; ja schon der Impuls des Nationalstaates im neueren Sinne kündigt sich bei ihm mächtig an. Er ist «zum ersten Verkünder des Nationalismus» geworden.[13]* In Dantes «Göttliche Komödie» wirken noch die letzten Ausstrahlungen der alten spirituellen Weisheit der Schule von Chartres herein, ihm vermittelt durch seinen Lehrer Brunetto Latini.[14] Von diesem sagt Rudolf Steiner auch, daß er noch etwas ahnte von einer wunderbaren Dichtung der ersten christlichen Jahrhunderte, die aus dem Kreise der in das Christentum Eingeweihten hervorgegangen war und in der aus großen Zusammenhängen das Heruntersteigen des Christus in den Menschen Jesus von Nazareth geschildert wurde.[14a] Diese Dichtung wurde von der späteren Kirche ausgerottet. Brunetto Latini ahnte noch etwas von ihr, und auf diesem Wege ist auch noch in Dantes «Göttliche Komödie» (aber schon nach der Dogmenseite hinüber orientiert) etwas von dieser Inspiration der ersten christlichen Jahrhunderte eingeflossen. In Machiavelli ersteht dem allen gegenüber der Vertreter einer Geistesart, die umgekehrt alles radikal auslöschen sollte, auch gerade im Fühlen der Menschen, was als Reste irgendwelcher älteren Geistigkeit etwa noch vorhanden sein mochte. Wie in Dante das vierte nachatlantische Zeitalter in wunderbarer Weise ausklingt, so setzt in Machiavelli der schneidende, scharfe Wind des fünften Zeitalters ein.

Bei dieser polaren Gegensätzlichkeit der beiden großen Florentiner kann uns um so eigenartiger eine Ähnlichkeit und Verwandtschaft in ihrem beiderseitigen Schicksal berühren, und zwar in einem Punkte, den Rudolf Steiner für Dante – von Machiavelli spricht er in diesen Zusammenhängen nicht – als besonders wichtig

* Vgl. zu diesem Aspekt des großen Gegensatzes der beiden Florentiner folgende Worte von *Karl Hönn* («Augustus im Wandel zweier Jahrtausende», Leipzig 1938, S.25): «Im Gegensatz zu dem deutschen Imperator, im Kampf der Guelfen und Ghibellinen hat sich ein italienisches Eigengefühl herausgebildet, am stärksten in Florenz, das selbst Dante aus seinen Mauern verbannte, weil er dem Kaisertum zu innig anhing.»

hervorgehoben hat. Er betonte nämlich, daß die Welt Dantes «Göttliche Komödie» der Tatsache verdankt, daß der Dichter durch seine Verbannung aus seiner Heimatstadt Florenz daran verhindert wurde, dort seine politische Tätigkeit auszuüben bzw. fortzusetzen, wie er es getan hätte, wenn er eben nicht durch die Verbannung in eine ganz andere Lebensbahn gebracht worden wäre.[15] Ein ganz auffallendes Analogon hierzu bietet nun aber der Lebenslauf Machiavellis dar. Auch er stand in einer politischen Tätigkeit in Florenz, er hatte nach der Vertreibung der Medici (1494) von der Republik im Jahre 1498 ein Amt bekommen, das ihm Gelegenheit gab, praktische politische Erfahrungen zu sammeln, und das ihn z.B. auch des öfteren in wichtigen diplomatischen Missionen an auswärtige Höfe führte. Als aber 1512 die Medici nach Florenz zurückkehrten, wurde Machiavelli zwar nicht verbannt, aber er ging doch seines Amtes verlustig, und alle seine durch viele Jahre fortgesetzten Bemühungen, wieder ein staatliches Amt zu erlangen, blieben vergeblich. Er brannte auf praktische politische Betätigung, konnte sie aber nicht finden. Und nur durch die ihm dadurch auferlegte Muße wurde auch er zu seiner politisch-historischen schriftstellerischen Tätigkeit geführt, die seinen Namen unsterblich gemacht und ihn nach seinem Tode zu seiner gewaltigen weltgeschichtlichen Wirkung gebracht hat.[16]

Das könnte zunächst als eine zufällige, nur äußerliche Ähnlichkeit im Schicksal Dantes und seines Landsmannes und Gegenpoles Machiavelli erscheinen. Nun ergeben sich aber, gerade im Anschluß an jenen Hinweis Rudolf Steiners über die Folgen, die Dantes Verbannung hatte, noch weitere Ausblicke, die sehr zu tiefem Nachsinnen anregen können. Rudolf Steiner spricht dort, wie bereits erwähnt, mit keinem Worte von Machiavelli, wohl aber macht er höchst bedeutsame weitere Ausführungen über *Dante*.[17] Er sagt nämlich, Dante wurde, wenn er nicht aus seiner Vaterstadt vertrieben worden wäre, dort eine außerordentlich wichtige politische Wirksamkeit entfaltet haben. Er wäre ein sehr bedeutendes Stadt- oder Staatsoberhaupt von Florenz geworden. Die Fähigkeiten Dantes, die infolge seiner Verbannung in die «Göttliche Komödie» eingeflossen sind, hätten sich dann in dieser seiner politischen Tätigkeit ausgelebt. «Diese Verwaltung in einer so genialen Weise», sagt Rudolf Steiner, «würde bedeuten, daß viele, viele Kräfte, die da waren, unterbunden worden wären in ihrem geheimnisvollen Wirken.»

Rudolf Steiner spricht dann aus, daß Dante als Stadtoberhaupt von Florenz eine Reihe bedeutender Nachfolger gehabt haben würde, und zwar sieben an der Zahl, die als Oberhäupter von Florenz regiert hätten. «Etwas ganz Grandioses wäre entstanden, aber keine ‹Göttliche Komödie› würde es geben.» Und wenn diese sieben Nachfolger damals gewirkt hätten, so würden wir jetzt die Nachwirkungen immer noch spüren, denn sieben Jahrhunderte hätten sie gedauert. «Sieben Jahrhunderte wären ganz anders verflossen, als sie verflossen sind.» Und an diesen Satz nun schließt Rudolf Steiner eine zwar nur andeutende Bemerkung von größter Tragweite an: «Das alles ist nicht geschehen. Die katholische Kirche ist noch da, aber die ‹Göttliche Komödie› ist auch da.»

Es liegt nun, wovon Rudolf Steiner aber auch *nicht* spricht, die eigenartige Tatsache vor, daß 7 mal 21 Jahre nach dem Tode Dantes in der Verbannung Machiavelli in Florenz geboren wurde.[18] 7 mal 21 Jahre, immerhin ein sehr merkwürdiger Zeitraum: Er würde gerade dazu ausgereicht haben, daß jeder jener sieben Nachfolger Dantes gerade 21 Jahre hätte regieren können.

Auf diese Weise schon erscheint das Auftreten Machiavellis in Florenz in seltsamer Art an die Gestalt Dantes angeknüpft, an dessen tatsächliches Leben wie auch an jene hypothetische Entwicklung.

Aber es gibt ja auch etwas handgreiflichere äußere Zusammenhänge. Dante und seine Freunde sind verbannt worden wegen ihrer ghibellinischen, der Sache des Kaisertums zugetanen Gesinnung (die man sich bei Dante in einem christlich-unrömischen Sinne weiterentwickelt denken mag). Florenz blieb seitdem guelfisch. Das Guelfentum bedeutet aber gegenüber dem universalen Impuls des Kaisertums einen solchen, in dem ein Keim des nationalen Impulses liegt. Dieser Nationalimpuls hat in Italien eine besondere Stätte aber in Florenz gefunden. Aus dieser Strömung heraus ersteht in Florenz *Machiavelli.*

Und so kann sich einem der Gedanke nachhaltig vor die Seele stellen, daß Machiavellis Auftreten in der Vaterstadt Dantes und das Wirksamwerden seines von dort ausgehenden weltgeschichtlichen Impulses in einem tieferen geschichtlich-karmischen Sinne «ursächlich» geradezu damit zusammenhängt, daß Dante jene umwälzende politische Tätigkeit in Florenz *nicht* hat ausüben können und daß infolgedessen gewisse vorhandene Kräfte eben *nicht* «unterbunden» worden sind. Man kann den Eindruck gewinnen, wie wenn durch das Ausscheiden Dantes aus dem politischen Geschehen in seiner Vaterstadt und mit dem Siege des Guelfentums in der Geistesatmosphäre von Florenz gewissermaßen ein Platz frei geworden wäre, den nach Ablauf jener 7 mal 21 Jahre *Machiavelli* dort gleichsam besetzte – oder, wohl noch besser gesagt, *wie wenn durch den Ausfall Dantes und seiner sieben Nachfolger eine Art Vakuum geschaffen worden wäre, das dann von einer Macht oder einer weltgeschichtlichen Strömung ausgefüllt wurde, die nun ähnlich folgenreich in ihren Wirkungen, wie Dante es geworden wäre, ihm aber in Geist und Kraftrichtung polar entgegengesetzt war und die eben besonders durch Machiavelli wirkte.*

Die soeben ausgesprochene Vermutung gewinnt, wie mir scheint, sehr an innerer Wahrscheinlichkeit, wenn wir sie nun noch in einem viel weiteren Zusammenhange betrachten, der auch an und für sich genommen bedeutungsvoll genug ist. Wir meinen das, was man die Geistesmission, die geschichtliche Aufgabe oder das geschichtliche Karma von *Florenz* und *Toskana* nennen kann. Über diese wollen wir zunächst einige Hindeutungen geben, an die sich noch manche weiteren Ausblicke anschließen mögen – wobei wir uns bewußt sind, daß vieles zunächst nur gleichsam ertastet werden kann und daß wir noch nicht in der Lage sind, alles gleich bis zu letzter Klarheit und restloser Erkenntnissicherheit zu bringen.

Wir konnten schon bei der Behandlung der *römischen Geschichte*, nämlich bei derjenigen der sieben römischen Könige und da wieder insbesondere des fünften, Tarquinius Priscus', auf den geistesgeschichtlich besonders gearteten Boden Toskanas, d.h. des alten

Etruriens, aufmerksam machen[19] und müssen das dort Gesagte hier kurz rekapitulieren. Wir gingen dort von der geisteswissenschaftlichen Tatsache aus, daß jeder der sieben römischen Könige je ein besonderes Glied der menschlichen Wesenheit repräsentiert und darlebt: Romulus den physischen Leib, Numa Pompilius den ätherischen Leib (mit dem das kultische Wesen zusammenhängt), Tullus Hostilius, der Kriegerische, den astralischen Leib, Ancus Marcius das Ich. Tarquinius Priscus, der fünfte römische König, repräsentiert das Geistselbst, und von diesem Könige nun betont Rudolf Steiner, daß er nicht aus dem römischen Gliederbau hervorgegangen ist, sondern «hineinversetzt aus der etruskischen Kultur als etwas Höheres». Wir fanden dies verständlich, da ja die Erhebung zum Geistselbst in der Tat die eigentliche Überwindung jedweden Römertums (das es als solches nur bis zum egoistischen Ego bringt) bedeutet. Wichtig ist es nun, daß dieses «Höhere», das über das Römertum eigentlich hinausführt, gerade aus Etrurien kommt. Tarquinius kam aus Tarquinii im etruskischen Lande nach Rom, wohin er auch viel von der etruskischen Kultur mitbrachte. Rudolf Steiner charakterisiert diese Kultur im Zusammenhang mit der Wesensart der älteren europäischen Bevölkerung überhaupt. Der alte Europäer hatte, vermöge seines alten Hellsehens, ein deutliches Bewußtsein, wie er selbst mit den Göttern zusammenhing, in deren Reich er gleichsam hinaufragte. So entwickelte sich ein starkes Persönlichkeitsbewußtsein, «ein Bewußtsein von dem eigenen göttlichen Werte der menschlichen Persönlichkeit, ein starkes Freiheitsbewußtsein vor allen Dingen» (Rudolf Steiner). Besonders in den *Etruskern* sind Nachzügler dieses auf spirituellem Grunde erwachsenen Freiheitsgefühles zu erblicken. Das drückte sich in dem zwar einerseits Hierarchischen, andererseits aber doch im höchsten Sinne Freiheitlichen z.B. der Verfassung der Etrusker aus: «Jede Stadt sorgte stark für die Freiheit der Stadt, und irgend einen Staatenbund im späteren Sinne würden die alten Etrusker als etwas Unerträgliches empfunden haben» (Rudolf Steiner).* Wir hoben dann noch

* Vielleicht ist in diesem Zug eine geistige Wurzel auch noch (oder gerade wieder!) der italienischen Städtefreiheit der Renaissancezeit zu erblicken mit all

einen sagenhaften Zug aus der römischen Überlieferung über Tarquinius Priscus hervor, der in Bildform recht eindrucksvoll das Wesen des Geistselbstes zum Ausdruck bringt, das diesen fünften König wie ein Adler überschwebt.[20]

Ein *altetruskisches* Element hat man nun gerade auch in *Dante*, durch gewisse Abstammungsverhältnisse, wirksam gefunden (neben dem romanischen und dem germanischen Element in ihm); von diesem altetruskischen Element rühre das her, was ihm die übersinnlichen Welten erschlossen hat. Rudolf Steiner führt dies bejahend an[20a] und sagt, dieses Element in Dante weise auf «Alt-Keltisches» zurück, das ihn irgendwie durchblute und in den dritten nachatlantischen Zeitraum zurückführe (so wie das romanische Element in Dante in den vierten und das germanische in den fünften Zeitraum).*

Es würde sicherlich eine interessante Studie ergeben, wenn man in der Lage wäre, alle einzelnen Etappen in der Entwicklung Etrurien-Toskanas zu verfolgen. Wir sind dies nicht, möchten aber doch auf einige weitere wichtige und symptomatische Tatsachen aufmerksam machen.

Da hören wir z.B., daß auf altetruskischem Boden *Franz von Assisi* erstanden ist.[21] In ihm vollzieht sich, worauf Rudolf Steiner hingewiesen hat, weltgeschichtlich-sichtbar der Übergang oder die Wandlung des kriegerisch-marshaften Elementes, dem Franz von Assisi in

ihrer Vielgestaltigkeit, ihrem Unabhängigkeitssinn und dergleichen, wofür ja das weitaus großartigste Beispiel eben immer Florenz ist.

Ähnliche Zusammenhänge zwischen dem alten Etrurien und der späteren Toskana sind übrigens, wenngleich von anderen Ausgangspunkten her, längst auch von anderer Seite vermutet worden: Es laufe eine unterirdische Achse vom alten Etrurien zum italienischen Trecento und Quattrocento, es sei kein Zufall, daß gerade die Toskana zur Geburtsstätte der sinnenfrohen Lebenskultur der Renaissance geworden sei (in der man die etruskische «Vitalität» wieder aufleben sieht). Vgl. Kurt Pfister, «Die Etrusker», München 1940, S. 129/130.

* Es haben, schreibt übrigens auch der oben erwähnte Kurt Pfister a.a.O., einige Etruskologen in Dantes Gesichtszügen rassische Merkmale des etruskischen Menschen sehen wollen, und in den Höllenvisionen habe man Anklänge an Wandmalereien der etruskischen Grabkammern festgestellt.

seiner Jugend zugetan war, in das christlich-merkuriale Element heilender Liebe oder liebenden Heilens. Die kriegerisch-marshaften Impulse sind aber eben wieder auch die des Römertums. In Franz von Assisi lag der Zug zum christlich-merkurialen Wesen tief begründet in den Erlebnissen, die er nach Rudolf Steiners Geistesforschung in einer früheren Inkarnation in einer Mysterienschule durchgemacht hatte, die sich «an den Ufern des Schwarzen Meeres» befand und die Rudolf Steiner auch die «kolchischen Mysterien» nennt. In diesen wirkte als Lehrer auch die (unverkörperte) Geistwesenheit des großen Buddha. Die Seele des späteren Franz von Assisi wurde dort ein Schüler des Buddha, und sie nahm außerdem dort den Christus-Impuls auf. Buddha selbst ist eine *merkuriale* Wesenheit, zutiefst entgegengesetzt allem marshaften Romanismus; ja er ist der Überwinder und Wandler des Mars.[22]

Merkuriales Wesen wirkte auch in eine andere Persönlichkeit, in einen großen Sohn Toskanas, entscheidend hinein, nämlich in *Brunetto Latini*, den Florentiner, der der große Lehrer Dantes wurde. Das ergibt sich eindeutig aus Darlegungen, die Rudolf Steiner in einem Vortrag[23] macht, wo er von dem Zusammenhang spiritueller Naturerkenntnis mit Merkurgenien und von Brunetto Latini spricht, in dem eben solche Naturerkenntnis lebte. Wir haben bereits (oben S. 29) erwähnt, wie Brunetto Latini seinem Schüler Dante etwas wie letzte spirituelle Ausstrahlungen der Schule von Chartres vermitteln konnte. Er selbst hatte sie in einer bestimmten Lebenssituation übersinnlich aufgenommen. Sie führten ihn, da er als florentinischer Gesandter von einer diplomatischen Mission aus Spanien zurückkehrte, zu einer bedeutsamen Schauung, die er in seinem «Tesoretto» niedergelegt hat.* Diese Schauung gab ihm großartige Ein-

* Die Begleitumstände, unter denen es zu dieser Schauung Brunetto Latinis kam und die Rudolf Steiner z.B. im Vortrag vom 31. Dezember 1917 in Dornach, GA 180, erzählt, sind ebenfalls recht beachtlich in dem großen Zusammenhang, den wir hier zu ertasten suchen. Brunetto Latini, heißt es dort, «kommt zurück von seiner Gesandtschaft bei Alfons von Kastilien. Auf dem Rückwege erfährt er, daß sich in Florenz, in seiner Stadt, Ereignisse zugetragen haben, welche nach seiner Empfindung den alten Glanz und die alte Herrlich-

blicke in das Schaffen der Natur, des Kosmos, in den Zusammenhang des Menschen mit der planetarischen Welt. Das war nicht eine abstrakte Naturerkenntnis wie die der späteren Jahrhunderte, die mit abstrakten Naturgesetzen operiert (in deren Konzeption durch die neuere Menschheit übrigens nach anderen Hinweisen Rudolf Steiners gerade das abstrakte römische Gesetzesprinzip, auf die Natur übertragen, fortlebt), sondern eine Naturerkenntnis, welche die Natur noch als unter dem Einflusse geistlebendiger Wesenheiten stehend erlebte.[24]

Von hier aus ergibt sich noch ein weiterer Ausblick auf wichtige, wenn auch zunächst mehr zu erahnende Zusammenhänge, die sich in merkwürdig-bestätigender Art in die Gedanken hineinverflechten, die uns hier beschäftigen.

Da ist die Gestalt des *Ovid*. Brunetto Latini erwähnt ihn in seinem «Tesoretto», und Rudolf Steiner gibt ausdrücklich an, daß Ovid, die Geistwesenheit des ehemaligen römischen Dichters Ovid, der die «Metamorphosen» geschrieben hat, tatsächlich der Führer Brunetto Latinis in der geistigen Welt geworden ist, wie er dies außer für Brunetto Latini noch für viele Initiaten geworden sei.[25] Nun deuten schon Ovids «Metamorphosen» auf einen merkurialen (Wandlungs-)Impuls hin, der in Ovid gelebt haben muß. Und ist man einmal auf dieser «merkurialen» Spur, dann kann einem gewiß als höchst beachtenswert auch die bekannte historische Tatsache erscheinen, daß Ovid durch seine Verbannung durch Augustus im Jahre 8 n.Chr. an die Gestade jenes selben *Schwarzen Meeres* versetzt worden ist, von dem wir hörten, daß an ihm auch jene Mysterienschule

keit von Florenz beendigen müssen. Es fühlt Brunetto Latini, indem er solches ausspricht, das Herannahen des fünften nachatlantischen Zeitraumes ... Brunetto Latini hat vor sich dieses Zeitalter, in dem wir jetzt drinnen leben. Er naht sich Florenz. Er weiß: dasjenige, was Florenz geworden ist unter dem Impuls des unmittelbaren menschlichen Lebens, der unmittelbaren intellektuellen Antriebe, das soll begraben werden unter dem Aufkommen von Institutionen, die aus der Abstraktion hervorgehen. Er naht sich Florenz. Der Schmerz macht – so schildert er –, daß er sich in einem Wald verirrt, in einem öden Walde ...» (wo er dann eben jene imaginative Schau hat).

existiert hat, in der die Geistwesenheit des – merkurialen – Buddha lehrte, und daß dort u.a. diejenige Individualität eine Schulung durchmachte, die später die dort aufgenommenen Impulse als Franz von Assisi auslebte. Diese Schule wurde allerdings wohl erst *nach* der Zeit Ovids begründet. Rudolf Steiner sagt von ihr, sie sei begründet worden «in den Jahrhunderten, die noch weit in die christliche Zeit hineingingen».[26] Er gibt auch an, *im 7. und 8. Jahrhundert n. Chr.* sei in der Nähe des Schwarzen Meeres jene sehr bedeutende Einweihungsschule gewesen, zu deren Schülern damals der spätere Franz von Assisi gehörte.[26a] Da Rudolf Steiner diese Mysterien als «kolchische» bezeichnet,[27] muß wohl angenommen werden, daß sie sich in Kolchis, d.h. am Ostufer des Schwarzen Meeres befunden haben, während Ovid bekanntlich nach Tomi verbannt wurde, das an dessen Westufer liegt. Aber die geistige Atmosphäre des Schwarzen Meeres war offenbar überhaupt von merkurialem Wesen durchsetzt, denn auch dasjenige Mysterium, aus dem die Kultur des gleichfalls merkurialen *Wotan* hervorgegangen ist und das selbst ein Merkurmysterium war,[28] befand sich «in der Nähe des Schwarzen Meeres».[29] Zwischen dem Buddha und Wotan aber besteht in gewissem Sinne ja geradezu Identität,[30] so daß eine allerengste Beziehung auch zwischen der Mysterienstätte, von der die Wotankultur ausging, und den kolchischen Mysterien, in denen der Buddha lehrte, angenommen werden darf. Ovid kam also durch seine Verbannung nach Tomi, wie man wohl ohne Zweifel annehmen darf, in eine Atmosphäre, in der er in irgendeiner Weise von merkurialer Geistigkeit umgeben war, was sicherlich auf der Linie seiner tieferen Schicksalsbildung gelegen haben dürfte, auch wenn er in seinem bewußten Leben, wie bekannt, sich in Tomi äußerst unglücklich fühlte.

Brunetto Latini also, der zu Ovid in der angedeuteten Beziehung stand, wurde Dantes Lehrer, und ohne ihn wäre Dantes «Göttliche Komödie» nicht denkbar, welche die Welt andererseits, wie wir sahen, jener Tatsache der Verbannung Dantes verdankt, die ihn an der Fortsetzung seiner politischen Tätigkeit in Florenz hinderte. Und wie Ovid der spirituelle Führer Brunetto Latinis geworden war, so erscheint nun, wie bekannt, in der «Göttlichen Komödie» *Vergil* als derjenige Dantes auf seinem Gange durch die Welt der Toten,[31] Vergil, der in der «Aeneis» die Schicksale des Aeneas, des Sohnes des Anchises und der Venus, schildert, des ersten Stammvaters des späteren *Rom*. Auch die Aeneis Vergils enthält ja, im 6. Gesang, eine Wanderung – eben des Aeneas – durch die Welt der Toten. Sicherlich ist es von spiritueller Wichtigkeit, die Geistverbindung Vergils mit Dante im Sinne der «Göttlichen Komödie» zu beachten, Dantes Führung durch Vergil, der, selbst ein Initiierter, so stark verbunden war mit den frühesten vorrömischen, fast möchte man sagen unrömischen Ursprüngen Roms, mit seinen frühesten trojanischen Ursprungsimpulsen und der so nachdrücklich auf diese hinwies.

An die Ursprungszeiten Roms kann man sich unmittelbar auch durch jenen eigenartigen Hinweis Rudolf Steiners auf die sieben Nachfolger erinnert fühlen, die Dante gehabt haben würde, wenn er Stadtoberhaupt von Florenz geworden wäre. Ist es nicht, wie wenn darin das Motiv der sieben römischen Könige anklänge, die, mit Romulus, dem zweiten Stammvater Roms, einsetzend, auf die Könige von Albalonga folgten, welche die unmittelbaren Nachfolger des ersten Stammvaters, Aeneas bzw. seines Sohnes Ascanius gewesen sind?

Tief in die Geheimnisse Roms leuchtet im Zusammenhange mit Aeneas und Romulus der geistvolle Historiker des 19. Jahrhunderts, *Ernst von Lasaulx*, hinein, von dem Rudolf Steiner sagt, er sei ausgestattet gewesen mit einem gewissen «ahnenden Durchschauen» desjenigen, was sonst als geschichtliche Impulse von den Menschen nur durchträumt wird.[31a] In seinem wichtigen Aufsatz (von 1860) «Zur Philosophie der römischen Geschichte»[32] zeigt er, daß von den Römern durch die Personen der beiden Gründer Roms, Aeneas und Romulus, zwei *Götter* als die idealen Gründer ihres Geschlechts verehrt wurden: durch Aeneas, den idealen Gründer Roms, dessen Mutter *Venus*, durch Romulus aber, den realen Gründer Roms, dessen Vater *Mars*. Nun, der Mars-Einfluß in Rom ist offenkundig, er hat durch die Jahrhunderte die römische Geschichte durchpulst und seine gewaltige Wirksamkeit in der Welt ausgeübt. Hinter ihm aber kann man mit Ernst von Lasaulx als ein anderes, wie verborgenes Motiv jenes ältere, mit dem Namen «Venus» angedeutete vermuten und es so ansehen, wie wenn dieses, durch die Jahrhunderte zurückgehalten, bestimmt wäre, zuletzt das nur marshafte Römertum abzulösen und zu überwinden, wodurch in einem tiefen Sinne auch hier das erste das letzte sein würde. Und man kann, zunächst nur ahnend, sich an die Vorstellung herantasten, wie wenn eben *diesem* Elemente, diesem «ersten und letzten», verbunden oder zugehörig der tiefere Wesensimpuls wäre, der in Dante lebte und der irgendwie von Florenz aus hätte geschichtliche Wirklichkeit werden wollen. Daß es bei der hypothetischen Florentiner Wirksamkeit Dantes und seiner sieben Nachfolger, die wir uns gleichsam wie die umgekehrten sieben römischen Könige vorstellen mögen, um eine *Überwindung gerade römischen Wesens* gegangen wäre, wird deutlich aus jenem so eigenartigen, weittragenden Wort Rudolf Steiners, das wir oben (S. 31) zitiert haben.

Man lese in diesem Zusammenhang die bedeutsamen Ausführungen Ernst von Lasaulx' über «*die Namen Roms*» nach: Außer dem nach den Alten von dem griechischen Wort ῥώμη (= robur, Stärke, kriegerische Macht) abgeleiteten Namen (eben Rom) habe Rom nach alter Überlieferung noch einen anderen, «lateinischen» Namen gehabt, der streng geheimgehalten wurde und über den verschiedene Schriftsteller verschiedene Vermutungen ausgesprochen haben. Ernst von Lasaulx hält für am beachtlichsten und wahrscheinlichsten die Anschauung des *Johannes Lydus* und nach ihm des Photius, die uns berichten: «Rom habe drei Namen gehabt:

1. einen sehr geheimnisvollen ὄνομα τελεστικόν*, den nur die Oberpriester bei den heiligsten Opfern aussprechen durften, den Namen *Amor*, 2. einen hierarchischen, *Flora* und 3. einen politischen, *Roma*»[33]

Ernst von Lasaulx schreibt: «Und seltsamerweise ist diese Auflösung des Rätsels in dem *Worte* Roma selbst enthalten; lesen wir

* Das Wort τελεστικόν bezeichnet das zur Weihe der Mysterien Gehörige.

dieses abendländisch, von der Linken zur Rechten, so heißt es ῥώμη, kriegerische Kraft und Macht; lesen wir den Namen aber morgenländisch, von der Rechten zur Linken, so heißt es *Amor*, himmlische Liebe. Freilich sieht dies fast wie eine Spielerei aus, aber es ist einmal so, und dieser sonderbare Zufall enthält in Wahrheit den besten Aufschluß über die wahre Bedeutung Roms in der Weltgeschichte. Kraft ist ja die Basis der Liebe, nur ein kräftiger Geist, der auch hassen kann, vermag zu lieben; ja selbst die weltschöpferische Liebe hat ihre Grundlage in der allvermögenden Kraft, weshalb auch römische Dichter mit Recht den *Amor* den Sohn des *Mars* und den *Gott des Friedens* nennen.»*

Der «lateinische Name» Roms, *Amor,* weist nun nach der einleuchtenden Anschauung Lasaulx' auf das Rom des *Aeneas*, des Sohnes der *Venus*, hin, wie der «griechische» Name: *Roma* auf das Rom des *Romulus*, des Sohnes des *Mars*. Mit diesem *Aeneas*-Rom aber hat es, wie bereits erwähnt, *Vergil* zu tun, der im Sinne der «Göttlichen Komödie» der Führer Dantes durch die Unterwelt wurde, Vergil, der auch, kurz vor dem Mysterium von Golgatha, ein Verkünder des kommenden *Christus* geworden war,[34] als welcher er auch noch im Mittelalter höchste Verehrung genoß. So beginnen sich doch nach und nach gewisse geschichtliche Umrisse abzuheben.

Aber noch mehr! Wir verdanken Ernst von Lasaulx, bzw. dem von ihm angeführten Johannes Lydus (geb. um 490, gest. 565 n. Chr.) die Kunde davon, daß es nicht nur zwei, sondern sogar die *drei* oben genannten Namen Roms gegeben habe. Ernst von Lasaulx geht in seinem Aufsatz nur auf die Namen Roma und Amor ein, nicht aber auf den dritten, «hieratischen» Namen: *Flora*. Aber ge-

* Geisteswissenschaftlich wäre hierzu vor allem wohl noch dieses zu sagen: Erst muß der Mensch *Ego* (Persönlichkeit) werden, zu dem der Römer gerade unter dem Einfluß des Mars gehärtet wurde, um sich dann, auf einer zweiten Stufe, als freies Wesen in *Liebe* dem anderen Menschen hinzugeben. Man sieht, es handelt sich um den zentralen Sinn der ganzen Erdentwicklung, der mit den Worten *Freiheit* und *Liebe* bezeichnet werden kann. Daher handelt es sich auch zutiefst um ein christologisches Problem. (Vgl. auch Bd. I, S. 230 – 235, besonders 235.)

rade auch in diesem Namen scheint uns ein tiefes Geheimnis verborgen. Flora ist zunächst, mehr äußerlich genommen, der Name der Blumen- oder Frühlingsgöttin, d.h. also der Gottheit, die um diejenige Jahreszeit herrscht, in der Raphael, der Erzengel des *Merkur*, das Zepter führt und die große Wandlung, die große Metamorphose, in der Natur hervorzaubert. Flora enthüllt sich selbst als eine merkuriale Wesenheit. *

Und wie bedeutsam läßt nun «Flora» den Namen *Florentias* anklingen, d.h. aber den Namen der im 2. Jahrhundert v. Chr. im *Etruskerland* gegründeten Stadt *Florenz*, der Vaterstadt Brunetto Latinis und Dantes, dieses Florenz, das in der Renaissancezeit selbst wie von einem zauberhaften Hauche des Frühlings umwoben scheint (wie es oft von den Menschen empfunden worden ist), nämlich gerade in der frühlingsgleichen Frührenaissance, in der Florenz künstlerisch ebenso im Vordergrunde stand wie in der Hochrenaissance Rom. Niemand, der da weiß um die Bedeutung von *Namen*gebungen in älteren Zeiten, wird ein solches Zusammentreffen des «hieratischen» Namens «Flora» für Rom mit Florenz (das die Römer gegründet haben) für nebensächlich oder zufällig halten. Und man wird nun auch noch eines anderen großen Namens gedenken dürfen, an den wiederum bedeutsam Flora und Florenz anklingen. Das ist der Name des «*Flos*», bekannt aus der Zusammenstellung mit Blancheflos in der Sage von «Flos und Blancheflos». Flos ist die Rose, Blancheflos die weiße Blume, die Lilie. In ihrer Vereinigung, der Vereinigung der Rosenseele und der Lilienseele, wurde, wie Rudolf Steiner aussprach, das gesehen, «was die Verbindung finden kann mit dem Mysterium von Golgatha».[35] Man erkannte, sagt Rudolf Steiner, in den Eingeweihtenkreisen in Flos dieselbe Seele, die im 13. und 14. Jahrhundert wiederverkörpert erschien zur Begründung einer neuen Mysterienschule, welche in einer neuen, der Neuzeit entsprechenden Weise das Christusgeheimnis zu pflegen

* In den beiden geheimen Namen Roms, *Amor* und *Flora*, würden wir es also in Wahrheit mit *Venus* und *Merkur* zu tun haben, d.h. aber mit jenen beiden Planetengeistern, zwischen denen eine besonders enge Beziehung im Sinne eines tiefen kosmischen Entwicklungsgeheimnisses walten muß.

hatte; man erkannte in Flos den Begründer des Rosenkreuzertums (d.h., wie wir hinzusetzen können, einer Strömung, in welcher der weltgeschichtliche Impuls zur Überwindung und Wandlung auch gerade allen *Römertums* liegt). Man erkannte in ihm diejenige Individualität, auf deren erhaben-bedeutungsvollen Namen aus Betrachtungen wie den hier angestellten neues Licht fallen kann: *Christian Rosenkreuz*. Damit aber klingt aufs deutlichste das Motiv eines Geistchristentums der Zukunft an, in dem etwas von dem Geiste des Pfingstfestes in der Menschheit aufleben wird, des Pfingstfestes, das aber wiederum so recht ein Fest der *Blumen* ist, wie es Rudolf Steiner in einem Pfingst-Vortrag[36] einmal ausspricht: das Pfingstfest «vor allen Dingen auch ein Fest der Blumen»; er knüpft das Erblühen der Blumen unter der Einwirkung des Sonnenhaften als ein irdisches Abbild an das an, was da lebt im Himmelfahrtsbilde des Christus und in den sich anschließenden feurigen Zungen über den Häuptern der Jünger, und er weist darauf hin, wie man für die sich öffnende Menschenbrust ein Symbol erblicken kann in der sich der Sonne öffnenden Blume und wie das, was von der Sonne herkommt, um der Blume die notwendige Fruchtbarkeit zu geben, symbolisieren mag die feurigen Zungen, die sich niedergießen über die Häupter der Jünger.*

* Von diesem Blumenaspekt des Pfingstfestes, der tief mit dem Sinne gerade des Rosenkreuzerimpulses und des Rosenkreuzsymboles verbunden ist, fällt nun noch einmal ein Licht zurück auf den «dreifachen Namen Roms». Es ergibt sich nun nämlich ganz klar: «*Roma*» ist der Name, der den leiblich-materiellen Aspekt des äußeren, unmittelbar gegebenen Roms ausdrückt, «*Amor*» weist auf die seelische Wandlungsaufgabe des Römertums und des römischen Ego hin, «*Flora*» aber bezeichnet den Geistaspekt einer Zukunft, in der das, was Römertum *war*, überwunden ist und in der die Menschen, welche durch die römische Ich-Erkraftung hindurchgegangen sind, sich durch die erblühende Kraft des Heiligen Geistes zur neuen Gemeinschaft der freien Persönlichkeiten zusammenfinden. –
Nachträglich fand ich Bemerkungen, in denen ganz ähnliche Gedankengänge anklingen, in dem Buche von *Friedrich Häusler*, «Die Geburt der Eidgenossenschaft aus der geistigen Urschweiz», Basel 1939, S. 89/90. Dort ist die Rede von Kaiser Friedrich II. von Hohenstaufen, seinem sizilianischen Königreich (vgl. über dieses oben im Text S. 14 ff.), dessen Verfassung, die als Muster für alle

Dichtet sich mit alledem nicht immer mehr das, was anfänglich vielleicht nur als eine Ahnung erscheinen mochte, zu einem Gesamtbilde, das auf bestimmte wesenhafte geschichtliche Impulse weist und das uns – natürlich nur unter vielem anderen – auch die Richtung verstehen läßt, in der die eigentliche, ursprüngliche Gei-

Landesverfassungen gedacht gewesen sei, Friedrich die Grundsätze des rein römischen Rechts eingepflanzt habe. Häusler schreibt dann folgendes:

«Es liegt eine unermeßliche Tragik darin, daß Friedrich II. durch das Schicksal ausersehen war, der politischen Organisation des Abendlandes diesen Abschluß zu bringen und zugleich Mitbegründer zu werden der letzten Minnesängerschule.

Als Minnesänger dichtete er:

‹Poi che ti piace, Amore,
che io deggia trovare ...›

Die Minne befiehlt ihm, er müsse unermüdlich suchen und finden. In einem andern Gedicht spricht er aus, daß es Belehrung, Unterweisung sei, was er suche im höheren Reich der Minne, im Reich der ‹Donna sovrana›.

Er bittet die Blume aller Blumen, ‹fiore d'ogni fiore›, ihm, dem Kaiser gegenüber nicht zu verstummen.

Als mittelalterlicher Ritter trug er von einer Seite her den Trieb in sich, nach strengen Regeln in das Reich des ‹Fiore› aufzusteigen, dasselbe Reich, von dem Joachim da Fiore, der Beichtvater seiner Mutter, noch wirksam gesprochen hatte. Hier sollte in lebendiger Unterweisung oder Inspiration das Maßgebende für den Erdenlauf, für die zeitliche Reise und für das zeitliche Reich, dem er vorstand, empfangen werden.

Aber er sah sich gezwungen, die strengen Regeln, die Selbsterziehung bedeuten sollten, in das höhere Reich selbst zu verpflanzen, wo sie nun als von oben wirkender Zwang dem Selbst keine Entfaltung mehr erlauben konnten. Er setzte Augustus und Justinian als unabänderlich gleich bleibende Vorbilder in das Reich des ‹Fiore›, der ‹Blume›.

Als seine Ketzergesetze auch die Menschen treffen mußten, die im Sinne seiner sizilianischen Trovatorischule strebten, wird ihm in einem langen Gedicht eines ‹Getreuen der Minne› Verrat am Wesen des Fiore vorgeworfen und ihm vorausgesagt, daß er die gegenteilige Erfahrung des Vogels Phönix machen werde. Mit dem Feuer des Phönix aber wurde die Wirkung des Grales verglichen.

Vielleicht erschreckte es dieses Verrates an der Blume wegen die zeitgenössische Welt, als Friedrich in Fiorentino starb, also an einem Ort, der, wie ihm prophezeit worden war, ‹Fiore› im Namen trug.» – – –

Wir sehen, wie hier bei Häusler eine ganze Anzahl wichtigster Motive an-

stesmission von Florenz, der Blumenstadt (die übrigens auch in ihrem Wappen eine Lilie führt), und von Etrurien-Toskana zu suchen sein muß? An diese Geistesmission gliedert sich offenbar irgendwie auch der Impuls Franz' von Assisi, des einstigen Buddha- und Christusschülers, an, dessen Wesensbild uns entgegenleuchtet aus jenen wundersamen Legenden, die so tief bezeichnend wiederum die «*Fioretti*», die «Blümlein» des heiligen Franz von Assisi genannt werden, Franz' von Assisi, dessen mönchische Einseitigkeit freilich durch das marsverwandelnde Wirken Buddhas – impulsiert durch Christian Rosenkreuz – ausgeglichen werden mußte.[37]

Gewiß dürfen wir in diesen Zusammenhängen irgendwie auch an *Savonarola* (1452 – 1498) und sein Wirken in Florenz denken. Es wäre eine schöne Aufgabe, diese Persönlichkeit und ihr Wirken unter solchen Gesichtspunkten einmal eingehender zu untersuchen. Dazu darf hingewiesen werden z.B. auch auf die Art, wie Rudolf Steiner von Savonarola, von Pico von Mirandola und den Neuplatonikern von Florenz spricht, von ihrer Stimmung, die den Geist noch suchte, den sie damals für das normale menschliche Leben schon verwehen fühlten, von ihrer neuplatonischen Akademie in Florenz und dergleichen.[38]

So leuchten immer deutlicher die Umrisse eines großen weltgeschichtlichen Impulses auf, der sicherlich von sehr vielen Seiten her charakterisiert werden könnte, von denen aber eine, zentral wichtige

klingt, die sich innerlich weitgehend den Ausführungen einfügen, die wir selbst oben S. 41 f. über «Flora», Florenz usw. gebracht haben, aber auch in den weiteren Zusammenhang des sizilianischen Staates Friedrichs II. als eines Prototyps des neueren Staates, in welchem unverwandeltes Römertum auflebt und auf dessen Boden ein Machiavelli ersteht. Die Erwähnung des Grals scheint uns bedeutsam, wenn wir an die gralsgegnerische Klingsorwirksamkeit in eben jenem Sizilien denken, der in jener selben Zeit in Unteritalien in Joachim da Fiore ein Repräsentant der anderen Strömung gegenüberstand, der auf das dritte Weltalter der Zukunft, eben das des Heiligen Geistes, hinwies. (Vgl. hierzu Bd. II, S. 71ff., Bd. III, S. 157, 158.)

Leider allerdings sind die Sätze Häuslers zu aphoristisch und skizzenhaft, um voll verständlich zu sein. Es wäre sehr zu begrüßen, wenn er seine Gedanken einmal ausführlicher und etwas prägnanter ausarbeiten wollte.

die ist, daß er im entgegengesetzten Sinne desjenigen die Menschheit in der Erde verfestigenden Impulses wirkt, der als Marskraft geschichtlich besonders im Römertum lebt. Er will der Menschheit «Heilung» bringen – die aber errungen und durch die Menschheit aktiv vollzogen werden muß – von all dem, was als notwendig verhärtende, den Menschen in die Erdenmaterie und ihre Irrungen und Wirrungen hineinführende Wirkungen von dem Marsprinzip ausgegangen ist, das insbesondere die römische Geschichte beherrscht seit Romulus.

Zu den wichtigsten, folgenreichsten Elementen in der tragischen Schicksalsbildung der neueren Menschheit gehört es daher, daß dieser Impuls in den materialistischen Jahrhunderten der neueren Zeit gerade *nicht* aufgenommen wurde, zunächst wohl nicht weitergeführt werden *konnte*. Und gerade in diesem Sinne dürfen wir nun in der Tat wieder auf den einzigartigen Boden von Florenz hinschauen. Dort ganz besonders erfolgt der große Umschlag. Er scheint in der Tat wie erstmalig entscheidend veranlagt im Schicksal Dantes, der so stark mit der florentinischen menschheitlichen Geistesmission verbunden war, mit seiner Verbannung aus der Vaterstadt, die nicht nur der weiteren Entwicklung von Florenz, sondern darüber hinaus der allgemeinen Entwicklung nach jenem Worte Rudolf Steiners die andere Richtung gab.

Und so ist es wohl in der Tat im tiefsten Sinne bedeutsam, daß 7 mal 21 Jahre nach Dantes Tod in ebendemselben Florenz als Dantes Gegenpol *Niccolò Machiavelli* geboren wurde, Machiavelli, in dem gerade jener Geist des Römertums seit Romulus eine für die Zeit im höchsten Maße symptomatische, radikale Wiederbelebung fand und in dem er sich in gleich symptomatischer Weise mit anderen Impulsen des materialistischen Zeitalters verband, um so zu einem mächtigen, Jahrhunderten die Richtung weisenden Einschlag der neueren Entwicklung allen staatlich-politischen Lebens bis auf unsere Tage zu werden.

Machiavelli erscheint wie eine Verkörperung der Staatsidee. Sein ganzes Sinnen und Trachten gehörte dem Staate, der Errichtung und Erhaltung seiner Macht. Daß sogar das Wort «Staat» (lo stato) literarisch zuerst von Machiavelli gebraucht worden ist, haben wir schon erwähnt. «Das Schicksal hat es gewollt», schreibt Machiavelli in einem Briefe an einen Freund, «daß ich weder von der Seidenarbeit, noch von der Wollarbeit, noch von Gewinnsten und Verlusten sprechen kann, und hat mir allein zu Gesprächen über den Staat Geschick gegeben... Deshalb muß ich entweder heiliges Stillschweigen beobachten, oder vom Staate reden.»[39] Das Heil des Staates war, wie Jacob Burckhardt gesagt hat, Machiavellis erster und letzter Gedanke. Diesen Staat hat Machiavelli als erster als *reine Macht* gesehen und konsequent behandelt, und mit dieser Betrachtung hat er in der staatlich-politischen Entwicklung der neueren Zeit Schule gemacht und diese Entwicklung aufs nachhaltigste beeinflußt.

Machiavelli hat, wie man es mit Recht ausgedrückt hat, den Staat geradezu *vergöttert*, und hierin liegt der betont achristliche, vorchristliche oder, wenn man so will, heidnische Impuls in seinem Wesen – wobei aber zu bedenken ist, daß die Vergötterung des vorchristlichen Staatswesens, das, noch in ganz anderer Weise (wie wir öfters betont haben) von lebendiger menschlicher Substanz durchdrungen, sich tatsächlich noch in einer gewissen Verbindung mit göttlichen Mächten wissen konnte, durchaus nicht dasselbe ist wie die «Vergötterung» des rein mechanistischen Machtstaates der neueren Zeit. Und damit hängt es tief zusammen, daß eben dieser Staat durch alle «Vergötterung» nicht wirklich zu etwas Göttlichem werden kann, sondern höchstens zu einem «Abgott», womit zugleich auf die wesenhaft andersartigen Mächte hingedeutet wird, um die es sich nun immer eindeutiger handelt. Auf diese reale Wesenhaftigkeit der entscheidenden geschichtlichen Impulse kommt es an – man redet so lange nur in Abstraktionen über Machiavelli und den Machiavellismus, als man diese reale Wesenhaftigkeit nicht wenigstens ahnend erfaßt.

«Der Staat ist für ihn alles, und der Idealstaat *Rom*», und: «Die Weltentwicklung ist für ihn die Geschichte des *antiken Staates...*», schreibt von Machiavelli zutreffend ein Historiker.[40] Und es scheint der Punkt, in dem die größte, ja vollkommene Einigkeit in dem

Bilde der verschiedensten Historiker über Machiavelli zutage tritt, gerade dieser zu sein, daß von allen Seiten, weil es sich in der Tat jedem Betrachter aufdrängen muß, das römische und allem Römertum und aller römischen Größe zugetane Wesen Machiavellis erkannt und hervorgehoben wird. Die römische Staatsgesinnung und der römische Herrschaftsgedanke lebt wie reinkarniert in Machiavelli wieder auf, und zwar ist es mehr das ältere Römertum der republikanischen Zeiten, dem Machiavelli am tiefsten verbunden erscheint, die harte, heroische, altrömische Auffassung, die Haltung der Hingabe des Bürgers an das politische Gemeinwesen, die eigenartige Mischung von Einfügung in den Staat und Freiheitsgefühl, die sich nur verstehen läßt, wenn man sich klar macht, daß der Römer eben *als Bürger* sein Ego erlebte, im Bürger-Sein zum Bewußtsein seiner Persönlichkeit erwachte.[41] Das lebt in einer höchst charakteristischen Weise in Machiavelli wieder auf. Das gibt auch einen Hintergrund seines jahrelangen, immer wieder erneuerten Bestrebens, nach dem Verluste seines Amtes wieder ein anderes öffentliches Amt zu erlangen, und sei es auch unter den Medici. Nur der Inhaber eines staatlichen Amtes kann sich im Sinne dieser römischen Gesinnung im vollsten Sinne als Mensch, als Persönlichkeit fühlen.

Nicht umsonst behandelt Machiavellis Hauptwerk über den Staat, die «Discorsi», die ersten zehn Bücher der römischen Geschichte des Livius; da preist Machiavelli die Verfassung des alten Roms als die vorzüglichste und nachahmungswürdigste. Auch Machiavellis Komödien – berühmt ist er insbesondere durch seine «Mandragora» geworden, die manchen als das beste italienische Lustspiel gilt – sind Nachahmungen des römischen Dichters Plautus. Über Machiavelli als großen Schriftsteller und die in ihm wiedererwachte «altrömische Denkart» schreibt Friedrich Schlegel: «Im Styl und in der Kunst der Geschichtsschreibung ist er einzig, nicht bloß unter den Italiänern, sondern überhaupt unter den Neueren, und den Ersten unter den Alten gleich. Kraftvoll, schmucklos und gerade zum Ziel treffend, wie Caesar, ist er dabey tief und gedankenreich, wie Tacitus, aber klarer und deutlicher als dieser. Nicht irgend einer ist sein Vorbild gewesen, sondern von dem Geist des Altertums überhaupt durchdrungen, ist ihm ohne alle Absicht und Nachkünstelung zur andern Natur geworden, stark, lebendig und angemessen zu schreiben, wie die Alten. Die Kunst der Darstellung findet sich bei ihm nur, wie von selbst, sein stetes Ziel ist der Gedanke.»[42]

Von der herben Größe altrömischer Staatsauffassung, wie sie in Machiavelli und seinen Schriften lebt, hat man gesagt, sie sei «seitdem wohl nur noch zweimal, in dem Staat der ersten preußischen Könige und in den Anfängen der französischen Revolution in die Welt getreten»[43] – wobei mit den ersten preußischen Königen zweifellos nicht der erste König, Friedrich I., sondern dessen beide Nachfolger gemeint sind: Friedrich Wilhelm I., der Soldatenkönig, und Friedrich d. Gr., der Verfasser des «Antimachiavell».

Auch Rudolf Steiner weist an den beiden mir bekannten Stellen aus seinen Vorträgen, wo er Machiavelli erwähnt, mit größtem Nachdruck auf dessen innere Beziehung zu Rom hin, und zwar an der einen Stelle im Zusammenhang mit einer Gestalt gerade des republikanischen Roms, mit Cato dem Älteren (234 – 149 v. Chr.):

«Cato, der römische Cato, dem es vor allen Dingen zu tun war darum, ein festes Gefüge der römischen Staatsordnung zustande zu bringen, hat es für eine Notwendigkeit gehalten, um dieses feste Gefüge der römischen Staatsordnung so recht zustande zu bringen, die Anhänger der griechischen, der hellenischen Philosophie zu verbannen; denn: ‹die schwätzen nur!› hat er gesagt, ‹und das stört die Verordnungen unserer Behörden›. Machiavelli, der große Florentiner der Renaissance-Zeit, stimmte ihm noch zu, indem er Cato besonders lobte, daß er diejenigen, die vom Standpunkte einer geistigen Erkenntnis aus in die menschlichen Staatssatzungen hineinreden, aus dem Staate verbannt haben will. Machiavelli hatte auch gründliches Verständnis dafür, daß zu gewissen Zeiten im Imperium Romanum die Todesstrafe darauf stand, sich für das Gefüge der sozialen Ordnung zu interessieren.

Der Umgang mit der geistigen Welt ist etwas, dem insbesondere das Imperium Romanum und seine ganze Nachfolgerschaft in Europa spinnefeind ist.»[44]

Die andere Stelle aus den Vorträgen Rudolf Steiners behandelt Machiavelli in Verbindung mit der im Wesen des Römertums begründeten *Politisierung* des Lebens überhaupt und insbesondere auch des Gedankenlebens, und dies alles im Zusammenhang dessen, «was hereinragt von Menschenkräften aus dem vierten nachatlantischen Zeitraum» in die spätere Zeit:

«Sie brauchen nur zu studieren eine solche Begleiterscheinung der Renaissance, wie es Machiavelli ist, dann werden Sie ein menschliches persönliches Symbolum finden für diese ganze Art, wie da beginnt die Politisierung des Gedankenlebens. Machiavelli ist geradezu ein Ausdruck, eine Offenbarung dieser Politisierung des Gedankenlebens, ein großer, gewaltiger Geist, aber ein Geist, der unter dem Ansturm der Mächte, von denen ich gesprochen habe» (d.h. der luziferisch-ahrimanischen Mächte), «ganz die Gesinnungen erneuert, die aus dem heidnischen antiken Römertum kommen. Sehen wir, wenn wir wirklich die Geschichte studieren, wie Machiavelli nicht eine einzelne Persönlichkeit, ein einzelner Mensch ist, sondern nur der besonders signifikante Ausdruck für viele so Denkende, dann sehen wir die Dinge recht. Da sehen wir das, was schnell vorwärtsstürmen, was mit den hinterlassenen atavistischen Kräften, also luziferischen Kräften, schnell vorwärtsstürmen will. Wäre es nach Machiavellis Sinn gegangen, so wäre schon ganz Europa verpolitisiert. Solchen Kräften, die wie im Sturme wirken, wirken dann die normal wirkenden entgegen. Einer solchen rein politischen und alles menschliche Denken zum Politischen machenden Figur, wie es der Machiavelli ist, können wir eine Persönlichkeit, die fast Zeitgenosse war, gegenüberstellen: den Thomas a Kempis, der ganz in der langsamen, allmählichen Entwickelung drinnensteht und der ein ganz und gar nicht politischer Geist ist, der langsam und allmählich wirkt.»[45] *

* Von *Thomas von Kempen* (1379 oder 1380 – 1471), dem Verfasser der berühmten «Vier Bücher von der Nachfolge Christi», sei hier erwähnt, daß er in seiner Jugend u.a. sieben Jahre lang die Schule der Brüder des gemeinsamen Lebens in Deventer besuchte. Es ist wohl mehr als nur eine äußere Schicksalsähnlichkeit, daß auch *Nikolaus von Cusa* (1401 – 1464), sein jüngerer Zeitgenosse,

Was in der Renaissancezeit heraufkommt und durch Machiavelli als ein menschliches Symbolum offenbar geworden ist, aber auch aufs stärkste durch ihn auf die Welt gewirkt hat, das sind die «hinterlassenen *atavistischen*, also *luziferischen* Kräfte» des alten Römertums. In diesen Worten Rudolf Steiners liegt der Hinweis auf einen entscheidenden Punkt: Es ist nicht mehr das alte Römertum, wie es dereinst aus gewissen Entwicklungsbedingungen heraus gewachsen war, sondern die Impulse dieses Römertums in metamorphosierter Art, luziferisiert, insofern ein Vergangenheitselement wieder aufgenommen wurde, rückwärtsgewandt, auch mit dem echt renaissancemäßig-luziferischen Enthusiasmus für diese antike Vergangenheit. Der luziferische Zug in Machiavellis Verhältnis zum antiken römischen Staat als Ideal auch für seine Gegenwart und für die Zukunft liegt zutiefst in der *Illusion*, als sei die römische Bewußtseinslage und menschliche Situation wiederherstellbar und als sei das menschlich-seelische Verhältnis des Römers zu seinem Staatswesen auch in der nun heraufziehenden Zeit des fünften nachatlantischen Zeitalters möglich. In Wahrheit beruhte das menschliche Verhältnis des Römers als Bürger zu seinem staatlich-politischen Leben auf einem Doppelten: einerseits darauf, daß der Mensch auf der Entwicklungsstufe der Verstandesseele sich menschlich überhaupt noch ganz anders der umgebenden Außenwelt hingeben und in ihr das finden konnte, was seiner Seele Inhalt und Substanz gab, andererseits aber darauf, daß dieses staatlich-politische Wesen der Römer bei aller Nüchternheit selbst doch noch viel stärker durchsetzt war von menschlich-seelischem Wesen, von Emotionalität, daß es eben noch nicht das seelenlose, mechanistische Getriebe war, das erst in dem Zeitalter des Materialismus herauf-

in eben dieser Schule studierte. Auch Nikolaus von Cusa, über dessen christliche Sozialimpulse wir in Bd. II, S. 118 ff und in unserem Aufsatz «Die Staatsidee des Nicolaus Cusanus» in «Die Drei» I 5/6 (1921) ausführlicher gesprochen haben, gehört seinem ganzen Wesen und Geiste nach jener «langsamen, allmählichen Entwicklung» an, deren Impulse in der neueren, d.h. der Zeit des Materialismus so vielfach gerade das Schicksal hatten, *nicht* aufgenommen und nicht realisiert zu werden. Auch Cusanus ist eine Art Gegenpol Machiavellis

kam, in dem und an dem die Bewußtseinsseele erwacht, die nun nicht mehr in der früheren Weise in der Außenwelt das finden kann, was ihr Genüge und menschliche Substanz geben kann, sondern die darauf angewiesen ist, dieses in weit höherem Maße im eigenen Inneren zu konzipieren und zu entwickeln. Darin liegt der radikale Unterschied der Zeiten und der illusionäre Charakter aller Versuche, die alte römische Gesinnung im fünften nachatlantischen Zeitraum wieder zum Aufleben zu bringen, und mögen solche Versuche mit noch so großer Hingabe und luziferisch-rauschhaftem Enthusiasmus wie bei Machiavelli unternommen werden.

Der zum Seelenlos-Mechanistischen führende, d.h. der ahrimanisierende Zug der neueren Zeit bewirkte, daß auch die auf so luziferische Weise wieder heraufgebrachten römischen Vergangenheitselemente selbst alsbald von der Ahrimanisierung ergriffen wurden, und so zeigt der neuere Staat nicht das alte, sondern eben ein ahrimanisiertes Römertum. Das war auch das Schicksal des von Machiavelli und den ihm Gleichgesinnten getragenen Impulses: Der rauschhaft-luziferische Enthusiasmus der Renaissancezeit war alsbald verflogen, auf Luzifer folgte auch hier – gemäß dem universellen Weltgesetz – Ahriman, d.h. in diesem Falle die Ausbildung des mechanistischen bloßen Machtstaates der neueren Zeit. Was man den «Machiavellismus» im anrüchigen Sinne einer von allen menschlich-moralischen Regungen freien, bloß egoistischen politischen «Klugheits»-Lehre nennt, ist ein Ausdruck dieser Ahrimanisierung des römischen Impulses. Der römischen Wölfin wohnte schon immer eine ahrimanisierende Tendenz inne, aber viel stärker als im griechisch-lateinischen Zeitalter kommt sie in ihrer Metamorphose in der materialistischen Kultur der fünften nachatlantischen Zeit heraus, im Geist des antisozialen Egoismus, der Unwahrhaftigkeit und eines geistentfremdeten einseitigen Machtstrebens.*

* «Das Wesentliche der Renaissance ist ja nicht die Wiederentdeckung der Antike», schreibt in einer *architekturgeschichtlichen* Betrachtung über die Ausbildung des Innenraumes in der Zeit der Renaissance *Gottfried Richter* («Ideen zur Kunstgeschichte», Stuttgart 1937, S. 127), «sondern daß man die Vokabeln der

Der Ablauf der Kulturentwicklung von der Frührenaissance an über die Hochrenaissance in das Zeitalter der Gegenreformation zeigt, am deutlichsten wieder in Italien, einen Pendelschlag von dem luziferischen Pol hinüber zum ahrimanischen. Überwiegt in den ersten Zeiten der Renaissance noch stark jenes enthusiastisch-luziferische Element als Grundstimmung, so finden wir in der Zeit der Gegenreformation eine ausgesprochene Verdüsterung in der geistigen Atmosphäre; alles wird schwerer und lastender, finsterer; dem Renaissance-Rausch ist eine weltgeschichtliche Ernüchterung gefolgt. Ich habe diesen Ablauf mehr anhand der Kunstgeschichte einmal in einem Aufsatz «Von Kunstentwicklungen und Kulturwandel. Eindrücke in Italien»[46] darzustellen versucht und darf daher hier darauf verweisen. Dort habe ich auch gezeigt, wie im Herüberschwingen des Pendels vom luziferischen zum ahrimanischen Pol auf dem Höhepunkt der Renaissance wie für einen weltgeschichtlichen Augenblick etwas wie ein Gleichgewichtszustand zwischen den luziferischen und den ahrimanischen Impulsen erreicht ist und wie deshalb gerade hier der Christus-Impuls sich künstlerisch am besten verkörpern konnte, in den Werken der Raffael, Lionardo und anderer – wie er sich in der griechisch-römischen Zeit, die weltgeschichtlich die eigentlich große Zeit des luziferisch-ahrimanischen Gleichgewichts war, *leiblich* verkörperte. Da, auf den Höhen der Renaissance ersteht in Künstlern wie den genannten menschliche Ichhaftigkeit, die in einer tiefen Verbindung mit der christlichen Substanz lebt, wie zwischen Luzifer und Ahriman hineingestellt, deren Wirkungen sie aus der Kraft der Mitte im echt menschlichen Gleichgewichtszustand zu balancieren und in wunderbarer Formenschönheit, in Formen, die noch aus der griechisch-lateinischen Zeit genommen waren, Werke zu schaffen vermag, in denen der Christus-Impuls lebendig zum Menschen spricht.

Antike gebraucht, um etwas Neues zu sagen: Den in sich geschlossenen, ruhenden, einheitlichen Raum.» Ein Analoges gilt eben auch auf dem politisch-sozialen Gebiet: auch dort haben die antiken «Vokabeln» letzten Endes nur dazu gedient, ein *Neues* zu begründen, nämlich den neueren, mechanistischen Staat.

In dieser Höhezeit der Renaissance lebte auch Machiavelli, und auch in seinem menschlichen Wesen und in seinem gesamten Werk sehen wir aufs deutlichste das Ineinanderspielen des luziferischen und ahrimanischen Wesensimpulses. Was ihn aber von den großen christlichen Künstlern von Grund auf unterscheidet, ist, daß hier nicht ein innerlich in der christlichen Existenz verwurzeltes Ich zwischen den beiden Gegenmächten steht und sie im edlen Gleichgewichte zu halten vermöchte, sondern hier ist das menschliche Ich ihrem Ansturm nicht gewachsen, wird vielmehr von ihnen ergriffen und fortgerissen. Damit ist gegen die Bedeutung und Genialität dieses Ichs nichts ausgesagt, wohl aber etwas über sein Karma. Dieses Ich gibt mehr den Boden ab, auf dem die luziferischen und ahrimanischen Impulse *ihr* verwirrendes Spiel treiben. Das ist in der Tat einer der wichtigsten Gesichtspunkte, die zu einem tieferen Verständnis des so verwirrenden Phänomens Machiavelli führen können. Wir erkennen auch hierin Machiavelli als ein menschliches, persönliches Symbolum für die Kräftekonfiguration des heraufziehenden fünften nachatlantischen Zeitalters überhaupt, denn dieses ist ganz allgemein gesprochen dadurch charakterisiert, daß sich in ihm die Wirksamkeit Luzifers und Ahrimans immer mehr verquickt und zu einem «Knäuel» (wie Rudolf Steiner es nannte) zusammenschließt. Diesen Knäuel findet man als menschlich-persönliches Wesen und Schicksal besonders eindrucksvoll, verwirrend-eindrucksvoll in Machiavelli. In diesem seinem Schicksal liegt auch das, was man als seine Tragik empfinden kann, die zwar nicht so sehr (obwohl auch) an Machiavellis Oberfläche erkennbar ist, wohl aber im Tieferen seines Wesens stark erlebt werden kann.

Seit langem haben die geschichtlichen Betrachter Machiavellis die Dualität der beiden Wesensimpulse in ihm empfunden und fühlten sich gefesselt durch das Widerspruchsvolle und Rätselhafte, das an der Gestalt des großen Florentiners für das menschliche Empfinden von dieser Dualität ausgeht. Einer der neueren Betrachter, der Historiker Karl Alexander von Müller, charakterisiert z.B. diesen Dualismus recht treffend folgendermaßen: « ... in seinen Zügen die siegreiche Klarheit eines unbezwinglichen Verstandes und der

Traum einer heftigen Leidenschaft, das faunische Lächeln der Sinnlichkeit und die tiefe Einsamkeit und Schwermut ..., leichtlebig und tiefsinnig zugleich, liebenswürdig und hartherzig, wollüstig und im kältesten Denken geschult, listig und einfältig, nüchtern und pathetisch, ein grausamer Menschenverächter und ein schwärmerischer Idealist, voll von Gegensätzen, die unvereinbar scheinen, und doch eine urwüchsige, ungebrochene, einfach große Natur.»[47]

So haben wir in der Einheit des Lebens, welche die Gestalt Machiavellis uns darbietet, drei Dinge (wie an sich natürlich in jedem Menschen) zu unterscheiden: die beiden charakterisierten Einschläge, die wie von den beiden Seiten her kommen und sich in Machiavelli in einzigartiger Weise verschlingen, und das menschliche Ich Machiavellis selber. Der kalte, erbarmungslos nüchterne Verstand, der sich in den Dienst des skrupellosesten politischen Machtstrebens stellt, bedeutet den einen Pol, aus ihm erfließt das, was man im spezifisch finsteren Sinne den »Machiavellismus» zu nennen pflegt; glühende Leidenschaft lebt am anderen Pol, sie differenziert sich dort wiederum in weiter Spannung von einem zügellosen Triebleben, in das wir Machiavellis Person verhaftet sehen, bis zuletzt zu dem, was als starker Enthusiasmus für nationale Freiheitsideale und als glühender Patriotismus in ihm war. Das dritte aber ist dann der unmachiavellistische Mensch Machiavelli.

Man hat mit Recht hervorgehoben, daß Machiavellis eigener Lebenslauf recht unmachiavellistisch war! Er hat sich dem politischen und diplomatischen Dienst seiner Vaterstadt über 14 Jahre mit Ehren gewidmet, aber nie eine herrschende Machtstellung in der florentinischen Republik angestrebt oder erreicht. Und als die Republik 1512 durch die Rückkehr der Medici gestürzt wurde, da besaß der theoretische Lehrer jedweder Treulosigkeit nicht die Gewandtheit unzähliger anderer, sich sogleich «auf den Boden der gegebenen Tatsachen» zu stellen. Er verschmähte die von ihm theoretisch anempfohlene Heuchelei, fand nicht die heiß ersehnte neue politische Betätigung.[48] Sehr unmachiavellistisch, wenn auch in seiner Haltung gegenüber den Medici vielleicht nicht gerade besonders würdig, klingt wahrlich z.B. ein Brief Machiavellis an seinen

Freund Francesco Vettori aus dem zweiten Jahr seiner unfreiwilligen Muße, wo es gegen Ende im Zusammenhang mit Machiavellis Streben nach einer erneuten politischen Verwendung heißt: «An meiner Treue braucht niemand zu zweifeln; ich werde nun nicht lernen, sie zu brechen; denn wer 43 Jahre redlich und treu befunden worden ist, wie ich, von dem könnte man doch annehmen, daß er seine Natur nicht ändere; von meiner Treue und Redlichkeit aber ist meine Armut der Beweis».[49] In diesem selben Briefe teilt er dem Freunde mit, daß er ein Werkchen de principatibus geschrieben habe, durch das er sich den Medici zu empfehlen hoffte. Es ist sein «Principe», der Machiavellis Namen für alle Zeiten berühmt und berüchtigt gemacht und in dem er in der klassischsten Weise den «Machiavellismus» formuliert hat.

Ein hervorstechender Zug des Lehrers des Machiavellismus ist geradezu seine persönliche Wahrhaftigkeit, ja sein Wissenschaftsgeist. Und der theoretische Verteidiger jedweder politischen Selbstsucht erscheint in seinen Schriften als ein in selbstloser Sachlichkeit an den Gegenstand hingegebener und objektive politische Ideale, wie er sie verstand, selbstlos erstrebender Mensch.

Aber eben dieser Mensch und dieses Menschentum ist zugleich der Schauplatz, auf dem fortgesetzt in großem Stile die luziferisch-ahrimanischen Impulse sich ausleben, denen sich dieses Menschentum wie hemmungslos hingibt. Oft scheint es, wie wenn z.B. Machiavellis glänzende Geistesgaben, seine Freude an der intellektuellen Durchdringung und Zergliederung der Gegenstände seines Denkens mit ihm durchgingen, der «Sporteifer«, wie man gesagt hat, der ihn erfüllte in der Durchführung seiner jeweiligen Aufgabe.[50]

In den verschiedensten Sphären tritt uns bei Machiavelli immer wieder die Polarität seines Wesens entgegen. Ganz persönlich gesehen erscheint sie als die für den Menschen der materialistischen Jahrhunderte ja überhaupt so bezeichnende von Kopf und Sinnlichkeit (auf Kosten des mittleren Herzhaft-Menschlichen), wobei der Pol der Sinnlichkeit sich in Machiavellis bekannter, höchst liederlichen Lebensführung auswirkte, worin er freilich auch wieder weitgehend dem allgemein Zeit- (und Volks-) Üblichen huldigte. Als Dichter lebte er dieselbe Polarität aus in seinen witzig erdachten, mehr oder weniger obszönen Komödien, vor allem in der schon erwähnten «Mandragora». Dann mehr ins Objektive seiner weltgeschichtlichen Sendung projiziert ist es wieder die gleiche Polarität, durch die Machiavelli zum Lehrer der *Rationalisierung* der politischen *Leidenschaften* wurde, zum Lehrer, wie man die politischen Leidenschaften auf eine möglichst rationelle Weise befriedigt (wozu sogar ihre teilweise Zurückdrängung gehört). Wiederum im Sinne des gleichen polaren Wirkens liegt aber auch das Folgende.

In Machiavelli lebt der Impuls des werdenden amoralisch-mechanistischen Staates. «Von allen ..., die einen Staat meinten konstruieren zu können», meint Jacob Burckhardt mit Recht, sei Machiavelli «ohne Vergleich der Größte.»[51] Aber dieser konstruierte, mit den Kräften des Toten arbeitende Machtstaat und die ihm kongeniale machiavellistisch-utilitaristische Politik sollten dem von demselben Machiavelli, wie schon erwähnt, enthusiastisch empfundenen nationalen Elemente dienstbar, zum Werkzeug der nationalen Freiheit und Einheit Italiens gemacht werden. Symbolisch hierfür ist es, wie Machiavelli an seinen von kältester Amoralität und Rechenhaftigkeit erfüllten «Principe» das verhaltene Glut atmende Schlußkapitel anfügt mit dem an Lorenzo (Sohn des Piero) von Medici sich richtenden «Aufruf, Italien von den Barbaren zu befreien». Denn das war Machiavellis tiefste patriotische Leidenschaft und nationale Sehnsucht, hinter der das Miterleben der erschütternden Schicksale Italiens seit dem Jahre 1494 steht, die zur Fremdherrschaft führten. So faßt in Machiavellis Seele in repräsentativer Art der Impuls Wurzel, das Feuer des Nationalen, die Glut der nationalen Leidenschaft mit der Kälte des nüchtern-mechanistisch-utilitaristischen Staates zu verbinden. So tritt bei ihm hier in einem Frühstadium die Idee des nationalen Staates auf, der die Zukunft einer Reihe von Jahrhunderten in zunehmendem Maße gehören sollte.

Man finde, so schreibt der Historiker Friedrich Meinecke, ebenso im «Principe» wie in den «Discorsi», «wie ... überhaupt in Geist und Seele Machiavellis» die *zwei Stufen* seiner Lehre: «den schmutzigen *Weg* zur Macht und das reine große *Ziel* der Macht».[52] Oder ein anderes Mal unterscheidet Meinecke bei Machiavelli «die reine Rechenkunst des staatlichen Egoismus» und das dahinter verborgene «ethische Motiv des virtù-Ideals und eines leidenschaftlichen italienischen Patriotismus».[53] Man sieht, daß auch Meinecke (wie sehr viele Historiker) die beiden Wesensseiten an Machiavelli in ihrer großen Verschiedenheit und Spannweite deutlich empfindet. Er verkennt aber das Verhältnis, in dem sie zueinander stehen (und damit auch ihre Qualitäten), indem er sie wie Weg und Ziel oder wie Mittel und Zweck betrachtet. Sie stehen nicht wie Mittel und Zweck zueinander, sondern eben im Verhältnis einer echten *Polarität.* (Man kann nicht sagen, die Kälte sei ein Mittel zum Zweck der Wärme oder umgekehrt.)

Wenn in unseren Betrachtungen oben im Zusammenhang mit Dante, Brunetto Latini, Ovid, Franz von Assisi das weltgeschichtlich so unendlich bedeutungsvolle Motiv des Überganges von Mars zu Merkur anklingen konnte, so sehen wir nun in Machiavelli und seinem Römertum ein *mars*haftes Element in fast urphänomenaler Reinheit, könnte man sagen, auf den Plan der neueren Geschichte treten, sehen wir ihn Mars-Impulse in ungeahnter Einseitigkeit und violenter Heftigkeit ausleben, Mars-Impulse, die in der Zeit überhaupt lebten und die alles andere, was veranlagt sein mochte und etwa werden wollte, für Jahrhunderte zurückdrängen sollten, nämlich für die Jahrhunderte des materialistischen Zeitalters. Wir berühren damit einen weiteren wichtigsten Komplex im Wesen Machiavellis – und des Machiavellismus –, der zwar einerseits offenkundig vor aller Augen liegt, so daß er gar nicht übersehen werden kann, der aber andererseits in seinem Kerne mit Schicksalsgeheimnissen der Individualität Machiavellis zusammenzuhängen scheint, denen wir uns nur tastend nahen können.

Wir haben dies freilich schon einmal getan und dürfen hier zunächst auf das verweisen, was wir früher über Kopernikus, den Kopernikanismus und sein staatlich-soziales Gegenstück, den «sozialen Kopernikanismus» des neueren zentralistisch-mechanistischen Staates ausgeführt haben.[54] Es handelte sich, um es kurz zu wiederholen, darum, daß die Geistesforschung Rudolf Steiners von einer Dekadenz der Entwicklung des Mars spricht, die zur Folge hatte, daß von ihm Impulse ausgingen, die auf die Erdenentwicklung dadurch in einer besonderen Weise im Sinne des Materialismus einwirkten, daß Seelen, die in ihrem Leben zwischen Tod und neuer Geburt diese Mars-Impulse aufnahmen, sie in ihrem nächsten Leben auf die Erde heruntertrugen und sie dort eben im materialistischen Sinne auslebten. Rudolf Steiner erwähnt als ein Beispiel hierfür die Individualität des Kopernikus und den Kopernikanismus als eine Anschauung, in der diese Marskräfte wirken. Nun konnten wir bereits[55] darauf aufmerksam machen, daß Machiavelli, in dem selber ein universaler Mars-Impuls lebt, ein Zeitgenosse des Kopernikus war. Er ist 1469 geboren, Kopernikus 1473. Die vorgeburtlichen Einflüsse, die Kopernikus in der Marssphäre aufgenommen hatte und die sich in seinem Werk auslebten, hatten offensichtlich in stärkster Weise auch Machiavelli ergriffen, der ebenso Großes und Bahnbrechendes auf dem Gebiete des «sozialen Kopernikanismus» leistete wie Kopernikus selbst auf dem des astronomischen.*

Indem Machiavellis ganzes Werk durch und durch marshaftes

* Die Wirkung des astronomischen Kopernikanismus charakterisiert Rudolf Steiner einmal in einem Kunstvortrag vom 5. Oktober 1917 in Dornach über Raffaels «Disputa» im Zusammenhang mit zwei anderen wichtigen Faktoren der neueren Zeit, nämlich der Entdeckung Amerikas und der Erfindung der Buchdruckerkunst, folgendermaßen: Im Mittelalter lebten noch Imaginationen unter den Menschen; sie finden einen Abschluß in solchen Bildern wie Raffaels «Disputa», worin er noch diese älteren, lebendigen Imaginationen malte. Dann wurden sie «vertrieben durch die kaustische Kraft des Kopernikanismus, der Entdeckung Amerikas, der Buchdruckerkunst». Der Kopernikanismus ließ keine Möglichkeit, sich über den Wolken einen Himmel vorzustellen, erfüllt mit hierarchischen Wesenheiten und dergleichen. Fortan tritt – im Sinne einer notwendigen Entwicklung der abendländischen Kultur – an die Stelle des alten imaginativen Schauens «das äußerlich-gegenständliche Vorstellen des gesamten Weltgebäudes»

Gepräge trägt, offenbart sich gerade darin auch wiederum seine tiefe innere Wesensverwandtschaft mit dem Römertum, wobei freilich der grundlegend wichtige Unterschied besteht, daß im Römertum noch nicht entfernt in dem Maße wie in der Morgenröte des fünften nachatlantischen Zeitalters von einer Dekadenz der Marshaftigkeit gesprochen werden kann. Wir dürfen vielmehr die Marshaftigkeit der Römer als etwas der damaligen Welt Gemäßes betrachten,[56] die des 15. und 16. Jahrhunderts hingegen als etwas, was schon in viel höherem Maße sich mit retardierenden Geistesmächten verbunden hat. Die «Dekadenz» der Marswelt war es ja denn auch, welche jene «heilende» merkuriale Gegenwirkung und Erlösungstat notwendig machte, die aus tief in der Mission des Rosenkreuzertums begründeten Impulsen um 1600 die Geistwesenheit des *Buddha* für die Marswelt vollbrachte.[57] Von dieser heilenden Gegenwirkung lebt noch nichts – und kann auch natürlich noch nichts leben – in Machiavelli und dem «Machiavellismus». Er ist vielmehr geradezu ihr Gegenpol.

Dieses alles findet sein Gegenstück im *Sozialen*: Im Mittelalter hatte man auch das soziale Leben noch durchsetzt mit imaginativen Elementen gesehen, wie z.B. etwa das Verhältnis der beiden großen Sozialmächte des Mittelalters, des Papstes und des Kaisers, im großen kosmischen Bilde von Sonne und Mond. So tat es auch noch Dante. Als der «soziale Kopernikanismus» eines Machiavelli heraufkam, wurde auch das soziale Leben nur noch im äußerlich-realistischen Sinne betrachtet. Der Zauberhauch der alten Imaginationen, die zugleich das soziale Leben angeknüpft hatten an die Sphäre der christlich-menschlich-moralischen Impulse, entschwand, und es blieb nur übrig das nüchtern-realistische Getriebe der egoistischen Persönlichkeiten, die rein weltlich-irdisch wurden, hintergrundlos, könnte man auch sagen, aber dafür sich selbst als Persönlichkeiten erlebend im Sinne der Bewußtseinskräfte, abstrakt zusammengefaßt durch den mechanistischen Staat, das soziale Gegenstück des kopernikanischen Sonnensystems.

Äußerliche Vergleiche zwischen der Tat Machiavellis und der des Kopernikus und anderer findet man übrigens auch in der üblichen Geschichtswissenschaft. So rühmt z.B. *Hans Freyer*, «Machiavelli», Leipzig 1938, S. 171, Machiavelli habe «ein Menschenalter, bevor Kopernikus das Sonnensystem neu dachte, ein Jahrhundert, bevor Galilei die Mechanik als mathematische Theorie der Bewegung schuf, ... die Naturgesetze der politischen Welt gefunden.»

Es ist in diesem Zusammenhang bezeichnend, daß Machiavelli selbst im letzten Ausklang eines *Marszeitalters* lebte, jenes Zeitalters nämlich, in welchem der Mars-Erzengel, Samael, führend war. Dieses Samaelzeitalter ist dem Monden-Gabriel-Zeitalter vorangegangen, das von etwa 1525 bis 1879 dauerte, um seinerseits von dem gegenwärtigen Michael-Zeitalter abgelöst zu werden. Das Samael-Mars-Zeitalter währte von etwa 1171 bis 1525.[58] Machiavelli wurde, wie erwähnt, 1469 geboren, er starb 1527, überlebte also das Marszeitalter noch ein wenig. Am Ende (oder gar nach dem Ende) eines solchen Zeitalters kommen oftmals dessen Impulse am heftigsten zum Vorschein.

Ein «Marszeitalter» gibt es ja aber auch im Leben jedes einzelnen Menschen. Dieses Leben spielt sich, wie geisteswissenschaftlich bekannt, in Siebenjahresrhythmen ab: Die ersten sieben Jahre stehen unter dem Einfluß des Mondes, die zweiten (von 7 – 14) unter dem des Merkur, die dritten (von 14 – 21) unter dem der Venus, die nächsten dreimal sieben Jahre (von 21 – 42) unter dem Einfluß der Sonne. Dann folgen die sieben Jahre (von 42 – 49), die im Zeichen des Mars stehen. Die beiden dann folgenden Jahrsiebente bringen den Jupiter- und endlich den Saturneinfluß. Machiavelli wurde mit 29 Jahren (1498) an die Spitze der zweiten Kanzlei der Republik Florenz bestellt. 1498 bis 1512, also 14 Jahre, hatte er sein Amt inne, in welchem er seine politischen Erfahrungen sammelte. 1512, mit etwa 42, 43 Jahren verlor er es infolge der Rückkehr der Medici. Von 1512 bis 1519, im Alter von 42, 43 bis 49, 50 Jahren, also in seinen eigenen *Mars*-Jahren, schrieb er, infolge jener unfreiwilligen Muße, seine wichtigsten Schriften, durch die er gewaltig auf die Nachwelt gewirkt hat: 1513 den «Principe», von 1513 an die «Discorsi». Sein im speziellsten Sinne marshaftes Buch, das über die Kriegskunst («Dell' arte della guerra»), geht auf Gespräche zurück, die er 1516 geführt hat. (Die «Florentiner Geschichte» folgte erst 1521 bis 1525.) In seinem Buch über die Kriegskunst, das schon bei Machiavellis Zeitgenossen besondere Zustimmung fand, preist er die römische Kriegskunst als Muster. Er setzt sich ein für die Aufstellung straff disziplinierter Volksheere und bringt so schon früh den

Gedanken der allgemeinen Wehrpflicht herauf, die ja wiederum ihrerseits im Laufe der Zeit so stark dazu beitragen sollte, mehr oder weniger alle Völker der neueren Zeit mit Marshaftigkeit zu durchsetzen, besonders seit der levée en masse der Franzosen in der Französischen Revolution.

Auch die Politik selbst wird unter dem Wirken der Zeitimpulse, die sich in Machiavelli so besonders deutlich und radikal aussprachen, immer ähnlicher dem Kriege. Das Wort von dem Kriege, der nur eine Fortsetzung der Politik mit anderen Mitteln sei, wird daher, mag es an und für sich auch recht schief sein,* hier relativ richtig.

«Das *Eisen* als *einzige Medizin.* Dies war stets der herrschende Gedanke Machiavellis, und jedesmal, wenn er ihn entwickelt, erhebt sich sein Geist, und seine Sprache gewinnt eine hinreißende Kraft, Bestimmtheit und Schönheit» – so schreibt in eigenartig-merkurialtherapeutischer Ausdrucksweise ein Historiker über Machiavelli.[59] «Seine tiefste, ursprünglichste Leidenschaft war, die Fremden vom italienischen Boden zu vertreiben und neues Heldentum in einem nationalen Staat zu erwecken ... So hat er inmitten einer politisch erschlafften Zeit den *ehernen Schild der Staatsnotwendigkeit* aufgepflanzt», sagt ein anderer Historiker.[60] Und so ließen sich noch unzählige Stimmen anführen, aus denen allen das Empfinden für den großen universalen Mars-Impuls uns entgegentönt, der in Machiavelli lebte.

Viel hat man auch geschrieben über den Begriff der «virtù», der bei Machiavelli eine so zentrale Rolle spielt und dem sogar eine besondere Schrift gewidmet worden ist.[61] Diese virtù, die so vieles einschließt von Tüchtigkeit, Mannhaftigkeit, Entschlossenheit, Heroismus, von «heldischer Manneskraft, welche immer von neuem mit der ewig fließenden, launischen Fortuna kämpft und ihr, seis auch mit Gewalt, List und Verbrechen Staatswesen abringt, die

* Darauf hat Rudolf Steiner hingewiesen. Er sagte, der Satz, der Krieg sei nur die Fortsetzung der Politik mit anderen Mitteln, sei ebenso unlogisch, wie wenn jemand sagt: Der Haß ist die Fortsetzung der Liebe. Denn die Politik ziele auf *Verständigung* ab, der Krieg auf das Gegenteil.

durch ihre Ordnungen und Gesetze die menschliche Schlechtigkeit eindämmen und veredeln»[62] – diese virtù, die schon dem Sprachsinne nach auf das Wesen des Mannes abgestellt ist, auch sie wird nur dann im rechten Lichte gesehen, wenn man in ihr das *mars*hafte Ideal menschlichen Verhaltens im staatlich-politischen Bereiche erblickt.

Die Sphäre Machiavellis ist das «Kama»-Element, um den orientalischen Ausdruck zu gebrauchen, das Leidenschaftselement, das einstmals, in der lemurischen Zeit dem Menschen *vom Mars* zugeströmt ist, der damals auch das *Eisen* der Erde eingliederte. Dieses Kama-Leidenschaftselement begründet Selbständigkeit, Selbstbehauptung und Aktivität, daher zugleich auch das Gegeneinander der Menschen. Wir haben früher[63] gezeigt, wie in alten Zeiten, nämlich in denen der alten Theokratien, die Führer und Leiter der Gemeinwesen gerade *kama-frei* sein mußten, was sie durch die Initiation wurden, und daß das «politische» Element im engeren Sinne erst einsetzte, als umgekehrt das soziale Leben von dem persönlichen Leidenschaftswesen der werdenden menschlichen Persönlichkeiten erfaßt wurde. Nun wird auch im subjektiven Sinne das staatlich-politische Leben immer mehr der «Strom der Leidenschaften». Das vollzieht sich entscheidend im vierten nachatlantischen Zeitalter im Elemente des vorchristlichen Römertums. Im fünften nachatlantischen Zeitalter empfängt dieser Strom neue Antriebe aus den Impulsen der neuen, verstärkten Marshaftigkeit, die nun freilich, wie wir sahen, immer mehr das Gepräge des Niedergangs tragen, eines Niedergangs, der nach Überwindung und Erlösung verlangt.

Mit alledem klingt zugleich das Motiv des *«Sündenfalles»* an, der durch die ganze Menschheitsentwicklung auf Erden geht und von dem wir (bisher) drei wichtige Phasen oder Etappen unterscheiden können: den Ur-Sündenfall in der lemurischen Zeit, dann den Sündenfall in der vierten atlantischen Unterrasse (der urturanischen) und endlich die dritte Phase, die eben in der fünften nachatlantischen Kulturzeit vor sich geht. Wir haben diese drei Phasen etwas eingehender bereits an anderer Stelle behandelt und müssen hier darauf verweisen.[64] Mit der Renaissancezeit setzen stark die Impulse dieses «dritten Sündenfalles» ein. Er wirkt sich auf allen Lebensgebieten aus, auf dem Gebiete des staatlich-politischen Lebens eben als der «Machiavellismus». Diesen kann man auch als denjenigen Zustand des staatlich-politischen Lebens charakterisieren, in dem dieses, statt dem Sündenfall bzw. dessen gröbsten Auswirkungen zu wehren (wie es eigentlich seine Aufgabe ist[65]), ihm weitgehend selbst verfällt, indem immer ausschließlicher und unverhüllter Leidenschaft und Egoismus, Herrschsucht und einseitiger Machtwille seine unmittelbaren Triebfedern wurden, und zwar in demselben Maße, wie das Geistesleben immer abstrakter und sozial ohnmächtiger wird und immer weniger vermag, durch wirklichkeitskräftige Ideen und geistige Zielsetzungen dem politischen Strom die Richtung zu geben und damit die Leidenschaften zu durchleuchten und zu wandeln. Der Machiavellismus *rechtfertigt* grundsätzlich im politischen Leben das, wogegen sich die Menschen sonst aus einem moralischen Empfinden wenigstens innerlich sträuben, und er *verleugnet* ebenso grundsätzlich das, wonach die Menschen vollends im Sinne einer christlichen Weltempfindung sonst wenigstens streben. Das verleiht ihm den Charakter des Zynismus.* Zynismus ist die Art, wie *Ahriman* seine Wahrheiten sagt, so nämlich, daß dabei der Impuls des Strebens nach Überwindung der für das Menschentum beschämenden Wahrheiten fehlt. «Kalt» und «unmenschlich» kann man daher solche Wahrheiten nennen.**

Der Eigennutz wird von Machiavelli zur Grundlage der *Politik* gemacht, wie er – nach einer Bemerkung von Max Kemmerich[66] – mehr als zweihundert Jahre später von Adam Smith zu derjenigen

* Vgl. hierzu die treffende Nuance, die Dr. Ernst Müller in einem Aufsatz (über Spinoza in «Das Goetheanum» XIV 27 vom 7. Juli 1935, S. 213) verwendet, indem er sagt, daß Hobbes und Machiavelli die treibenden Gewalten des Staates «zynisch entblößten».

** Diese Art tritt uns in dramatischer Form erschütternd entgegen in Rudolf Steiners drittem Mysteriendrama «Der Hüter der Schwelle» im 8. Bilde, das Ahrimans Reich schildert.

der *Nationalökonomie* gemacht wurde. Den neueren Kapitalismus hat man recht treffend als »wirtschaftlichen Machiavellismus» bezeichnet.[66a]

Im Wesen des Staates kennt Machiavelli nichts anderes als nur Macht. Weisheit und Liebe (Brüderlichkeit) haben an seinem Staatsbegriff keinen Anteil. In diesem Sinne ist die neuere soziale Entwicklung tatsächlich immer mehr verlaufen. Der «eherne König» nahm, um im Bilde zu sprechen, das Schwert von der Linken in die Rechte und trat, den «goldenen» und den «silbernen» König gleichsam verdrängend, die Alleinherrschaft an – dann wird aus der *wohltätigen* und notwendigen Macht «*brutale*» Macht, dann verwandelt sich der «eherne König» in sein Gegenbild, dann verfällt er dem ahrimanischen Prinzip.

Machiavelli kennt auch keinen Fortschritt in der Geschichte. Der Mensch war, nach seiner vom Prinzip des Sündenfalls selbst getrübten Denkweise, immer schlecht, er ist schlecht, und er wird immer schlecht bleiben. Eben deshalb kann alles nur auf den Egoismus basiert und ein Staat nur mit Macht und Gewalt begründet und erhalten werden, und deshalb erscheint Machiavelli die Staatskunst berechenbar, deshalb die Möglichkeit einer politischen Wissenschaft gegeben. So führt auch von hier aus das Denken im Sinne des «Sündenfalls» zuletzt in das *mechanistische* Wesen. Man glaubt, mit den sich stets gleich bleibenden egoistischen Trieben des Menschen als sicheren Faktoren wie mit Naturkräften rechnen zu können und baut ein mechanistisches Machtgebilde auf sie auf. –

Im Zeichen immer derselben Impulse steht auch das, was man vielleicht am besten die Umkehrung des natürlichen oder besser gesagt: des geistgemäßen Verhältnisses der sozialen und menschlichen Werte nennen kann. Schiller sagt einmal tief wahr und wesentlich: «Alles darf dem Besten des Staates zum Opfer gebracht werden, nur dasjenige nicht, dem der Staat selbst nur als ein Mittel dient. Der Staat selbst ist niemals Zweck, er ist nur wichtig als eine Bedingung, unter welcher der Zweck der Menschheit erfüllt werden kann, und dieser Zweck der Menschheit ist kein andrer als Fortschreitung.»[67] Für die hier gemeinten Sozialimpulse dagegen ist es charakteristisch, daß sie überall einzelne Werte einseitig über alle anderen und vor allem auch über die höheren Werte erheben und insbesondere aus dem, was nur Mittel sein dürfte, Selbstzwecke machen, denen sie die eigentlichen und wahren menschlich-moralischen Zwecke unterordnen, aufopfern und sie dadurch im Prinzip vernichten. Machiavelli stimmte, so hören wir, begeistert dem Worte des Gino Capponi zu, der denen Lob gespendet hatte, die «amano più la patria che la salute dell'anima» (die das Vaterland mehr lieben als das Heil ihrer Seele).[68] Das Individuum wollte Machiavelli ganz und gar den Staatszwecken unterordnen, was im Prinzip eine Versündigung gegen das in jenem Schillerworte enthaltene Urgesetz bedeutet – wenn auf der anderen Seite auch gesehen werden muß, daß diese Tendenz, das Individuum dem Staatszweck schlechthin unterzuordnen, mit einer gewissen Notwendigkeit gerade in der Zeit der ersten Bewußtseinsseelenentwicklung immer wieder auftauchen mußte, in welcher das Individuum eine ausgesprochen egoistische Ausbildung durchmacht und dadurch einen stark antisozialen Charakter annimmt. Dann gibt es nämlich in der Tat nur die beiden Möglichkeiten: entweder die Entwicklung der einzelmenschlichen Persönlichkeit wahrhaft *weiter*zuführen und diese durch die Kräfte des Geisteslebens auf eine höhere Stufe hinaufzuläutern, wo sie dann in Freiheit ein soziales Wesen wird, oder aber – besonders wenn man mit Machiavelli an eine Höherentwicklung des Menschen nicht glaubt, weil man selbst keinen Zugang zu den sie bewirkenden menschlich-moralischen Kräften hat – das Individuum strikte unter das Joch des Staates zu beugen und zu versuchen, ihm dadurch von außen das – oder wenigstens den Anschein von dem – aufzuzwingen, was ihm an innerem Gemeinsinn fehlt.

Immer wieder kommt man auf Machiavellis Pessimismus in der Beurteilung des Menschen als auf eine für sein ganzes Denken und Fühlen fundamentale Tatsache. Hinter dieser bei Machiavelli scharf und wie von grellem Licht beleuchteten Tatsache steht im Grunde die ganze Entwicklung der Menschheit von den Urbeginnen durch den Einschlag des Sündenfalles bis in die abendländische Entwicklung des fünften nachatlantischen Zeitalters.

Der *Osten* hat immer festgehalten an dem Glauben an das ursprüngliche Gute der menschlichen Natur, weil nämlich der Osten immer in der Menschheitsentwicklung zurückschaute (und sich zurücksehnte) in die Urzeiten der Vergangenheit, in die Zeiten vor dem Sündenfall. Er blickte auf den Ursprung der Menschheit «aus dem Lichte». Auf den Glauben an die Güte der menschlichen Natur suchte der Osten auch seine Sozialordnungen aufzubauen.[69]

Stark empfindet den Sündenfall dagegen die jahwistische Anschauung des althebräischen Volkes, das selbst kraftvoll die Erde ergreifen sollte. Das Alte Testament inauguriert die *geschichtliche* Betrachtung, die dem Orient noch fremd war. Das geschichtliche Element hängt aufs stärkste mit dem Walten des Sündenfalles in der Menschheit zusammen, der den Menschen in die Erdenwelt herunterführt, und mit seiner Überwindung durch den Christus-Impuls, der gleichfalls in der *Geschichte* waltet. So finden wir gerade im Alten Testament die eindringlichen Hinweise auf die Bosheit der Menschen, besonders eindrucksvoll in 1. Mos. 6, 5 – 8, und zwar in einem Zusammenhang (siehe besonders Vers 2), der nach Rudolf Steiners Auslegung auf denjenigen Sturz der Menschheit hindeutet, den diese in der Mitte der atlantischen Zeit durchgemacht hat, d.h. auf die von uns so genannte zweite Stufe des Sündenfalles. Da erklingt das berühmte Wort, daß alles Dichten und Trachten des menschlichen Herzens «nur böse war immerdar» (vgl. auch 1. Mos. 8, 21).

Das Erleben des Sündenfalls, das Stehen unter seinen Auswirkungen ging dann besonders stark in die *abendländische* Entwicklung ein, welche die Erde zu ergreifen hat und schließlich dem Materialismus verfiel. Hier konnte ein Philosoph wie Thomas Hobbes (1588 – 1679) das Wort «homo homini lupus» (der Mensch dem Menschen ein Wolf) gebrauchen, das er entgegen aller entwicklungsgeschichtlichen Wahrheit ausgerechnet im Urzustande der Menschheit verwirklicht wähnte, in den er das bellum omnium contra omnes (den Krieg aller gegen alle) verlegte.[70] Hobbes war auch hierin ein Gesinnungsgenosse oder Geistesverwandter Machiavellis. Beide und alle wie sie Denkenden vermochten die menschliche Natur nur im Lichte des Sündenfalles zu sehen. An die Stelle des Glaubens an die menschliche Natur setzen sie das grundsätzliche Mißtrauen in die Menschennatur und dementsprechend an die Stelle der Menschenliebe die Menschenverachtung. Darauf aber läßt sich ein wahrhaft menschliches Zusammenleben nicht aufbauen.

Tief bezeichnend für die objektive Verwirrung der moralischen Begriffe, die wir bei Machiavelli und so vielen Persönlichkeiten seiner Zeit finden, für die er nur wie ein besonders symptomatischer Sprecher erscheint, ist Machiavellis Verhältnis zu dem berüchtigten, skrupellosen Gewaltherrscher *Cesare Borgia.* Machiavelli kam als Gesandter der Republik Florenz 1502[71]/1503 im Alter von 33 Jahren mit Cesare Borgia, dem Herrscher der Romagna, in persönliche Berührung, und diese Begegnung war auf ihn von tiefstem, nachhaltigem Einfluß. Er erlebte den Schlag mit, durch den Cesare Borgia in Sinigaglia die kleinen Tyrannen der Romagna durch List in die Falle lockte und vernichtete, um seine eigene Herrschaft dort zu sichern, die er dann sogar zum Wohle seines Landes verwandte, indem er dort Ordnung und Frieden herstellte. Von Machiavellis Gesandtschaft bei Cesare Borgia hat man gesagt, sie habe Machiavellis eigentliche politische Erziehung eingeleitet. Der vor keinem Verbrechen zurückschreckende, ebenso brutale wie stolze Gewaltmensch erschien ihm fortan geradezu als Vorbild eines erfolgreichen neuen Fürsten. Machiavelli sagt in einem Brief[72] über Cesare Borgia, daß er seine Taten «überall nachahmen würde», wenn er selbst ein neuer Fürst wäre. So ist Cesare Borgia für Machiavelli eine Art historisches Urbild seines späteren «Principe» geworden, in welchem er gleichfalls voll Lobes von ihm spricht. Und so bildet auf diese Weise Cesare Borgia durch Machiavelli etwas wie einen impulsierenden Einschlag in das Werden der neueren Politik und des neueren Staates. Freilich ist dabei das Folgende mit zu berücksichtigen.

Rudolf Steiner erwähnt in einem Vortrag, in dem er über den luziferischen Charakter des zurückgebliebenen Griechentums spricht, das in der Renaissance wiedererscheint, als «Nebenerscheinungen» dieses Luziferischen auch solche Gestalten wie Papst Alexander VI. oder wie Cesare Borgia (bekanntlich der Sohn Alexander VI. Borgia) «und die anderen, die als Begleiterscheinungen dieser Renaissance erscheinen».[73] Damit wird offenbar darauf hingedeutet, daß der eigentliche Grundimpuls Cesare Borgias ein *luziferischer* war, womit auch die Schilderung des stolzen, großen, schönen, starken Menschen, des Zaubers seiner Persönlichkeit, der Grandezza seiner Erscheinung, seiner Unnahbarkeit und Würde usw. übereinstimmt, wie man sie in der Literatur findet.[74] Cesare Borgia strebte übrigens, was auch charakteristisch ist, bewußt dem großen Caesar als seinem Vorbilde nach. «Entweder Caesar oder nichts» war sein Wahlspruch. «Cum numine Caesaris omen» war in seinen Degen gegraben.[75]

Alexander Borgia, der Papst, und Cesare Borgia, sein Sohn, erfreuen sich in der Geschichte des denkbar schlechtesten Rufes, sie sind berüchtigt durch ihre Ausschweifungen und ihre Verbrechen (das Gift der Borgia usw.). Sie gelten geradezu als Schreckbilder der Renaissanceverbrecher, über denen sich der heutige Mensch erhaben dünkt. Rudolf Steiner hat diese Anschauung korrigiert, sicherlich weniger zum Vorteil der Borgias als nach der anderen Richtung hin, indem er in einem Vortrag, aus der Zeit des Weltkrieges, sagte: «Unser Zeitalter ... hat wahrhaftig nicht nötig, die großen Geister wie Julius II. oder selbst die Borgias so zu verachten, wie es die Geschichtslegende tut; denn die Geschichte wird über unsere Zeitgenossen, über die Größten unseres Zeitalters ganz andere Urteile noch zu fällen haben, als wir über die Borgias oder Julius II. oder über ähnliche Persönlichkeiten der Vorzeit. Die Menschen der Gegenwart haben nur nicht die Distanzen dazu.»[76]

In den letzten Worten kann, aus den ganzen Zusammenhängen heraus, gewiß auch das gesehen werden, daß der Mensch der Gegenwart zwar gern erheblichen Anstoß an solchen Verbrechen nimmt, die auf mehr luziferische Motive zurückgehen, daß er aber recht unsicher im Urteil und im Grunde recht kritiklos solchen gegenübersteht, denen ahrimanische Impulse zugrunde liegen, die in Wirklichkeit viel schlimmer sind.[77]

Doch bleibt auch das wahr, daß in der Renaissancezeit viele Entwicklungen aus mehr luziferischen Impulsen nur *begonnen* haben, die dann in den späteren Jahrhunderten ihre Fortsetzung auf mehr ahrimanische Art genommen haben.

Lobend hat *Baco von Verulam (Francis Bacon)*, der große Inaugurator der ausschließlich auf die Sinneserfahrung gestützten, in den Materialismus hinein sich entwickelnden Naturwissenschaft der neueren Zeit, von Machiavelli gesagt: «Wir sind ihm Dank schuldig, weil er uns offen und ohne Umschweife gesagt hat, wie die Menschen gewöhnlich handeln, und nicht, wie sie handeln sollen.»[78] Und auch Machiavelli selbst erklärt betont, er wolle schildern, was *ist*, und nicht, was sein soll. Er ist der erste große Empiriker auf dem Gebiete der Staatswissenschaft, der, absehend von allen metaphysischen Anschauungen und sozial-moralischen Zielsetzungen sich auf die nackte Schilderung des tatsächlich Bestehenden, des faktischen Handelns und Sichverhaltens der Menschen beschränkt, aus dem er gewisse praktische politische Regeln ableitet. Gerade dadurch ist Machiavelli epochemachend, ist er der Begründer der neueren Staatswissenschaft geworden. Seine Methode auf geschichtlich-politischem Gebiet ist in der Tat analog derjenigen der Naturwissenschaft, welche die sinnlich beobachtete Natur schildert, ihre Gesetze ergründet und technisch Nutzen daraus zieht. Bacon hatte Recht, Machiavelli zu loben.*

* Die große Verwandtschaft zwischen Machiavelli und Bacon kann einem in vieler Weise entgegentreten. Einen Satz z.B. wie den folgenden Baconschen: «Die beste Charakterbeschaffenheit ist die, im Rufe der Offenherzigkeit zu stehen, an Verschwiegenheit gewöhnt zu sein, Verstellung zeitweilig zu gebrauchen und die Fähigkeit der Heuchelei zu besitzen, wenn kein anderes Mittel gegeben ist» hätte genau so und im gleichen Geiste auch Machiavelli geschrieben haben können. Und was etwa *Ernst von Hippel* in seiner Schrift «Bacon und das Staatsdenken des Materialismus», Halle a.d.S. 1939 (dem wir den soeben zitierten Satz entnommen haben, siehe dort S. 36, Anm. 4) über gewisse

Ein Dritter im Bunde ist in einem tieferen Sinne der große Geschichtsschreiber *Leopold von Ranke* mit der von ihm vertretenen und heraufgeführten sinnenfällig-aktenmäßigen Geschichtsforschung. Auch er wollte sich bewußt auf die Darstellung des Geschehenen als solchem beschränken. Das liegt schon in seinem hochberühmt gewordenen Wort aus einem 1824 erschienenen grundlegenden Werk, einem Wort, das unendlich oft mit dem Anspruch auf unbedingte autoritative Geltung für alle des Namens würdige Geschichtswissenschaft zitiert worden ist: «Man hat der Historie das Amt, die Vergangenheit zu richten, die Mitwelt zum Nutzen zukünftiger Jahre zu belehren, beigemessen: so hoher Ämter unterwindet sich gegenwärtiger Versuch nicht: *er will bloß zeigen, wie es eigentlich gewesen*.»[79] In solchen methodischen Bemerkungen und solchen Gesinnungen Rankes tritt in recht deutlicher Weise seine geistige Verwandtschaft mit Bacon, ja der spirituelle Einfluß zutage, den nach einem Hinweise Rudolf Steiners die geistige Individualität Bacons unmittelbar auf die Rankes ausgeübt hat.[80]

Für Machiavelli war freilich die Geschichte noch nicht die systematisch ausgearbeitete Wissenschaft im Sinne des 19. Jahrhunderts und auch überhaupt nicht eine Wissenschaft, die nur um der objektiven Erkenntnis als solcher willen betrieben wird, sondern le-

Anschauungen Bacons schreibt, läßt sich ebenso oder ganz analog auf Machiavelli anwenden:

«Bacon gleicht … einem Forscher, dem es gelingt, in das Innere der Höhle des Seelenraumes vorzudringen, der aber in dieser nur etwas wie Seelennebel webend findet, hinter denen er den eigentlichen Herrscher, das höhere Ich, nicht zu erkennen vermag. Dadurch aber löst sich der Mensch für Bacon als Persönlichkeit auf in jene Eigenschaften, die ihn als Summe der Tierheit erscheinen lassen, und wird zugleich Ausdruck einer Natur, die beherrschen zu wollen nun als möglich und begründet erscheint. Wie aber auch das höchste Wesen der irdischen Reiche, der Mensch, zur Natur wird und bloßer Erfahrungsstoff, entsteht eine Welt, in der die Liebe keinen Platz hat und wo nur Gewalt und kluge Berechnung die Wesen äußerlich zusammenhalten. So durchzieht Kälte diese Lehren, für welche der Mensch nicht etwas in sich Wertvolles ist … Vielmehr erscheint jeder als des anderen Rechenfaktor und als gegenseitiges Werkzeug egoistisch-diesseitiger Ziele» (S.37).

diglich eine große «politische Apotheke», wie Mirabeau[80a] es ausgedrückt hat, nachdem er lange das Buch vom Fürsten studiert hatte, eine Sammlung von Beispielen für die politische Technik, aus der sich Regeln für die Begründung und Erhaltung einer festen Herrschaft abziehen lassen. Dazu ist die historisch-politische Wissenschaft ein Mittel. Die praktische Nutzanwendung war Machiavelli die Hauptsache. Er beschreibt die staatlich-politische Wirklichkeit, wie er sie in der Vergangenheit zu sehen glaubte und wie er sie insbesondere in seiner Zeit vorfand – deshalb hören wir z.B. auch nicht, daß die unmittelbaren Zeitgenossen Machiavellis mit Abscheu und Entrüstung auf seine nackten Darstellungen, die der auch ihnen geläufigen Wirklichkeit entsprachen, reagiert hätten –, und aus dieser trüben Wirklichkeit zieht er dann wiederum die Lehren, wie ein Staatsmann im Sinne dieser Wirklichkeit handeln müsse, wenn er erfolgreich sein will. Wenn also Machiavelli selbst für sich in Anspruch genommen hat und andere (wie Bacon) es an ihm gelobt haben, daß er nur schildert, was ist, und nicht, was sein soll, so ist dies nur in dem Sinne richtig, daß Machiavelli, dem es gerade darum zu tun war, an der Geschichte zu lernen, wie man im Sinne der Zweckmäßigkeit *handeln solle*, um Erfolg zu haben, die Maximen und Regeln dafür aus eben derselben Sphäre der äußeren Wirklichkeit entnimmt, innerhalb deren der Staatsmann oder Politiker wirken will. Es handelt sich also um etwas, was man eine Art Willensempirismus nennen könnte. Zu Unrecht erscheint dieser als eine Stärke. Er ist im tieferen Sinne gerade eine Schwäche, nämlich die *Kapitulation* des menschlichen Willens vor der äußeren, sinnenfälligen Wirklichkeit, der Verzicht, diese im Sinne eines höheren menschlich-moralischen Ideales oder Strebens umzugestalten und wandelnd auf sie einzuwirken. Dieser Verzicht beruht, geschichtlich gesehen, eben darauf, daß mit dem Ende des Mittelalters und dem Einsetzen des fünften nachatlantischen Zeitalters die alten produktiven menschlich-moralischen Impulse sich erschöpft hatten und neue für geraume Zeit noch nicht vorhanden waren. So ist der Machiavellismus nichts anderes als ein Teilphänomen jener umfassenden «Absterbe»-Prozesse, die in dem neuen materialistischen Zeitalter einen so breiten Raum in allem Geschehen einnehmen.

In Wirklichkeit kann der Mensch sich weder als Erkennender (z.B. Geschichtsforscher) noch als Handelnder (z.B. Politiker) ohne verhängnisvolle Folgen dem geschichtlich-sozialen Leben in der charakterisierten Weise gegenüberstellen, wie es allenfalls der Natur gegenüber möglich ist. Die natürliche Weltordnung nimmt ihren Lauf auch ohne das bewußte Zutun des Menschen, die geschichtlich-soziale Welt aber ist das Ergebnis gerade des fortwährenden Tuns des Menschen. Im geschichtlich-sozialen Leben kommt es (wie Rudolf Steiner es einmal ausdrückte[81]) entscheidend an auf die *Absichten des Menschen.* Verzichtet der Mensch grundsätzlich darauf, das unmittelbar Gegebene weiterzuentwickeln und emporzuführen im Sinne eines menschlichen Vervollkommnungsstrebens, dann bleibt der Zustand der Dinge nicht etwa, wie er ist, sondern er sinkt (im Sinne etwa des Wortes: «Stillstand ist Rückschritt») umgekehrt immer weiter herunter. Ohne den Einschlag des menschlichen Strebens, so könnten wir auch sagen, *verschlechtert* sich die Wirklichkeit immer mehr. Die in all ihrer Unzulänglichkeit bloß *beschriebene* Wirklichkeit wirkt gerade in dem, was Unzulängliches an ihr ist, als ein *Vorbild.* So hat insbesondere auch Machiavellis «Principe» gewirkt.

Es ist dies ein Punkt von der allergrößten Bedeutung und grundsätzlichen Wichtigkeit, und doch findet man ihn in aller neueren Literatur über Machiavelli, soviel ich sehe, niemals aufgezeigt. Man trifft vielmehr in dieser neueren Literatur auf nahezu restlose Blindheit gerade über diesen Punkt. Diese Literatur steht offenbar zum nicht geringen Teil unter der gleichen fortwirkenden Inspiration wie Machiavelli selbst, und sie wirkt daher, wie man oft recht deutlich erkennen kann, in seinem Sinne. Um so interessanter ist es, zu finden, daß vor weit über hundert Jahren *Friedrich Schlegel* die von uns hier gemeinte Wahrheit mit den Worten ausgesprochen hat:

«Indessen wer irgend eine schon vorhandene Kraft des Schlechten auf bestimmte Grundsätze und in eine klare, leicht anwendbare Form bringt, der macht ihre Wirkungen systematisch, und eben dadurch unendlich gefährlicher und folgenreicher, und insofern läßt es sich nicht leugnen, daß Machiavellis Politik auf die nachfolgenden Zeiten einen äußerst schädlichen und verderblichen Einfluß gehabt hat.»[82]

Untrennbar von dem Empirismus Machiavellis ist wiederum die rein-intellektuell-rationalistische Art seines Denkens. Für dieses Denken ist Machiavelli einer der großen Wegbahner der neueren Zeit auf dem Gebiete des politischen und sozialen Lebens. Es ist das Denken, von dem wir früher[83] gezeigt haben, daß es in Wahrheit gerade nicht die soziale Wirklichkeit im aufbauenden Sinne zu erfassen und zu gestalten vermag. Dieses Denken ergreift selbst nur das Absterbende, nicht das Lebendige, und es wirkt daher auch nicht im Sinne des Lebens, sondern des Absterbens. Das ist ein tiefster Aspekt zum Verständnis Machiavellis, seiner weltgeschichtlichen Symptomatik und seiner weltgeschichtlichen Wirkung. Dieser müßte heute durchschaut und klar erkannt werden, dann könnte die richtig verstandene Gestalt Machiavellis zum Ausgangspunkt einer Umkehr werden in einer Zeit, für die es die Frage nach Sein oder Nichtsein der menschlichen Kultur ist, daß sie den Übergang zu ganz anderen Seelenkräften, zu ganz anderen sozialen Impulsen findet, als es diejenigen der vergangenen materialistischen Jahrhunderte waren, die niemand mehr geoffenbart und dadurch zugleich verstärkt hat als eben Machiavelli.

Hinter all diesen Dingen, auf die wir in den vorangegangenen Betrachtungen hingewiesen haben, verbirgt sich erst die eigentliche Problematik Machiavellis. Seit langem hat man immer wieder und mit Recht Machiavelli als eine der großen problematischen Naturen der Weltgeschichte empfunden.[84] Diese Problematik kann man zentral etwa in der Frage zusammenfassen: Wie kommt es, daß Machiavelli, den man im tieferen Grunde durchaus als eine keineswegs unedle oder dem Guten wirklich abgeneigte Seele empfindet, den Boden für Anschauungen und Impulse solcher Art abgeben konnte, wie sie eben von ihm ausgingen, deren Inbegriff man den Machiavellismus nennt? Frühere Zeiten und Persönlichkeiten (z.B.

Friedrich d.Gr.) neigten vielfach dazu, um seines Machiavellismus willen Machiavelli selbst schlechthin als einen bösen Menschen, als eine Art Schurken anzusehen. Diese Ansicht hat man längst in ihrer Oberflächlichkeit durchschaut. Man versuchte nun Machiavelli aus den Zeitverhältnissen heraus zu begreifen, betonte sein uneigennütziges, in gewissem Sinne edles Wollen usw. Man hat auf diesem Wege sicherlich viel Zutreffendes und manches Wesentliche zutage gefördert. Aber das tiefere Rätsel wird mit alledem doch noch nicht recht gelöst. Man kann das Empfinden haben, daß diese eigentliche Problematik Machiavellis in seinem ganz persönlich-individuellen Schicksal begründet liegen muß und nur von daher gelöst und durchschaut werden könnte, im Karma Machiavellis, wie es sich aus der Verknüpfung seiner Inkarnationen ergeben mag. Erst dieses ganz individuelle Moment würde, in Verbindung natürlich mit dem allgemeinen Zeitenschicksal und den Zeitströmungen, in die Machiavelli hineingestellt war, die rätselhafte Erscheinung durchschaubar machen.

Vielleicht kann das Folgende wenigstens einen *Beitrag* zur Lösung dieser Fragen bedeuten, kann es die suchenden, fragenden Gedanken in eine bestimmte Richtung weisen.

Rudolf Steiner spricht in Vorträgen vom 23. und 24. Oktober 1915 in Dornach (im Rahmen von 10 Vorträgen über die okkulte Bewegung im 19. Jahrhundert) in Zusammenhängen, von denen vieles nur angedeutet wird und die in voller Klarheit zu durchschauen sehr schwierig erscheint, u.a. von der Schwelle oder dem Schleier, die den Menschen des gewöhnlichen Bewußtseins (auch gerade des modernen naturwissenschaftlichen Denkens) trennen von denjenigen Wesenheiten, die *hinter der äußeren Natur* leben und weben (wie auch auf der anderen Seite von dem Schleier seiner inneren Seelenerlebnisse, der ihm wieder andere Wesenheiten verhüllt). Rudolf Steiner weist darauf hin, daß es für den Menschen, der unvorbereitet diejenige Schwelle, welche die äußere Natur bedeutet, überschreiten würde, gefährlich ist, mit den gemeinten Wesenheiten in Berührung zu kommen oder gar einen Bund mit ihnen zu schließen. Diese elementarischen Wesen ahrimanischer Art charakterisiert nämlich Rudolf Steiner als solche, die den Menschen außerordentlich *scharfsinnig* machen, die ihn befähigen zu klarem Denken, ihm aber auch die Neigung einflößen, Dinge zu tun oder Impulse zu entwickeln, die *nicht menschenfreundlicher Art* sind; *zerstörende Kräfte* gehen von diesen Wesenheiten aus und teilen sich dem Menschen mit, der, wie gesagt, unvorbereitet mit ihnen in Berührung oder Verbindung kommen würde. Sie sind raffiniert klug, aber ihre Seelenkräfte sind verwandt mit der *niederen Natur des Menschen.* So kommt es, daß man, wie Rudolf Steiner sagt, «nicht gut einen Bund mit diesen Wesen schließen» kann, «ohne seine Natur zu erniedrigen, ohne gewisse sinnliche Triebe besonders stark auszubilden».

Betrachtet man nun die Wesensart Machiavellis (von dem Rudolf Steiner in diesen Vorträgen aber mit keinem Worte spricht), so kann man finden, daß auf ihn die Charakteristik bis zu einem gewissen außerordentlich weitgehenden Grade objektiv zutrifft, die Rudolf Steiner von den Folgen einer Begegnung des unvorbereiteten Menschen mit den geschilderten ahrimanisch-elementaren Wesenheiten hinter der Natur gibt. Und so kann sich einem, rein aus dem Phänomen heraus, die Frage aufdrängen: Sollte etwa ein derartiger Einfluß auf die Individualität Machiavellis stattgefunden haben? Sollte er in irgendeiner Weise – etwa unbewußt? – irgendwann einmal mit der Sphäre dieser Wesenheiten in Berührung gekommen sein und von ihnen Impulse aufgenommen haben, die sich dann mit seinem Wesen verbunden und durch sein Werk in einer bestimmten, dafür disponierten Zeit eine große weltgeschichtliche Wirkung ausgeübt haben?

Kommt man so, rein aus dem Phänomen Machiavelli, auf solche Fragen, ahnt man hier bedeutsame Zusammenhänge, dann kann es einen um so stärker berühren, wenn man nun folgendes feststellen kann: Der erste und hauptsächlichste der beiden Vorträge, in denen Rudolf Steiner über die Begegnung des Menschen mit den genannten Wesenheiten spricht, also der Vortrag vom 23. Oktober 1915, ist *derselbe* Vortrag, in dem er auch jene so bedeutungsvollen Hinweise in Bezug auf *Dante* und seine hypothetischen sieben Nachfolger gibt, die wir oben (S. 31) angeführt haben! Ja, Rudolf Steiner bringt dort selbst ausdrücklich dieses über Dante Gesagte als ein Beispiel in Zusammenhang mit dem anderen, was er über diejenigen Kräfte ausführt, welche sich in der Menschennatur entwickeln, wenn die Menschen den Schleier der Naturerscheinungen durchdringen. Auch die Ausführungen über Dante hatten uns ja in eigenartiger Weise bereits zu Machiavelli, Dantes Florentiner Landsmann und zugleich historisch-politischen Gegenpol, geführt. Und wir können uns in diesem Zusammenhang nun auch dessen erinnern, daß Dantes Lehrer, *Brunetto Latini*, ja gerade dadurch charakterisiert ist, daß er durch sein Initiationserlebnis, seine Begegnung mit der Göttin *Natura*, in berechtigter Art einen tiefen Einblick in das Kräfteweben hinter der äußeren Natur getan hatte. Das rechte, geistgemäße Verstehen der Natur (wie es auch gerade die Rosenkreuzer pflegten und anstrebten) aber kann nicht entbehrt werden da, wo die rechten Impulse auch zur Gestaltung des sozialen Zusammenlebens der Menschen gefunden werden sollen.*

* Von den gleichen, oben charakterisierten Wesenheiten wie in den Vorträgen vom 23. und 24. Oktober 1915 (GA 254) spricht Rudolf Steiner in großem Zusammenhang auch in dem Vortrag vom 15. Oktober 1916 in Dornach (GA 171). Er sagt hier von ihnen, daß sie «hereinwirken in das Bestreben der Wissenschaft, in das Bestreben des Aufstellens sozialer Ideale». Ihre *höheren* Fähigkeiten haben eine gewisse Ähnlichkeit bzw. Verwandtschaft mit den *niederen Trieben* des Menschen. Die von ihnen impulsierte Strömung bezeichnet Rudolf Steiner u.a. mit den Worten: Geburt, Glückseligkeit (Nützlichkeit), Utilität.

Endlich sei noch auf einen weiteren Vortrag Rudolf Steiners hingewiesen: «Anthroposophie und Kosmologie», den fünften Vortrag seines öffentlichen Vortragszyklus «Westliche und östliche Weltgegensätzlichkeit», gehalten in Wien vom 1. bis 12. Juni 1922 (GA 83). Dort ist die Rede von der Bedeutung, welche diejenige *Erkenntnisgrenze* für den Menschen hat, die den Menschen hindert, im gewöhnlichen Bewußtsein unter die Oberfläche der Natur herunter oder durch sie hindurch zu dem tieferen Wesen der Dinge durchzustoßen. (Das ist also jene selbe «Schwelle», von der in dem Vortrag vom 23. Oktober 1915 in dem oben wiedergegebenen Sinne gesprochen wird.) Und hier zeigt nun Rudolf Steiner, daß, wenn der Mensch für sein gewöhnliches Erdenbewußtsein diese Grenze nicht hätte, er nicht als eine in sich abgeschlossene Individualität der Umwelt gegenüberstehen könnte. Das aber heiße, daß er die *Liebefähigkeit* entbehren müßte.

Dieses glaubten wir als Anregung und Beitrag hinstellen zu sollen, wenn wir auch nicht in der Lage sind, die ganzen Zusammenhänge voll durchschaubar zu machen oder eine volle Antwort in festumrissener Form auf die Rätselfrage Machiavellis zu geben. Die Perspektive, die sich aber so eröffnet, würde u.a. darauf hindeuten, wie die Individualität Machiavellis eine Entwicklung durchgemacht zu haben scheint, durch die sie sich mit retardierenden geistigen Mächten verstrickte, deren Wirkung in den Impulsen sich auslebt, die weltgeschichtlich von Machiavelli ausgegangen sind.

In alledem aber liegt zugleich auch ein wichtiger Aspekt der *Tragik*, die schon so mancher Betrachter an der Gestalt Machiavellis empfunden hat. Diese Tragik tritt uns in verschiedenen Abstufungen entgegen. Ein äußerlich am stärksten sich aufdrängender Aspekt ist der, daß Machiavelli, der glühende Patriot, die Knechtung seines Vaterlandes durch fremde Mächte miterleben mußte. Ja, er mußte noch wenige Wochen vor seinem Tode (dem 22. Juni 1527) den furchtbaren «Sacco di Roma» erleben, der die Knechtung Italiens durch das Ausland besiegelte.[85]

Der tiefere Aspekt der Tragik Machiavellis aber liegt eben unmittelbar in ihm selber, in seinem ganzen Wesen. Folgt man Machiavelli, dem unmachiavellistischen Vater des Machiavellismus, in seine Gedankengänge und Empfindungen (wie ich dies z.B. in meiner

So ergibt sich, daß die Wahrung der Grenze bzw. ihr Überschreiten nur mit der nötigen Vorbereitung eine Voraussetzung für die Entwicklung dieser Liebefähigkeit ist, ihre unrechtmäßige Überschreitung aber (s. den Vortrag vom 23. Oktober 1915) den Menschen mit jenen ahrimanischen Wesenheiten zusammenbringt, die ihm Triebe einflößen, durch die er zerstörende Impulse nicht menschenfreundlicher Art aufnimmt.

Nun liegt es ja aber geradezu auf der Hand, daß, wenn etwas für den Impuls des Machiavellismus charakteristisch ist, es gerade die gänzliche Abwesenheit des Menschenfreundlichen und der Liebefähigkeit ist, die doch Voraussetzungen und tragende Kräfte jeder sozialen Gemeinschaft sein müssen. Größter Scharfsinn bei fehlendem menschenfreundlichen Sinn, fehlender Liebeskraft dem Menschenwesen gegenüber und damit unmittelbar zusammenhängend Kräfte, die in Wahrheit sozial zerstörerischer Art sind, charakterisieren den Machiavellismus.

Schrift «Der Machiavellismus», Berlin 1918, getan habe), versucht man, die Seele, die diese Gedankengänge und Maximen hervorgebracht hat, mitfühlend zu verstehen, sich in sie einzuleben, so kann einen etwas von derselben Stimmung überkommen, die in Rudolf Steiners drittem Mysteriendrama «Der Hüter der Schwelle» im 8. Bilde, das in Ahrimans Reich spielt, *Strader* nach den vorangegangenen Wesensoffenbarungen Ahrimans zu diesem spricht:

«In deinen rauhen Worten klinget Schmerz
Aus dir; und Schmerz sind sie in mir auch selber.
Ich kann, – betracht ich dich, – nur – klagen, weinen.»[86]

Unter den Kritikern und Gegnern, die Machiavelli in der Geschichte erstanden sind, ist der interessanteste zweifellos *Friedrich d. Gr.* Bekannt ist, daß er als Kronprinz den «Antimachiavell» schrieb, angespornt durch Voltaire, für den Friedrich ebenso große Bewunderung hegte, wie er Machiavelli verabscheute, gegen den sein «Antimachiavell» einen einzigen flammenden sittlichen Protest bedeutet. «Ich will die Verteidigung der Menschheit gegen dieses Ungeheuer wagen», schrieb Friedrich im Vorwort seines «Antimachiavell», in dem er, der zukünftige regierende Fürst Preußens, Machiavellis «Principe» zu widerlegen und eben vor allem moralisch zu brandmarken unternahm. Er kann sich dort nicht genug tun, von Machiavelli als «diesem Ungeheuer», «diesem gemeinen Verbrecher» zu sprechen, ihn zu titulieren: «ein Tiger wie Machiavelli» und dergleichen. Der Antimachiavell ist eine durchaus polemische Schrift, aus starkem Affekt heraus geschrieben. Man hat längst festgestellt, daß Friedrich den wahren Machiavelli gar nicht verstanden hat und in eigentlich recht oberflächlicher Weise gegen dasjenige Bild Machiavellis polemisiert, das in ihm selbst von dem Florentiner Schriftsteller und Politiker lebte. Aber bedeutsam an dem Phänomen bleibt doch dieses, daß in Friedrich selbst offenbar ganz tief der Impuls lebte, gegen Machiavelli, seine ganze Haltung und Art, gegen seine destruktiven Maximen anzugehen. Dem rein egoistischen Fürstenbild stellte Friedrich seine Idee von dem Fürsten als dem ersten Diener des Staates gegenüber.

Da Friedrich sich mit solch engagierter Heftigkeit gegen Machiavelli gewandt, hat man seit langem beide miteinander verglichen und die Frage aufgeworfen, inwieweit denn Friedrich d. Gr. in seiner späteren Praxis als Staatsmann im Sinne des *Antimachiavell* oder vielleicht etwa des *Machiavell* gehandelt habe, und fand, daß er in gar mancher Beziehung viel mehr die Lehren Machiavellis als die guten Absichten des Antimachiavell befolgt und verwirklicht habe. Wir wollen auf diese Fragen im fünften Bande zurückkommen; sie können in befriedigender Art nur behandelt werden, wenn man sie in wirklich großen Zusammenhängen und in einer tieferen Weise behandelt, als es meist geschieht. Hier sei nur gleichsam vorbereitend auf einige Punkte hingewiesen, die immerhin eigenartig und beachtlich sind, wenn man nämlich das Verhältnis Friedrichs zu Machiavelli nicht rein abstrakt nur im Sinne der beiderseitigen Anschauungen und Gedankeninhalte nimmt, sondern im Sinne einer inneren Beziehung, deren Vorhandensein schon aus der so lebhaften Auseinandersetzung Friedrichs mit Machiavelli in seiner Jugendschrift zu sprechen scheint.

Eigenartig ist es bereits, um mit dem Äußerlichsten zu beginnen, daß Friedrich d. Gr. durch das Schicksal im umfassendsten Sinne in diejenige Situation hineingestellt worden ist, die Machiavelli, nachdem er sie nur kurze Zeit und in beschränktem Maße selbst gehabt hatte, durch so viele Jahre vergeblich erstrebte: eine aktive politische Wirksamkeit. Was Machiavelli mit aller Inbrunst ersehnte, das fiel Friedrich d.Gr. durch die Geburt zu, die ihn zum regierenden Fürsten des jungen Königreichs Preußen berief. Er saß im Sattel und brauchte nur zu reiten.

Ferner: Machiavelli betont einmal in seinem Buch vom Staate, seinen «Discorsi» (I 20), «daß die unmittelbare Thronfolge zweier tapferer Fürsten große Erfolge hervorbringt», wie z.B. die unmittelbare Thronfolge Philipps von Macedonien und Alexanders d. Gr. hingereicht habe, die Welt zu erobern. Just in dieser Lage Alexanders befand sich aber wiederum Friedrich d. Gr. als Nachfolger seines tüchtigen Vaters Friedrich Wilhelms I., des preußischen Soldatenkönigs, der, wie bekannt, durch seine Regierung die administrativen und militärischen Grundlagen derjenigen Macht Preußens gelegt hatte, mit der Friedrich so erfolgreich zu operieren verstand und die er zu einem höchst wichtigen und bedeutsamen Faktor ausbaute.

Machiavelli empfiehlt (z.B. Discorsi I 30) aufs eindringlichste dem Fürsten, seine Feldzüge persönlich zu leiten, sein eigener Feldherr zu sein. Friedrich d. Gr. hat dies bekanntlich im größten Stil realisiert.

Machiavelli beförderte aufs nachhaltigste die Entwicklung des neueren Staates ins Mechanistische. Von seinem (1519 oder bald danach konstruierten) Verfassungsentwurf für Florenz sagt Jacob Burckhardt: «Man glaubt in ein Uhrwerk hineinzusehen».[87] Von Friedrich d. Gr. und seinem Staat hören wir, daß Goethe am 17. Mai 1778 in Berlin den preußischen Staat ein «großes Uhrwerk» nannte und von Friedrich etwas despektierlich, aber charakteristisch per «die große alte Walze» sprach. – Dieser Punkt führt schon in das Tiefere der wesenhaften Zusammenhänge hinein. Friedrich d. Gr. erscheint in der Tat als ein Erbe und Vollzieher derjenigen mechanistischen Staatsimpulse, zu deren Vätern eben vor allem Machiavelli gehört. Gerade darauf werden wir später noch weiter einzugehen haben.

Machiavelli war ein Vertreter der rationalistischen Denkweise, die das Mittelalter ablöste. Seine antikirchliche Haltung, wie sie etwa in seiner «Mandragora», aber auch sonst überall zutage tritt, erscheint nur dem Grade, nicht der Art nach verschieden von der auf den skeptisch-frivolen Ton gestimmten Haltung Voltaires und Friedrichs d. Gr. gegenüber Christentum und Kirche. Und auch Friedrichs Menschenverachtung findet ein unmittelbares Vorläufertum in den Grundüberzeugungen Machiavellis über die unveränderliche Schlechtigkeit der menschlichen Natur.[88]

Der Herausgeber einer kleinen Ausgabe von «Gedanken Machiavellis», Emil Schaeffer, faßt einige dieser eigenartigen Beziehungen zwischen Machiavelli und Friedrich d. Gr., sie noch um einige weitere Nuancen ergänzend, wie folgt zusammen:[89]

«Stets wird es eine seltsame Ironie der Geschichte bleiben, daß gerade jener Fürst, der die Stimme am lautesten gegen Machiavelli erhob, nach dem Plane des Florentiners das Gebäude seines Ruhmes zimmerte: ein König, der sein eigener Feldherr ist, ein Heer, das nicht vom Auswurf der Fremde gebildet wird, sondern die stolzeste Kraft des eigenen Landes darstellt, ein Volk, diszipliniert genug, den Interessen des einzelnen das Wohl der Gesamtheit rücksichtslos voranzustellen, – nicht das Florenz der Medici, nicht das Italien seiner Epoche, sondern erst das Fridericianische Preußen schenkte dieser Sehnsucht Machiavellis ihre Erfüllung. Und auch der altgewordene Einsiedler von Sanssouci, der zwischen seinen Hunden begraben sein wollte, würde sich mit dem Einsiedler von San Casciano[90], der lieber als Tier unter Tieren denn als Mensch unter Menschen hausen mochte, um dieser ‹race maudite› willen, schwerlich mehr brouilliert haben.»

Der Machiavellismus

Die mehr *gedanklichen Grundlagen* und den *gedanklichen Inhalt* dessen, was man den «Machiavellismus» Machiavellis nennen kann, habe ich in meiner Schrift (historische Dissertation) «*Der Machiavellismus*», Berlin 1918, eingehender darzulegen versucht und möchte daher hier die Kernpunkte der damaligen Arbeit nur kurz rekapitulieren:

Ich zeigte, wie Machiavellismus das klug-egoistische politische Handeln ist, das prinzipiell nicht unterscheidet zwischen guten und üblen Mitteln, sondern beide je nach ihrer äußeren Zweckmäßigkeit im Hinblick auf den erstrebten politischen Erfolg, d.h. vor allem die Erreichung und Sicherung der politischen Macht, aber auch Ruhm, Ehre und dergleichen anwendet. Schon daran zeigt es sich, daß der Machiavellismus in erster Linie ein *moralisches* Problem ist. Diesem Problem, das er aufwarf, hat Machiavelli ja auch seine Weltberühmtheit zu verdanken.

Machiavelli macht drei schwerwiegende Voraussetzungen, die er freilich in keiner Weise genügend begründet, sondern deren Richtigkeit er im wesentlichen in einer erkenntnismäßig fast naiv zu nennenden Weise einfach als mehr oder weniger selbstverständlich behandelt. Diese drei Voraussetzungen sind:

1. Die Menschen sind schlecht.

2. Sie bleiben auch schlecht, denn die menschliche Natur ist unveränderlich.

3. Es gibt keine fortschreitende Entwicklung in der Menschheitsgeschichte; diese ist vielmehr nur ein sich ewig wiederholender Kreislauf.*

Machiavelli zieht aus diesen Voraussetzungen zunächst die wichtigste und notwendige Konsequenz: Es ist der zum Prinzip erhobene *Egoismus*. Diesen macht er zur Grundlage seines ganzen politischen Systems. In ihm findet der Machiavellismus seine eigentliche Einheit. Der konsequente Egoismus hört auf, sein Handeln von dem Gesichtspunkt der Sittlichkeit abhängig zu machen, «gut» und «böse» sind ihm, wie gesagt, gleichberechtigte Mittel zum Zweck. Anders ausgedrückt: Die Stimme des Gewissens wird zum Schweigen gebracht.**

Die Anschauung von der Gleichgültigkeit des sittlichen Charakters einer Tat ist in seltsamer Weise in Machiavellis ganzes Fühlen eingedrungen. Dieses erscheint wie irregeleitet. Etwas Rätselhaftes

* Der Entwicklungsgedanke hat erst nach Machiavelli im Denken des Abendlandes Fuß gefaßt. Die alte Anschauung von dem Kreislauf alles Werdens ist im Grunde die alte orientalische Anschauung. Aber Machiavelli kombiniert sie mit der ganz und gar nicht orientalischen Auffassung von der Schlechtigkeit des Menschen, zu der um so mehr das abendländische Denken neigt (s.o.). Diese Kombination zweier Irrtümer – wenn man es einmal etwas zu sehr vereinfacht so ausdrücken darf –, des morgenländischen und des abendländischen, ist das für Machiavellis Denken Charakteristische und zugleich die gedankliche Grundlage der von ihm ausgehenden verhängnisvollen Wirkungen.

** Wenn man sich darüber klar ist, daß dieses gerade zum *Wesen* des Machiavellismus gehört, kann man ermessen, wie oberflächlich Meinungen sind wie die, welche «in der Verleugnung aller sittlich-rechtlichen Normen» nur eine sogenannte «*Lücke*» der Staatslehre Machiavellis erblicken wollen! (So Fr. von Oppeln-Bronikowski in seiner Ausgabe von Machiavellis «Discorsi» in «Klassiker der Politik» 2. Band, Berlin 1922, S. 26.)

hat die Art, wie er mit einer gewissen naiven Selbstverständlichkeit edle Handlungen und scheußliche Verbrechen gleichsetzt.

Solchen Konsequenzen, die Machiavelli aus seinen Grundanschauungen zieht, stehen aber auf der anderen Seite die erstaunlichsten *Inkonsequenzen* gegenüber. Machiavelli fordert nämlich von den von ihm für unabänderlich schlecht erklärten Menschen im Staate alle möglichen sittlichen Tugenden: Liebe zum Vaterland, Patriotismus, Hingabe an den Staat nach altrömischer Art, Pflichtgefühl, schlichten Bürgersinn, Hintansetzung des persönlichen Vorteils gegenüber dem Allgemeinwohl, Rechtschaffenheit und dergleichen. Machiavelli macht also eine Anleihe bei derjenigen moralischen Weltordnung, die er selbst zuerst de facto negiert hat – weil ohne sie eben doch nicht auszukommen ist. Aber nur durch Inkonsequenz vermag er seine politisch-sittlichen Ideale unlogischerweise – natürlich unbewußt – in sein System hereinzubringen.

Inkonsequent gegenüber seinen allgemeinen Grundanschauungen ist es übrigens auch, daß Machiavelli die praktischen Folgerungen aus seinen Voraussetzungen, wonach jedes noch so skrupellose Handeln gestattet ist, wenn es zum egoistischen Erfolge führt, nur für die Politik, nicht aber für das Privatleben zieht.

Diese Inkonsequenzen im Machiavellismus haben aber bei aller gedanklich-logischen Brüchigkeit doch die Wirkung, Machiavellis moralischen Kredit zu erhöhen: Sie verhüllen den wahren Grundcharakter des machiavellistischen Systems als solchen.

Einen höheren Staatszweck (wie ihn z.B. Aristoteles im Leben nach der Tugend erblickte) kennt Machiavelli nicht. Sein Staats-«Zweck» ist Macht um ihrer selbst willen. Das äußere Ziel der staatlichen Entwicklung war Machiavelli die Bildung eines starken, geschlossenen, wohlgeordneten Staates, beruhend auf Zentralisation, vor allem aber der Nationalstaat.

Das Schwergewicht liegt aber bei Machiavelli nicht auf diesen Zielen, sondern auf den *Mitteln* des politischen Handelns. Gerade hier zeigt sich der «Machiavellismus» am unverfälschtesten, und gerade hiermit hat Machiavelli (die damalige politische Wirklichkeit theoretisierend) Schule gemacht. Verbrechen aller Art spielen hier ihre gleichsam «legitime» Rolle. Machiavellis Schriften sind erfüllt von Schilderungen und Empfehlungen von Lüge, Betrug, List, Täuschung, Verrat, Treubruch, Gewalttätigkeit jeder Art, Vernichtung anderer Menschen, Mord und Grausamkeit. Das Bewußtsein des Üblen solcher Mittel scheint bei Machiavelli wie ausgelöscht.

Auch die «guten» Mittel werden nur aus Egoismus angewandt; z.B. fördert der Fürst die Untertanen nicht um ihrer selbst willen, sondern weil er an ihrer Wohlfahrt, ihrer Zufriedenheit usw. ein egoistisches Interesse hat.

Staatliche Einrichtungen und Organisationen spielen bei Machiavelli eine relativ geringere Rolle gegenüber seinen politischen Klugheitsregeln. Doch ist von größter Wichtigkeit sein Eintreten für *Heer* und *Kriegswesen.* Sein Ideal war die Abkehr von den Söldnerheeren und die Aufstellung eines für sein Vaterland kämpfenden Volksheeres auf der Grundlage der allgemeinen Wehrpflicht.

Ein wichtiges Mittel zur Erhaltung der politischen Macht ist auch die *Religion.*

Machiavelli ist innerhalb ziemlich enger Grenzen ein feiner Psychologe; besonders von all ihren trüben und negativen Seiten her kennt er die Menschen gut und gibt danach sehr realistische Ratschläge, nicht zur Erziehung der Menschen, sondern immer im Interesse der Macht der Herrschenden oder herrschen Wollenden.

Der Machiavellismus ist, so ergibt sich bei einer näheren Prüfung dessen, was man etwa seinen *Erkenntniswert* nennen kann, von grundlegenden inneren Widersprüchen erfüllt. Er verlangt, wie wir sahen, von den Menschen moralische Qualitäten, ohne die in der Tat ein soziales Leben nicht möglich ist, die aber gerade er nach seinen Voraussetzungen von den schlechten Menschen nicht verlangen dürfte. Ein wirklicher Erkenntniswert kommt dem machiavellistischen System nicht zu! Es ist, erkenntnismäßig betrachtet, ein höchst befremdliches Gemisch von Konsequenz und Inkonsequenz, von Logik und Widerspruch. *Der Geist der Wahrheit, den das machiavellistische System in der Politik so gänzlich verleugnet, scheint auch den Schöpfer dieses Systems in seinem Denken verlassen und dadurch erst die Aufstellung dieses Systems ermöglicht zu haben.*

Womöglich noch destruktiver sind die *Moralanschauungen* des Machiavellismus, wonach Gut und Böse nur zwei gleichberechtigte Wege zum Erfolg sein sollen. Bezeichnend ist schon, daß Machiavelli z.B. dem Fürsten raten muß, den *Anschein* aller möglichen Tugenden zu erwecken und schlechte Handlungen zu bemänteln, so daß sie gut und ehrenhaft *scheinen*. Entscheidend ist aber die folgende einfache Überlegung über einen Hauptpunkt des machiavellistischen Systems, das Verhältnis von Wahrheit und Lüge: Wenn nicht die Wahrheit als das Primäre, Grundlegende wie im menschlichen Leben überhaupt, so auch in der Politik bestände, so könnte die Lüge überhaupt nicht aufkommen. Jede Lüge muß, um einen Eindruck zu machen, sich als Wahrheit ausgeben. Sie setzt voraus, daß derjenige, an den sie sich wendet, einer Aussage überhaupt Bedeutung beizumessen geneigt ist. Das aber ist nur deshalb der Fall, weil eben Wahrheit das *Normale*, den menschlichen Verkehr im privaten wie im öffentlichen Leben Begründende ist. Die Lüge könnte nicht ohne die Wahrheit existieren, sie nimmt ihre Kraft von der Wahrheit, und mit dieser von der Wahrheit genommenen Kraft wendet sie sich *gegen* sie und strebt, sie zu zerstören.* Besonders evident ist dieser Tatbestand bei dem Wortbruch, den Machiavelli seinem Fürsten empfiehlt: Erst das Wort*halten* als das (trotz aller Korruption) Normale im menschlichen Verkehr ermöglicht es dem «machiavellistischen» Politiker, durch Wort*bruch* Vorteile zu erlangen. Und durch seinen Wortbruch zerstört er die Ordnung, welche diesen Wortbruch erst ermöglicht hatte. Hieraus ergibt sich die prinzipielle Superiorität der Wahrheit über die Unwahrheit wie in allem menschlichen Verkehr so auch in der Politik. Die Wahrheit kann nicht ein bloßes Mittel zu äußeren Zwecken sein, sondern sie ist ein Fundament des menschlichen Lebens. Die Gleichstellung von Wahrheit und Lüge ist also nicht bloß verwerflich, sondern absurd.

* Man vergleiche hiermit das tiefsinnige Märchen über das Gute und den Ursprung des Bösen aus dem Guten im 9. Bild von Rudolf Steiners zweitem Mysteriendrama «Die Prüfung der Seele», GA 14, wo von der Axt die Rede ist, die den Baum fällen kann, aus dessen Holz zuvor ihr Stiel verfertigt worden war.

Ein System, das Lüge und Selbstsucht und jede Unmoral prinzipiell verteidigt, bedeutet also im höheren Sinne notwendig eine Kraft der Zerstörung; es kann seiner Natur nach nicht aufbauend und produktiv wirken. Es setzt die moralische Ordnung voraus, die es theoretisch negiert, nützt sie aus und zerstört sie. Der Machiavellismus tut nichts, um den moralischen Wert des Menschen zu erhalten oder gar zu steigern und damit die *Grundlage* allen sozialen und staatlichen Lebens zu festigen. Er unterwühlt sie vielmehr. Nur die nicht machiavellistischen Impulse erhalten diese Grundlage; ihnen verdankt der Machiavellismus die Möglichkeit, ihr immer wieder entgegenzuarbeiten. *Auf sich selbst angewiesen, hebt er sich auf.*

Der beste Machiavellist – das ergibt sich als letzte und von allen charakteristischste Konsequenz – ist derjenige Politiker, der, um sich moralischen Kredit zu verschaffen, den Machiavellismus *ableugnet.* Wer Machiavellis System befolgen will, muß es ableugnen, und wer sich zu ihm bekennt, kann es schlecht befolgen!* –

Der Machiavellismus aber hat im politisch-sozialen Leben der neueren Jahrhunderte *gewirkt.* Welches waren seine Wirkungen?

Wer von dem Mißtrauen gegen die menschliche Natur ausgeht, muß allen Nachdruck darauf legen, daß der Mensch durch äußeren Zwang zu einem einigermaßen sozialen Verhalten *gezwungen* werden muß. Dazu muß sich der Staat zu einem Machtstaat ausbilden, der auch wirklich die umfassende Gewalt hat, um den Zwang durchzuführen.

* Vgl. hierzu einige Sätze aus *Pascals* berühmten «Lettres provinciales» gegen den Jesuitismus (2. Band, 16. Brief; S. 406 in der Ausgabe von 1700). Pascal spricht hier insonderheit von der *Verleumdung* «La calomnie est inutile, si elle n'est jointe à une grande réputation de sincérité. Un médisant ne peut réussir, s'il n'est en estime d'abhorrer la médisance, comme un crime dont il est incapable.» (Die Verleumdung ist nutzlos, wenn sie nicht mit dem Rufe der Aufrichtigkeit verbunden ist. Wer üble Nachrede übt, kann sein Ziel nur erreichen, wenn er für einen Menschen gehalten wird, der die üble Nachrede verabscheut als ein Verbrechen, dessen er unfähig ist.)

Mit der immer stärkeren Ausschaltung der Sittlichkeit in der Politik wird das eigentlich Menschliche ausgeschaltet, dasjenige, das den Menschen vom Tier und von den leblos-mechanischen Kräften unterscheidet. An die Stelle des menschlich-sittlichen Handelns wird daher ein mechanisches Spiel der Interessen, eine Abwägung und Ausbalancierung der Machtfaktoren treten; die Politik wird etwas wie ein Schachspiel werden, der Staat sich zu einem Unpersönlich-Maschinellen entwickeln. So wirkt die Ausschaltung des Menschlichen in Verbindung mit dem Mißtrauen gegen die menschliche Natur in der Richtung der Ausgestaltung des auf bloße Macht hinzielenden, unpersönlich funktionierenden *Staatsmechanismus.* –

Soweit die Rekapitulation des hauptsächlichsten Inhaltes meiner Schrift «Der Machiavellismus» von 1918, der dort mit vielen Zitaten aus Machiavellis Schriften belegt wird.[91] Es lag mir damals besonders daran, durch die hier kurz wiedergegebene Analyse des Machiavellismus den *geistigen Impuls*, der in ihm lebt und der durch ihn gewirkt hat, deutlich sichtbar zu machen.

Es ist wohl nach allem Gesagten klar, daß dieser Impuls ureigentlich, wesenhaft ein *ahrimanischer* Impuls ist.

Dieser Impuls ist es, der in der Realität *Friedrich Nietzsche* vorschwebte, als er in seinem alle Werte umwerten sollenden Versuch «Der Wille zur Macht»[91a] schrieb:

«Nun wird kein Philosoph darüber im Zweifel sein, was der Typus der Vollkommenheit in der Politik ist; nämlich der Macchiavellismus. Aber der Macchiavellismus, pur, sans mélange, cru, vert, dans toute sa force, dans toute son âpreté ist übermenschlich, göttlich, transzendent, er wird von Menschen nie erreicht, höchstens gestreift.»

Der Gott, der hier gemeint ist, von dem der «göttliche» Charakter des reinen Machiavellismus herrührt, ist eben kein anderer als der mächtige, gewaltige Geist *Ahriman.* Von ihm hat Rudolf Steiner gezeigt, daß er selber es war, der Nietzsche in gewissen seiner letzten Werke die Feder geführt hat, durch ihn zum ersten Mal gleichsam «als Schriftsteller» aufgetreten ist. Und in diesem Zusammenhang nannte Rudolf Steiner u.a. auch Nietzsches «Wille zur Macht».[92] *

Doch würde man dem eigenartigen Phänomen Machiavellis nie gerecht werden, wenn man nur auf den ahrimanischen Grundimpuls des Machiavellismus hinschauen würde. Mit diesem verbindet sich vielmehr in der Person Machiavellis jenes stark *luziferische* Element, das überhaupt der Renaissance eigen war und das gewissermaßen erst die nötige Begeisterung für den ahrimanischen Grundimpuls aufbringt, diesen umkleidet und anziehender oder verführerischer erscheinen läßt.

Es hängt dieses luziferisch-ahrimanische Doppelspiel mit dem zusammen, was wir bereits oben S. 53 f. über die zwei Wesensseiten Machiavellis gesagt haben. Und zugleich hängt hiermit noch ein anderer Aspekt der Tragik zusammen, die um Machiavelli waltet, wenn wir nämlich mehr auf die weitere geschichtliche Auswirkung und Metamorphose des von ihm Impulsierten hinschauen: Was in

* Die oben wiedergegebenen Worte Nietzsches aus «Der Wille zur Macht» kommen in dem Abschnitt «Wie man die Tugend zur Herrschaft bringt» vor. Dort finden sich (a. a. O. S. 214, 215) u.a. noch folgende charakteristischen verschlungenen Gedanken, die selbst ebenso «machiavellistisch» sind, wie sie auch ihrerseits ein ahrimanisches Gepräge tragen:

Wer die Tugend zur Herrschaft bringen will, darf selbst nicht nach der Tugend aspirieren. «Mit der Tugend selbst gründet man nicht die Herrschaft der Tugend; mit der Tugend selbst verzichtet man auf Macht, verliert den Willen zur Macht.» Wer die Tugend zur Herrschaft bringen will, muß daher ein «*Immoralist der Tat*» sein. «Daß er gerade Das *nicht scheinen darf*, ist eine andere Sache. Oder vielmehr, es ist *nicht* eine andere Sache: es gehört eine solche grundsätzliche Selbstverleugnung (moralisch ausgedrückt, Verstellung) mit hinein in den Kanon des Moralisten... Freiheit von der Moral, *auch von der Wahrheit*, um jenes Zieles willen, das jedes Opfer aufwiegt: um der *Herrschaft der Moral* willen, – so lautet jener Kanon. Die Moralisten haben die *Attitüde der Tugend* nötig, auch die Attitüde der Wahrheit; ihr Fehler beginnt erst, wo sie der Tugend *nachgeben*, wo sie die Herrschaft über die Tugend verlieren, wo sie selbst *moralisch* werden, *wahr* werden. Ein großer Moralist ist, unter anderem, notwendig auch ein großer Schauspieler; seine Gefahr ist, daß seine Verstellung unversehens Natur wird, wie es sein Ideal ist, sein esse und operari auf eine göttliche Weise auseinanderzuhalten.»

der Renaissance mit stark luziferischen Antrieben *beginnt*, wie in Rausch und Leidenschaft, das verfällt in der Folgezeit immer mehr dem Institutionell-Erstarrten, dem Mechanistisch-Ahrimanischen. Das ist der Gang auch der neueren Staatsentwicklung. In ihm lebt sich nur in einer besonderen Weise das aus, was die allgemeine Tragik des Luziferischen genannt werden kann: Auf Luzifer folgt Ahriman; Ahriman ist die «karmische Erfüllung Luzifers», wie es Rudolf Steiner ausgedrückt hat.[93]

Das Dritte zwischen dem ahrimanischen Grundimpulse des Machiavellismus und seiner luziferischen Einkleidung ist dann immer wieder der *Mensch* Machiavelli, von dem – wir haben ähnliches schon hervorgehoben – z.B. der italienische Historiker Villari, der Verfasser der großen Monographie über Machiavelli, bemerkt: «Es gab nie einen weniger machiavellistischen Mann als *Machiavelli* selbst.»[94] Machiavelli, dessen Wesen, wie wir schon sagten, sogar eine ausgesprochene Wahrhaftigkeit atmet. Wie dieser *Mensch* Machiavelli gerade auch mit seinen großen positiven Qualitäten in das sich verknäuelnde Zusammenwirken der luziferisch-ahrimanischen Impulse hineingestellt ist und sich darin wie verfangen hat, das gerade macht den unsere innere Anteilnahme herausfordernden menschlichen Kern des so vielgestaltigen Phänomens aus.

«*Ex Aristotelismo natus est Machiavellismus*» (Aus dem Aristotelismus ist der Machiavellismus geboren worden) lautet ein bedeutsames Wort *Campanellas*. Man kann dabei (z.B. mit Friedrich von Bezold[95]) an den Aristotelismus der kirchlichen Wissenschaft des späteren Mittelalters denken; man kann es aber auch mehr auf den durch die Araber vermittelten Aristoteles abstellen, wie es Ernst Kantorowicz in seinem Werke über Friedrich II. von Hohenstaufen tut.[96] Er zeigt dort, wie *Friedrich* II. in seinem unteritalienischen Staat (von dem wir oben S. 14f. sprachen) eine Art «*legalen Machiavellismus*» entwickelt habe, der darin bestand, daß Friedrich II. die *Necessitas*, die Staatsnotwendigkeit, als eine Art höchster Instanz in Anspruch nahm, die es dem Fürsten (in Sizilien also dem Kaiser) gestattete, Recht und Gesetz zu wandeln, eine Anschauung, die von Machiavelli weiter ausgebildet und auf die Spitze getrieben wurde, so daß nach ihm schließlich die Notwendigkeit und der Nutzen des Staates und des Fürsten jedes Sittengesetz brachen. Kantorowicz sagt dazu:

«‹Ex Aristotelismo Machiavellismus› hat späterhin Campanella erklärt und damit die wichtigsten Zusammenhänge tatsächlich aufgedeckt. Denn es ist ganz offenbar, daß in das mittelalterliche Weltbild auch ein Einbruch von außen hatte stattfinden müssen, dem irgend eine grundsätzliche Wandlung des mittelalterlichen Denkens zur Seite ging. Mit dem Bilde des kaiserlichen Gesetzgebers steigt jetzt plötzlich das Bild auf des an arabisch-hellenistischer Weisheit gebildeten Philosophen. Es ist verblüffend, wie Friedrich II. fast mit einem einzigen Wort das ganze mittelalterliche Staatsbild verändert und mit bewegtem Leben erfüllt hat. Während nämlich die Zeit noch darüber stritt, ob der Erdenstaat seinen Ursprung in Gott habe oder im Satan, im Guten oder im Bösen, erklärt Friedrich II. höchst nüchtern: das Herrscheramt habe seinen Ursprung in der Naturnotwendigkeit. Die Necessitas als eine selbständige in den Dingen wirkende Macht, als lebendige Gesetzlichkeit der Natur entstammte dem Gedankenkreis des Aristoteles und der arabischen Aristoteliker: sie ist das neue Axiom, das der Kaiser in die abendländische Staatsphilosophie hineinwarf, um den Staat auf sich zu stellen.»

Um die Zusammenhänge zwischen *Aristoteles und Machiavelli* hat man sich auch sonst bemüht und den Übereinstimmungen beider, aber auch den charakteristischen Abweichungen Machiavellis von Aristoteles nachgespürt. «Machiavell'n zunächst steht Aristoteles Politik», sagt z.B. Ranke.[97] Doch liegt in dem Worte Campanellas noch mehr, wenn man es in größere geistesgeschichtliche Zusammenhänge hineinstellt. *Aristoteles* ist der Philosoph, der auf der Höhe des vierten nachatlantischen Zeitalters entscheidend dazu beigetragen hat, das Denken und die wissenschaftliche Erkenntnis der abendländischen Menschheit aus alter Mysterienhaftigkeit in die physisch-sinnliche Welt hinunterzutragen und sie dort zu begründen, den Geist *im* Physisch-Sinnlichen zu finden («in re»). Der nächste große Schritt im Weitergehen auf dieser Bahn ist das Sich-

Verlieren des Menschen an die physisch-sinnliche Welt, das Nichtmehr-Finden des Geistes und damit auch des geistig-moralischen, aufbauenden Lebens in ihr. Das ist der Schritt, den nun im Anbruche des fünften nachatlantischen Zeitalters in allgemeinster Weise *Bacon* und für das staatlich-politische Gebiet *Machiavelli* getan haben. Und wenn Machiavelli das staatlich-politische Leben ganz und gar auf den Egoismus gestellt sah und praktisch immer mehr stellte, geht gerade auch diese Tendenz hervor «ex Aristotelismo». Denn wie Rudolf Steiner oft gezeigt hat, ist eine wichtigste Wurzel des modernen Egoismus derjenige seelische Egoismus, den zuvor die Kirche des Mittelalters dadurch kultiviert hat, daß sie den Menschen einseitig und egoistisch bemüht sein ließ um sein Seelenheil nach dem Tode. Dem aber liegt zugrunde die eben durch Aristoteles im großen Stil vollzogene Ablenkung des Blickes von dem vorgeburtlichen Leben (der Präexistenz) der menschlichen Seele in einer geistigen Welt und seine einseitige Beschränkung auf das nachtodliche Leben (Postexistenz), an das sich nun alle egoistische Furcht und Hoffnung knüpfen. «Dieser aristotelische Katholizismus», sagt Rudolf Steiner, «hat nur rechnen wollen mit dem Egoismus der Menschen, mit der Furcht vor dem Tode und dem Versichert-sein-Wollen als unsterbliche Seele nach dem Tode.»[98]

Ex Aristotelismo Machiavellismus.

Machiavellismus im praktischen politischen Handeln ist im weiteren Sinne der Inbegriff der finsteren Elemente, die dem politischen Getriebe notwendigerweise in dem Maße innewohnen müssen, wie in dieses Getriebe alle Dunkelheiten des Menschenwesens hineinspielen, wie es von menschlichen Leidenschaften und Egoismen ergriffen wird oder wie, anders ausgedrückt, gerade auf diesem Boden die Wirkungen des «Sündenfalls» sich ausleben, d.h. der Einfluß der luziferisch-ahrimanischen Mächte stattfindet. Daher ist es ganz selbstverständlich, daß der Machiavellismus viel älter ist als Machiavelli. Sogar manche *Formulierungen* findet man z.T. schon längst vor Machiavelli, die als Vorläufer der seinigen betrachtet werden müssen.[99] Mit dem Anbruch des materialistisch-egoistischen

Zeitalters vertiefen sich dann diese dunklen Einschläge des menschlichen Gemeinschaftslebens immer mehr, treten sie immer stärker in den Vordergrund und beherrschen geradezu die politische Wirklichkeit. Wir haben gezeigt, daß dies ganz besonders in den korrupten Verhältnissen Italiens in der Renaissancezeit der Fall war, wo daher etwas wie ein «reines Phänomen» machiavellistischer Wirklichkeit nun auch im engeren Sinne entstand. Machiavelli hat dann nur radikaler, konsequenter, erbarmungsloser und umfassender als irgend jemand vor ihm diesen praktischen oder tatsächlichen «Machiavellismus» bewußt beschrieben, theoretisch formuliert und mit radikaler Einseitigkeit weitgehend seine Anschauungen und Ratschläge des politischen Verhaltens auf ihm aufgebaut. Es handelt sich also im wesentlichen um einen Akt des *Bewußt*machens dessen, was schon da war. Ansätze waren freilich, wie erwähnt, auch hierfür schon vorhanden. Als ein Vorläufer Machiavellis ist z.B. oft *Philippe de Comines* (1445 – 1509) genannt worden, der französische Staatsmann und Geschichtsschreiber, der im Dienste vor allem Ludwigs XI. von Frankreich[100] gestanden hat und dessen politische Anschauungen schon echt «machiavellistisch» in der Lehre gipfeln, daß Vorteil und Erfolg das Entscheidende seien, hinter dem die «Moral» zurücktreten müsse. Ein anderer Geistesverwandter Machiavellis, auf den man hingewiesen hat[101], ist der neapolitanische Staatsmann und Geschichtsschreiber *Giovanni Pontano* (1426 – 1503), in dessen Darstellungen ebenfalls schon die realistische Betrachtung des politischen Lebens durchbreche, so daß man sich hier und da bereits in die Atmosphäre Machiavellis versetzt fühle.

Nur in dem Maße, wie das «politische» Element selber (in dem engeren Sinne des Wortes, wie wir ihn früher umschrieben haben[102]) im sozialen Zusammenleben der Menschen nach und nach überwunden würde, könnte es auch der ihm wesensnotwendig innewohnende Einschlag des «Machiavellismus» in der Zukunft werden, d.h. nur in demselben Maße, wie es gelänge, in menschlichen Gemeinschaften jenes Element der Dunkelheit im sozialen Leben aufzuhellen und es mit demjenigen Licht zu durchdringen, das als Weisheit und Güte letzten Endes nur aus geistigen Welten durch echt-menschliches Geistesleben in den sozialen Organismus einströmen kann und als dessen Träger die menschlich-moralischen Kräfte des einzelnen Ich-Menschen fruchtbar gemacht und im sozialen Leben zur Herrschaft gebracht werden müßten.

Doch das ist eine Zukunftsperspektive, auf die wir jetzt noch nicht weiter eingehen können. Zunächst gilt es zu verstehen, daß in den materialistischen Jahrhunderten die Wirkungen des diesen kongenialen, bewußt gemachten und systematisierten Machiavellismus ungeheure sein mußten.

Machiavelli habe, so schreibt ein Historiker, «geistige Entdekkungsfahrten im Reiche des Staates gemacht, die auf ihrem Feld kaum geringer an Wirkung waren als diejenigen seines genuesischen Zeitgenossen Kolumbus über die Meere.»[103]

Der «Principe» hat, so sieht es ein anderer, wie kein anderes staatswissenschaftliches Buch das Angesicht der Erde verändert, auf dem Umwege über den Absolutismus das neue Europa geschaffen.[104] Damit wurde er zu einer Weltmacht.

«Das eigentliche Interesse des Buches» (des «Principe»), schreibt ein dritter, «und die Ursache seiner fortlaufenden Wirkung aber liegt in seiner Anschauung von der Allmacht des Staates. Wo Machiavelli von dem ‹Fürsten› spricht, brauchen wir für die heutige Auffassung nur den Staat einzusetzen, um sofort die überzeitliche Bedeutung von Machiavellis Ansehen zu begreifen. Der Staat hat den obersten Rang einzunehmen, ungebunden durch die Gesetze, die den gewöhnlichen Verkehr der Menschen untereinander regeln. Staatsgründe genügen, um die gewöhnliche Moral nötigenfalls über den Haufen zu werfen.»[105]

«Das Eigene aber erfolgte nun», schreibt von Machiavellis Werk ein vierter Geschichtsschreiber, «daß diese so genau an Zeit, Ort und Individuum gebundene Leistung weit über Zeit und Ort hinauswirkte und als eine überzeitliche, allgemein menschliche Lehre aufgefaßt wurde, die durch ihren Inhalt alle nachfolgenden Geschlechter aufs stärkste erregte und von ihnen ebensooft leidenschaftlich bekämpft wie leidenschaftlich studiert und angewandt wurde.»[106]

Der tiefere Grund für diesen gewaltigen Einbruch und Einfluß des Machiavellismus ist letzten Endes die Tatsache, daß im Kulturleben des Abendlandes mit dem Zu-Ende-Gehen des vierten nachatlantischen Zeitalters diejenigen geistig-sittlichen Kräfte immer ohnmächtiger geworden waren, die bis dahin das Leben der Völker und der einzelnen getragen hatten. Es war eine Art Vakuum entstanden, in das nun die materialistisch-machiavellistischen Impulse gleichsam hineinschossen und sich in ihm ausbreiteten, als eine Kraft wie von unten herauf wirkend. Und die senil gewordenen *alten* geistigen Mächte vermochten das nicht zu hindern:

«Die Kirche setzte 1559 alle seine (Machiavellis) Schriften auf den Index der verbotenen Bücher, aber eben um diese Zeit kam, von Machiavellis Gedanken befruchtet, das neue Schlagwort von der ragione di stato auf», die das oberste Gesetz über alle Gesetze sein sollte.[107] Die «*Staatsräson*» tritt eben als ein Ersatz für das Walten einer höheren göttlichen Welt und ihre Führung in der Zeit auf, als diese höhere Welt sich für die Menschen völlig verdunkelt hatte und auch ihr priesterlicher Abbild-Ersatz sozial gleichsam nicht mehr funktionierte. Dasselbe gilt von der «*Souveränität*» des Staates: Sie kommt in dem Maße auf, wie die älteren, höheren, im *Geistigen* begründeten Ordnungen und Daseinszwecke ihre zielsetzende, impulsierende und tragende Kraft verloren hatten, so daß nur der Staat als das höchste Wesen auf Erden (und ein Überirdisches wurde ja praktisch geleugnet), als der «irdische Gott» betrachtet und verehrt wurde.[108] Darum hat Machiavelli «zuerst in leidenschaftlicher Einseitigkeit die Souveränität der politischen Welt auch geistig begründet, welche die damaligen Staaten in der Wirklichkeit schufen. Er steht am Anfang des Schrifttums über das menschliche Innere, über Charaktere, Temperamente und Leidenschaften, soweit sie im Bereiche des Staates wirken. Seine Schriften verkündigen und begleiten die Ausbildung der nationalen Machtstaaten des modernen Europa und halten ihnen schon bei der Geburt einen Spiegel vor, in dem zauberhaft viele ihrer zukünftigen Züge erscheinen».[109]

Ziemlich richtig, wenn auch *einseitig*-richtig werden diese Zusammenhänge oft von katholischen Forschern gesehen. Hier eine Stimme von vielen:

«Erst die Verbindung der Renaissance mit der Staatslehre der sich verfestigenden und abschließenden Nationalstaaten hat der heidnisch-machiavellistischen Staatstheorie jene unheimliche Resonanz gegeben, die die sogenannte Staatsraison zur Geheimlehre der absolutistischen Herrschaft in Europa und zur Lenkerin der fürchterlichen Kämpfe um die europäische Vorherrschaft oder um das europäische Gleichgewicht gemacht hat.»[110]

Nur daß von dieser Seite, die den «heidnischen» Charakter des Machiavellismus an sich richtig erkennt, nicht gesehen zu werden pflegt, daß die Ursache für das Aufkommen dieser «heidnischen» Kräfte eben die in dem Zu-Ende-Gehen des vierten nachatlantischen Zeitraums begründete Ohnmacht der älteren, christlicheren Lebensordnung war. Und wie stark diese «heidnischen» Kräfte waren, zeigt sich am besten daran, daß sie auch da intensiv am Werke waren, wo man, äußerlich gesehen, die alten Ordnungen durch die Gegenreformation gewaltsam wieder aufrichten wollte. Man hat – natürlich *dies* nicht von konfessioneller katholischer Seite! – oft festgestellt, daß in ihren Methoden die Jesuiten vielfach die besten Schüler Machiavellis waren.[111]

Der Machiavellismus bedeutet geschichtlich für das Gebiet des politisch-sozialen Lebens so recht eigentlich den Anbruch derjenigen Zeit, die man im Sinne der indischen Sankhya-Philosophie die *Tamas*-Zeit nennen kann, die der Gegenpol der alten Sattva-Kultur ist, durch die der Mensch in ursprünglicher Art mit Weisheit und Güte verbunden war.[112] Auf die alte Sattva-Kultur, die noch den dritten nachatlantischen Zeitraum umfaßt, folgte im vierten die Rajas-Kultur, in welcher der Mensch in der Sphäre des Seelischen, in Affekten und Leidenschaften lebt. Mit dem Beginne des fünften nachatlantischen Zeitalters wird die Rajas-Kultur abgelöst von dem finsteren Tamas-Zustand, in dem der Mensch an die Körperlichkeit gebunden ist und von dieser beherrscht wird. Insofern aber die eigentlich politische Sphäre innerhalb des sozialen Lebens wiederum die Rajas-Sphäre ist, könnte man noch genauer sagen, daß der

Machiavellismus diese Rajas-Sphäre[113] (der er durch sein Römertum verbunden ist) im Tamas-Geiste oder besser -Ungeiste behandelt.

Aus tief inneren Gründen ist eben das Tamas-Zeitalter von der «Auseinandersetzung mit dem Bösen» erfüllt, über die wir im Band III[113a] eingehender schrieben, die einen wichtigsten Grundzug des fünften nachatlantischen Zeitalters bildet und von der aller Machiavellismus nur eine besonders eindrucksvolle Wesensseite darstellt.

Dieser Tamas-Geist ist es, der im fünften nachatlantischen Zeitalter in das *mechanistische* Element führt, in die Behandlung auch des sozialen Lebens mit dem mechanistischen Denken, das für es in Wahrheit unbrauchbar, da brauchbar nur für das Verständnis der Wirkungsweise von wirklichen Mechanismen ist. Von diesem mechanistischen Denken zeigt Rudolf Steiner, daß es zwei Seiten hat: auf der einen Seite gibt es gewissen Geistern der Finsternis Gelegenheit, gegen diejenigen Geister aufzutreten, die als solche des Lichtes die Impulse der menschlichen Persönlichkeit im fünften nachatlantischen Zeitalter im rechten Sinne ausprägen. Auf der anderen Seite aber verdankt der Mensch gerade dem mechanistischen Denken der neueren Zeit die Fähigkeit, in klaren, scharfen Konturen zu denken, eine Eigenschaft, welche den Vorstellungen der älteren Zeiten fehlte, die nur in verschwommenen Umrissen zu denken vermochten.[114] Diese beiden Seiten finden wir daher auch im Machiavellismus wieder: Er entwickelt ein Denken in schärfsten Konturen, durch das der Mensch zu einer größeren Wachheit als je in früheren Zeiten kommen kann, und er öffnet andererseits finsteren geistigen Wesen und ihren Impulsen die Tore des sozialen Lebens, Wesenheiten, deren Wirkung sich in der neueren Zeit auf Schritt und Tritt fast mit Händen greifen läßt.

Von hier aus kann nochmals ein Licht auf jene Wesenspolarität fallen, die uns (vgl. besonders oben S. 57) bei Machiavelli selbst entgegentrat und die ebenso allen Machiavellismus der neueren Jahrhunderte beherrscht. Friedrich Meinecke bemerkt sie in seinem Buch über die Idee der Staatsräson, aber er versteht doch ihr Wesen im tieferen Sinne nicht, indem er die bezeichnenden Worte schreibt: «Es überrascht, wenn man die politische Geschichte des 16. und des beginnenden 17. Jahrhunderts im einzelnen betrachtet, immer aufs neue wieder das merkwürdige Nebeneinander rein machiavellistischer Staatskunst und Denkweise und trüber, undurchsichtiger Leidenschaften und Antriebe.»[115] In Wirklichkeit kann dieses Nebeneinander nur den überraschen, der nicht das in ihm sieht, was sich darin auslebt: die echte Polarität. In dieser polaren Weise offenbart sich gerade die Wirksamkeit der erwähnten «Geister der Finsternis».

Das Tamas-Element des Machiavellismus *beginnt* auf mehr *persönliche* Art durch die Haltung des Herrschers, der nach einem Worte des Thomas von Aquino[116] mehr *praeesse quam prodesse* (mehr vorstehen, herrschen als nützen) will; es wandelt sich mit der Zeit mehr ins Institutionelle, Unpersönliche um und wird so zum Handeln aus *Staatsräson*, die Friedrich Meinecke[117] in einem recht treffenden Bilde mit einem erdfarbenen Strom[118] vergleicht, der auch alle in ihn einmündenden reineren Gewässer rasch in seine trübe Farbe umwandelt, etwa unpolitische Motive geistig-moralischer oder rechtlicher Art, die, in das Gebiet der reinen Macht- und Interessenkämpfe gebracht, dort mißbraucht und «denaturiert» werden. Die Lehre von der Staatsräson, die z.B. dem Fürsten eine Befugnis zur Ermordung seinen Interessen hinderlicher Individuen zuschrieb, stammte, wie der Machiavellismus überhaupt, aus romanischem Geiste. Sie hat bezeichnenderweise in Deutschland zunächst am wenigsten Anklang gefunden, ja gerade in Deutschland gab es eine ausgesprochene volkstümliche Stimmung *gegen* die Staatsräson und ihre alle Rechtlichkeit, Treu und Glauben zerstörenden Begleiterscheinungen.[119] Mitteleuropa hätte in der Tat eine ganz andere soziale Kulturmission gehabt; aber um sie zu erfüllen, konnte nie und nimmer eine bloße Abwehrstimmung oder Kritik an dem genügen, was ja nur die letzten Konsequenzen des romanistisch-machiavellistischen politischen Impulses waren, sondern es hätten von Grund auf andere Wege zur positiven Entwicklung des Lebens der sozialen Gemeinschaften gegangen werden müssen. Damit, daß solche Wege nicht gefunden und nicht gegangen wurden, sondern statt dessen auf die Dauer immer hemmungsloser die romanistischen Sozialimpulse aufgenommen wurden, hängt die ganze tragische Fehlentwicklung Mitteleuropas in diesen Jahrhunderten zusammen.

Im neueren Europa erlebte Machiavelli eine Art Auferstehung im Italien des 19. Jahrhunderts in dessen nationaler Freiheits- und Einheitsbewegung. Von dem Geschlechte der Cavour und des Risorgimento wurde er zum Nationalheiligen gemacht.[120] Auch die Italiener der faschistischen Ära bekannten sich mit Stolz zu ihm.

Einzelne Fürsten der Renaissancezeit und der Fürstenbegriff der Renaissance[120a]

Eine der charakteristischen Erscheinungen unter den früheren italienischen Principes ist *Giangaleazzo Visconti* (gest. 1402), welcher der eigentliche Begründer der mailändischen Macht wurde. Zur Herrschaft kam er dadurch, daß er zwei Verwandte lebenslänglich gefangensetzte. Seine Regierung führte er mit Energie und Prachtentfaltung. Er gründete den Mailänder Dom und die herrliche Certosa di Pavia. Er förderte den Verkehr, das Recht und die Wissenschaften und führte eine wohlorganisierte Beamtenschaft ein. Vor allem aber trieb er eine gewalttätige, auf Vergrößerung ausgehende, erfolgreiche äußere Politik ganz im Stile Machiavellis, alles zu eigenem Nutzen, zur Erhöhung der eigenen Persönlichkeit.

Unter den späteren Fürsten von Mailand zieht besonders die bekannte Gestalt des *Francesco Sforza* den Blick auf sich. Als Condottiere war dieser emporgekommen; mit Gewalt und Grausamkeit erlangte er die Herrschaft in Mailand. Als er sie aber hatte, wandte er sie, wiewohl ganz im eigenen Interesse, zum Vorteil des Landes an und führte eine vorzügliche Regierung. 1442 wurde die Seidenraupenzucht eingeführt und zu einer Quelle des mailändischen Wohlstandes. Die Schiffahrt gedieh durch den Ausbau der Kanäle; ein geschicktes Steuersystem brachte dem Herzog beträchtliche Einnahmen.

Dem Francesco ähnlich war sein jüngerer Sohn *Lodovico il Moro*. Er war ein ausgesprochen machiavellistischer, ränkevoller Politiker, dem Hinterlist, Verrat und Untreue geläufig waren. Aber auch er verwaltete das Land gut, so daß es ihm reiche Einkünfte brachte. Kulturell erlebte Mailand unter ihm die höchste Blüte. Er hielt einen glänzenden Hof, prunkvolle Feste wurden gefeiert, besonders bei der Hochzeit des Kaisers Maximilian mit Bianca Sforza im Jahre 1493. Man lebte so recht in dem schönheitstrunkenen Taumel der Renaissance! Zum höchsten Ruhme gereicht Lodovico die Mailänder Tätigkeit eines der größten Künstler aller Zeiten: Lionardo da Vincis.

In Urbino herrschte seit 1444 einer der tüchtigsten Condottieri, *Federigo Montefeltro*, ein natürlicher Sohn des Herzogs Guido. Mit feinsinnigem Verständnis pflegte dieser Fürst die Künste und Wissenschaften, berühmt war seine Bibliothek. Er führte eine gerechte, milde Regierung und nahm sich mit Leutseligkeit seiner Untertanen an. Stellt er den besten Typ eines Renaissancefürsten dar, so ist das Gegenteil von seinem Hauptfeind, *Sigismondo von Rimini* (gest. 1468), dem Herrscher von *Rimini*, zu sagen. Dieser, ebenfalls Condottiere, war eine vollendete Verbrechernatur. Und doch war auch er ein gebildeter Mann, ja beinahe ein Gelehrter. Er hielt sich an seinem Hofe Dichter und Philologen. «Frevelmut, Gottlosigkeit, kriegerisches Talent und höhere Bildung sind selten so in einem Menschen vereinigt gewesen wie in Sigismondo Malatesta.»[121]

Berühmt sind die Fürsten von *Ferrara*. Hier sorgte eine gute Regierung für die Hebung des Landes, für Industrie und Landwirtschaft; freilich bestanden ein strenges Polizeiregiment und schwere Steuern. Auch hier fehlt es nicht an Mord und Greueltaten, und zugleich strahlte auch gerade von Ferrara ein hoher Glanz von Kunst und Wissenschaft aus. Überall ein ähnliches Bild, wohin man sich auch an die Höfe der italienischen Principes wenden mag! Das leuchtendste Beispiel sind die *Medici* in *Florenz*.

Als echte Renaissance-Principes, wenn auch von besonderer Art, sind, wie bekannt, auch eine Anzahl von *Päpsten* aus dieser Zeit der völligen Verweltlichung des Papsttums zu nennen. Als mächtige und reiche Fürsten entfalteten sie ihre für die künstlerische Kultur höchst segensreiche Tätigkeit. Auch sie stellten die Kunst in den Dienst ihrer Ruhmsucht, der eigenen Verherrlichung. Am monumentalsten zeigt sich dies alles bei *Julius II.*, der zugleich die politische Seite dieses in alle italienischen Wirren verstrickten Papsttums besonders deutlich darstellt: ein Mann, ganz und gar politische Energie, ein kriegerischer Fürst, der für die weltliche Herrschaft der Kirche kämpfte und so zum Neugründer des Kirchenstaates wurde. Auch die meisten anderen Päpste der Zeit fühlten sich und handelten als weltliche Herrscher in den Kämpfen Italiens; manche waren vor allem auf die Erhöhung ihrer Nepoten bedacht, die sie mit Ehren und Reichtümern überschütteten; *Alexanders VI.* Politik kannte nur dieses Ziel; insbesondere begünstigte er die politische Laufbahn seines Sohnes Cesare Borgia in der Romagna.

Wie stand es in dieser selben Zeit mit dem Fürstentum im *übrigen Europa*? Wir haben bereits erwähnt, daß man die italienischen Verhältnisse in ihrer Überspitztheit keineswegs ohne weiteres etwa als typisch für das politische Leben auch des übrigen Europa betrachten darf. Sie waren nicht «typisch», aber von besonders radikal und daher deutlich sprechender *Symptomatik* für gewisse viel allgemeinere Entwicklungstendenzen, die im übrigen Europa namentlich zu dieser Zeit zwar noch weniger ausgeprägt, aber doch auch vorhanden waren. In diesem übrigen Europa vollzog sich die Entwicklung ruhiger, gleichmäßiger, in einem gemächlicheren Tempo und auf einer breiteren Grundlage. Viel mehr vom Mittelalter hatte sich dort erhalten, mehr kirchliches Wesen, mehr Gebundenheit. Da lebte in den Menschen noch viel von dem alten patriarchalischen Empfinden.

In eine andere Welt fühlen wir uns hineinversetzt, wenn wir z.B. die «Germania» des *Jakob Wimpfeling* von 1501 lesen. Da ist alles noch durchtränkt von einer gewissen gemüthaft-idealisierenden Betrachtungsweise, alles noch auf menschlich-moralische Grundlagen gestellt, als Ideal erscheint noch die natürliche Harmonie zwischen den verschiedenen Ständen, Berufen und sonstigen Gruppen; Eintracht, Liebe, Gerechtigkeit, Weisheit, Fürsorge: alles etwas verschwommen, alles angeknüpft an die Grundlehren und Empfindungen der Mittelalterlichkeit, nirgends jene Schärfe der Konturen, jener Realismus, jene Prägnanz, die das gleichzeitige Italienertum in so einzigartiger Weise auszeichnen. Am stärksten hatte sich dies alles wohl eben in Deutschland erhalten. Auch in dem Bilde des deutschen Territorialfürsten lebt zunächst noch vieles von den mittelalterlichen Gesinnungen fort, besonders in der hausväterlichen Auffassung dieses Fürsten, des Landesherrn. Es ist der Fürst, der trotz aller sich regenden neueren Züge doch noch sehr stark von der Vorstellung mit beeinflußt wird, daß er als ein Werkzeug Gottes das Wohl seiner Untertanen als sein Ziel zu betrachten habe, der Fürst, der sich als «Amtmann Gottes am Fürstentum» fühlt, wie Friedrich I., Kurfürst von Brandenburg (gest. 1440), seine Auffassung von seiner Stellung als Regent ausdrückte.[122] Durch das Hinzutreten neuer Aufgaben des Staates, durch eine wachsende Verwaltung war so der patriarchalische deutsche Territorialstaat des 16. Jahrhunderts entstanden.

Und doch finden wir den neuen Einschlag auch auf außeritalienischem Boden, freilich in sehr verschieden starkem Maße in den verschiedenen Ländern und bei den verschiedenen Fürstenpersönlichkeiten, am stärksten wohl in Frankreich. In ganz Europa hatte im 15. Jahrhundert die Bildung des neueren Staates eingesetzt. Es war das Zeitalter des aufsteigenden Fürstentums, des sich vorbereitenden Absolutismus. Überall war das Fürstentum der Träger der eigentlichen Weiterentwicklung. Und so zeigen uns denn der Ausgang des 15. und die erste Hälfte des 16. Jahrhunderts «eine solche Fülle bedeutender und glänzender Herrschergestalten, wie sie nur selten während eines Zeitraums von kaum drei Menschenaltern sichtbar geworden sind... Alle verkündigen und verkörpern sie das anbrechende Zeitalter der Staatsallmacht».[123] In diesen Fürsten leben die neuen Elemente, wenn auch meist nicht in gleicher «Reinheit» wie in Italien. Viele von ihnen haben z.B. als Politiker ausgesprochen machiavellistischen Charakter. Das lag in dem allgemeinen Zuge der Zeit, aber es hat auch direkt «die italienische Anschauungsweise... im 16. Jahrhundert allmählich Schule gemacht, sogar innerhalb der germanischen Nationen. Neben dem öffentlichen Justizmord und der geheimen Hinrichtung wird auch der von oben befohlene oder gutgeheißene Meuchelmord zu einer Waffe des vorwärtsstrebenden Absolutismus».[124]

In Frankreich hatte *Ludwig XI.* (1461 – 1483)[125] trotz der andersartigen, größeren Verhältnisse des französischen Staatswesens weitgehende Ähnlichkeit mit dem italienischen Principe, wie ihn Machiavelli geschildert hat. Er war einer der prägnantesten Machiavellisten seiner Zeit: heimtückisch, grausam, gewissenlos, nur auf kluge Zweckmäßigkeit bedacht; mit solchen Mitteln wurde er zu einem der größten Förderer des Absolutismus und des zentralisierten Staates in Frankreich. Zugleich sorgte er für die Wohlfahrt des Landes; dieses hatte ihm viel zu danken. So wurde der Staat immer kräftiger, Machiavelli konnte die geordneten Zustände Frankreichs als musterhaft hinstellen.

Die glanzvolle Höhe des französischen Fürstentums der Renaissance mehr nach der kulturellen und persönlichen Seite bezeichnet die Regierung *Franz' I.* (1515 – 1547), dieses ritterlichen, begabten, leichtsinnigen und egoistischen Königs. Unter ihm zog die Eleganz der Renaissancebildung, der schönheitsvolle Glanz der Renaissancekunst auch in Frankreich ein; sein Hof wurde zu einem geistigen Mittelpunkt, an dem feine Kultur und Leichtfertigkeit sich paarten.

Selbst bei Franz' I. großem Gegner, Kaiser *Karl V.*, finden wir trotz des rückwärtsgewandten Blickes dieses Herrschers, dessen kaiserlicher Universalismus ganz der Vergangenheit angehörte, dennoch auch das Neue als einen beachtlichen Einschlag besonders in dem Machiavellismus seiner Politik, wie er denn auch mit seinen Höflingen sorgfältig Machiavellis «Principe» studierte. Der unbedenklichsten politischen Mittel bediente sich auch sein Bruder *Ferdinand* und sein Sohn *Philipp II.*

Von den zeitgenössischen deutschen Landesfürsten ist als echter Machiavellist vor allem *Moritz von Sachsen* durch seine Treulosigkeit berühmt.

Fassen wir die wesentlichen Züge des neuen Fürstenbegriffs der Renaissance, vor allem also der italienischen, im Sinne des der mannigfaltigen und individuellen Wirklichkeit zugrundeliegenden ideellen Urbildes kurz zusammen, so ergibt sich etwa folgendes Bild: Der Fürst ist weitgehend losgelöst aus den mittelalterlichen Zusammenhängen mit jenseitigen Zielsetzungen und Bestimmungen; als egoistische Persönlichkeit lebt er sich bewußt aus in irdischem Glanz und Genuß. Der Sinn für Schönheit und Bildung, seine Ruhmsucht läßt ihn zum Mittelpunkt eines kulturell oft höchst fruchtbaren Milieus werden, in dem nicht selten höchste künstlerische Leistungen gedeihen, in dem Geist und Persönlichkeit sich in freier Lebendigkeit entfalten können. Auf der anderen Seite ist dieser Fürst der kluge Politiker, der mit Kraft und Intelligenz, mit Schlauheit und Gewalt sein Ziel verfolgt: Macht und Herrschaft zu erlangen und auszuüben. Die Befriedigung seiner Selbstsucht ist für ihn höchster Zweck. In seinen Mitteln ist er skrupellos: ehrenhafte und verwerfliche gelten ihm gleich, wenn sie nur zum Erfolge führen. Um seinen Staat für sich kräftiger und machtvoller zu gestalten, ist der Fürst bestrebt, durch eine gute Regierung Ordnung und Ruhe einzuführen; er beginnt bereits, auf die Hebung des Wohlstandes seines Volkes bedacht zu sein. Aber immer ist er selbst der Zweck, der Staat und das Volk nur ein Mittel für die Persönlichkeit des Herrschers; auf diese Persönlichkeit kommt es überall noch an. Der Staat ist noch nicht zu dem gewaltigen und unpersönlichen Mechanismus späterer Jahrhunderte geworden; auch er hat trotz der zwar stark einsetzenden Mechanisierung noch etwas Lebendigeres, Persönlicheres an sich. Und so dient er der mächtigsten Persönlichkeit, seinem Erschaffer: dem Fürsten.

Luther und die Reformation

Mit *Machiavelli* zusammen hat man oftmals *Luther* genannt und «*Machiavelli und Luther*» etwa als «Kampfgenossen» in gewissem Sinne bezeichnet, als Kampfgenossen nämlich für die Heraufführung des neueren Staates.[126] Und so paradox und äußerlich zunächst auch die Zusammenstellung der beiden Namen erscheinen mag, so entbehrt sie doch nicht einer tieferen Berechtigung. Denn bei aller radikalen Verschiedenheit Luthers und Machiavellis wirkten dennoch in beiden gewisse gemeinsame Zeit-Impulse, und auf diese gilt es hier hinzuschauen. Der springende Punkt ist auch hier das Erlöschen der älteren, im Mittelalter noch nachklingenden, nunmehr aber überlebten Geistigkeit, der mittelalterlichen Traditionen, das Hinschwinden des Verständnisses für den Kultus und die Sakramente (das sich freilich schon seit Jahrhunderten angebahnt hatte[127]), das Ersterben des Sinnes für die hierarchische Gliederung der Welt im weitesten Sinne, d.h. zunächst für die übersinnlichen Hierarchien der höheren geistigen Wesenheiten, von denen ein Wissen im Mittelalter noch durch die Tradition des Dionysius Areopagita nachlebte, dann aber auch für die kirchliche Hierarchie, die sich als Abbild jener übersinnlichen Hierarchie wußte. Es versank auch die mittelalterliche Bilderwelt, während die abstraktere, intellektuellere Art der neueren Zeit allmählich heraufkam. Mit alledem hatten sich die äußeren sozialen Ordnungen des Mittelalters ebenfalls überlebt, ihre Repräsentanten ihre tragende Kraft weitgehend eingebüßt. Die Reformation bedeutet daher insofern den Impuls einer *Befreiung* der ichhaften Persönlichkeit von den alten geistigen Inhalten und sozialen Mächten bis zu einem gewissen Grade. Und dieses selbe gilt ja, im Negativen, durchaus auch von der Renaissance, aus deren Wesenselement ein Machiavelli lebte. Bei Machiavelli freilich tritt das alles unvergleichlich viel radikaler auf und ohne einen Rest von

Christlichkeit, während Luther, der ganz nach dem Christlichen und im Sinne des Christlichen strebende Mensch, der «Januskopf» war, wie er in der Überschrift eines Vortrags Rudolf Steiners[128] genannt wird, mit einem Teil seines Wesens noch ganz im Mittelalter stehend, mit dem anderen der neueren Zeit, derjenigen der Bewußtseinsseele, entgegenlebend. Auch in der Reformation, im Zeitalter des Erwachens dieser Bewußtseinsseele, ringt sich die Persönlichkeit los von den alten Bindungen, stellt sich der Mensch auf sein eigenes Ich, das hier freilich nicht als das rein egoistische gemeint ist, wie es in den Renaissance-Impulsen sich auslebte und auf politischem Gebiet bei Machiavelli sichtbar wird, sondern als die geistige menschliche Individualität, die ihre unmittelbare, verantwortliche Stellung vor Gott sucht: «Hier stehe ich, ich kann nicht anders, Gott helfe mir. Amen.»

Indem der alte Goldgrund des Lebens dahinschwindet, tritt die physisch-sinnliche Welt umso stärker hervor. Das gilt auch für den Protestantismus. «In der Welt» suchte er das rechte christliche Leben zu gewinnen. Dadurch brachte er z.B. den Wert der irdischen Berufe zur Anerkennung. In dieser Welt, der man sich im gleichen Maße zuwandte, wie Askese und Jenseitssehnsucht zurücktraten, fand man aber nun als die irdische soziale Ordnung das weltliche Regiment, den werdenden neueren Staat der weltlichen Fürsten, und wenn die Waagschale der kirchlichen Hierarchie sich hob, so mußte notwendigerweise die Waagschale des weltlichen Staates umso mehr sinken. Allen Platz im sozialen Leben, von dem sich die alte kirchliche Hierarchie zurückzog oder von dem sie zurückgedrängt wurde, nahm dieser Staat ein. Ja, Luther mußte das sogar wollen, er brauchte den Fürstenstaat geradezu als Bundesgenossen im Kampfe gegen die Hierarchie der Kirche und die alten Mächte.

Man kann es auch so sehen: Die alte, dereinst lebensvolle mittelalterliche Kirche hatte eine starke sozialbildnerische Kraft besessen; sie hatte weitgehend vermocht, das gesamte soziale Leben zu gestalten, ihm ihr Wesen einzuflößen und ihre Formen aufzuprägen. Diese Kraft besaß der Protestantismus mit seiner so viel abstrakteren

Geistesart nicht mehr. Der dem neueren intellektuellen Bewußtsein verwandtere protestantische Gedanke und die abstraktere protestantische Gläubigkeit konnten nicht mehr lebensvoll das gesamte soziale Leben ergreifen, gestalten und formen. So entstand etwas wie ein Vakuum, und in diesem Vakuum breitete sich die Macht des werdenden neueren Fürstenstaates mit seiner rationalistisch-mechanistischen Dynamik aus.

Oder, noch etwas anders gesehen: Der Protestantismus ist, wie schon erwähnt, in erster Linie ein *Befreiungsimpuls*, der freilich auf halbem Wege stehen blieb. Er konnte ein gutes Stück individueller Freiheit bringen, aber er hatte nicht die Kraft, die befreiten Individuen in umfassender Weise in neue soziale Lebensformen einzugliedern, die er aus seinem Geiste heraus hätte schaffen müssen. So brachte er es nur zu einem neuen, bzw. alt-neuen *Kirchen*bau, der unendlich viel mehr abseits vom sozialen Leben blieb, als es dereinst die mittelalterliche Kirche getan hatte, und so mußte er, sich beschränkend auf das «rein religiöse» Gebiet, das recht bald einer orthodoxen Erstarrung verfiel, die übrigen Lebensbezirke immer mehr dem weltlichen Staate überlassen* und es ihm insbesondere auch überlassen, die Individuen in seiner Art, d.h. auf mechanistische Weise äußerlich zusammenzufassen und mit ihnen ein staatlich-politisches Leben zu organisieren.

So zeigt sich auch hier, daß die im Zeitalter des Materialismus und des abstrakten Denkens zunehmende Ohnmacht des Geistigen

* So mußte er insbesondere allmählich auch die Pflege des Geisteslebens den Fürsten überlassen, die ebenfalls bereits in vorreformatorischer Zeit begonnen hatten, namentlich durch Gründung von Universitäten, auf das Gebiet des geistigen Lebens überzugreifen. «Denn in der Auffassung von Recht und Amt des Fürsten war gegenüber jener älteren Theorie, die den Staat auf die Handhabung von Frieden und Recht beschränkt und die höheren Kulturaufgaben der Kirche zuweisen wollte, eine bedeutsame Wandlung eingetreten. Schon um seine Macht zu erweitern und zu befestigen, mußte das Fürstentum, wo es irgend anging, die Vertretung der Interessen der Gesamtheit sich aneignen.» (Friedrich von Bezold, «Aus Mittelalter und Renaissance», München und Berlin 1918, in dem Aufsatz «Die ältesten deutschen Universitäten in ihrem Verhältnis zum Staat», S. 229.)

es ist, die das Heraufkommen der neueren Staatsmacht bedingt. Natürlich war diese Entwicklung schon längst angebahnt, aber die Reformation gab ihr einen stärksten neuen Impuls.

So arbeiten tatsächlich in dieser Beziehung weltgeschichtlich «Machiavelli und Luther» sich in die Hände. Und bedeutsam in diesem Zusammenhang ist auch das Folgende: Wir haben früher[129] gesehen, wie vom beginnenden fünften nachatlantischen Zeitalter an, das die bewußte Auseinandersetzung *mit dem Bösen* bringen sollte, sich etwas vollzieht, in dem man eine neue Phase des alten Sündenfalles erkennen kann. Objektiv wirkt dieser neue Sturz der Menschheit im staatlich-politischen Impulse Machiavellis, wie wir gesehen haben. Machiavelli gründet sein politisches System vor allem auf den Egoismus des Menschen. Luther basiert sein religiöses Wirken auf die Sündhaftigkeit des Menschen, für ihn wird die Frage der Fragen: Wie finde ich Vergebung der Sünden? Der feinere seelische Egoismus auch dieser Frage stammt noch ganz «ex Aristotelismo». Man sieht an alledem die Verwandtschaft zwischen Luther und Machiavelli wie freilich auch ihren polaren Gegensatz, denn Machiavelli war weit davon entfernt, sich um Vergebung der Sünden zu bemühen. Er lehrte vielmehr, «sich auf den Boden der gegebenen Tatsachen», d.h. hier den der Sündhaftigkeit der schlechten menschlichen Natur, zu stellen und im politischen Leben in systematisch richtiger und rationeller Weise zu sündigen.

Die mehr theoretisch-theologische Fundierung des weltlichen Staates und der weltlichen Obrigkeit sieht bei Luther etwa so aus: Der Staat hat seine eigene Aufgabe und darum auch seine eigene Würde neben der Kirche, er ist nicht etwa nur, wie die klassische Auffassung des Mittelalters wollte, ein Werkzeug in der Hand der Kirche. Das eigene Daseinsrecht des Staates ist auf *Gottes Gebot* begründet. Gott hat es so geordnet, daß neben der geistlichen Gewalt der Kirche die weltliche Gewalt der Obrigkeit steht. Das «geistlich Regiment», die Kirche, hat nur ein Mittel, das Wort; das «weltlich Regiment» hat auch das Mittel des Zwanges, wodurch sie «den

Unchristen und Bösen wehrt, daß sie äußerlich müssen Frieden halten und stille sein.»*

Luther will einen Staat, in dem alle, Origkeiten und Untertanen, nicht seine Herren und Nutznießer, sondern Diener des Staates sind. Er kann diese Hingabe an den Staat deshalb fordern, weil dieser selbst der übergeordneten Instanz, nämlich Gott, untersteht, von dem er als selbständige Ordnung eingesetzt und gewollt wird.[130]

Das klingt alles noch gar nicht «modern» und vollends durchaus nicht nach Machiavelli, es klingt noch sehr «mittelalterlich». Hier spricht dasjenige Antlitz des «Januskopfes» Luther, das der *Vergangenheit* zugewandt ist. Dieser Luther ist noch weit davon entfernt, den Staat ganz und gar seiner Eigengesetzlichkeit zu überlassen, und ebensoweit entfernt von der Vorstellung der Staatsomnipotenz oder des Absolutismus. Aber es kommt hier viel weniger auf die unmittelbaren wohlmeinenden und in älterem Ethos wurzelnden Absichten und Wünsche an, die Luther für eine christliche Getaltung des Staates gehabt haben mag, als vielmehr auf die Konsequenzen und die inneren Folgen seiner Grundeinstellung zum Staate, die eben diesen als selbständige gottgewollte Ordnung mit vollkommenem Eigenrecht neben die älteren kirchlich-theokratischen Mächte stellt. So kommt z.B. *Ranke* dazu, zu sagen, der neuere Staat habe gewissermaßen auf Luther beruht; «denn bisher war noch kein Gelehrter erschienen, der den Begriff der Obrigkeit so scharf und so frei von

* Vgl. hierzu auch die folgenden Worte Luthers, in denen das, was wir früher als die Hirten-Mission des «silbernen Königs» gekennzeichnet haben (vgl. Bd. III, S. 85), in einer recht drastischen Weise abgewandelt wird.

«Die Schrift nennt die Obrigkeit Stockmeister, Treiber und Anhalter durch ein Gleichnis. Wie die Eselstreiber ... also muß die Obrigkeit den Pöbel, den Herrn Omnes (den großen Haufen) treiben, schlagen, würgen, henken, brennen, köpfen und radebrechen, daß man sie fürchet und das Volk also im Zaume gehalten werde. – Als Treiber des Gesetzes muß die Obrigkeit den Herrn Omnes (das gemeine Volk) zwingen und treiben, wie man die Schweine und wilden Tiere zwingt und treibt ...» (Luthers sämtliche Werke, Band 33, S. 389, zitiert nach Ludwig Jakobowski, «Der christliche Staat und seine Zukunft», Berlin 1894, S. 136).

jedem geistlichen Beisatz aufgefaßt hat, wie Luther. Dadurch gab er für die weltliche Entwicklung eine neue Grundlage.»[131]

Doch wir finden in Luthers Anschauungen über das «weltliche Regiment» auch solche Elemente, in denen wir unmittelbar Wesenszüge des anderen Antlitzes seines «Januskopfes» erblicken dürfen, desjenigen nämlich, das der damaligen *Zukunft* zugewandt war. Diese Zukunft gehörte dem «machiavellistischen» Staate, der unter Ausscheidung des menschlich-moralischen Elements eine Entwicklung durchmachte, die in der entgegengesetzten Richtung christlicher Impulse lag. Wir haben gesehen, wie in diesem Sinne das *nachchristliche* Zurückgreifen auf die vorchristlichen Gesinnungen (insbesondere des alten Römertums) wirkte. In dieser Richtung denkt aber auch Luther, wenn er z.B. sagt: «Es muß ein Unterschied gemacht werden zwischen dem Leben vor Gott und dem Leben in der Welt. Die Obrigkeiten regieren ihr Volk nach der Vernunft; dazu ist das Evangelium nicht nötig.»[131a] «Das kaiserliche Recht», schreibt er an anderer Stelle, «nach welchem das Römische Reich noch heutigen Tages geregieret und bis an den jüngsten Tag bleiben wird, ist ja nichts anderes denn heidnische Weisheit, welche die Römer, ehe denn Roma von Christen oder Gotte selber nichts gehöret hat, gesetzt und geordnet haben.»[131b] Oder: «Wer im weltlichen Regiment will lernen und klug werden, der mag die heidnischen Bücher und Schriften lesen.»[131b]

Aber noch mehr: Luther muß, einem Zuge der Zeit gemäß, über diese «nichtchristliche» Grundlegung des weltlichen Regiments hinaus noch einen gewissen sympathisierenden Sinn für das mechanistische Staatswesen gehabt haben, wie es im damals bekannten Kulturkreis besonders bei den Türken betätigt wurde: «Man sagt, daß kein feiner weltlich Regiment irgend sei denn bei dem Türken.»[131b] Dazu schreibt Friedrich Meinecke für die Übergangszeit vom 16. zum 17. Jahrhundert, wie das türkische Staatswesen «durch seine wunderbare innere Struktur die Aufmerksamkeit der politischen Köpfe fesselte ... In der Türkei schien etwas verwirklicht, wonach das politische Denken der Renaissance immer strebte: ein Kunstwerk bewußter zweckvoller Architektur, ein Staatsmechanismus, der wie eine Uhr aufgezogen wurde und die verschiedenen Gattungen, Kräfte und Eigenschaften der Menschen als seine Federn und Räder benutzte».[131c]

Einen großen Dienst hat Luther dem weltlichen Staats- und Obrigkeitsbegriff auch durch seine Übersetzung der ersten Verse des 13. Kapitels des Römerbriefs geleistet:

«Jedermann sei untertan der Obrigkeit, die Gewalt über ihn hat. Denn es ist keine Obrigkeit ohne von Gott; wo aber Obrigkeit ist, die ist von Gott verordnet.

Wer sich nun der Obrigkeit widersetzt, der widerstrebt Gottes Ordnung; die aber widerstreben, werden über sich ein Urteil empfangen.»

Diese Worte sind im Laufe der Jahrhunderte unzählige Male zitiert worden und haben mit dem ganzen Nachdruck und der Absolutheit des «obrigkeitlichen» Anspruchs aufs nachhaltigste auf die Gemüter gewirkt. «Es ist keine Obrigkeit ohne von Gott»: Konnte es eine stärkere religiös-theologische Fundierung jedweder, wie immer beschaffener Obrigkeit geben? In der Konsequenz dieses Satzes – die freilich zunächst durch Jahrhunderte praktisch noch nicht sehr in Betracht kam und der man namentlich auf katholischer Seite auch von jeher durch einschränkende Interpretation begegnete – würde es liegen, auch noch die ärgste Tyrannei zu sanktionieren und «von Gott» selbst die Herrschaft des Bösen abzuleiten, wofern diese nur verstanden hätte, in irgendeinem Staatsgebiet «Obrigkeit» zu werden.

Wie steht es aber mit der Richtigkeit der Lutherschen Übersetzung? Darüber ist wohl das Letzte noch nicht ausgemacht. Wichtig erscheint aber das Folgende:

Das Wort, das Luther mit «Obrigkeit» übersetzt, heißt im griechischen Text *«exusia»*. «Das ist», schreibt dazu *Emil Bock* in seinen «Beiträgen zur Übersetzung des Neuen Testaments»[132] (ohne übrigens irgendwie auf solche Erwägungen, wie wir sie hier angedeutet haben, einzugehen), «mit aller Eindeutigkeit die Bezeichnung bestimmter hierarchischer Wesenheiten, der Geister der Form oder

Offenbarer (s. Begleittext zur Übersetzung des Epheserbriefs). Auch im Römerbrief wird an anderen Stellen dieses Wort ganz eindeutig auf Wesen der höheren Welt bezogen, z.B. 8, 38, wo es bei Luther heißt: ‹weder Engel, noch Fürstentümer noch Gewalten (exusiai)›.» Immerhin läßt Bock es ausdrücklich dahingestellt, «ob indirekt das 13. Kapitel dann doch noch Aufschlüsse über die Führermächte von Staaten und Nationen gibt». Er selbst läßt in seiner Übersetzung mit bewußter Radikalität die hierarchisch-übersinnliche Bedeutung des Wortes Exusia hervortreten, die bei Luther vollständig verloren gegangen ist, indem Luther alles mit vollkommener Einseitigkeit auf die äußere Obrigkeit abstellt – in einer Zeit, in der eben das Bewußtsein der hierarchischen Geistmächte den Menschen entschwunden und kein Sinn mehr dafür vorhanden war, daß auch alle äußeren sozialen Ordnungen der Menschen im Sinne der spirituellen Impulse dieser Führermächte gestaltet werden müssen, wenn sie «richtig» und von Bestand sein sollen. So spiegelt sich auch in dieser Lutherübersetzung mit ihrer (mindestens!) Einseitigkeit und vor allem in dem Echo, das sie gefunden, und den Wirkungen, die von ihr ausgegangen sind, wider, wie im Aufgange der neueren Zeit sich eben die rein äußere Ordnung des Staates und seiner Obrigkeiten der älteren, im Übersinnlichen begründeten hierarchischen Ordnung substituiert.

Die *katholischen* Theologen, die der Macht des weltlichen Staates zugunsten der Kirche Schranken ziehen und auch in den neueren Jahrhunderten die Suprematie des Papstes verteidigen wollten, wie z.B. der berühmte Jesuit Franz Suarez (1548 – 1617), lehnten den göttlichen Ursprung der Fürstengewalt ab. «Die Reformation suchte», so schreibt in diesem Sinne ein katholischer Gelehrter, «namentlich in England, die geistliche Suprematie des Papstes theoretisch auch dadurch zu untergraben, daß sie das Entstehen der fürstlichen Souveränität in das mystische Halbdunkel unmittelbarer göttlicher Herkunft der Fürstengewalt hüllte.»[133] Dieser göttlichen Herkunft der Fürstengewalt stellten daher die katholischen Staatsdenker mit starker Betonung die sogenannte Übertragungslehre entgegen, d.h. die Lehre, wonach jeder Träger der Staatsgewalt, der nicht selbst schon mit dem Volksganzen identisch ist, die Staatsgewalt nur durch *Übertragung* rechtmäßig erlangen kann, und zwar auf Grund rein menschlichen Rechtes.

Man sieht, wie in die theoretischen oder theologischen Anschauungen aufs stärkste die kirchenpolitischen Bedürfnisse hineinspielen. Das war natürlich schon seit vielen Jahrhunderten der Fall, spitzte sich aber gleichsam immer mehr zu in dem Maße, wie eben das ältere, auf geistigen Traditionen beruhende Weltbild gegen Ende des Mittelalters und in den ersten Jahrhunderten der neueren Zeit verblaßte und an tragender und verpflichtender Kraft verlor.

Für Luther und die Reformation war entscheidend, daß sie, wie schon erwähnt, gegen die gewaltige geistige und politische Macht der alten Kirche, des Papsttums und seiner Hierarchie, da sie diese nicht von innen her umzuwandeln vermochten, sondern zu äußerem Widerstand übergingen, die Anlehnung an eine äußere politische Macht brauchten. Und diese konnten nach Lage der Dinge nur die *Landesfürsten* sein und der im ersten Werden begriffene neuere Staat dieser Fürsten. Da dieser Staat aber seinem tieferen Wesensimpulse nach alles andere, nur kein christliches Gebilde war, so liegt für Luther und die Reformation die Tragik vor, daß sie für ihre Sache, mit der sie dem Christentum dienen wollten, sich auf eine Macht stützen mußten, die selbst im tieferen Sinne entgegengesetzten Wesens war, ein Vorgang, der innerlich mit dem Ereignis des vierten nachchristlichen Jahrhunderts verglichen werden kann, der Tat Constantins, durch welche die christliche Kirche zur römischen Reichskirche gemacht wurde, ein Ereignis von folgenschwerer, vielfach verhängnisvoller Bedeutung. Ähnlich verhängnisvoll wurde für die Sache der Reformation (und nicht nur für sie allein) ihre enge Verbindung mit dem neueren Staate, ihre Anlehnung an die weltlichen Fürsten.

Indem der Protestantismus den Summepiskopat der Landesherren begründete, d.h. also die Landesfürsten zu obersten Bischöfen der evangelischen Kirche für das Gebiet ihres Staates machte, lieferte er die evangelische Kirche einer in Wahrheit heteronomen Führung und Verwaltung aus: Eine nicht-kirchliche, nicht aus dem inneren

Leben der Kirche selbst hervorgegangene Macht erhielt deren oberste Führung. Damit war die Richtung auf das Staatskirchentum gegeben, wie es dann besonders im 18. Jahrhundert in der Aufklärungszeit gipfelte. Gerade die evangelische Kirche stellte sich oder mußte sich immer mehr in den Dienst einer ihr als Kirche wesensfremden Macht stellen. Sie wurde in weitgehendem Maße ein *instrumentum regni* (Herrschaftsinstrument) der Fürsten oder Staaten und in ebendemselben Maße in ihrer geistig-religiösen Stoßkraft, die ja nur in ihrer eigentlichen menschlich-christlichen Substanz begründet sein konnte, abgelähmt und verlor damit im Laufe der Jahrhunderte immer mehr die Möglichkeit, ihre eigentliche Aufgabe wirklich zu erfüllen.

Eine andere Seite dieser Verkoppelung der evangelischen Kirche mit dem Territorialfürstentum war in Deutschland ihre Aufteilung in lauter, zum Teil kleinere und kleinste Einzelkirchen, die sich eben aus der Größe oder Kleinheit der einzelnen politischen Territorien ergaben, was einem lebensvollen Zusammenschluß der evangelischen Kirchen auch insoweit im Wege stand, als ein solcher sich aus dem Leben dieser Kirchen als solcher von innen heraus in organischer Weise hätte ergeben können oder wollen.*

Den Gipfelpunkt erreichten alle diese aus der politischen Situation des Protestantismus bzw. aus seiner zeitbedingten geistig-religiösen Schwäche sich ergebenden Tendenzen in dem tief antireligiösen und widerchristlichen Satze: *cuius regio, eius religio* (wessen das Land, dessen die Religion), d.h. es wurde dem politischen Herrscher als

* Hier ein freilich besonders groteskes Beispiel dafür, wozu in der kirchlichen Praxis diese Zustände führen konnten! In einem der Gesangbücher des deutschen Fürstentums Reuß ältere Linie fand sich folgende Strophe, mit der die Gläubigen dieses Staates für dessen Gebiet von Gott gutes Wetter erbaten:

«Gib Regen und auch Sonnenschein
Für Greiz und Schleiz und Lobenstein;
Und wolln die andern auch was han,
Dann mögen sies Dir selber san.»

(Vgl. das Lebenserinnerungs-Buch des Hofpredigers Johannes Kessler, «Ich schwöre mir ewige Jugend», Leipzig 1935, S. 7.)

solchem die Befugnis eingeräumt, die Religion, besser: die Konfession seiner Untertanen durch einen einseitigen Willensakt von sich aus zu bestimmen; ein wahrer Hohn auf das Prinzip der von dem Zeitalter geforderten individuellen Gewissensfreiheit, aus dessen Geist heraus doch der Protestantismus selber im Zeitalter der erwachenden Bewußtseinsseele angetreten war.* Aber ebenso klar wie die Verwerflichkeit des «cuius regio, eius religio» vom religiösgeistigen Gesichtspunkt ist es auf der anderen Seite, daß die Fürstenstaaten durch diesen Grundsatz einen großen politischen Machtzuwachs erhielten.

Recht treffend schreibt von seinen Gesichtspunkten aus der katholische Soziologe Alois Dempf über die hier angedeutete Entwicklung:

«Als tiefsten Grund der Wandlungen des gesamten europäischen Staatslebens durch die Reformation wird man ansehen müssen, daß die Theologie des Protestantismus die priesterliche Autorität in der gesamten Kirche leugnete und darum gezwungen war, die weltliche Autorität für die Kirchenordnung anzurufen, um eine einheitliche Religionspolitik in den einzelnen Staatsgebieten durchführen zu können. Aus dieser Not des Protestantismus entstand der folgenschwere Satz: Cuius regio, eius religio. In England, wo Heinrich VIII. selber die Reformation vollzog, wurde er zuerst in voller Schärfe gehandhabt und der Summepiskopat des Landesherrn ausdrücklich beansprucht. Es ist die Tragik des Protestantismus, daß er, um der geistlichen Autorität zum Teil auch in weltlichen Dingen zu entgehen, sich der weltlichen Autorität auch in geistlichen Dingen unterordnen mußte. Es war aber ebenso tragisch für die katholischen Staaten der Gegenreformation, daß auch sie den Satz ‹Cuius regio, eius religio› durchführen mußten, und die Folge waren die Religionskriege des 16. und 17. Jahrhunderts, die weitaus schmerzlichste Erinnerung der Christenheit.

* Inwiefern freilich all diese staatskirchlichen Tendenzen schon in der vorreformatorischen Zeit veranlagt waren, findet man ausgeführt bei *Karl Eder*, «Deutsche Geisteswende zwischen Mittelalter und Neuzeit», Salzburg/Leipzig 1937, S. 51/52.

Wir sahen..., daß die absolutistische Staatsidee schon vom Anfang des 16. Jahrhunderts an praktisch und theoretisch durch Machiavell auf dem Wege war; aber den entscheidenden Anstoß zu ihrer vollen Verwirklichung hat sie doch erst durch die *Religionskämpfe* des späteren 16. und 17. Jahrhunderts erhalten. Ihre juristische Form ist die Lehre von der Souveränität der Staaten.»[134]

So vollzieht sich unter der Decke (und bald wird man fast sagen können: unter dem Vorwand) der konfessionell-religiösen Interessen und Streitigkeiten die Erstarkung der Fürsten und des weltlichen Staates. Sie waren die Gewinner. Der Verlierer aber war in diesen Jahrhunderten des Materialismus das Christentum. Das hat vielleicht niemand tiefer empfunden als *Novalis*, der in seinem Fragment «Die Christenheit oder Europa» über diese innere Lage des Protestantismus schreibt:

«Unglücklicherweise hatten sich die Fürsten in diese Spaltung gemischt, und viele benutzten diese Streitigkeiten zur Befestigung und Erweiterung ihrer landesherrlichen Gewalt und Einkünfte. Sie waren froh, jenes hohen Einflusses überhoben zu sein, und nahmen die neuen Konsistorien nun unter ihre landesväterliche Beschützung und Leitung. Sie waren eifrigst besorgt, die gänzliche Vereinigung der protestantischen Kirchen zu hindern, und so wurde die Religion irreligiöserweise in Staatsgrenzen eingeschlossen und damit der Grund zur allmählichen Untergrabung des religiösen kosmopolitischen Interesses gelegt. So verlor die Religion ihren großen politischen friedestiftenden Einfluß, ihre eigentümliche Rolle des vereinigenden, individualisierenden Prinzips, der Christenheit.»

Neben dem religiös-geistigen Impuls, der in Luther und den anderen Reformatoren und ohne jeden Zweifel ja auch in breiten Volkskreisen, die durch sie ergriffen wurden, lebte, und neben der politischen Seite der Reformation, die, wie wir sahen, einen weiteren starken Anstoß zur Ausbildung der Fürstenmacht und des neueren Staates gab, kommt für die Reformation noch ein drittes überaus wichtiges Moment in Betracht, nämlich das *wirtschaftliche*. Dieses wirtschaftliche Motiv war es, das so manchen Fürsten der Reformation, von der er eben wirtschaftlich viel zu gewinnen hatte, geneigt machte. Die «Erweiterung der landesherrlichen ... Einkünfte», von der Novalis spricht, wie wir soeben hörten, spielt eine geradezu ausschlaggebende Rolle bei der Reformation, insofern zu ihrer politischen Durchsetzung die Fürsten entscheidend waren. Und gerade hier meldet sich in symptomatischer Weise das Zeitalter der Bewußtseinsseele, das in seiner ersten Phase so ganz im Zeichen des Materialismus oder, wie wir auch sagen können, der Vorherrschaft der *Wirtschaft* stand, d.h. des dritten Gliedes des sozialen Organismus, das in diesen Jahrhunderten als selbständiges Glied im sozialen Leben gewissermaßen geboren wurde und immer deutlicher ins Bewußtsein der materialistischer werdenden abendländischen Menschheit trat. In dem Maße, wie in diesen Jahrhunderten nun die Wirtschaft tatsächlich immer mehr in den Vordergrund tritt und wirtschaftliche Interessen und Vorgänge immer stärker motivierend auf die geschichtlichen Ereignisse einwirken, hat gerade *für diese Jahrhunderte* die «materialistische Geschichtsauffassung» des Marxismus, die alles historische Geschehen auf die ökonomischen Realitäten zurückführen und dagegen den politischen und geistigen Faktoren nur eine sekundäre Rolle zuerkennen wollte, ihre relative Richtigkeit. In diesen Jahrhunderten lebte geschichtlich das, was den Wahrheitskern dieser Geschichtstheorie ausmachte, die auf andere Zeiten übertragen und verallgemeinert nur absurd genannt werden kann. Auf diesen Wahrheitskern hat aber Rudolf Steiner des öfteren aufmerksam gemacht.[135] Und einmal tat er dies eingehender eben im Zusammenhang mit der *Reformation*, wobei er, wie sich alsbald zeigen wird, vor allem die *politische Verwirklichung* des von Hause aus natürlich religiösen reformatorischen Impulses durch die Fürsten ins Auge faßte. Was war eigentlich die Reformation? fragt hier Rudolf Steiner.[136] Man findet, sagt er, «daß das, was scheinbar ein geistiger Übergang ist im Beginne der neueren Zeit, die Reformation, eigentlich sehr stark beruht auf etwas, das im Grunde genommen doch wirtschaftlicher Natur ist. Und aus der Einsicht in die wirtschaftliche Grundlage gerade der Reformation hat sich, indem man einseitig die Betrachtung anstellte, für den Sozialismus ergeben, daß alle geschichtliche Entwickelung eigentlich nur das Ergebnis von Klassenkämpfen und ökonomischen Tatsachen sei.» Rudolf Steiner spricht dann von einer mächtigen Umschichtung im Beginne der neueren Zeit. Vor dem Eintritt der Reformation haben andere Menschen, z.B. namentlich in Westeuropa, den Grund und Boden innegehabt als nach der Reformation. «Denn die führenden Menschen, die gewissermaßen für die soziale Struktur vor der Reformation maßgebend waren, die haben ihre Herrschaft durch die Reformation verloren. Weit mehr, als man denkt, war aller Grund- und Bodenbesitz vor der Reformation in umfassendstem Sinne abhängig von der Priesterherrschaft. Die Priesterherrschaft war vor der Reformation überhaupt für die ökonomischen Verhältnisse außerordentlich maßgebend. Diejenigen, die Grund und Boden besaßen, besaßen ihn zum großen Teile gewissermaßen im Auftrage und durch Überantwortung von irgendwie mit der Kirche zusammenhängenden Behörden.»

«Nun», so fährt Rudolf Steiner fort, «wenn man vielleicht weniger idealistisch, aber dafür mehr wahr den geschichtlichen Hergang prüft, so findet man, daß fast über ganz Europa hin mit der Reformation wird der alte Kirchen- und Geistlichenbesitz den Inhabern entrissen und übertragen wird auf die weltlichen Herrscher. Das war in hohem Maße in England der Fall; das war auch in hohem Maße im späteren Deutschland der Fall. Im späteren Deutschland ist ja ein großer Teil der Territorialfürsten zur Reformation übergetreten. Aber es war nicht etwa überall – um mich nicht gar zu anzüglich auszudrücken – die Begeisterung für Luther oder für die anderen Reformatoren, sondern es war der Hunger nach den Kirchengütern, die Sehnsucht, die Kirchengüter zu säkularisieren.* Unendliches Kirchengut des Mittelalters ging ja an die

* «Anzüglicher» und drastischer drückt sich Friedrich d.Gr. über den Vorgang aus (in seinen «Denkwürdigkeiten zur Geschichte des Hauses Brandenburg»), indem er «die Ursachen für die Fortschritte der Reformation auf einfache Grundlagen zurückführen» will. Man sehe nämlich, so sagt er, «daß sie in Deutschland auf dem Eigennutz beruhte» – eben der Fürsten, welche die Kirchengüter einziehen wollten (in England, so meint er allerdings, «auf der

weltlichen, an die Territorialfürsten über. In England war es so, daß ein großer Teil derjenigen, die im Besitze von Grund und Boden waren, enteignet wurden … und auswanderten nach Amerika … Also ökonomische Verhältnisse waren in hohem Grade maßgebend bei jener Metamorphose der neueren geschichtlichen Entwickelung, welche man gewöhnlich als Reformation bezeichnet. An der Oberfläche nimmt sich die Sache etwa so aus, daß man sagt, daß neuer Geist in die menschlichen Seelen einfließen müsse, daß die alte Kirchenverwaltung zu stark das weltliche Element mit dem geistigen Element verknüpft habe und daß man überhaupt einen geistlicheren Weg zu dem Christus finden müsse und so weiter. Etwas tiefer, etwas weniger an der Oberfläche betrachtet, findet eine ökonomische Umschichtung statt in dem Übertragen der geistlichen Güter an die weltlichen Menschen.»

Dieser Übergang aber hängt, wie nun Rudolf Steiner weiter ausführt, mit einer sehr weit ausgreifenden Tatsache der weltgeschichtlichen Entwicklung zusammen, nämlich mit einem Übergang der Herrschaft in den verschiedenen großen Zeitaltern auf jeweils andere Menschentypen: Im dritten nachatlantischen Zeitraum waren die herrschenden sozialen Mächte *Initiierte*, z.B. initiierte Pharaonen, im vierten Zeitraum waren es *Priester*. Für beide, die initiierten Herrscher der älteren Zeit und die «Priester» im Sinne der griechisch-lateinischen Kulturperiode, war es wesentlich, daß auch sie sich in die ökonomischen Verhältnisse einmischen konnten, aber sie taten es, sagt Rudolf Steiner, von höheren Gesichtspunkten aus. Im fünften nachatlantischen Zeitalter wurden herrschend die «*ökonomischen Menschen*», daher konnten nun sie sich «in alles, was soziale

Liebe», d.h. der bekannten Ehescheidungsangelegenheit Heinrichs VIII., und in Frankreich «auf dem Reiz der Neuheit» usw.).

Recht illusionslos hat übrigens schon Luther selbst über die Fürsten gedacht, wie Martin Dibelius («Protestantismus und Politik» in «Die Wandlung» II 1 von Januar 1947, S. 37) feststellt und mit folgenden Worten Luthers belegt: «Sie sind gemeiniglich die größten Narren oder die größten Buben auf Erden», man hat «wenig Gutes von ihnen zu erwarten, sonderlich in göttlichen Dingen, die der Seelen Heil belangen».

Struktur ist, hineinmischen».[137] Das ist der ökonomische Typ Mensch, der seit der Reformation (und, wie wir nun sehen, sehr stark auch gerade *durch* sie) herrschend geworden ist und für den so der Fürst des 16. Jahrhunderts als ein erster wichtiger Repräsentant erscheint, in der Zeit, in der das Wirtschaftliche den Menschen nun immer mehr Selbstzweck zu werden begann. Es ist eine Entwicklung, die nur im Zusammenhang mit dem ganz allgemeinen Absturz der neueren Menschheit in den Materialismus überhaupt zu verstehen ist.

Bei der Ablösung der Priesterherrschaft und damit auch ihrer Verfügung über die wirtschaftlichen Verhältnisse ist selbstverständlich als ein entscheidend wichtiges Moment in Betracht zu ziehen, daß eben diese Herrschaft sich gründlich überlebt hatte und entartet war, daß innerhalb ihrer selbst materialistische Mißbräuche sich festgesetzt hatten, wie z.B. der Ablaßhandel und was dergleichen geschichtlich bekannte Anlässe der Reformation mehr sind. Damit hängt es auch zusammen, daß Luther mit seinem beständigen Vorwurf der finanziellen Ausnützung des deutschen Volkes durch die Kurie eine so überaus große Resonanz fand. Er rief damit eine antirömische Zornesregung im deutschen Volke hervor, die im Lauf der Ereignisse eine wichtige Waffe für ihn wurde. Dieser sein Hinweis auf die finanzielle Ausbeutung der Deutschen durch Rom war zugleich ein wirksamer Appell an das deutsche Nationalgefühl.[138]

Der Protestantismus seinerseits aber *konnte* nicht nur deshalb eine Verfügung über Grund und Boden, über das Wirtschaftliche nicht ausüben, weil er diese den Fürsten überlassen mußte, ohne die er sich selbst nie hätte durchsetzen können, sondern es lag zugleich in seinem eigenen Wesen tief begründet, daß er eine solche Verfügung auch gar nicht ausüben *wollte*. Im Protestantismus lebte nicht mehr eine genügend starke sozialbildnerische Kraft, um auch die Wirtschaft zu ergreifen und sie etwa in den Dienst eines religiös-geistigen Impulses zu stellen. Daher überließ der Protestantismus, indem er sich vor der Sphäre des «Materiellen» zurückzog, dieses gern und freiwillig den Fürsten, d.h., wie wir gesehen haben, dem ökonomischen Menschentypus, und beschränkte sich dafür auf das Gebiet des Glaubens und der Seelen. Das ist überhaupt das Kennzeichen der abstrakteren Geistesart, die in der neueren Zeit heraufkommt. Diese pflegt in «ideal» gemeinter Art «innere Werte» und überläßt dafür die äußeren Realitäten Mächten, die mit diesen in höchst ungeistiger Weise operieren, bis sie schließlich am Ende dieser Entwicklung jenen «Idealisten» (im weitesten Sinne des Wortes) entweder die materiellen Grundlagen überhaupt entziehen oder sie durch diese materiellen Grundlagen in Abhängigkeit *von sich* zu bringen wissen.

Auch in *solchem* Lichte muß man lesen, was z.B. ein katholischer Historiker in einem neueren Buche schreibt:

Vor der Reformation, führt er aus, gab es viele Meßstiftungen, Neubauten und Erweiterungen von Gotteshäusern, Aufstellung neuer Altäre usw. «Die Kurve der Meßstiftungen vor der Glaubensspaltung veranschaulicht graphisch den Anstieg der Stiftungstätigkeit und ihren jähen Absturz durch die Bewegung Luthers... An keiner anderen Erscheinung läßt sich so anschaulich wie an einem Pegel das rasche Eindringen des Luthertums ablesen. *Luther hatte die ‹Werkheiligkeit› gebrandmarkt und dadurch den Stiftungstrieb geknickt.*»[139]

Nun, dieser «Stiftungstrieb» bedeutet, wenn wir jetzt absehen von den besonderen religiös-kirchlichen Objekten, für die er sich einsetzte, ganz allgemein gesprochen die wirtschaftliche Ermöglichung und Erhaltung des Geisteslebens überhaupt aus dem Verständnis, der Hingabe (und gewiß gerade im Mittelalter sehr auch dem um sein Seelenheil besorgten seelischen Egoismus) der einzelnen Menschen. Diesen Trieb als «Werkheiligkeit» zu negieren, statt ihn zu läutern und auf zeitgemäße Objekte zu lenken, bedeutet real, daß man dem Geistesleben die aus Liebe und Verständnis der Menschen dargereichten wirtschaftlichen Grundlagen entzieht und es dadurch derjenigen Macht ausliefert, die es verstanden hatte, sich in weitgehendstem Maße die Verfügung über die wirtschaftlichen Werte zu sichern, d.h. aber dem Staat, der nun in den folgenden Jahrhunderten immer mehr der All-Erhalter und All-Finanzierer werden sollte.

So fängt es mit der Reformation auch an, ein Problem zu werden

– wenn dieses auch durch Jahrhunderte noch kaum als solches gesehen wird –, wie dem geistigen Leben die notwendigen wirtschaftlichen Grundlagen dargeboten werden können, ohne daß es in eine ungesunde Abhängigkeit von demjenigen geriete, der ihm diese Grundlagen gibt, und dadurch in bezug auf sein eigentliches, inhaltliches geistiges Leben abgelähmt würde.

Trotz all dieser Umwälzungen, die in bezug auf das Wirtschaftliche auf solche Weise auch von Luther ausgingen, ist es doch offensichtlich, daß das, was von *Luther* ausging, unmittelbar nicht so sehr der Wirtschaft als vielmehr dem *Staate* als solchem zugute kam, wie wir ja auch gesehen haben. Luther erweist sich auch insofern als dem *mitteleuropäisch-deutschen* Wesen angehörig, das im Sinne einer gewissen unmittelbaren Gegebenheit gerade für das Rechts- und Staatsgebiet veranlagt ist.[140]

Den mehr *westeuropäischen* Aspekt innerhalb der Gesamterscheinung der Reformation stellt der Genfer *Calvin* und der Calvinismus dar. Der Calvinismus verbreitete sich auch ganz überwiegend im *Westen*, und durch eigenartige Gedankenzusammenhänge und religiös-soziale Impulsationen wirkte er sich als eine Kraft aus, der vor allem das *Wirtschaftsleben* wichtigste Antriebe verdankt. Ja, man hat geradezu zeigen können, wie der Calvinismus stark dazu beigetragen hat, den modernen Kapitalismus heraufzuführen.[141] Der Calvinismus, in dem die eigentlich geistig-religiöse Kraft früherer Zeiten noch ein ganz erhebliches Stück mehr als im Luthertum dahingeschwunden war, gab seinen Bekennern mit bewußter Nachdrücklichkeit eine allgemeine Richtung auf das Leben «in der Welt», d.h. vor allem in der Wirtschaft, das als eine Aufgabe gewertet wurde, durch deren pflichtgetreue, uneigennützige Erfüllung der Mensch Gott am besten diene. Im wirtschaftlichen Leben konnte sich auch die abstrakte, intellektuelle Denkweise am produktivsten auswirken, die dem Calvinismus und seiner ausgeprägten Bildlosigkeit wiederum noch sehr erheblich über das Luthertum hinaus eigneten. Fleißige, unermüdliche, selbstlose Berufsarbeit in Verbindung mit persönlicher Bedürfnislosigkeit und puritanischer Lebensführung erschienen den Reformierten geradezu als ein religiös-moralisches Ideal. Sie führten den Kaufmann, den Gewerbetreibenden zu wirtschaftlichem Erfolg; sie brachten ihm Einnahmen, die er nicht verbrauchte, damit aber war die Bildung von Kapital gegeben mit all ihren Folgen in dem heraufziehenden technischen Zeitalter. Zu dieser mehr allgemeinen Einstellung auf die «innerweltliche Askese» kamen noch eigenartige Gedankengänge theologischer Art, in denen man zwar von wirklicher christlicher Substanz herzlich wenig findet (wie ja überhaupt im Calvinismus viel stärker das alttestamentlich-jüdische Element nachwirkte), die aber durch Generationen hindurch für die Gläubigen des reformierten Bekenntnisses, d.h. für die Angehörigen des calvinistischen Bürgertums, eine sozial äußerst wirksame Triebfeder bedeuteten und die calvinistische «Wirtschaftsethik» mit begründeten. Es war letzten Endes wieder die Sorge um das eigene Seelenheil, die auch hier den Angelpunkt allen religiösen Strebens bildete, hier aber in Verbindung mit der calvinistischen Lehre von der *Gnadenwahl*, wonach es von Gott allein abhängt, ob ein Mensch verworfen oder erlöst wird, und dies im Sinne der *Prädestination*[142] von Gott vorherbestimmt ist. Ob jemand erwählt oder verworfen war, das hing von Gott allein ab; für den einzelnen Gläubigen konnte es sich nur darum handeln, die subjektive Überzeugung zu erlangen, daß *er zu den Erwählten* gehöre. Diesen Zweifel sollte die rastlose Berufsarbeit verscheuchen, und im wirtschaftlichen *Erfolg* dieser Arbeit sah man dann den Segen Gottes und ein Anzeichen dafür, daß der so durch selbstlose Arbeit Erfolgreiche sich zu den von Gott Erwählten zählen dürfe. Er erlangte so die subjektive Gewißheit seiner Erwähltheit.

Das alles hat begreiflicherweise mächtig beigetragen zu jenem bürgerlich-wirtschaftlichen Ethos, das eben besonders in West-Europa und Amerika ausgebildet wurde. Hier liegen die religiösen Wurzeln der kapitalistischen Wirtschaftsentwicklung der neueren Zeit.* Bekannt ist, wie z.B. in Frankreich gerade die Hugenotten,

* Es läßt sich übrigens auch leicht ermessen, wie sehr solche Anschauungen zu der Neigung weitester Kreise beigetragen haben müssen, den Wert auch einer jeden *Arbeit* in einseitiger Weise nach ihrem wirtschaftlichen Ertrag zu bemessen

d.h. die Calvinisten, die Träger der größten wirtschaftlichen Blüte des Landes wurden. Als sie infolge der religiös-politischen Intoleranz durch die Aufhebung des Edikts von Nantes durch Ludwig XIV. aus Frankreich vertrieben wurden, fanden sie willige Aufnahme in den Niederlanden, in England und auch in manchen deutschen Territorien, besonders in Brandenburg durch den Großen Kurfürsten. Überall wurden sie mit ihrem wirtschaftlichen Unternehmungsgeist zu Pionieren des Gewerbefleißes, vervollkommneter gewerblicher Methoden und damit des ökonomischen Fortschrittes.

Die religiösen Motive fielen im Laufe der weiteren geschichtlichen Entwicklung mit dem immer stärkeren Heraufkommen der rein rationalistisch-materialistischen Denkweise fort, aber die einmal eingeschlagene Richtung auf das Wirtschaftliche und die wirtschaftliche Tüchtigkeit blieben. Die egoistische Sorge um das eigene Seelenheil, der Wunsch jedes einzelnen gläubigen Reformierten, sich selbst zu beweisen, daß *er* zu den Auserwählten gehöre (am Schicksal der anderen konnte er ja nichts ändern), traten zurück und spielten schließlich kaum noch eine ernstliche Rolle; der hierdurch impulsierte Egoismus aber blieb, verweltlichte nun vollends und vergröberte sich zu der kapitalistisch-egoistischen Seelenhaltung, welche die neueren Jahrhunderte, vom Westen ausgehend, in zunehmendem Maße erfüllte und den Sieg des ökonomischen Menschentyps im sozialen Leben der neueren Zeit vollendet hat.

und besonders solche Arbeit, z.B. geistiger oder künstlerischer Art, gering zu bewerten, die gerade in dem materialistischen Zeitalter oft nur mit sehr geringem Verdienst verbunden zu sein pflegte. Auch solche Bewertungsneigungen wirken bis in unsere Gegenwart hinein aufs stärkste nach. Sie bilden einen der unzähligen Aspekte des Gesamtphänomens des Materialismus.

Ludwig XIV.

Das 17. Jahrhundert

Wir können uns einer Empfindung und einem Verständnis der Geistesatmosphäre des 17. Jahrhunderts im größeren Zusammenhang der neueren geschichtlichen Entwicklung vielleicht am besten dadurch nähern, daß wir auf den Pendelschlag[143] achten, der sich verfolgen läßt im Fortgange der abendländischen Kultur vom Mittelalter in die neueren Jahrhunderte hinein. Im Mittelalter haben wir es mit einer Menschheitsstimmung zu tun, die stark durchsetzt ist von Elementen, in denen der *luziferische* Weltenimpuls waltet. Es drückt sich dies vor allem in der Grundtendenz des Mittelalters aus, seiner Stimmung der Sehnsucht nach dem Jenseits, dem Fortstreben von der Erde, wie es in gewaltigster Weise Form annimmt etwa in den gotischen Domen. Es ist der Zug zur Weltflucht, das einseitige Hinschauen auch auf das Innerseelische des Menschen, das Nichtfinden des rechten Verhältnisses zur Leiblichkeit, die Neigung zu falscher Askese. «Man könnte geradezu die Geschichte der Askese so schreiben», sagt Rudolf Steiner, «daß man sie als fortwährende Verlockung von seiten Luzifers darstellen würde.»[144] Im Übergang zur neueren Zeit wendet sich dann die abendländische Menschheit gerade der physisch-sinnlichen Welt zu, mit liebevollem Enthusiasmus ergreift sie das, was sie vorher geflohen hatte. Es entstehen die Anfänge der neueren Naturwissenschaft. Zugleich kommt, aus tiefen Untergründen, die rückwärtsgewandte Sehnsucht nach der Antike auf, die Sehnsucht nach ihrem Menschenbilde, zugleich aber auch nach ihrer Sinnenfälligkeit, ihrem Verhältnis zu der Sphäre des Natürlich-Leiblichen. Das alles lebt besonders in der Renaissance, die namentlich in ihren ersten Zeiten, der Frührenaissance, von einem rauschhaften Enthusiasmus, damit aber wiederum von einer, wenn auch ganz anders gearteten, stark luziferischen Atmosphäre erfüllt ist. So zeigt sich, bei größerem Überblick, was zunächst recht paradox erscheinen kann, daß das luziferische Element, das schon so viele Jahrhunderte tingiert hatte, in gewisser Weise zunächst *bleibt*, wenn auch im Sinne einer vollständigen Metamorphose: erst luziferische Weltflucht, nun gerade Ergreifen der Welt mit luziferischem Schwung und Enthusiasmus!

Aber im Fortgang der Entwicklung schwingt, dem universellen Weltgesetz folgend, wonach auf Luzifer Ahriman folgt, das Pendel immer mehr zum ahrimanischen Pol hinüber, und in seinem Zeichen stehen nun in weitgehendem Maße die späteren Jahrhunderte der sogenannten Neuzeit, die Jahrhunderte des Materialismus, des Eingehens der Menschheit in die Sphäre der – Bewußtsein erwekkenden! – Todeskräfte.[145]

Indem aber das Pendel so im Laufe der Jahrhunderte langsam vom luziferischen Pol zum ahrimanischen herüberschwingt, verbleibt es gleichsam für einen weltgeschichtlichen Augenblick, für einige Jahrzehnte, wie in jener Mittellage, von der wir schon sprachen (S. 52f.). Da entsteht für kurze Zeit etwas wie ein Gleichgewichtszustand des Luziferischen und des Ahrimanischen, ein weltgeschichtlicher Augenblick, günstig für das Auftreten des Menschlich-Ichhaft-Mittleren. Nicht nur erstehen da, wie auch bereits oben erwähnt, die großen *christlichen Kunstwerke* der Hochrenaissance wie das Abendmahl des Lionardo oder die Sixtinische Madonna Raffaels, sondern wir sehen in eben dieser Zeit um 1500 auch den faustischen *Ich-Impuls* in einer ganzen Reihe großer suchender Persönlichkeiten auftreten. Auch in der religiösen Reformation Luthers und der anderen Reformatoren lebt ja viel von diesem Ich-Impuls des um sein individuelles Verhältnis zu Gott ringenden und strebenden Menschen.

Insofern dieses Menschlich-Mittlere auflebt, haben wir es mit der Strömung des Dauernden, des die Entwicklung ureigentlich Tragenden und Weiterführenden zu tun. Das wirkt weiter, das erfüllt den eigentlichen Sinn des Menschheitswerdens.

Die luziferischen Impulse aber verfallen ihrem Karma, das Ahriman heißt. Ahriman verdirbt, wie Rudolf Steiner es ausdrückt, «stückweise», was Luzifer vorher auf der Erde bewirkt hat, was Luzifer, können wir sagen, mit Enthusiasmus aufgebaut hat.[146] Auf die stark luziferisch nuancierten Jahrhunderte folgten diejenigen, in denen die Impulse Ahrimans immer einschneidender werden, auf den luziferischen Rausch etwas wie die große weltgeschichtliche Ernüchterung. Auf das *Schönheits*streben der Renaissancezeit, deren Höhe sich im Künstlerischen auslebte, folgt nun eine Zeit, der es um *Macht* in erster Linie zu tun ist. Auch die Kunst hat nun der Macht zu *dienen*, wie z.B. etwa in der gegenreformatorischen Kirche. Auf den ersten Enthusiasmus der Reformation folgte bald einerseits die Erstarrung der protestantischen Kirche selbst, andererseits das Machtstreben der Gegenreformation, die sich an den Kräften der Vergangenheit zu stärken und durch sie zu mumifizieren suchte. Das sind zugleich die Jahrzehnte, in denen das diesem Wirken kongeniale düstere *Spanien* seine große weltgeschichtliche Rolle spielte, das Jahrhundert seiner Vormachtstellung in Europa (und weit darüber hinaus) erlebte: etwa von der Mitte des 16. bis zu der des 17. Jahrhunderts, Spanien, in dem so stark und in einer so eigenartigen Weise die (im Westen wirksamen!) Absterbekräfte walteten. Das luziferische Element, alles, was Glanz und Prachtentfaltung ist, muß nun, wie schon erwähnt, den einseitigen Machtimpulsen dieser Zeit dienen, in denen das ahrimanische Prinzip wirkt; es dient ihnen z.B. auch als eine Art Mantel, der ihr eigentliches Wesen umhüllen und verbergen soll.

Der Machtimpuls lebt sich zuerst überwiegend *konfessionell-politisch* aus – da steht das religiöse Moment, wenn auch immer mehr sich veräußerlichend, noch sehr im Vordergrund –, dann (etwa von der Mitte des 17. Jahrhunderts an) rein und nunmehr unverhüllt *weltlich-machtpolitisch.* Das wird das Zeitalter Ludwigs XIV. sein. Soweit der mehr politische Aspekt.

Der mehr geistig-kulturelle Aspekt derselben Entwicklung ist der, daß die neuere *Naturwissenschaft* immer einseitiger im Sinne der bloßen Sinnesempirie, deren Beobachtungen der bloße Intellekt ordnet, aufgebaut wird, womit – bei aller Größe der dadurch gewonnenen Errungenschaften – ebenfalls, ja zutiefst gerade von dieser Seite her, der moderne Materialismus impulsiert wird. Wir haben hier vor allem auf die Persönlichkeit Bacos von Verulam (1561 – 1626) als den eigentlichen Inaugurator dieser Entwicklung hinzuweisen.

Der heraufziehende naturwissenschaftliche Materialismus im Geistigen und die nun erfolgende planmäßige Ausbildung des neueren Staates, mit seiner auf einseitige Machtausübung abzielenden mechanistischen Konzentration aller Kräfte, im Sozialen, hängen aufs engste miteinander zusammen. Sie sind nur zwei Seiten eines und desselben Wesensimpulses, und für beide werden die entscheidenden Siege errungen im 17. Jahrhundert, die naturwissenschaftlichen mehr in England, die staatsbildnerischen vor allem in Frankreich.

Dieser selbe Wesensimpuls ist es, der die besondere Atmosphäre des 17. Jahrhunderts hervorbringt. In der Sphäre des Denkens ist es eine gewisse nüchterne Intellektualität, ein berechnendes, auf das Praktische gerichtetes Nützlichkeitsstreben; es ist noch nicht der theoretisierende Geist der Aufklärungszeit (des 18. Jahrhunderts), sondern mehr ein auf den äußeren Erfolg abzielendes Zweckmäßigkeitsdenken, damit verbunden die Neigung zu logischem Ordnen und klarer Systematisierung. Dieses Denken stellt sich auch in den Dienst des erwähnten Machtstrebens, das in der Sphäre des *Willens* herrscht, und verleiht auch ihm einen gewissen planmäßigen und systematischen Zug, den wir in der Renaissance noch nicht in dieser Weise antreffen. So entsteht «die dem 17. Jahrhundert eigene Atmosphäre kühler und zweckbewußter Nüchternheit», wie sie Friedrich Meinecke treffend charakterisiert.[147] Indem das machtmäßige Element im politisch-sozialen Leben einseitig in den Vordergrund tritt, bringt es in die Atmosphäre der Zeit etwas Massives, einen brutaleren Zug, welcher der Renaissance gleichfalls trotz aller auch damals vorhandenen Machtkämpfe noch fremd war. In der Sphäre des *Fühlens* sehen wir im 17. Jahrhundert, entsprechend all den geschilderten Wesenszügen, das Streben nach äußerem Genuß und Glanz und äußerer Würde, die aber nun stark von der Neigung zum Quantitativen beherrscht sind, üppiger, bei aller äußeren Verfeinerung doch im Grunde derber und plumper, weil seelisch ärmer, auftreten. Man vergleiche zur Verdeutlichung des Gemeinten etwa die Bilder von Rubens mit solchen aus der Renaissancezeit wie etwa denen eines Paolo Veronese. Alles ist im 17.Jahrhundert mehr auf Prunk und Schein gestellt, Überladenheit, Manieriertheit und Formelhaftigkeit herrschen, Rang- und Titelwesen, Etikette und Konvention, Affektation und Gespreiztheit, auch äußere Wohlanständigkeit, hinter der sich gern das innere Gegenteil verbirgt. Die großartige Offenheit und Wahrhaftigkeit der Renaissancezeit ist einem Wesen gewichen, das in hohem Maße vom Geiste innerer Unwahrhaftigkeit erfüllt ist.

Mit alledem ist natürlich in erster Linie das Leben an der *Oberfläche* des 17. Jahrhunderts gemeint, besonders auch das Leben in den Höhenregionen der sozialen Pyramide, vor allem an den Fürstenhöfen, die aber eben damals absolut tonangebend waren. Dahinter und darunter geht das Leben der mittleren, bürgerlichen und gar das der unteren sozialen Schichten vielfach in alter Schlichtheit und Gediegenheit weiter, besonders etwa in Deutschland. Da gibt es auch die großen Philosophen und Musiker des Jahrhunderts, kurz diejenigen Menschen, welche die eigentlichen Träger der Innerlichkeit der fortschreitenden Kulturentwicklung sind und für welche Perücke und Konvention höchstens das äußere Zeitkostüm, nicht aber die Offenbarung des tieferen Wesens bedeuten!

Rudolf Steiner hat einmal, in einem Gespräch mit dem Verfasser, *das Jahr 1600* als einen Wendepunkt für die Entwicklung der Staats- und Rechtsverhältnisse bezeichnet.[148]

Sicherlich ist dabei an den Wendepunkt (der es in einem noch wesentlich umfassenderen Sinne war) zu denken, der durch das Auftreten einerseits des Rosenkreuzerimpulses, andererseits aber auch gewisser Gegenimpulse charakterisiert ist. Um die Wende des 16. und 17. Jahrhunderts unternahmen die Rosenkreuzer einen groß und universal gemeinten Versuch, der europäischen Kultur einen Einschlag zu geben, der von Mitteleuropa hätte ausgehen und im heilvollen Sinne in den folgenden Zeiten wirken sollen. Rudolf

Steiner sprach z.B. nach einem Bericht des Grafen Polzer-Hoditz[149] davon, «wie die mitteleuropäische Menschheit zur Aufnahme eines spirituellen Impulses im Anfange des 17. Jahrhunderts empfänglich gewesen wäre, wie die geistige Welt an die Menschenseelen heran wollte, der Dreißigjährige Krieg aber verhinderte, daß eine größere Gruppe von Menschen von diesem Impuls ergriffen werden konnte. Daran schloß er eine Betrachtung über die chymische Hochzeit des Christian Rosenkreuz.»

Der Geistesimpuls des Rosenkreuzertums hätte, so können wir kurz zusammenfassend sagen, in einer doppelten Beziehung wirken sollen: einerseits zur Heraufführung einer *Naturanschauung*, die nicht materialistisch, geistentblößt sein sollte, sondern die gerade das in der Natur waltende Geistige mit einbeziehen wollte, andererseits zur Begründung eines *sozialen Zusammenlebens* der Menschen, wie es den tieferen Notwendigkeiten der neueren Zeit entspräche. Beide Strebensrichtungen hängen aufs innigste zusammen, da der Geist, der in der Natur wirkt, letzten Endes derselbe ist, in dem auch der Mensch sein wahres Wesen findet. So wie die Verkennung der Natur auch zu falschen sozialen Gestaltungen führt, so kann eine gesunde, dem Menschenwesen angemessene soziale Gestaltung nicht ohne die rechte, d.h. eine geistgemäße Naturerkenntnis gefunden werden.[150]

Das Jahr 1600 als ein Wendepunkt hat eine bedeutende Rolle gespielt auch für eine Persönlichkeit, von der wir schon früher gezeigt haben, daß sie auf den Geistesanruf dieser Zeit, der auch sie irgendwie im Tiefsten ergriffen haben muß, in einer eigenartigen Weise geantwortet hat: für *Campanella* (1568 – 1639), zu dem, wie wir gleichfalls zeigen konnten, der Kreis um Johann Valentin Andreae, den Verfasser der «Chymischen Hochzeit Christiani Rosenkreutz», sogar in direkten Beziehungen gestanden hat.[151]* Wie

* Der Dorpater Theologieprofessor *J. Kvačala* schreibt (in seiner unten Anm. 156 genannten Abhandlung, S. 132 – 137) zu diesen Beziehungen ein ganzes Kapitel «Campanella und die Württemberger», das in zwei Teile zerfällt: «a) Sonnenstaat», «b) Erziehungsreform» (wobei man sich in eigenartiger Weise an gewisse Württemberger und Stuttgarter Parallelen aus den Jahren 1919f. erin-

die Rosenkreuzer, so wollte auch Campanella zwei Quellen der Erkenntnis gelten lassen: Die Heilige Schrift und die Natur. Auch er wollte das Wesen der Dinge – hierin auch Bacon verwandt – nicht mehr auf scholastische Art durch Vernunftschlüsse, sondern durch Beobachtung der Natur erforschen. Aus gründlicher Erkenntnis der Natur wollte er das Richtige auch für die Gestaltung des sozialen Lebens finden.

Von großem Einfluß auf Campanella, den Dominikanermönch in Unteritalien, wurde eine Begegnung mit einem alten jüdischen Rabbiner und Astrologen namens Abraham, der ihm auf Grund astrologischer Berechnungen eine große Aufgabe zugewiesen zu haben scheint.[152] Dazu kam Campanellas eigene, okkulten Erlebnissen stark zugängliche visionäre Natur, außerdem sein Studium mannigfacher älterer Prophezeiungen, das Auftreten gewisser meteorologischer Phänomene, ferner Unruhe und Unzufriedenheit im Lande sowie nicht zuletzt eigene astrologische Berechnungen und Erwägungen. Das alles verband sich in Campanella zu der Überzeugung, daß das «Weltende» bevorstehe, dem in Kürze ein großer allgemeiner Umschwung vorangehen werde, in dem er selber berufen sei,

nert fühlen kann). Dort wird von dem lebhaften Interesse gesprochen, das «in den kirchlichen Kreisen des evangelischen Württemberg», womit besonders der Kreis um Johann Valentin Andreae gemeint ist, für Campanella erwacht sei, und es heißt z.B. von Andreae: «Mit Vergnügen griff er nun nach den Gaben, die seine Freunde Adami und Wensius, die auf ihrer italienischen Reise Campanella besucht und seine Freundschaft erworben haben», mitbrachten, «und es entsteht im Schwabenlande eine wahre Propaganda für die Ideen des Gefangenen», von dem J. V. Andreae, Adami und Besold verschiedene Schriften, Gedichte usw. übersetzen und herausgeben.

Angesichts der Unbefriedigung über die Erfolge der beiden Kirchen werde man verstehen, schreibt Kvačala in seiner Art weiter, «wenn die Württemberger in Anbetracht der rätselhaften Umtriebe einer geheimen reformatorischen Vereinigung, der sogenannten ‹Rosea crux›, Adamis Aufforderung folgend, die Schaffung einer freien selbständigen Organisation beschlossen, zu der Andreae mehrere Programmschriften rasch nacheinander abgefaßt hat. ‹Wir nannten den Bund Civitas Solis›.» Zu diesem Bunde habe übrigens auch Kepler seine Bereitwilligkeit erklärt.

Vgl. zu all dem meine «Geschichtsimpulse ...» S. 56, 57.

entscheidend mitzuwirken an einer neuen Ordnung der Dinge. Für diese hatte er seine eigenen Ideen und weitumfassenden Reformgedanken, über deren Inhalt es schwer ist, aus der Literatur wirklich klare Vorstellungen zu gewinnen. «Weg mit der spanischen Despotie und der römischen Tyrannei!» – diese Parole soll im Mittelpunkte seiner Bestrebungen gestanden haben, für die er verstand, in Calabrien eine Anhängerschaft zu gewinnen. Positiv scheint er die Absicht gehabt zu haben, ein neues ideales Gemeinwesen zu gründen, für das ihm Ideen ähnlicher Art vorgeschwebt haben werden, wie er sie bald danach in seinem «Sonnenstaat» niederlegte.

Campanella erwartete den Anfang des großen Umschwungs für das Jahr *1600*. Doch spielte für seine Erwartungen eine Rolle auch die für den 24. Dezember 1603 errechnete Conjunctio magna, und dann wiederum erwähnt er Astrologen, die für das Jahr 1605 große Veränderungen angekündigt hatten. (Die beiden letzteren Daten führen, wie man sieht, in die unmittelbare Nähe des Jahres 1604, das im Zusammenhang gerade mit dem *Rosenkreuzer*geschehen ein hochbedeutsames Jahr war.[153] Auch die Rosenkreuzer beriefen sich auf bestimmte Himmelserscheinungen, auch sie erwarteten zu Beginn des 17. Jahrhunderts ganz bewußt einschneidende Ereignisse. «Europa gehet schwanger», heißt es in der «Fama fraternitatis», «und wird ein starkes Kind gebären.»[154]

Aus solchen Erwartungen und Bestrebungen heraus bereitete Campanella in Calabrien einen allgemeinen Aufstand gegen die Spanier vor, für den der 10. September 1599 in Aussicht genommen war. Der Umsturzversuch wurde aber vorzeitig entdeckt und im Keime unterdrückt und Campanella gefangen genommen. So begann seine 27jährige Gefangenschaft in den Kerkern der Spanier. Dort hat er im Jahre 1602 seinen «Sonnenstaat» geschrieben.[155]

Luigi Amabile, der bedeutendste Campanellaforscher des 19. Jahrhunderts, hat dieser Verschwörung ein besonderes Werk gewidmet, das außerdem auch die an die Verschwörung sich anschließenden Prozesse und die «Narrheit» oder den «Wahn» (pazzia) Campanellas behandelt.[156] Auf dem Titelblatt dieses Werkes wird als eine Art Motto der Satz eines Historikers zitiert, wonach die sogenannte

Verschwörung Campanellas von seinen meisten Biographen als ein «ewiges und unlösbares Problem der Gelehrten» bezeichnet wird. Dieses Problem wird in der Tat nur dann einer Lösung näher gebracht, wenn man die ganzen okkulten Hintergründe und Zusammenhänge von Campanellas Vorhaben mit in Betracht zieht und wenn man sich entschließt, die damalige Weltenstunde, die mit dem Herannahen des Jahres 1600 (bzw. auch 1604) gegeben war, als eine wichtige, entscheidungsreiche anzusehen, wozu freilich die materialistische Geschichtsauffassung kaum Veranlassung haben wird, um so mehr aber eben die geisteswissenschaftliche. Von dieser aus muß man das Auftreten Campanellas zusammenschauen vor allem mit den Bemühungen der deutschen Rosenkreuzer, aber auch mit dem Auftreten eines Bacon und Jakob I. in England. Sie alle reagierten, wenn auch in sehr verschiedener, ja z.T. entgegengesetzter Weise auf jenen Geistesanruf, der in eben dieser Zeit aus geistigen Welten der Menschheit ertönte.

Wenn wir uns einmal hypothetisch vorstellen, was hätte geschehen können, wenn der Rosenkreuzerimpuls um die Wende des 16. zum 17. Jahrhunderts aufgenommen worden wäre, und zwar im großen Stile, so daß er sich in der damaligen geschichtlichen Situation mit Geistesmacht heilbringend im Sinne einer Erneuerung und Gesundung hätte auswirken können, so können wir uns u.a. folgendes sagen*:

1. Was von der Reformation auf religiösem Gebiet Berechtigtes gewollt war, hätte eine ungeheure spirituelle Vertiefung erfahren, die ganze religiöse Bewegung eine wahrhaft spirituelle Substanz erhalten. Nur eine solche hätte ein heilsames Gegengewicht gegen die materialistischen Zeittendenzen geben können, denen Protestantismus wie Katholizismus in Wahrheit gleichermaßen ohnmächtig gegenüberstanden. Auch die allmähliche Verödung und Erstarrung,

* Zur näheren Begründung der hier folgenden Perspektiven muß auch mein wiederholt genanntes Buch «Geschichtsimpulse des Rosenkreuzertums» herangezogen werden.

in die das protestantische Kirchentum selbst schon seit Jahrzehnten eingemündet war, hätte nur durch solche spirituelle Substanz überwunden werden können. Das religiöse Leben, das in beiden Konfessionen sich immer mehr mit politischen Machtbestrebungen (fremden wie besonders der Protestantismus und eigenen wie besonders der Katholizismus) verquickt hatte, wodurch bereits das Zeitalter der Religionskriege eingesetzt hatte, hätte einen entpolitisierenden, d.h. heilenden Impuls aufgenommen. Es hätte sich in der Luft der Toleranz und einer den Impulsen der Bewußtseinsseele entsprechenden frei wirkenden Geistigkeit entfalten können.

2. Die *Naturwissenschaft* hätte eine Entwicklung genommen, durch die sie nicht einfach dem Materialismus und der mechanistischen Denkweise verfallen wäre, bzw. es hätte mindestens neben der materialistischen (Baconianischen) Naturwissenschaft auch eine spiritualisierte Naturwissenschaft gegeben, und dies besonders in Mitteleuropa und von dort aus zum Heile der Welt. Die Folgen davon sind unausdenkbar. Man kann sie aber wenigstens ahnen, wenn man bedenkt, wie unsägliche in den Niedergang hineinführende Erscheinungen des neueren Kulturlebens auf jedwedem Gebiet eben von der einseitig materialistisch gerichteten neueren Naturwissenschaft herrühren.

3. Das soziale Gegenstück der materialistisch-mechanistischen neueren Naturwissenschaft, der neuere *Staat* (in Deutschland der territoriale Fürstenstaat), der damals erst noch im Entstehen war, hätte, ehe er zu seiner immer umfassenderen, konsequenten, das Menschentum bedrohenden Ausbildung gekommen wäre, umgewandelt und in eine anders geartete soziale Gestaltung übergeführt werden können.[157] Seine einseitigen Mars-Impulse hätten durch das christlich-«merkuriale» Element überwunden und im wahrsten Sinne des Wortes geheilt werden können. –

Diese dreifache Perspektive kann sich einer solchen hypothetischen Betrachtung in der Tat ergeben, so wenig sie vielleicht der landläufigen Geschichtsanschauung einleuchtend erscheinen mag. Sie hätte nur verwirklicht werden können, wenn der spirituelle Impuls, der einer vorhandenen tiefen Sehnsucht der Zeit Erfüllung bringen wollte, zu Beginn des 17. Jahrhunderts von vielen Menschen kraftvoll aufgenommen worden wäre, so daß er zündend und im großen Stile hätte wirken können. Das aber geschah nun gerade nicht, und man versteht natürlich gut, daß und warum es nicht geschah. Die Kräfte des Ungeistes, des heraufziehenden Materialismus, die hätten überwunden werden sollen, waren schon zu stark geworden und Mitteleuropa in Lethargie verfallen. Aber die Folgen waren höchst tragischer Natur. Alle diejenigen Entwicklungstendenzen, die durch den Erneuerungsimpuls hätten umgewandelt werden sollen, auf religiösem, naturwissenschaftlichem und politisch-sozialem Gebiet, verstärkten sich nach dem Scheitern des charakterisierten Versuchs nun um so mehr, im Grunde doch im Sinne des Wortes: Stillstand ist Rückschritt. Sie erfuhren nun eine noch viel entschiedenere und systematischere Ausbildung; nun erst recht entwickelte sich der Geist des 17. Jahrhunderts immer mehr im Sinne jenes oben geschilderten Pendelschlags vom luziferischen zum ahrimanischen Pol. Am tragischsten wurde begreiflicherweise der Fehlschlag des Rosenkreuzerversuchs für dasjenige Land und Volk, mit deren tiefstem positiven Wesen der spirituelle Erneuerungsimpuls am innigsten und stärksten zusammenhing und das daher am meisten berufen gewesen wäre, sich ihm zu erschließen, ihm zu dienen und zur Verwirklichung zu verhelfen. Das war eben Mitteleuropa, das war das deutsche Volk, für das der Fehlschlag fast mit der Vernichtung gleichbedeutend wurde, auf welche dann die weitgehendste Überfremdung folgte. Es erlitt erst den Dreißigjährigen Krieg und dann alles, was sich aus ihm ergab und was Deutschland von außen und vor allem von innen als Fremdherrschaft auferlegt wurde: von außen als Herrschaft fremder politischer Mächte und von innen als eine Herrschaft des ihm Wesensfremden in Kultur und politisch-sozialen Lebensformen.

Rudolf Steiner deutet den geistigen Zusammenhang zwischen der Nicht-Aufnahme des Rosenkreuzerimpulses und dem Ausbruch des Dreißigjährigen Krieges in einem Zusammenhang an, in dem er wieder über «Die chymische Hochzeit Christiani Rosenkreutz» von Johann Valentin Andreae spricht, mit folgenden Worten: «1603 war sie nachweisbar schon niedergeschrieben; *man ist nicht darauf eingegangen, denn 1618 begann der Dreißigjährige Krieg.* Bevor Kriege beginnen, geschehen manchmal solche Dinge.»[158] Und so wurde, wie Rudolf Steiner an anderer Stelle sagt, das, «was von Seiten des Rosenkreuzertums das Zeitalter des Dreißigjährigen Krieges korrigieren wollte, ich möchte sagen, auf geistige, spirituelle Art vorbereiten wollte, ... dann übertönt ... von all dem, was roh und brutal im Dreißigjährigen Kriege lebte».[159]

Wir haben es hier mit einem eindrucksvollen Sonderfall eines allgemeinen Gesetzes zu tun, das in der Geschichte gilt und wonach *geistiges Versagen äußere Katastrophen herbeiführt.**

Weil der geistige Impuls im rechten Augenblick nicht aufgenommen worden war, kam es zur Katastrophe: Die längst vorhandenen Niedergangstendenzen steigerten sich noch weiter, und die religiöskirchlichen Gegensätze tobten sich alsbald in einer immer sinnloseren, zerstörerischen Weise aus, in einer Sphäre nämlich, in der sie niemals zu bereinigen oder zu überwinden sind, in dem von politischen Machtinteressen bestimmten Ablauf des fürchterlichen Dreißigjährigen Krieges. Da führte sich der irregegangene Konfessionalismus ad absurdum. Und indem man nun seiner weitgehend überdrüssig wurde, trat im Verlaufe des Dreißigjährigen Krieges

* Das grandioseste geschichtliche Beispiel hierfür ist die Zerstörung Jerusalems und das ganze Schicksal des jüdischen Volkes überhaupt als Folge seiner Nichtaufnahme des Christusimpulses, mit dem doch gerade es in der Zeit der Vorbereitung aufs tiefste verbunden war. – Ein anderes Beispiel ist etwa die Eroberung Konstantinopels im Jahre 1453 durch das turanische Volk der Türken als Folge desjenigen voraufgegangenen spirituellen Versagens der Christenheit, das in dem Scheitern all der Bemühungen bestand, die auf Verständigung und Einigung zwischen der griechischen und der römischen christlichen Kirche abzielten. – Ein weiteres Beispiel ist der Weltkrieg von 1914 bis 1918 mit seinen Fortsetzungen und Auswirkungen als Folge des geistig-sozialen Versagens der im Materialismus versunkenen Völker Europas und Amerikas im 19. Jahrhundert. – Immer ist es so, daß das geistige Versagen, das Nicht-Erfüllen geschichtlicher Aufgaben eine Art geistigen Vakuums erzeugt, das nun zerstörende Kräfte, Mächte, Impulse aus der Außenwelt gleichsam «ansaugt». Vgl. hierzu auch Rudolf Steiners Wort: «Um den Frieden zu halten, braucht man Ideen, sonst kommen Kriege und Revolutionen» (GA 185a).

immer mehr eine ganz andere, rein «weltliche» Macht in den Vordergrund: der neuere Staat. Er war der Gewinnende. In doppeltem Sinne kam er durch die Kriegskatastrophe herauf. Negativ gesehen wurde er durch das geistige Vakuum des religiösen Lebens der Kirchen und ihre politische Entartung angezogen; der staatliche Machtimpuls ergoß sich gleichsam in den geschaffenen geschichtlich-sozialen Hohlraum hinein. Auf der anderen Seite war der Krieg positiv so recht geeignet, zu einer Konsolidierung der Staaten zu führen. Als politisch-machtmäßige Auseinandersetzung forderte er die Anspannung aller staatlichen Kräfte.

So hat, wie z.B. der Historiker Erich Marcks es ausdrückte, der Dreißigjährige Krieg in Deutschland auf den Territorialstaat geradezu «befreiend und lösend gewirkt». Für die Geschichte der Territorien bedeutete er eine «*Neugeburt*». Überall war das Fürstentum durch den Krieg stärker geworden. Der Krieg gewöhnte die Staaten an Kriegssteuern und stehende Heere; diese aber sind immer, auch später, der Ursprung der staatlichen Entwicklung gewesen. «*Macht* allein kann in solchen Zeiten ein Land sichern und fördern.»[160]

Und so hat der Dreißigjährige Krieg begonnen als Religionskrieg, geendet aber mit dem Siege des rein staatlichen Machtimpulses. Fortan konnte man von den europäischen Staaten immer mehr als den «Mächten» sprechen, damit ihr Wesen sachgemäß bezeichnend. Die hauptsächlichste Macht, die als der eigentliche Sieger aus dem Dreißigjährigen Kriege gestärkt hervorging, war Frankreich. Und am stärksten hier umkleidete sich die staatliche Macht nun mit höchstem Glanze. Es war, wie wenn das religiöse Fühlen wie auch ein stark kultisches Element, indem sie sich von den in den Hintergrund tretenden Kirchen abwandten, sich auf den Machtstaat, den Nachfolger und Ablöser des Kirchentums, übertragen hätten.

Über diesen Ablauf sagt Rudolf Steiner:

«Wir studieren ... den Dreißigjährigen Krieg und kommen zu einem merkwürdigen Resultat. Entsprungen ist er aus den Gegensätzen, die in der Bekennerschaft der europäischen Menschheit sich herausgebildet haben. Er beginnt aus lauter solchen Impulsen heraus, welche mit den Religionskämpfen zusammenhängen, und er endet als eine rein politische Erscheinung. In seinem Verlauf wird er etwas ganz anderes, als er war in seinem Ausgangspunkt. Und wenn wir fragen, als er nach dreißig Jahren vorüber ist ...: Wie stellt sich uns der Verlauf dar in bezug auf dasjenige, was die Bekennerschaften sind der europäischen Menschheit? – da steht man 1648 ganz genau auf demselben Standpunkt, auf dem man 1618 gestanden hat. Die ganzen dreißig Jahre haben in bezug auf das Verhältnis von Protestanten zu Katholiken usw. eigentlich nichts Wesentliches geändert. Das ist alles geblieben, wie es ist. Nur haben im Verlauf des Krieges ganz andere Mächte eingegriffen, und daraus ist eine ganz andere Konfiguration der europäischen Völkergebilde geworden ...

Aber was ist geschehen? Es rücken gerade die Weststaaten und namentlich Frankreich durch dasjenige vor, was im Dreißigjährigen Krieg, nicht aus seinen Ursachen, sondern in seinem Verlauf entstanden ist, es rückt insbesondere Frankreich zu seinem späteren großen Glanze vor. Dasjenige, was aus dem Dreißigjährigen Krieg hervorgegangen ist, das führte dann zu dem großen, königlichen Glanze von Frankreich. Wir sehen die königliche Macht Frankreichs Europa überstrahlen in der folgenden Zeit.»[161]

Was so glanzvoll heraufzieht, gipfelt in dem Sonnenkönigtum Ludwigs *XIV.*

Richelieu und Mazarin

Das Jahrhundert nach Machiavelli hatte keine neuen großen und einschneidenden Impulse für die Entwicklung des neueren Staates gebracht. Zwar hatte, schon zu Lebzeiten Machiavellis und danach, *Spanien* die Begründung eines Staatswesens erlebt, das sich ausgesprochenermaßen in der Richtung auf den nationalen Staat und den Absolutismus bewegte. Aber eine eigentlich moderne Entwicklung machte Spanien trotz mancher Ansätze doch nicht durch. Zu sehr blieb es mit den mittelalterlich-katholischen Elementen durchsetzt und verbunden, es wurde im 16. Jahrhundert die Vormacht der katholischen Gegenreformation und spielte als solche eine Rolle, die mit den fortschreitenden Kräften der Zeit wenig zu tun hatte. Man spürt in Spanien stark die schon oben erwähnten Absterbekräfte. Von dem düsteren Philipp II. (1556–1598) sagt z.B. Erich Marcks bezeichnend: «In der Gesamtheit seines Daseins ... erscheint er mehr als eine Kraft des Todes denn des Lebens.»[162] Außer dem starren gegenreformatorischen Katholizismus und dem Geiste der Inquisition war es noch ein anderes Moment, das der Ausbildung des modernen Lebens in Spanien entgegenstand und worauf die Historiker ebenfalls mit Nachdruck aufmerksam gemacht haben: die Geringschätzung der Arbeit durch die rein aristokratischen führenden Schichten Spaniens. Diese Haltung ließ es nicht zur Ausbildung der neueren Wirtschaft in Spanien kommen und bewirkte, daß auch die unermeßlichen Reichtümer an Edelmetall, die Spanien aus Amerika bezog, ihm wie unter den Händen zerrannen und nicht verhinderten, daß das Land in Armut versank. Trotz seiner Weltmachtstellung im 16. und in der ersten Hälfte des 17. Jahrhunderts hat Spanien keinen wesentlichen direkten Anteil an der neueren staatlichen oder wirtschaftlichen Entwicklung.

Den Boden für die nächste große Etappe der staatlichen Entwicklung der neueren Zeit gab nicht Spanien, sondern *Frankreich* ab. Was in den kleinen, politisch zersplitterten Verhältnissen Italiens mehr punktuell in der Renaissancezeit begonnen hatte, das wurde nun in den großen Verhältnissen Frankreichs in einer mehr systematischen, planmäßigen Weise auf breiterem Boden ausgebaut und weitergeführt.

Frankreich hat seit dem Mittelalter durch Jahrhunderte eine konsequente Entwicklung durchgemacht; sie führte von der Vielfältigkeit und politischen Zersplitterung zur staatlichen Einheit unter dem französischen Königtum. In dieser Entwicklung selber waltete, wie man mit Recht bemerkt hat, etwas von der *Logik*, die den hervorstechendsten Wesenszug des französischen Volkes ausmacht, nur daß diese Logik hier mehr in die Sphäre des geschichtlichen Werdens selber erhoben erscheint. Im Mittelalter war in Frankreich die

Macht der Feudalherren groß und die des Königtums verhältnismäßig gering, aber nach und nach stärkte sich die Zentralgewalt der Könige, und so entstand im Kampfe zwischen Feudalität und Königtum allmählich die französische politische *Einheit*, zu der das tiefste Wesen des Franzosentums aus innerer Notwendigkeit hinzudrängen scheint. Diese Entwicklung zum Zentralismus war zwar nicht absolut geradlinig, sie erlitt geschichtlich manche Rückschläge, aber sie macht doch die eigentliche Linie der französischen politischen Entwicklung aus. Sie bedeutet zugleich den Sieg des *romanischen* Geistes in Frankreich über die namentlich im Mittelalter dort noch stark lebendigen germanischen Elemente. Diese germanischen Elemente lebten sich hier wie überall in der Mannigfaltigkeit der sozialen und politischen Mächte aus, während der romanische Geist zur Einheit, zur Zusammenfassung der Kräfte drängt, wie einst schon bei den Römern selbst.

So finden wir in Frankreich bereits im Mittelalter wichtigste Ansätze zum politisch geeinigten nationalen Staat unter den französischen Königen. Wir erinnern hier an das, was wir früher über die Bedeutung Philipps IV. des Schönen (1285–1314)[163] und z.B. Ludwigs XI. (1461–1483)[164] in diesem Sinne ausgeführt haben. Im 16. Jahrhundert ist dann der Staat in Frankreich noch weiter ausgeformt worden. Zwar setzten auch hier die religiösen Wirren ein, die Kämpfe gegen die Hugenotten, die in Frankreich lange Zeit außer einer religiösen zugleich eine starke politische Partei waren. Aber schon unter Heinrich IV. (1589–1610) trat ein Umschwung in diesen die staatliche Ordnung zersetzenden Verhältnissen ein. Besonders durch seinen Übertritt zum Katholizismus («Paris vaut bien une messe») festigte er seine Stellung als König. Für Frankreich brach eine bessere Zeit an. Das Edikt von Nantes (1598), welches den Reformierten Duldung gewährte, bezeichnet im wesentlichen das Ende der eigentlichen Periode der Konfessionskämpfe in Frankreich. Heinrich IV. konnte sich nunmehr einer nutzbringenden Friedensarbeit widmen: der Ordnung der Finanzen, der Hebung des dritten Standes, der Förderung der Industrie und des Handels, besonders auch der Landwirtschaft, der Verbesserung des Heerwesens. Auch Heinrich strebte danach, durch Schwächung des Adels die Macht des Königtums zu einer unumschränkten zu machen. Mit alldem hat er dem französischen Königtum und Staatswesen bereits die Richtlinien gezogen, die seine Entwicklung im 17. Jahrhundert bestimmen sollten.

In der ersten Zeit der Regierung Ludwigs XIII. (1610–1643) erfolgte abermals ein Rückschlag. Durch Aufstand und Empörung des Adels und der Hugenotten wurde das Königtum, d.h. die Zentralmacht wieder geschwächt. Da ergriff mit dem Kardinal *Richelieu* ein Staatsmann von größtem Format die Zügel des französischen Staates, dessen tatsächlicher Leiter er wurde; in 18jähriger Arbeit*,

* Richelieu wurde am 29. April 1624 in das Kabinett aufgenommen, seine Amtszeit endete mit seinem Tode am 4. Dezember 1642. Rechnet man hiernach die Länge seiner Amtszeit aus, so kommt man auf *18 Jahre, 7 Monate und 5 Tage*. Das ist ein interessantes Ergebnis. Denn diese Zeit entspricht genau einem bestimmten kosmisch begründeten Rhythmus. Über diesen Rhythmus schreibt *Elisabeth Vreede* im 10. Rundschreiben (vom Juni 1928) der Mathematisch-astronomischen Sektion im Goetheanum S. 1:

«Es ist ... ausgeführt worden, wie die Mondknoten, jene Schnittpunkte der Sonnen- und Mondbahn ... in 18 Jahren, 7 Monaten (und einigen Tagen) einmal um den ganzen Tierkreis herumgehen. In jedem Menschenleben spielt diese Periode eine Rolle. Denn die Knoten sind nicht bloß als mathematische Punkte aufzufassen ..., sondern sie sind so etwas wie Einlaßtore für das Astralische, wie astral empfindliche Punkte in dem Geburtshimmel eines jeden Menschen.

Dr. Steiner hat darauf hingewiesen, daß jedesmal wenn die Knoten wiederum an den Ort zurückkehren, den sie bei der Geburt eingenommen haben, wenn also der Mensch 18 Jahre 7 Monate, 37 Jahre 2 Monate usw. alt geworden ist, er dann in seinem Unterbewußtsein besonders empfänglich ist für die astrale Welt, was sich durch merkwürdige Träume und dergleichen äußern kann ... Bei Goethe jedenfalls, der volle vier Mal eine solche Periode erlebte, läßt sich aus seiner Biographie, aus den Tagebüchern, Briefen oder Gesprächen in interessanter Weise der Einfluß des Knotenüberganges nachweisen.»

Hier ist also von der Periode der 18 Jahre, 7 Monate und einigen Tagen zunächst nur in dem Sinne die Rede, daß sie, von der Geburt des Menschen aus gerechnet, eine Periodizität ergeben. Es geht aber aus geschichtlichen Beobachtungen hervor, daß sie auch unabhängig von diesem Ausgangspunkt eine wichtige Periodizität ergeben. Ein Beispiel dafür ist das oben angeführte der Amtszeit Richelieus. Ein größtes geschichtliches Beispiel für dieselbe Periode,

während des Dreißigjährigen Krieges, begründete er den Absolutismus in Frankreich. Sein Nachfolger wurde der Kardinal *Mazarin*, der während der Minderjährigkeit bzw. Jugend Ludwigs XIV. die Führung des französischen Staates innehatte (1643–1661) und das Werk Richelieus fortsetzte.

Wie um den weltgeschichtlichen Übergang im 17. Jahrhundert vom Kirchlichen zum Staatlichen, von dem wir sprachen, zu symbolisieren, sind es also zwei Kardinäle der römischen Kirche, die als die beiden großen Staatsmänner an der Schwelle des modernen französischen Staates stehen, womit zugleich auch noch dieses einen symptomatischen Ausdruck findet, daß der Staat nicht nur zeitlich auf die Kirche, seine Vorherrschaft auf die der konfessionell-religiösen Interessen folgt, sondern daß er selbst nach seiner Struktur wesentlich auf einer Verweltlichung des einst Kirchlichen beruht.[165] Die Beamtenhierarchie des Staates ist soziologisch die verweltlichte Priesterhierarchie der Kirche, die ihrerseits als ein Abbild der übersinnlichen Hierarchie der Engelwesen gedacht ist, wie man sie im Mittelalter noch durch die Hierarchienlehre des Dionysius Areopagita kannte.

(Derselbe hierarchische Strukturgedanke liegt übrigens auch dem Militärwesen mit seiner Befehlshierarchie von oben nach unten zugrunde und dann wiederum z.B. noch einem solchen hierarchisch aufgebauten Gebilde wie dem Jesuitenorden des Ignatius von Loyola, der sich die Engelhierarchie zum Vorbild genommen hat. Darauf beruht auch die öfter beobachtete Ähnlichkeit zwischen dem Jesuitenorden und dem Militärwesen.[166])

Im Lichte des hier gemeinten Übergangs gesehen bekommt eine besondere Note auch ein Ausspruch Rankes über den Kardinal

aber doppelt genommen (also 37 Jahre, 2 Monate), ist, daß die Zerstörung von Jerusalem (vgl. über diese in anderem Zusammenhang oben S. 135, Fußnote) im Jahre 70 n. Chr. 37 Jahre auf die Kreuzigung Christi folgte. Endlich noch ein Beispiel aus neuester Zeit: 18 Jahre, 7 Monate und 2 Tage nach der den Weltkrieg von 1914/18 auslösenden Ermordung des österreichischen Thronfolgers Franz Ferdinand (28. Juni 1914) erfolgte die Machtergreifung des Nationalsozialismus in Deutschland (30. Januar 1933).

Richelieu als den Vorkämpfer der königlichen Macht in Frankreich, von dem er sagt, er habe die Lehre von den der Krone zustehenden Rechten mit einer Folgerichtigkeit verfochten, die *bisher nur den geistlichen Ideen* gewidmet gewesen sei. «Richelieu schuf», sagt Ranke, «gleichsam eine *Religion* des Königtums.»[167]

Hören wir noch, was, vieles zusammenfassend, Rudolf Steiner zu dieser Entwicklung sagt:

«In England hat sich zum Beispiel aus dem kirchlich-demokratischen Elemente das politisch-demokratische heraus entwickelt. Dies ist einfach dadurch entstanden in England, daß abgestreift worden ist der kirchliche Hintergrund und daß man die demokratische Form des Denkens herausgeschält hat. So aber ist überall eigentlich das politisch-rechtliche nach und nach herausgeboren worden aus dem theokratisch-kirchlichen Element. Nur bemerkt man es an anderen Stellen nicht mehr so genau. Es gibt zum Beispiel einen geheimen Zusammenhang zwischen dem gesamten *Beamtenwesen*, an dessen Spitze man sich ja denken kann den absoluten Herrscher ‹von Gottes Gnaden›, welch letzteres gerade den Ursprung aus dem theokratisch-kirchlichen Element verrät; denn ‹von Gottes Gnaden› war nur derjenige, der von geistigen Behörden aus eingesetzt war. Der ganze Beamtenkörper ist einfach die profan gewordene kirchliche Hierarchie. Aber die andere Seite, die sich im Grunde genommen auch aus dem theokratisch-kirchlichen Element herausentwickelt hat, ist das *Heerwesen.* Das wird von den heutigen Menschen als paradox empfunden. Das Heerwesen ist aber nur dasjenige, was, wie der Schatten einem beleuchteten Gegenstand, der ganzen Organisation des staatlichen Wesens folgt. Und so hat sich – ich möchte sagen – nach und nach während der Ablösung des profanen Elementes vom theokratisch-kirchlichen Elemente ein gewisses Handhaben des Staatlichen herausgebildet. In allen Einzelheiten ist das nachweisbar, wenn man den Übergang der Formen der Verwaltung ins Auge faßt, wie sie sich in jenen Zeiten noch deutlich in ihrer theokratisch-hierarchischen Gestalt gezeigt haben, als Karl d. Gr. einen Wert darauf legt, von dem Papst in Rom gekrönt zu werden, wie das kirchliche Leben dann in das profane übergeht, wie als Nachzügler dieses Überganges zum Beispiel die Besetzung erster Staatsstellen in Frankreich mit Kardinälen stattfindet.* Wenn Sie das bedenken, so werden Sie überall das Hervorgehen dieses modernen politisch-rechtlichen Elementes im Handhaben aus dem theokratisch-kirchlichen Element und das Selbständigwerden der Handhabung mit Händen greifen können.»[168]

Mit der größten Energie, ja mit rücksichtsloser Gewaltsamkeit wußte *Richelieu* alle der Macht des Königtums entgegenstehenden Faktoren zu schwächen oder zu vernichten. Der hohe Adel wurde niedergeworfen, mit Verbannungen und Hinrichtungen schritt Richelieu gegen die aufständischen Großen ein, ihre Befestigungen im Lande ließ er zur Befriedigung des Volkes zerstören; alle Verschwörungen und Intrigen vermochten seine Macht nicht zu erschüttern. Die Generalstände waren seit 1614 nicht mehr einberufen worden. Auch die politisch-militärische Organisation der *Hugenotten* stand der Zentralgewalt im Wege und mußte daher fallen. Die Hugenotten als Religionsgemeinschaft ließ Richelieu unangefochten; es kam ihm auf politische Macht, nicht auf religiöse Verfolgung an. So entstand in Frankreich der neuere Staat, zu dessen grundlegenden Tendenzen es überall gehört, daß er prinzipiell unter sich nur Individuen, nicht aber mit selbständiger Macht ausgestattete Verbände haben will. So heißt es in Richelieus «Testament politique», er habe sich alle Mühe gegeben, die Hugenottenpartei zugrundezurichten, den Stolz der Großen zu demütigen, alle Untertanen des Königs (Ludwigs XIII.) zu ihrer Pflicht zu zwingen und dessen Namen unter den fremden Nationen bis zu dem Punkte zu erheben, der ihm zukam.[169]

Als willfährige Werkzeuge der königlichen Gewalt setzte Richelieu 1635 an Stelle der aufsässigen «Gouverneurs» (der der hohen Aristokratie angehörigen Vorsteher der Provinzen) die «Intendanten»

* Man kann hierbei außer an die Kardinäle *Richelieu* und *Mazarin*, die in erster Linie in Betracht kommen, immerhin auch an den Kardinal *Dubois* (gest. 1723), den ersten französischen Staatsminister unter der Regentschaft während der Minderjährigkeit Ludwigs XV., und an den Kardinal *Fleury*, 1726 – 1743 Premierminister Ludwigs XV., denken.

ein, d.h. meist bürgerliche jüngere Leute, die allein dem Minister Rechenschaft schuldeten, als die Hauptträger der Verwaltung. Sie wurden mit innerer Notwendigkeit «die geschworenen Feinde der Edelleute».[170]

Der Schwächung der Starken entspricht im neueren Staate und insbesondere von jeher in der französischen staatlichen Entwicklung der Schutz der Schwachen und Geringen: Das Volk wurde gegen Übergriffe des Adels geschützt, seine Wohlfahrt befördert, es selbst dadurch an der Stärkung der königlichen Gewalt interessiert. Durch eine geordnete Verwaltung erstrebte Richelieu Ruhe im Inneren, Maß und Regel, Beseitigung von Mißbräuchen, Kräftigung der Staatsgewalt nach außen.

Dieser staatlich regelnde und organisierende Geist begann auch schon unter Richelieu auf das Gebiet des geistig-kulturellen Lebens überzugreifen. In demselben Jahre 1635, in dem er die das Land *politisch* im Sinne der Zentralgewalt verwaltenden Intendanten eingesetzt hatte, gründete er, gleichsam als ein kulturelles Gegenstück zu ihnen, die französische *Akademie.* Sie sollte die französische Geisteskultur überwachen, leiten, regeln. Insbesondere die französische Sprache, die mit ihrer formalen Art und ihrem klaren logischen Wesen sich freilich verhältnismäßig gut dafür eignete, sollte hier ausgebildet und poliert werden, was auch, freilich auf Kosten der Ursprünglichkeit und Tiefe, erreicht wurde. Die französische Sprache erlangte bald eine Art Weltherrschaft. Sie kam dem verstandesmäßigen Wesen der Zeit ebenso entgegen wie deren Vorliebe für Eleganz und Form. So wurde sie weithin die Sprache der Gebildeten, insonderheit aber die Diplomatensprache.

In der äußeren Politik arbeitete Richelieu planmäßig auf die Schwächung der spanisch-österreichischen Macht hin, wozu insbesondere der Dreißigjährige Krieg Gelegenheit bot. Die Hegemonie Frankreichs in Europa war das Ziel, das Richelieu auf diesem Wege anstrebte.

Richelieu war ein großer Staatsmann und, nach der Art der Zeit, ein ausgesprochener Machiavellist. In der Theorie seines «Testament politique» gibt zwar der Kardinal, wiewohl er immerhin eine

Verteidigungsschrift für Machiavelli[171] hatte abfassen lassen, anrüchige machiavellistische Grundsätze im allgemeinen nicht recht zu. In der Theorie weiß er vielmehr schöne moralische Töne zu finden. Selbst die Reminiszenz an den Gottesstaat spukt noch in seinem Testament. Allerdings klingt es, wenn man die politische Wirklichkeit des 17. Jahrhunderts daneben hält, einigermaßen grotesk, in Richelieus politischem Testament als Überschrift eines Kapitels zu lesen: «Die erste Grundlage des Glückes eines Staates ist die Errichtung der Gottesherrschaft.»[172] Richelieu lehrt auch, offenbar bewußt abweichend von Machiavelli, die Könige müßten Verträge gewissenhaft einhalten, denn es sei schlimmer, die Ehre als das Leben zu verlieren, auch büße man durch Wortbruch seine Reputation und damit die größte Kraft der Souveräne ein.[173] Aber es finden sich im politischen Testament auch Stellen, die doch schon einigermaßen an machiavellistische Lehren anklingen oder sie als Konsequenzen zulassen, z.B. wenn er sagt, daß die Frömmigkeit, die den Königen not tue, frei von Skrupeln sein müsse. Er bittet in diesem Zusammenhang den König, sich mehr und mehr gegen die Skrupeln zu stärken, indem er sich vor Augen stelle, daß der König vor Gott nicht schuldig werden könne, wenn er in schwierigen Gewissensfragen die Meinung seines Conseil, bestärkt durch die einiger guter und unverdächtiger Theologen, befolge.[174] Nun, solche unverdächtigen Theologen wird der König von Frankreich an seinem Hofe wohl stets gefunden haben, deren Meinung er dann im Sinne der berühmten Probabilitätslehre ohne Gewissensbisse befolgen konnte. Doch es kommt bei Richelieu, anders als bei dem offenherzigen Machiavelli, nicht so sehr auf die Lehren an, dafür aber umsomehr auf die Praxis des großen Staatsmannes, und durch diese hat er sich durchaus als Anhänger Machiavellis bewährt. Man hat ihn «den größten Praktiker der Staatsräson im 17. Jahrhundert» genannt.[175] Mit List und Gewalt ging er seinen Weg, und ein Grundsatz im Geiste des Machiavellismus war es gewiß, wenn er z.B. zur Schwächung anderer Staaten freiheitliche Bestrebungen in diesen unterstützte, die er in Frankreich selbst blutig unterdrückte.

Charakteristisch ist es für diesen Geist, der aber im 17. Jahrhundert überhaupt weithin herrschend war, daß Richelieu den «genialen Plan faßte, die französischen Reformierten mit Hilfe ihrer auswärtigen Glaubensgenossen zu unterwerfen. Indem er den Engländern und Holländern vorspiegelte, an ihrer Seite einen großen Kampf gegen den gemeinschaftlichen Feind, gegen Spanien, unternehmen zu wollen, wenn sie ihm nur beiständen, die unbequemen meuterischen Hugenotten zur Ruhe zu bringen, erhielt er von jenen Seemächten die Schiffe, deren er gegen die reformierten Küstenstädte bedurfte. Nachher betrog er freilich jene um den Preis ihrer Unterstützung und zog es vor, in allem Frieden die Bezwingung der Hugenotten zu vollenden.»[176]

Der Wandel der Zeit von Machiavellis Jahrhundert zu dem Richelieus, den man als den ersten ganz modernen Staatsmann bezeichnet hat, drückt sich freilich schon darin aus, daß Richelieu (trotz aller üblichen persönlichen Bereicherung) nicht für seine Person, sondern im Dienste überpersönlicher Ziele, d.h. für den Staat und das Königtum seinen Weg ging. Er konnte seine Person weitgehend mit dem französischen Staat und dessen Interessen identifizieren, und keineswegs ohne Grund hat man betont, daß die Gesinnung, die in dem späteren Wort Ludwigs XIV., «L'Etat c'est moi», liegt, auch in Richelieu selbst lebte. Er war in den Jahren, während deren er als allmächtiger Minister die Herrschaft führte, praktisch der französische Staat.

Was die Stellung des Königs (also in diesem Falle Ludwigs XIII.) zum Staate betrifft, so tritt uns in Richelieus politischem Testament, gleichfalls die Haltung Ludwigs XIV. vorverkündigend, eine Anschauung entgegen, die man vielleicht am besten als die einer *Interessen-Identifikation* bezeichnen kann. Das persönliche Interesse des Fürsten wird mit dem Wohle des Staates verquickt, wobei aber das erstere nachdrücklich betont wird. Zwar spricht auch Richelieu davon, daß die öffentlichen Interessen das einzige Ziel des Regenten sein oder daß sie mindestens dessen Privatinteressen vorgezogen werden müssen; dennoch hebt er gerade das persönliche Element stark hervor, wenn er z.B. die Pläne (des von ihm geleiteten) Ludwigs XIII. bezeichnet als «ebenso nützlich für den Staat wie ruhmvoll für seine (des Königs) Person», oder wenn er die Wendung gebraucht: « … was ich mit Leidenschaft wünschte für den Ruhm Ihrer (des Königs) Person und für den Vorteil Ihres Staates.»[177] In solchen und ähnlichen Ausdrücken liegt mehr als eine bloße Schmeichelei für den König, es drückt sich vielmehr darin die grundlegende Auffassung jener Identifikation der Interessen aus.

Richelieus Nachfolger wurde der Kardinal *Mazarin*, der während der Minderjährigkeit bzw. Jugend Ludwigs XIV. fast 18 Jahre, von 1643 bis 1661, die Geschicke Frankreichs leitete und das Lebenswerk seines Vorgängers fortsetzte und vollendete.

Noch einmal erhob sich der hohe Adel gegen das Königtum. Er verband sich mit dem widerspenstigen obersten Gerichtshof, dem «Parlament». Jahrelang hatte Mazarin mit dieser «Fronde» den Kampf zu führen. Als der Aufstand erloschen war (1653), hatte das absolute Königtum in Frankreich endgültig den Sieg davongetragen.

Auch Frankreichs Stellung nach außen wurde immer machtvoller. Der Westfälische Friede (1648), die Begründung des Rheinbundes durch Mazarin (1658), der Pyrenäische Friede mit Spanien (1659, das französische Übergewicht gegenüber diesem Lande besiegelnd), bedeuten weitere Etappen auf dem schon von Richelieu angebahnten Wege zur unbedingten Vorherrschaft Frankreichs in Europa.

So waren die Bahnen der französischen Staatsentwicklung schon klar vorgezeichnet. Ludwig XIV. brauchte auf dem Wege, den Richelieu und Mazarin gegangen waren, nur weiterzuschreiten. Hatten sie die königliche Gewalt groß gemacht, so brauchte er sie nur anzuwenden und ihr einen reichen, vielseitigen Inhalt zu geben.

Rudolf Steiner hat über *Mazarin* (er nennt ihn mit seinem italienischen Namen Mazarini) in bedeutsamer Weise in einem seiner «Karma-Vorträge»[178] gesprochen und dabei gewisse Schicksalszusammenhänge dieser Persönlichkeit erläutert, die als Hintergründe zu ihrem Verständnis herangezogen werden müssen. Er spricht da aus der übersinnlichen Forschung u.a. von einer vorchristlichen

Inkarnation dieser Individualität, in der von ihr «noch viel hatte gesehen werden können von der Art und Weise, wie die Kulte Vorderasiens und Afrikas aus den alten Mysterien hervorgingen». Sie hatte, sagt Rudolf Steiner, in dieser Inkarnation manches durchgemacht «im Zusammenhang mit manchem untergehenden Mysterienwesen Vorderasiens». Die Mysterien bzw. die Kulte aus den Mysterienstätten, die diese Persönlichkeit sah, waren an den Orten, wo sie gelebt hatte, schon veräußerlicht. Es handelt sich nun darum, daß bei dieser Individualität in einer späteren Zeit in einem post-mortem-Zustand (schon in christlicher Zeit) ein Verständnis vorbereitet wurde «für das *Äußerliche* der Kulte und für das Äußerliche der Kircheneinrichtungen, ... die ehedem heidnische waren, die aber wiedererstanden innerhalb der ersten christlichen Jahrhunderte und zum ausgesprochen römischen Kultus übergingen mit all den Auffassungen des kirchlichen Wesens, das mit dem römischen Kultus zusammenhing». Diese Individualität also, mit diesen hinter ihr liegenden Erlebnissen, erstand wieder als jener «Kardinal, der die Regierung Ludwigs XIV. besorgte, während Ludwig XIV. selber noch ein Kind war: als K*ardinal Mazarini.* Und wenn wir nun den Kardinal Mazarini studieren, in alle dem, was er glänzend Splendides, Großes hat, und in alle dem, was er an äußerlicher Auffassung des Christentums hat, das ihm sogleich eingeht, – auch in dem, wie er sich gewohnheitsmäßig einlebt in die Art jener Frau, welche die Vormundschaft über Ludwig XIV. führt[179], da sehen wir: er nimmt all dasjenige vom Christentum auf, was christliche Einrichtungen sind, christlicher Kultus, christlicher Prunk ... Er nimmt das alles auf, indem er es umgibt mit dem Glanze des vorderasiatisch-orientalischen Wesens. Und er regiert Europa im Grunde genommen so wie jemand, der vorderasiatisches Wesen stark aufgenommen hat in einer viel früheren Inkarnation.

Aber dieser Kardinal Mazarini hatte schon Gelegenheit, nun ein wenig stark berührt zu werden von den Verhältnissen. Sie müssen nur das Zeitalter in Betracht ziehen: das Auslaufen des Dreißigjährigen Krieges, all die Dinge, die sich abspielten als von Ludwig XIV. ausgehend.

Kardinal Mazarini war mit einer großen Überschau begabt, ein großer Staatsmann, aber auch wiederum wie im Taumel ... betäubt eigentlich von den eigenen Taten; so daß diese Taten – man möchte sagen – wie grandiose Geschicklichkeiten abliefen, aber nicht wie etwas, was aus dem tiefen Herzen kommt.» –

Wir glaubten, diese Aufschlüsse Rudolf Steiners über Mazarin und sein Schicksal hier anführen zu dürfen, weil sie in dem ganzen Zusammenhang, der uns hier beschäftigt, außerordentlich wichtig sind. Besonders möchten wir hier auf die Vergangenheit dieser Individualität hindeuten, die sie in vorchristlicher Zeit mit untergehenden vorderasiatischen Mysterienwesen, Kulten und dergleichen in Zusammenhang gebracht hatte. Das wird also von einer Individualität gesagt, die im 17. Jahrhundert den Absolutismus in Frankreich zum Siege führte und die in der engsten Verbindung mit Ludwig XIV. stand, für den sie eben durch nahezu 18 Jahre die Regierung führte.

Darin scheint uns eine wichtige, wenn auch mehr indirekte Bestätigung unserer eigenen Anschauung zu liegen, die wir z. B. in Bd. III, S. 130f., 147f., ausgesprochen haben, daß man es nämlich bei dem Fürstenabsolutismus des beginnenden fünften nachatlantischen Zeitalters mit einer «Wiederholung» gewisser Sozialstrukturen des dritten Zeitalters zu tun habe, wie sie damals in Vorderasien und Ägypten als Theokratien auf der Grundlage des alten Mysterienwesens bestanden haben. Darüber hinaus sprachen wir die Vermutung aus, «daß *zuerst* die *letzten* Zeiten der dritten nachatlantischen Kulturperiode wieder anklingen, d.h. aber die Zeiten der *Dekadenz* des Ägypter- und Babylonier- oder Assyrertums», was wir (a. a. O. S. 148) eingehender begründeten. Nun bekommen wir hier aus Rudolf Steiners Geistesforschung die konkrete Angabe, daß der Kardinal Mazarin, der so intensiv mit dem Absolutismus verbunden, ja der unmittelbare Wegbahner des repräsentativsten aller absoluten Herrscher, Ludwigs XIV., ist, in der Tat dereinst in Verbindung mit manchem «untergehenden Mysterienwesen Vorderasiens», also offensichtlich in dessen Spät- und Dekadenzzeit gestanden habe, womit also hier ein unmittelbarer karmischer Zusammenhang in der von uns gemeinten Richtung angegeben wird. Mit nahezu vollkommener Gewißheit kann schon hiernach angenommen werden, daß auch diejenigen Menschen, die Mazarins schicksalsmäßige Umgebung im 17. Jahrhundert bildeten, zumeist ähnliche karmische Antezedentien hinter sich hatten, insbesondere Ludwig XIV. selbst.

L'Etat c'est moi

Die Auffassung, die Ludwig XIV. (1643 – 1715) von seiner Stellung und seinem Verhältnis zum Staate hatte, findet man ausgesprochen in den in seinem Auftrag und in seinem Sinne verfaßten «Mémoires de Louis XIV pour l'instruction du Dauphin».[180] Wenn diese Memoiren auch nur einige der frühen Jahre der Regierung des Königs behandeln, so geben sie doch, wie der Herausgeber im 19. Jahrhundert mit Recht sagt, ein treues Bild dessen, was Ludwig XIV. war. Sie enthalten damit zugleich die Theorie des radikalsten Absolutismus. Lassen wir ihre Worte und ihren Geist ein wenig auf uns wirken![181]

Nicht genug können sich die Memoiren Ludwigs XIV. tun, um die Hoheit und Erhabenheit der Stellung der Fürsten und Souveräne auszudrücken. «Ohne jeden Zweifel haben wir nichts, auf das wir eifersüchtiger sein müßten, als diesen Vorrang, der die hauptsächliche Schönheit der Stellung ausmacht, die wir innehaben.»[182] Ein Souverän «est d'un rang au-dessus des autres hommes».[183] In Demut haben die Untertanen einem so hoch über ihnen stehenden Wesen zu gehorchen; der König allein befiehlt: «Nur dem Haupte * kommt es zu, mit sich zu Rate zu gehen und Entschlüsse zu fassen, und alle Funktionen der übrigen Glieder bestehen nur in der Aus-

* Wir dürfen hier an manches früher Gesagte denken, z.B. an «das goldene Haupt», das nach der Deutung, die Daniel dem Traume des Nebukadnezar gibt, eben dieser König selber ist (vgl. Bd. III, S. 81).

führung der Befehle, die ihnen gegeben werden.»[184] Dies liegt auch im eigenen Interesse der Untertanen, denn deren «Ruhe liegt nur im Gehorsam», und «es ist für das Publikum von größerem Übel, selbst eine schlechte Regierung zu *kontrollieren*, als sie zu *ertragen*»; Gott allein ist der Richter über die Könige, und was diese zuweilen gegen das allgemeine Gesetz zu tun scheinen, kann auf die Staatsräson gegründet sein.[185] Ludwig XIV. betrachtet die Souveräne als «dépositaires de la fortune publique».[186] «Die Könige sind die absoluten Herrscher und haben von Natur die volle, freie Verfügung über alle Güter, weltliche wie geistliche, um weise damit zu wirtschaften, d.h. gemäß den Bedürfnissen ihres Staates.»[187]* Die Könige sind also «die unumschränkten Gebieter über das Vermögen und Verhalten der Menschen.»[188] Sie sind «nés pour posséder tout et commander à tout».[189] Dafür schulden sie eine öffentliche Abrechnung über alle ihre Taten «dem ganzen Weltall und allen Jahrhunderten».[190] «Les princes qui se voient au-dessus de tout sont au-dessous de Dieu.»[191]

Von Gott stammt diese ungeheure Macht, die Ludwig XIV. für sich in Anspruch nimmt. Wohl spielt auch die Geburt, das «illustre Blut»[192] des Königs eine Rolle, aber vor allem von Gott hat er die Gewalt über seine Untertanen. Die Fürsten sind die Statthalter Gottes.[193] Gott erleuchtet den König, erhebt ihn hoch über alle anderen Sterblichen. Der König übt hienieden eine «göttliche Funktion» aus.[194] «Il en est sans doute de certaines (fonctions) où tenant, pour ainsi dire, la place de Dieu, nous semblons être participants de

* Als 1716, also im Jahr nach dem Tode Ludwigs XIV., bei den französisch-englischen Verhandlungen der Abbé Dubois, der Vertrauensmann des französischen Regenten, mit dem englischen Vertreter Lord Stanhope äußerte, daß der franzosische Konig allemal reicher sein würde als der englische, weil er sich mit gutem Rechte als den Eigentümer alles Grund und Bodens in seinem Königreiche betrachten könne, rief Stanhope: «Wie denn, Abbé, hätten Sie Ihren Kursus im öffentlichen Recht bei den Türken durchgemacht?» (vgl. R. Koser, «Die Epochen der absoluten Monarchie in der neueren Geschichte» in «Historische Zeitschrift», 61. Band, 1889, S. 270) – ein Witzwort, das aber doch in sehr realer Art auf den wahren, im Orientalismus wurzelnden Charakter des Absolutismus eines Ludwigs XIV. und Ludwigs XV. hinweist.

sa connaissance aussi bien que de son autorité, comme par exemple en ce qui regarde le discernement des esprits, le partage des emplois et la distribution des grâces.»[195] Von diesem Gott sagen die Memoiren recht charakteristisch: «Er hat uns vielleicht nur deshalb so groß gemacht, damit unsere Ehrerbietung ihn noch mehr ehre.»[196] «Il est infiniment jaloux de sa gloire», heißt es ein andermal[197] von diesem Gott, der damit Züge annimmt, die ihn im Grunde nur als eine Art vergrößerten Ludwig XIV. erscheinen lassen!

Welches ist nun der *Zweck* dieser großen Macht, die Gott den Königen gegeben hat? Darüber finden die Memoiren schöne und selbstlos klingende Worte. Sie sprechen vom Gemeinwohl, für das allein die Fürsten geboren seien;[198] es heißt auch, ein Fürst müsse alle privaten Regungen dem Wohl seines Reiches aufopfern;[199] er soll der gemeinsame Vater aller Stände und Berufe sein,[200] ja der Titel «Väter unserer Völker» muß uns «viel teurer sein als der des Vaters unserer Kinder».[201] Man darf begreiflicherweise nicht erwarten, in Ludwigs Memoiren eine unverblümt egoistische Auffassung des Fürstenberufes durch den König ausgesprochen zu finden, und es mag wohl auch sein, daß ihm in einem Winkel seiner Seele solche väterlichen Aspekte wirklich einmal vorgeschwebt haben. Der Wirklichkeit näherkommen dürfte schon eine Stelle aus einem Brief Ludwigs vom 8. Januar 1688 an den Marquis de Villars, wo es charakteristisch heißt: «Sich zu vergrößern ist die würdigste und angenehmste Beschäftigung der Souveräne.»[202] Aber die eigentliche, gleichsam offizielle Anschauung Ludwigs, wie sie in seinen Memoiren immer wieder hervortritt, ist doch die, welche uns wie vorausverkündigt schon bei Richelieu begegnete, nämlich die von der *Interessen-Identität* zwischen König und Staat bzw. Volk. Indem der Fürst für das Wohl seiner Untertanen sorgt, verfolgt er sein eigenes Interesse, und umgekehrt ist die Mehrung seiner Macht auch für die Untertanen nur von Gewinn. So hört man Ludwig in den Memoiren von «seinem eigenen Interesse» reden, das die Berücksichtigung des «Staatswohles» erheischt usw. Er spricht z.B. einmal von dem Projekt eines Kanals und nennt das Unternehmen «unendlich vorteilhaft für mein Königreich», um alsbald hinzuzufügen: «Und es war nicht minder ruhmvoll für mich, der ich mit der Ausführung dieses Projekts mich über die größten Männer der vergangenen Jahrhunderte erhob.»[203] Für einen «prince vertueux» führen die Memoiren drei charakteristische Motive des Handelns an: seinen Ruhm zu vermehren, seinen Staat zu vergrößern, seinen Untertanen Gutes zu tun.[204] «Welche Liebe wir auch für den Ruhm haben mögen, so müssen wir doch bekennen, daß ein guter Fürst nicht voll befriedigt sein kann, wenn er nicht die Liebe derer, die ihm dienen, ebensogut besitzt wie ihre Bewunderung.»[205] Die erhabene Stellung des Königs sei sowohl in seinem eigenen Interesse notwendig als auch für das Wohl des Volkes.[206] Den klassischsten Ausdruck finden diese Gesinnungen wohl in Ludwigs «Réflexion sur le métier de Roi» (Reflexion über den Königsberuf), in Worten, in denen das ganze Wesen dieses Königs lebt und webt: «Quand on a l'Estat en veue on travaille pour soy. Le bien de l'un fait la gloire de l'autre. Quand le premier est heureux élevé et puissant celuy qui en est la cause est glorieux et par conséquent doit plus gouster par rapport à luy et à eux tout ce qu'il y a de plus agréable dans la vie.»[207] (Etwa: Wenn man den Staat im Auge hat, arbeitet man für sich. Das Wohl des einen macht den Ruhm des anderen aus. Wenn der erste glücklich, hoch erhoben und mächtig ist, dann gereicht es dem, der die Ursache davon ist, zum Ruhme, und infolgedessen soll er im Verhältnis zu seinen Untertanen mehr als sie alles genießen, was das Leben nur irgend an Annehmlichkeiten bietet.)

Der Gedanke der Einheit des Interesses von König und Untertanen, der die Memoiren beherrscht, könnte an sich, mehr formal oder abstrakt betrachtet, in zweierlei Sinne verstanden werden. Er kann bedeuten: Der Fürst erstrebe das Wohl des Volkes, dann wird er auch selbst dabei gut fahren. Es kann aber auch heißen. Der Fürst handle nur ruhig nach seinem eigenen Interesse, so wird es auch schon dem Staat und den Untertanen zugutekommen. Manche schön gesetzten *Worte* der Memoiren scheinen auf den ersten Sinn zu deuten. Wenn man aber hindurchhört, was deutlich genug durch den ganzen Ton der Memoiren und ihre Haltung gesagt wird, was überall zwischen den Zeilen geschrieben steht, so zeigt sich schon aus den Memoiren, daß dieser König vor allem doch immer *sich selbst* will, daß das Wohl des Staates und der Untertanen ihm zwar an sich auch erwünscht, aber doch in erster Linie nur *Mittel* ist für seine eigene Macht, seinen eigenen Ruhm und Glanz: «Wenn man den Staat im Auge hat, arbeitet man für sich!» Das ist eigentlich der moralische Ertrag schon der Memoiren, insoweit es sich um das innere Verhältnis dieses absoluten Herrschers zu seinem Staate handelt. Es ist das des *Egoismus*, eines Egoismus, der vor sich selbst nur notdürftig verschleiert ist, ja dessen Schleier noch zu seiner Verstärkung beitragen werden, denn man darf erwarten, daß der, in dessen Sinne diese Memoiren verfaßt sind, es vor sich selbst als willkommenen Vorwand gebrauchen wird, daß, was immer er für sich tue, stets auch dem Staat und den Untertanen zum Heile gereiche.

Dieser innere, moralische Tatbestand schließt natürlich nicht aus, daß das Interesse Ludwigs XIV. und das seines Staates tatsächlich ein langes Stück parallel miteinander liefen. Indem er seine Macht im Inneren hob, brachte er dem Staat Einheit, Ruhe und Ordnung. *Ranke* sagt daher, Ludwig sei «in der glücklichen Lage» gewesen, bei dem, was er für seine Herrschaft tat, sich «nicht als Zwingherr vorkommen zu müssen, denn nach so viel widerwärtigen Unruhen sahen die Franzosen jetzt in der Herstellung einer gesetzlichen Herrschaft selbst ihr Heil».[208] Ähnlich meinen auch die Memoiren, nichts begründe so sicher das Glück und die Ruhe der Provinzen als die vollkommene Zusammenfassung aller Autorität in der alleinigen Person des Herrschers.[209] Eine andere Frage ist aber dann natürlich die: Wird das Verhältnis in allen Lagen so bleiben, daß der König, indem er sein eigenes Macht- und Ruhmbedürfnis zur Richtschnur seines Handelns macht, damit zugleich dem Staate nützt? Die Geschichte Ludwigs XIV. hat diese Frage recht eindeutig beantwortet.

Für das uns hier beschäftigende Problem des Verhältnisses von Fürst und Staat ist im geschichtlichen Zusammenhang von großer Wichtigkeit, sich das Folgende klar zu machen. Der Fürst der italienischen Renaissance, der Principe eines Machiavelli, arbeitete gewissermaßen als einzelne Persönlichkeit im Interesse seiner eigenen Macht, seines eigenen Selbstgefühls am Staate. «Lo stato» hieß, wie wir hörten, ursprünglich der Fürst mit seiner persönlichen Umgebung. Da trägt alles noch einen unmittelbar persönlichen Charakter, der Staat selbst steht noch in seinen Anfängen. Mit dem Wachsen des Staates in den großen Verhältnissen eines großen Landes und mit der Ausdehnung der staatlichen Wirkenssphäre stellt sich ein bedeutsamer Wandel ein. Der Fürst, der am Staate arbeitet, wächst gleichsam über sein eigenes Ich hinaus, sein persönliches Interesse erweitert sich und wird zum Staatsinteresse. Er selbst wird um einen Grad unpersönlicher und verwächst als Mensch mit dem Ganzen des Staates. Dies liegt im 17. Jahrhundert bis zu einem gewissen Grade bei Ludwig XIV. vor, und es bezeichnet darüber hinaus die ihm durch die geschichtliche Entwicklung gestellte Aufgabe. In bezug hierauf sagt Ranke, nachdem er gezeigt, wie Ludwig XIV. von seinen Untertanen nur blinden Gehorsam verlangte: «Fürwahr, eine der größten Stellungen, die der Mensch auf Erden ergreifen kann, die eine ungeheure Verantwortlichkeit in sich schließt, eine unendliche Fähigkeit voraussetzt. Das persönliche Selbst faßt sich auf als den Inbegriff der allgemeinen Interessen; das Ich wird der Staat. Ist es fähig, die Aufgabe, die es sich setzt, zu erfüllen, die Persönlichkeit dahin zu erweitern, daß der Gedanke des Staates in ihr aufgeht?»[210]

Damit aber kommt man wieder auf die Frage der menschlich-moralischen Qualitäten zurück. Die Erweiterung des Staates zu einem immer umfassenderen Gebilde als solche verlangt von dem Fürsten Dienstgesinnung. Was aber wird die Folge sein, so müssen wir fragen, wenn diese Dienstgesinnung fehlt, wenn das alltägliche, egoistische Ich den Staat in *seinen* Dienst stellen will? Welches Wesen wird es letzten Endes sein, das dann in diesem Ich waltet? Unter welcher Führung wird dieses Ich dann stehen?

Alles dieses, worauf wir so hier hinweisen konnten, liegt, teils als Tatsächlichkeit, teils als Problematik, in dem berühmten Worte «*L'Etat c'est moi*» (Der Staat bin ich), das Ludwig XIV. zugesprochen wird und das, wie anscheinend alle Historiker zugeben und betonen, die beste, prägnanteste Formulierung seiner Gesinnungen und seiner Regierung gibt, die man sich denken kann, selbst wenn er das Wort nie gesprochen haben sollte.[211] *«L'Etat c'est moi»*, das heißt auf der einen Seite: Das Ich des Herrschers erweitert sich über sich selbst hinaus und wird zum Staat, umfaßt das Ganze. Es heißt aber auf der anderen auch: Der Staat soll diesem *Ich dienen*, er ist da für die Persönlichkeit des Fürsten.* Die erste Bedeutung dieses Wortes ergab sich aus der ganzen Entwicklung des wachsenden neueren Staates; die andere Bedeutung hängt mit dem Wesen einer Zeit zusammen, in der die egoistischen Persönlichkeitskräfte herrschend geworden waren, und nicht zuletzt auch natürlich mit dem Wesen derjenigen geschichtlichen Persönlichkeit, um die es sich handelt, Ludwigs XIV.

Der Sonnenkönig

Der inneren Wahrheit des Wortes «L'Etat c'est moi» entspricht es, für die geschichtliche Betrachtung dieses ludovizianischen Staates und ganzen Systems auszugehen von diesem MOI, das der bewegende Mittelpunkt war, von dem alles ausstrahlte, von dem alles ausging wie konzentrische Kreise, die sich nach allen Seiten über dieses MOI hinaus erweiterten. Wie eine erste Erweiterung ist der *Hof* anzusehen, eine folgende eben der *Staat* als solcher, dessen ganze Tätigkeit der König umfaßt, dessen innere Politik er ausfüllt, und schließlich durch dessen Außenpolitik die Wirkung auf die *Welt*, auf alle Völker Europas.

* Diesen zweiten Sinn des Wortes hat offenbar z.B. *Treitschke* im Sinn, wenn er («Politik», 2.Band, 1898, S. 114) voll Entrüstung spricht von dem «widerlichen ‹L'État c'est moi›», «der niedrigen und abstoßenden Selbstvergötterung des Absolutismus». *Ranke* z.B. dagegen deutet auf die erste Bedeutung des Wortes hin, indem er von dem Staate Ludwigs XIV. sagt: «Alles resümierte sich in Einer Person, so daß das berühmte Wort ‹L'etat c'est moi› hier allerdings von Bedeutung war, indem von dem ... Staatsoberhaupt wirklich die Entwicklung des Staates ausging.» (Weltgeschichte IX 2, 1. – 3. Auflage 1888, S. 164.)

Schon die Memoiren Ludwigs, um noch einmal auf sie zurückzukommen, vermitteln einen lebensnahen Eindruck der Gestalt des Königs. Es ist eine imponierende Erscheinung von einheitlicher Geschlossenheit, getragen vom Stolz einer ihrer Überlegenheit und Macht bewußten Majestät und von einer in sich begründeten Anschauung von großem Stil, der absoluten Sicherheit des Dogmas, zu dem sich dieses Königtum steigert und das es realisiert. Höchstes Selbstbewußtsein dieses MOI spricht schon aus dem Stil der Memoiren, so, wenn es mit Bezug auf die Fürsten spricht von «notre grandeur», wenn es mit einer satten Selbstzufriedenheit den Fürsten bezeichnet als «nourri dans les maximes de la gloire et de la vertu»[212] oder wenn es erzählt, wie «mein Geist» dies oder jenes tat, bedachte. Die ganze Darstellung trägt im höchsten Maße einen persönlichen Ton, immer vernimmt man dieses moi: «ich tat», «ich wollte», «ich dachte». Charakteristisch ist auch die Nuance, die in dem immer wiederkehrenden Ausdruck liegt, daß der König der Menschen, namentlich seiner Minister «sich bedient» (se servir). Durch alles Pathos, alle großen Gesten, allen reichen, barocken Faltenwurf der Worte klingt etwas innerlich Unwahres, Manieriertes, Hohles und Phrasenhaftes durch – alles Züge, die gewiß in weitgehendem Maße dem allgemeinen Zeitcharakter als solchem entsprechen. Aber hier hatte sich dieser eben in einer symptomatischsten menschlichen Persönlichkeit gleichsam verkörpert. Man kann, immer schon bei der Lektüre der Memoiren, ein gewisses feineres «Parvenütum» bei Ludwig empfinden. So sehr er in seine Stellung hinein *geboren* erscheint, so sehr er mit königlicher Würde seine Rolle zu spielen weiß, es liegt doch in seinem Ton, in dem fortwährenden Hervorheben der königlichen Stellung etwas von einem Menschen, der eben sein Leben lang eine «Rolle spielt», in die er sich zwar mit großem Geschick und großer Begabung, aber doch auch nur mit fortwährender Absichtlichkeit zu finden weiß.

Auf die Wesensart Ludwigs XIV. im Zusammenhang mit dem Stile seiner ganzen Zeit fällt ein Licht, wenn wir ihn z.B. mit dem Bilde des italienischen Renaissancefürsten vergleichen, das wir oben

(S. 24 ff.) zu zeichnen versuchten. Wir sahen an diesem zwei Hauptwesenszüge: auf der einen Seite das lebendig-persönliche Element, erfüllt von einem gewissen Schwung und Enthusiasmus, begabt auch mit Empfindungsfähigkeit für Schönheit und Größe, einem künstlerischen Sinne – und auf der anderen Seite alle diejenigen Züge, die auf Macht und Herrschaft abzielten, die ihn zum kühl berechnenden skrupellosen Nützlichkeitspolitiker machten. Diese beiden Wesensseiten stehen bei dem italienischen Fürsten der Renaissance wie in dieser selbst in einem gewissen menschlichen Gleichgewichtszustand zueinander. Im 17. Jahrhundert und eben besonders bei Ludwig XIV. erscheint dieser zerstört. Die zweite Seite, die im Streben nach *Macht* gipfelt, dominiert jetzt vollständig; sie hat jene andere, mehr menschlich-persönliche ihres selbständigen Daseinszweckes gleichsam beraubt und sie in *ihren* Dienst gestellt. Daher hat sich alles in der Richtung einer gewissen Nüchternheit verschoben, das menschlich-seelische Wesen ist erstarrter, konventioneller geworden. Auf seine Kosten hat sich der Machtinstinkt, die berechnende Intellektualität entwickelt, die dafür nun ungleich systematischer geworden ist.

Ludwig XIV. war von der Natur mit bedeutenden, wenn auch keineswegs genialen Herrschergaben ausgestattet, und was ihm fehlte, wußte er sich anzuerziehen. Er verstand es auch, seine Fähigkeiten in der rechten Weise anzuwenden und ins Licht zu setzen. Der eigentliche Grundtrieb seines Wesens aber war eben jenes Verlangen nach der höchsten Macht, der Drang, alles Leben um sich herum zu absorbieren, sich untertan zu machen. In fast unheimlicher Weise übte dieser Trieb in steigendem Maße seine Herrschaft über ihn aus, unterjochte ihn gleichsam und riß Ludwig ins Ungemessene, Schrankenlose fort. Alle anderen Triebe und Anlagen seines Wesens ordneten sich diesem einen mehr und mehr unter.

Mit diesem Hauptimpuls seines Wesens im Bunde steht bei Ludwig XIV. ein klares logisches Denken, eine nüchtern verständige Intellektualität, ein systematisch ordnender Geist, welche zusammen mit einem gesunden Sinn für die Wirklichkeit zugleich in hohem

Maße der Eigenart des französischen Volkes entsprechen, dem Ludwig entstammte und das er beherrschte.

Machtstreben verbunden mit verstandesmäßiger Klarheit und Systematik: daraus entsprang alles, was durch Ludwigs Regierung für die Entwicklung des Staates geschah. So stand Ludwig XIV. da, mit Energie leitete er aus dem Mittelpunkt die Geschicke des Landes, ein lebhaftes Gefühl für dessen Machtstellung und das, was er dessen Ehre nannte, gaben ihm die Richtung. Menschenkenntnis, diese allen Regenten unentbehrliche Eigenschaft, ließ ihn die richtigen Männer im Staatsdienst an die richtigen Posten stellen. Eine kräftige Konstitution erleichterte ihm die Regierungstätigkeit, der er in der Jugend wie auch im Alter mit Fleiß und Eifer oblag. Um seine Zeit besser auszunützen, beobachtete er eine genaue Tageseinteilung, vermöge deren ihm neben der Arbeit auch noch genügend Zeit für den Genuß, für Vergnügungen und Geselligkeit, für Repräsentation, für Prunk und Glanzentfaltung blieb.

Denn *Macht und Genuß*, das ist die charakteristische Polarität, in welcher dieser egoistische Fürstenabsolutismus, für den Ludwig XIV. prototypisch wurde, seinen Daseinszweck, sein eigentlich reales Ziel erblickte.

Dabei haben sich, wie schon erwähnt, die Dinge seit der Renaissance so verschoben, daß das mehr menschlich-persönliche Moment, das sich im Genuß, in der Prachtentfaltung und dergleichen auslebte, viel von der Lebendigkeit verloren hat, die es z.B. an den Renaissancefürstenhöfen in Italien noch durchaus gehabt hatte. Der freiere künstlerisch-persönliche Zug, alle Leichtigkeit ist verschwunden, der Geist der Schwere hat sich auch dieses Poles bemächtigt. Luzifer *dient* im 17. Jahrhundert weitgehend Ahriman. Die Schönheit oder was sich aus ihr mehr in der Richtung des Quantitativen, Schwülstig-Überladenen, Lastenden entwickelt hat, hat nun mehr den Charakter der *Dekoration* angenommen, welche die eigentlichste Realität, die *Macht*, zur Schau tragen und verherrlichen und vielleicht in einem gewissen Sinne ihre Nacktheit auch wieder verhüllen soll. Und der «Genuß» erscheint entsprechend vergröbert. Das frei-geistig-künstlerische Element der Renaissancezeit, jener kurzen Zeit des Gleichgewichts zwischen den beiden Wesenspolen, ist entschwunden. *Alles* ist nun durchtränkt vom Geiste des Herrschens.

In diesem Element wußte sich Ludwig XIV. freilich mit vollendeter Meisterschaft zu bewegen. Seine ganze persönliche Haltung entsprach ihm in einzigartiger Weise. Er verstand es unvergleichlich, die Würde und Majestät seiner Stellung zur Schau zu tragen. Sein Wesen war ganz Hoheit, Erhabenheit, Gemessenheit. «Aufregung und Leidenschaft zu zeigen, hielt er für durchaus unangemessen, Verstellung und unerschütterliches Gleichmaß für die höchsten Tugenden des Königs. Ungetrübt wie die Gottheit sollte der Monarch über das Irdische sich erheben.»[213] Er wußte stets den rechten Takt zu bewahren, war auf sein «renommée» bei allen seinen Handlungen ängstlich bedacht; «aber er wollte», sagt Ranke, «nicht glänzen für den Augenblick, sondern Eindruck machen auf immer. Seine Worte sollten nur gereifte Überzeugungen würdig aussprechen ... Er war verführerisch, hinreißend, wenn er wollte, in demselben Grade aber schrecklich, wenn er zürnte.»[214]

Charakteristisch berichtet z.B. Voltaire, wie Ludwig XIV. «exzellierte in den feierlichen Tänzen, die der Majestät seiner Gestalt entsprachen und die seines Ranges nicht verletzten». «Er hatte einen Gang, der nur ihm und seinem Rang angemessen sein konnte und der bei jedem anderen lächerlich gewesen wäre.»[215]

«Jede seiner Bewegungen, jede seiner Verbeugungen», schreibt Philippson, «jedes seiner Worte war berechnet und doch von angeborener Anmut. Sein ganzes Leben war ein Theaterspielen, aber mit solcher Kunst, daß nur die Scharfsinnigsten es merkten.»[216] Konventionalität überwucherte hier alle ursprünglichen Lebensäußerungen. Um sich herum verbreitete der «große König» mit seinem gravitätischen Auftreten und seiner Unnahbarkeit eine Atmosphäre der Unfreiheit und Servilität; aber gerade darin fühlte er sich wohl. «Die Verlegenheit, die er denen einflößte, die mit ihm sprachen, schmeichelte insgeheim seiner Selbstgefälligkeit, mit der er seine Überlegenheit fühlte.» «Der alte Offizier», erzählt Voltaire, «der in Verwirrung geriet und stotterte, als er ihn um eine Gnade bat, und der seine Rede nicht zu Ende bringen konnte und sagte: ‹Majestät, ich zittere nicht so vor Ihren Feinden›, erreichte ohne Mühe, was er erbat.»[217]

Ohne Zweifel, das stolze Bild Ludwigs war in seiner Art imponierend, ein Bild in großem Stil gehalten, von großer Geste, ein glanzvolles Bild, blendend und bestechend für Menschen einer bestimmten Art und eben des 17. Jahrhunderts. Bei aller Anmaßung und Gewolltheit doch eine bedeutende Erscheinung, der eindrucksvolle Gipfelpunkt einer geschichtlichen Entwicklung. Aber es war eine kalte Größe, die alles andere als menschlich erwärmen kann, von der man fühlt, daß sie gerade durch ihre Überspannung immer mehr zur lebentötenden Kraft werden mußte, die Ludwig XIV. selbst schon in seinem eigenen Leben zur Erstarrung bringen sollte. Seit dem Ende der 1680er Jahre bemerkte man in seinem Wesen eine große Umwandlung. Die Festlichkeiten wurden eingeschränkt, von Ausschweifungen war keine Rede mehr, der König oblag immer mehr Andachtsübungen, ein frömmelndes Wesen trat an die Stelle des früher so prunkvollen und prächtigen Lebens.[218]

In seiner Glanzzeit zeigen uns die zahllosen Gemälde, z.B. etwa das bekannte von Rigaud, Ludwig XIV. so recht charakteristisch, wie er dasteht mit der mächtigen Allongeperücke (die er selbst 1675 eingeführt hatte und die in ganz Europa zur größten Verbreitung kam), das Gewand in imposantem Faltenwurf, majestätisch erhaben, selbstzufrieden, huldvoll lächelnd, als die irdische Gottheit in großartiger Pose. Vor allem aber erscheint auch in diesen Gemälden des «großen Königs» das Gefühl der Macht, aber, wie Ranke sagt, «mitnichten eigentlich selbstherrisch, was ihr nicht entspräche, sondern wo ihr gehuldigt wird, teilnehmend, wo sie über besiegte Feinde triumphiert, beinahe bewundernd – aber immer unverkennbares Selbstgefühl; die Mühe des Befehlens nimmt man nicht mehr; alles gehorcht und beugt sich von selbst.»[219]

Höchst eigenartig und auf tiefe Zusammenhänge hinweisend ist es, wie dieses Königtum der irdischen Gottheit Ludwigs XIV. sich ins

Mythisch-Kultische steigerte in den Vorstellungen von Ludwig als dem *roi soleil*, dem *Sonnenkönig*. Schon 1662, hören wir, tanzte man am Hofe die «Sonnenquadrille», 1674 z.B. wurde eine Medaille auf Ludwig XIV. geschlagen, welche die Sonne groß und erhaben strahlend über der von einigen Wolken umgebenen Erdkugel zeigte. Das Aufstehen des Königs am Morgen (lever du roi) erschien als ein wahrer Sonnenaufgang (lever du soleil), dem beiwohnen zu dürfen (assister au lever du roi) höchstes Glück und höchste Ehre für die Höflinge bedeutete.[220] *

Im Mittelalter hatte man immer nur den *Papst*, also das *geistliche* Oberhaupt der abendländischen Christenheit, mit der Sonne verglichen (ohne aber einen Kult daraus zu machen), dem Kaiser als dem weltlichen Oberhaupt hingegen nur die Rolle des Mondes überlassen.[221] Allerdings tritt uns dann im 16. Jahrhundert schon gelegentlich eine andere Auffassung entgegen, nämlich bei Karl V. (1519 – 1556), der, im Sinne der ursprünglichen Kaiseridee zwar, eine Oberherrschaft über die anderen Monarchen Europas anstrebte, der nun aber diese als die Monde der *Kaiser-Sonne* betrachtete.[222]

So heißt es z.B. im Eingang eines von Karl V. dem Georg von Frundsberg erteilten Adelsbriefes: «Ebenso wie der allmächtige Gott ... das Firmament geschaffen und den Gang der Planeten und Elemente festgesetzt und jedem von ihnen seinen Lauf und seine Funktion angewiesen hat mit einer so unaussprechlichen Geschicklichkeit, daß alles Licht, das sie besitzen, ihnen von der Sonne zukommt, der Quelle aller Dinge, so daß alles auf dieses Gestirn zurückgeht, ohne daß dieses doch dadurch irgend etwas von seinem Licht, von seinem Glanze einbüßte – ebenso hat die göttliche Vor-

* Bildhaft können wir uns bei dieser Vorstellung an eine andere erinnert fühlen, die dieser ebensosehr in gewissem Sinne verwandt wie zugleich diametral entgegengesetzt ist. Es ist ein Bild aus dem Sonnenreich der *Inka* (vgl. Bd. I, S. 77): «Die Sommersonnenwende brachte das religiöse Nationalfest, das ... Sonnenfest, wobei der Inka ... dem strahlenden Gott ... ein feierliches Trankopfer spendete, in dem Augenblick, wo das Tagesgestirn hinter den majestätischen Andenfirnen emporstieg.»

sehung die höchste Autorität auf dieser Erde dem römischen Kaiser anvertraut, der über alle Mächte der Welt die höchste Macht ausübt und ihnen Ehre und Würde verleiht.»[223]

Hier wird also immerhin der sonnenhafte Charakter bereits für die *weltliche* Macht, eben die des Kaisers, in Anspruch genommen, und insofern mag das als ein, wenn auch vielleicht nicht besonders wichtiger Übergang zum Sonnen*königtum* des französischen Herrschers angesehen werden, das nun freilich von Ludwig XIV. mit einer ganz anderen Dezidiertheit und bis in die äußeren Symbole hinein kultusähnlich zur Geltung gebracht wurde.

Auf welche Weise Ludwig XIV. im äußeren Sinne zu der Vorstellung seines Sonnenkönigtums gelangt ist, habe ich vergeblich versucht, mit einiger Sicherheit zu ermitteln.[224] Dagegen kann man auf zwei verschiedene bedeutsame Zusammenhänge kommen. Bei beiden scheint es mir allerdings, daß man wenigstens bis auf weiteres noch nicht behaupten kann, daß sie direkt oder indirekt einen Einfluß auf die bewußten Vorstellungen Ludwigs XIV. von seinem Sonnenkönigtum ausgeübt haben; doch ist diese Frage auch von untergeordneter Bedeutung gegenüber den inneren Aspekten, die sich uns ergeben können, in denen etwas von dem wirklichen Kräfteweben der Zeit anschaubar wird.

Auf den einen der beiden gemeinten Zusammenhänge wird mit dem Namen *Campanella* hingedeutet.

Wir hörten oben (S. 129 ff.), wie Campanella in seiner Art auf den Geistesanruf der Wende vom 16. zum 17. Jahrhundert geantwortet hat und wie in seinen Bestrebungen in gewissem Sinne eine Art Analogon zu denjenigen des deutschen Rosenkreuzerkreises vorlag, der zu ihm später sogar auch in äußere Beziehungen trat, und wie Campanella 1602 im spanischen Kerker sein berühmtestes Werk, den «Sonnenstaat» (die «Civitas solis»), geschrieben hat.[225] Wir konnten auch bereits früher[226] darauf aufmerksam machen, wie in dieser sozialen Utopie zwar einerseits stärkste Vergangenheitselemente nachklingen, wie sie andererseits aber auch einen Zukunftsaspekt hat, wie besonders in den drei Regenten des Sonnenstaats, «Macht», «Weisheit» und «Liebe» («Pon», «Sin» und «Mor», d.h. Potentia, Sapientia und Amor), die alle drei dem «Metaphysikus» oder «Sol», also dem zentralen Sonnenimpuls unterstehen, doch schon irgendwie die zukunfttragenden Gestalten des goldenen, des silbernen und des ehernen Königs aus dem Goetheschen «Märchen» anklingen.

Man sieht schon hier den tiefen Gegensatz Campanellas zu Machiavelli. Campanella wollte die Fragen des politisch-sozialen Lebens nicht isoliert, losgelöst aus der Gesamtheit des menschlichen Lebens und der sittlichen Ordnungen behandelt sehen, sondern vielmehr aus einer großen Gesamtbetrachtung des menschlichen Daseins und im Zusammenwirken *aller* in der Menschennatur lebendigen Kräfte. Es ist ein von Grund auf von allem Machiavellismus verschiedener und diesem entgegengesetzter Impuls, der in Campanella (und wieder können wir sagen: und in den Rosenkreuzern selbstverständlich) lebte. «An dem Gegensatz zu Machiavelli hat sich Campanellas politisches Denken entwickelt», sagt Friedrich Meinecke[227] geradezu. Von ihm hören wir auch, daß Campanella über eine seiner Hauptschriften (den 1605 geschriebenen «Atheismus triumphatus») selbst bemerkt hat, daß sie auch den Titel «*Antimachiavellismus*» tragen könne, und er bezeichnet Campanellas politisches und soziales Wirken als «einen immer wiederholten Kampf gegen die *ragione di stato*»,[228] d.h. also gegen die Idee und die Wirklichkeit der Staatsräson, wie sie zwar nicht von Machiavelli erfunden, aber insbesondere durch ihn in das politische Denken eingeführt worden war in einer Weise, die auch die politische Praxis der folgenden Jahrhunderte aufs nachhaltigste beeinflußt hat. Campanella strebte im Tiefsten eine soziale Ordnung an, die nicht auf einem einseitigen und egoistischen Machtprinzip beruhen sollte, wie es Machiavelli vertrat und wie es dann in den neueren zentralisierten Machtstaaten immer mehr Realität geworden ist, sondern er suchte durch den *Zusammenklang* jener drei Kräfte das verlorene Gleichgewicht des sozialen Lebens wiederherzustellen. Neben der «Macht», die natürlich auch ihren Platz im sozialen Leben haben muß, stehen «Weisheit» und «Liebe», welche die machiavellisierte Menschheit immer mehr vergessen hatte und weiterhin noch immer mehr vergessen sollte.*

Campanellas Sonnenstaat stellt insofern geradezu einen Gegenpol des Machiavellismus dar, als er ein wahres *Gemeinschafts*wesen sein und den Egoismus, auf den bei Machiavelli und seither im sozialen Leben alles gegründet war, überwinden sollte, was Campanella durch eine radikale theokratisch-kommunistische Gestaltung versuchte. *Diese* geht auf Uráltestes in der Menschheitsentwicklung zurück, hinter ihr sind Campanellas eigene Schicksalsantezedentien zu spüren.[229] Jener dreigliedrige Lösungsversuch aber kann, wie schon angedeutet, doch eine recht deutliche Ahnung davon geben, wie in Campanella spirituelle Impulse lebten, die auf eine Zukunftsgestaltung hinzielen und die eben wahrhaftig einer ganz anderen Weltenströmung angehören als der Machiavellis, einer Weltenströmung, die derjenigen der Rosenkreuzer innerlich verwandt gewesen sein muß und deren sonnenhaft gemeinter Charakter uns irgendwie an jene Erzengelwesenheiten gemahnen darf, die man seit alters mit der Sonne verbunden wußte, jene Wesenheit, der auch die Rosenkreuzer dienen wollten und zu deren Gegnern die Mächte gehörten, die durch Machiavelli wirkten im Zeitalter des erneuten «Sündenfalles» der Menschheit, in den Jahrhunderten des Materialismus.

Campanella betrachtete sein Sonnenstaatsideal nicht als eine Utopie. Er war überzeugt von der Durchführbarkeit seiner Idee und hielt an dieser als seinem eigentlichen Ziel bis an sein Lebensende fest. Nun war er außerdem, wie schon sein Aufstandsversuch des Jahres 1599 zeigt, eine höchst aktivistische Natur. Und wenn er sich wohl auch bald darüber klar geworden sein muß, daß sein Sonnen-

* Auch sonst tritt uns in Campanellas Denken diese Dreiheit wiederholt und in verschiedenen Abwandlungen entgegen. Es gibt z.B. ein Gedicht von ihm, das Herder («Zur Philosophie und Geschichte», 9. Teil, Stuttgart und Tübingen 1828, S. 328) unter der Überschrift «Drei Übel und drei Heilmittel» übersetzt hat. Dort werden ähnlich gegen die drei Übel: Tyrannei, Sophismus, Heuchelei durch «Themis», die also hier dem Sol entsprechen würde (man denke z.B. an den «sol justitiae»), aufgeboten: *Macht, Verstand* und *Liebe*, «mit dreifach holder Harmonie sie zu besiegen».

staatsideal in die äußere Wirklichkeit seiner Zeit nicht ohne weiteres übertragen werden könne, so wollte er es nun gleichsam auf Umwegen oder über ihm freilich äußerst heterogene Vorstufen realisiert sehen.[230] Campanella hatte offenbar die Idee, den Sonnenstaat der Welt der machiavellistischen Staatsräson selbst irgendwie einfügen bzw. ihn ihr gleichsam ablisten oder doch diese Welt selbst veranlassen zu können, als eine Vorstufe der Verwirklichung des Sonnenstaats zu fungieren. So hören wir das eine Mal von Campanella, daß er entschieden für eine *italienische Konföderation* unter der Leitung des Papstes eingetreten sei, allerdings nur als Etappe auf einem längeren Weg: «Das Endziel ist die ‹civitas heliaca›, ein Völkerbund mit einem idealen Oberhaupte.»[231] Dann wiederum hören wir, wie er der großen *spanischen Weltmonarchie* die gleiche Funktion zugedacht hat. Zuletzt aber ersah er dafür die aufsteigende Macht *Frankreichs* aus. Er selbst hatte in seinen letzten Lebzeiten ein Asyl in Frankreich gefunden, wo er von *Richelieu* aufgenommen worden war.* Nun scheint er höchst illusionäre Hoffnungen auf den französischen Absolutismus gesetzt zu haben, der ihm jetzt «den Weg bahnen sollte zum Sonnenstaate».[232]

Wenn wir nun zu dem bisher Gesagten auch noch das bedenken, was in unseren «Geschichtsimpulsen des Rosenkreuzertums» über die Bedeutung des ursprünglich rosenkreuzerischen (in der «Fama fraternitatis» auftauchenden) «*Sozietätsgedankens*», d.h. des Gedankens der Gründung wissenschaftlicher Sozietäten, und über die Abbiegung dieses Gedankens durch die Gründung rein staatlicher Sozietäten seit dem 17. Jahrhundert geschrieben ist, dann können wir die Wege Campanellas im Frankreich Richelieus noch ganz besonders interessant und bedeutsam finden; sie geben einen wichtigen Beitrag zu dem kleinen Kapitel, das wir hier zu skizzieren versuchen: «Von Campanella zu Ludwig XIV.»

* Er, der Dominikaner, lebte übrigens in Paris in dem Kloster der Pariser Dominikaner, dem Jakobinerkloster, das später durch die französische Revolution weltgeschichtliche Berühmtheit erlangte. (Vgl. Meinecke a.a.O. S. 118 und auch mein Buch «Aus dem Jahrhundert der französischen Revolution», Breslau 1937, S. 49f.)

Man bringt, schreibt Kvačala in einem Abschnitt «Campanellas Ehrenstellung in Frankreich», Campanella mit dem Entstehen der damals an das Licht tretenden französischen *Akademie der Wissenschaften* in Verbindung: In Paris habe 1631 der Erzbischof von Rouen in dem Kloster St. Viktor gelehrte Konferenzen eingeführt, in welchen verschiedene Ordensleute und andere Geistliche wissenschaftliche Materien behandelt hätten. Einige Jahre später, nach dem Tode des Erzbischofs, habe der allmächtige Kardinal Richelieu den Wunsch nach ähnlichen Veranstaltungen gefühlt. Unschwer seien die Personen gesammelt worden, die früher teilgenommen hatten, und dieselben Themen von neuem vorgenommen. Richelieu aber habe ihnen jetzt *Campanella* zum Adjunkten gegeben, der «der Moderator, vielmehr Vorsitzender der Versammlung wurde», die nun statt in dem Kloster St. Viktor in der Gallerie de Constans gehalten worden sei.[233] (Man sieht hieran, nebenbei bemerkt, zugleich wieder, wie auch hier die Ursprünge dieser bedeutsamen staatlichen Institution, der französischen Akademie der Wissenschaften, in einer Veranstaltung und deren Verweltlichung liegen, die noch aus dem geistlichen Elemente hervorgegangen war.)

Campanella, so hören wir weiter, legte Richelieu fernere Unterstützung der Wissenschaften ans Herz, wodurch sich der große Staatsmann für alle Jahrhunderte einen glänzenden Namen machen werde, und dabei schloß er mit einem Hinweis auf die *Sonnenstadt*: «Et Civitas Solis per me delineata, ac per te aedificanda, perpetuo fulgore nunquam eclipsato, abs tua eminentia splendescat semper.»[234] Richelieu also soll die von Campanella entworfene Sonnenstadt erbauen, zu nimmer erlöschendem Glanze! Hier steht also offenbar derjenige Aspekt der Sonnenstadt im Vordergrunde, bei dem es sich um die dortige Pflege der Wissenschaften handelt.

Aber noch mehr! Kvačala[235] erklärt, «es ließe sich unschwer die Entstehung *des größeren Teils der bedeutendsten gelehrten Gesellschaften* unseres Weltteils mit Campanella in Verbindung bringen», und verweist dazu auf speziellere Arbeiten von sich. Einen derartigen Verbindungsfaden zieht er[236] von Campanella zu *Leibniz* (1646–1716), der bekanntlich der geistige Vater der Berliner «Sozietät der Wissenschaften», d.h. der Berliner Akademie der Wissenschaften wurde.[237] Kvačala gibt nämlich hierzu an, ein schwedischer Baron Skythe habe dem jungen Leibniz über den Plan berichtet, die Città del Sole, den *Sonnenstaat, nach Preußen* zu verpflanzen, als eine Art Universal-Akademie. «Seit dieser Zeit hörte Leibniz nicht auf, für die Aufrichtung von Sozietäten zu kämpfen.» Leibniz habe übrigens Campanella, was die Größe seines Vorhabens betreffe, über Descartes und Hobbes und neben Bacon gestellt.[238]

So mündet also Campanellas Lebensweg schließlich äußerlich und innerlich in das Frankreich Richelieus und des französischen absolutistischen Staates ein. Diese Tatsache kann gewiß ebenso befremdend wie tragisch auf den späteren Beobachter wirken, der die Zusammenhänge ein wenig durchschaut. Ist es nicht, als ob Campanella wie aus einer Bewußtseinstrübung heraus gehandelt hätte, indem er sein Ideal, das tief in ihm lebte, seinen geistig-sozialen Impuls, der aus ganz anderen Quellen erfloß, in gewissem Sinne einer so diametral entgegengesetzten Macht auslieferte und vor ihr kapitulierte? Die Psychologie Campanellas gibt manche Rätselfragen auf (zu denen auch z.B. gehört, daß er, der große Gegner Machiavellis, in seinen Schriften doch immer wieder Anleihen bei Machiavelli aufnahm, so daß man bei ihm – wie Meinecke zeigt – eine ganze Anzahl eindeutiger Machiavellismen findet). Lag sein Verhalten an Illusionen, zu denen Campanella etwa sein Aktivismus führte, der *nicht warten* konnte, sondern bald äußere «Realisierungen» sehen wollte, die aber auf dem Boden, auf dem er sie nun suchen wollte, ja nie hätten erfolgen können? Lag es daran, daß Campanella mit dem Zentralimpuls seines Wesens, mit der Zentralinspiration, die er ohne Zweifel irgendwie aufgenommen hat, selbst nicht ganz zurechtkam und dadurch der Versuchung nicht widerstehen konnte, mit den Mächten der Zeit, denen er ja auch im äußeren Sinne keineswegs unabhängig gegenüberstand, zu paktieren, ja ihnen in gewissem Sinne zu huldigen? Campanellas Kampf gegen die Staatsräson bezeichnet Meinecke als «eine Reihe von Todessprüngen, um ihr zu entgehen, um sie zu überwinden mit ihren eigenen Mitteln und so die Menschheit von ihr zu erlösen».[239]

Mit ihren eigenen Mitteln: darin scheint ein Stück unmittelbarer Antwort auf jene Rätselfrage zu liegen. Die tiefere Lösung aber ist wohl keimhaft in einem andeutenden Worte *Rudolf Steiners* aus seinem Vortrag über die Individualität Campanellas enthalten, wo er von den Schwierigkeiten und Hemmnissen spricht, welche auch dieser Individualität und gerade ihr erwuchsen gegen das Hineintragen dessen, was sie aus ihrer karmischen Vergangenheit als ein früheres Spirituelles in der Seele trug, in die neuere Zeit mit ihren besonderen Verhältnissen, schon rein leiblicher Art, die aus dem Materialismus hervorgehen.[240]

In all diesen Zusammenhängen ist nun jedenfalls noch eine weitere merkwürdige, im Grunde nicht anders als recht tragisch zu empfindende Tatsache zu sehen, die uns am Lebensende Campanellas entgegentritt und die etwas wie einen höchst eigenartigen Übergang darstellt *von seinem Sonnenstaatsideal zu dem Sonnenkönigtum Ludwigs XIV.*

Campanella erlebte noch die Geburt des französischen Dauphins, eben des späteren Ludwigs XIV. Und er hat nun in der Tat offenbar seine Hoffnungen auf dieses Kind gesetzt, den «Wunderknaben», der, von seinen Eltern über 20 Jahre lang vergeblich erwartet, am Sonntag, 5. September 1638 geboren war, am 70. Geburtstag Campanellas (geboren gleichfalls an einem Sonntag, nämlich dem 5. September 1568), eine Tatsache, die Campanella offenbar als schicksalsbedeutsam betrachtet hat. Campanella stellte dem Knaben auf Wunsch der Mutter und auf Befehl Richelieus die Nativität.[241] In dieser soll er den Charakter Ludwigs XIV. und den Verlauf seiner Regierung auch im Negativen recht zutreffend vorausgesagt haben, doch scheint bezüglich des überlieferten *Inhaltes* dieser Voraussage (nicht der Tatsache der Voraussage als solcher) nicht mit Sicherheit festzustehen, daß es sich nicht etwa um ein vaticinium post eventum (eine Voraussage nach Eintritt des «voraus»-gesagten Ereignisses) handelt; ja es scheint die Annahme, daß es sich um eine *solche* «Voraussage» handelt, sogar viel für sich zu haben, weil nämlich Campanella um dieselbe Zeit, in der er die Nativität stellte, Ende 1638, ein langes Gedicht, eine Ekloge auf die

Geburt des Dauphins verfaßte, in der dieser aufs höchste gefeiert und in phantasievoller Form das größte Heil von ihm erwartet wurde. Und eben auf dieses Gedicht wollen wir noch kurz hinweisen.

Es ist Campanellas «Ecloga in Principis Galliarum Delphini admirandam nativitatem vaticiniis et divinis et humanis celeberrimam» (Ekloge auf die durch göttliche und menschliche Weissagungen höchst berühmte, bewunderungswürdige Geburt des Dauphins des Fürsten Galliens).[242] Dort preist Campanella den «Wunderknaben», der das Licht der Welt erblickt hat an dem Tage, an dem Campanella selbst geboren ist, er, Campanella, um die Musen, d.h. alle Wissenschaften, zu erneuern, der Dauphin jedoch, um ein ganz neues Zeitalter heraufzuführen. Er wird der größte Held sein, der alle Völker zu einer christlichen Einheit zusammenfassen wird.* Und was vergeblich der König von Schweden angestrebt hat: *die bewundernswerte Sonnenstadt zu erbauen, das wird der Knabe vollbringen.*** Zum Tempel dieser Sonnenstadt, der Urbs Heliaca, werden die Könige und Völker aus Ost und West zusammenströmen ... Und so schließt das Gedicht mit einer religiös-christlichen Einheitsvision der Völker in einer durch Ludwig XIV. erneuerten Welt...

Diese Ekloge war die letzte der Schriften Campanellas, in denen er dem aufsteigenden Gestirn Frankreichs huldigte, und wohl seine letzte Schrift überhaupt.[243] Einige Monate nach der Abfassung dieses Gedichtes starb er (am 21. Mai 1639).

Und so liegt denn diese eigentümliche Tatsache vor (auf die ich übrigens bezeichnenderweise in der Literatur nirgends hingewiesen fand), daß Campanella, der Verkünder des Sonnenstaates, die Verwirklichung dieses seines Ideals sich zuletzt, am Ende seines Lebens von jenem Fürsten erhofft, dessen Geburt er noch gerade erlebt,

* wofür der das Gedicht erläuternde Schüler Campanellas auf ältere Prophezeiungen hinweist, die sich u.a. wieder auf die conjunctio magna stützen.

** Die Erläuterung bemerkt hierzu, der König von Schweden (also offenbar Gustav Adolf) habe geglaubt, durch *ihn* sei die von Campanella beschriebene Civitas Solis zu errichten, und zwar sei der König getäuscht worden durch einen «Astrologismus» des Tycho Brahe.

welcher dereinst seine Rolle spielen wird als der «Sonnenkönig», der roi soleil nun wahrhaftig in einem ganz, ganz anderen Sinne und Geiste, als er Campanella vorgeschwebt hatte in seinen Ideen und Inspirationen, die er aus dem Walten der Zeitwende um 1600 aufgenommen hatte.

Ob Campanellas Ekloge auf die Geburt des Dauphins oder ob überhaupt seine Ideen vom Sonnenstaat irgendwelchen unmittelbaren oder mittelbaren Einfluß ausgeübt haben auf die Bildung von Ludwigs XIV. Vorstellungen von seinem eigenen Sonnenkönigtum, können wir, wie bereits eingangs erwähnt, nicht sagen. Aber bedeutsam ist es gewiß, objektiv das spätere Sonnenkönigtum in den Ideen und Hoffnungen Campanellas wie vorgebildet zu sehen, freilich eben nur so, daß sich auch hier ein vollkommener Salto mortale vollzieht, durch den dasjenige Bild, das Campanella vorschwebte, in sein vollkommenes Gegenbild verkehrt wurde.

Auch diese Verkehrung ins Gegenteil müssen wir unter die unmittelbaren spirituellen Folgen der Nicht-Aufnahme des Rosenkreuzerimpulses vom Beginn des 17. Jahrhunderts rechnen, durch welche die diesem Impuls entgegengesetzte Strömung, die durch ihn hätte überwunden und geheilt werden sollen, triumphierte, indem sie das Vakuum gewaltig ausfüllte, das durch jene Nicht-Aufnahme entstanden war.

Auf eine andere wichtige Erscheinung, mit der Ludwigs XIV. Sonnenkönigtum zusammengesehen werden muß, hat wiederholt *Roman Boos* die Aufmerksamkeit gelenkt.[244] Er wies auf *William Harvey* (1578–1658) hin, den Leibarzt König Jakobs I. und dann Karls I. von England, den Entdecker des *Blutkreislaufs*. Boos zitierte zu diesem Ende eine recht charakteristische hofische Widmung, die Harvey seinem 1628 erschienenen epochemachenden Werk «De motu cordis et sanguinis» (die Bewegung des Herzens und des Blutes) vorausschickte, in welchem er seine Blutkreislauflehre niedergelegt hat. Diese Widmung richtete sich an Karl I. von England (1625–1649, dessen Leibarzt Harvey zwei Jahre später wurde) und lautet:

«Dem durchlauchtigsten und niebesiegten Karl, König von Großbritannien, Frankreich und Irland, Verteidiger des Glaubens.

Allergnädigster König!

Das Herz der Lebewesen ist der Grundstock ihres Lebens, der Fürst ihrer aller, der kleinen Welt Sonne, von der alles Leben abhängt, alle Frische und Kraft ausstrahlt. Gleicherweise ist ein König der Grundstock seiner Reiche und die Sonne seiner kleinen Welt, des Staates Herz, von dem alle Macht ausstrahlt, alle Gnade ausgeht. Diese Schrift hier über die Bewegung des Herzens habe ich Deiner Majestät (wie es Sitte dieses Zeitalters ist) um so mehr zu widmen gewagt, als – um ein Beispiel vom Menschen zu entnehmen – beinahe alle menschlichen Taten wie auch die meisten Taten eines Königs unter der Eingebung des Herzens sich vollziehen. Also ist für einen König die Kenntnis seines eigenen Herzens, sozusagen des göttlichen Urbildes seiner Taten, keineswegs unnütz (so war es ehemals üblich, Kleinigkeiten mit großen Dingen zu vergleichen). Zumindest wirst Du, bester der Könige, der Du auf den Höhen der Menschheit wandelst, unter einem Herzen sowohl den Urquell des menschlichen Körpers, als auch zugleich das Abbild Deiner königlichen Macht betrachten können. Empfange also – ich bitte in tiefster Ehrfurcht – allergnädigster König, in gewohnter Güte und Nachsicht diese das Herz betreffenden Neuheiten, der Du selbst ein neuer Glanz dieses Zeitalters und fürwahr durch und durch Herz bist, ein Fürst an Tugend reich und an Gnade, dem wir unbestritten alles verdanken, was des Guten unser England, was an Annehmlichkeiten unser Leben besitzt.

Deiner hochheiligen Majestät ergebener
William Harvey.»[245]

Boos vermutet nun, daß in dieser Widmung der geistige Quell des «Roi Soleil» Ludwigs XIV. liege, und er teilt als eine Bestätigung mit, daß Ludwig XIV. im «Jardin des Plantes» einen besonderen Lehrstuhl zur Darstellung der neuen Lehre Harveys begründet habe, mit dessen Widmung an Karl I. er also ohne Zweifel bekannt gewesen sei, d.h. mit dessen Sonnen-Theorie zu seiner Sonnenkönigs-Praxis.[246] Nun scheint uns allerdings die Bekanntschaft Ludwigs XIV. mit der Widmung, solange nicht zwingendere Argumente beigebracht werden, noch nicht unbedingt als eine gesicherte Tatsache, und selbst wenn sie es wäre, so wäre ja damit allein noch keineswegs erwiesen, daß Ludwig XIV. tatsächlich *durch diese Widmung*, und sei es auch nur *mit* durch sie, auf die Vorstellung seines eigenen Sonnenkönigtums gekommen ist. Dennoch bleibt der ganze Tatbestand außerordentlich symptomatisch.

Das Herz ist ja in der Tat das zentrale Sonnenorgan im Menschen, wie die alte Weisheit immer gewußt hat (und die neue Weisheit vom Menschen wieder weiß), und sonnenhaftes Wesen waltete, wie wir früher gezeigt haben, in der Tat dereinst in den Menschen, welche die Völker regierten.[247] Und das Blut, das durch das Herz strömt, ist ja in der Tat das physische Organ des menschlichen Ich, die Könige aber durften in alter Zeit sich mit Recht als die Ichorgane ihrer Völker betrachten.

Die neue Lehre Harveys vom Blut und vom Herzen aber ist aus dem Geiste des materialistisch-mechanistischen Denkens der neueren Naturwissenschaft im Sinne Bacos von Verulam, Harveys nur wenig älterem Zeitgenossen konzipiert. Sie sieht das Herz an als jenen Muskelklumpen, der das Blut durch den Körper pumpt. Da ist das Herz aus den Geistzusammenhängen herausgerissen, da wird es zur mechanistisch gedachten «Blutpumpe».

Es ist höchst bedeutsam, zu sehen, wie Harvey in der Umgebung jenes so wichtigen Königs Jakobs I. von England (1603–1625) zu Hause war – er war ja sogar, wie wir hörten, Leibarzt bei ihm –, von dem Rudolf Steiner sagte, daß bei ihm, in dem «eine Individualität ganz außerordentlicher Art» lebte, «eine neuere Entwicklung sich eingeleitet hat, die sehr ahrimanisch war»,[248] worauf auch Boos aufmerksam macht. Es ist für all die tieferen geschichtlichen Zusammenhänge, die uns hier beschäftigen, auch von größter Bedeutung, daß in die Lebens- und z.T. Regierungszeit dieser Persönlichkeit die Wende von 1600 und das Jahr 1604 fällt, das von so zentraler Wichtigkeit für den Rosenkreuzerimpuls von der Wende des 16. zum 17. Jahrhundert war,[249] für welchen im England eben Jakobs I.

und Bacons der eine Gegenimpuls erstand. Auf den anderen Gegenimpuls deutet Rudolf Steiner offenbar mit seinem Hinweis auf den Jesuiten Franz Suarez (1548 bis 1617), den er als einen gewaltigen Gegensatz Jakobs I. bezeichnet und von dem er sagt, daß bei ihm sich eine neuere Entwicklung einleitete, «die sehr luziferisch war» (wie bei Jakob I. die soeben erwähnte «sehr ahrimanische Entwicklung»).

Der materialistisch-mechanistischen Auffassung des Herzens als Pumpe des Blutes bei Harvey, die in solcher geistigen Landschaft ihren Urstand hatte, entspricht nun in der Tat die Dynamik in dem auf abstrakte Zentralisation veranlagten, in der Richtung des Mechanistischen sich entwickelnden Staates des Sonnenkönigs. Das hat gerade Boos in geistvoller, teils recht satirischer Weise aufgezeigt, indem er z.B. von Ludwigs XIV. großem Minister Colbert schreibt:

«*Colbert* ist ja doch wohl der bedeutendste Geist unter den Schöpfern des modernen *Einheitsstaates*. Durch das Merkantilsystem (auch ‹Colbertismus› genannt) machte er das ‹Herz› des *Wirtschafts*lebens, als das er den Staat, den Fiskus, behandelte, zu einer Pumpe, die das Gold (dem nun auch jeder Rest von Jenseitsglanz genommen wird) durch die Unternehmung der Untertanen pumpt ... Die Zentralisierung und Verstaatlichung des *Geistes*lebens brachte Colbert durch die Begründung der Akademien zustande... Colberts Wirtschafts- und Kulturpolitik ... kann geradezu als Vollstreckung der Schlußphrase von Harveys Widmung an König Karl I. von England empfunden werden: die Strahlen des ‹Roi Soleil› sollen durch die ‹Louis d'or›* ins Wirtschafts- und durch die akademischen Titel und Diplome ins Geistes-Leben so hineingesponnen werden, daß wirklich der hinterste Winkel des Staates für ‹Fronde›-Gelüste jeder Art zu ‹sonnig› und von königlichen ‹Tugenden› und ‹Gnaden› und ‹Annehmlichkeiten› ganz vergoldet wurde.»![250]

* deren Inschrift übrigens (laut Meyers Konversations-Lexikon, 12. Band, Leipzig 1906, S. 739) bis 1792 hieß: «Christus regnat vincit imperat»! (Anm. von mir.)

Der entseelten und entgeistigten Herz-Auffassung des neuen Jahrhunderts entspricht die entseelende und entgeistigende Praxis im werdenden neueren Staate, wie sie ja durch den Egoismus des Sonnenkönigs machtvoll inauguriert und gefördert wurde. Er war das herzlose Herz seines Staates.*

Die Herzlehre Harveys ist aber im inneren Zusammenhang noch mit etwas anderem zu sehen: mit dem *kopernikanischen Weltbild.* Rudolf Steiner sagt dies im dritten seiner Vorträge über den Entstehungsmoment der Naturwissenschaft in der Weltgeschichte und ihre seitherige Entwicklung.[251] Er spricht dort von der kopernikanischen Astronomie, die erst möglich wurde, als in der Menschheitsentwicklung die neuere Seelenverfassung auftrat, mit der z.B. ein älteres inneres Bluterlebnis verloren ging, durch das dem Menschen einstmals die ganze Geometrie qualitativ inneres Erlebnis geworden war. Nun erst konnte jemand die kopernikanische Astronomie begründen, mit einem Koordinaten-Achsensystem, abgesondert vom Menschen. An dieser Stelle fährt Rudolf Steiner fort:

«Und bald danach wurde etwas anderes möglich. Das innere Bluterlebnis ist verlorengegangen. Die Zeit war reif, nun die Bluterscheinung am physischen Menschenkörper physisch-anatomisch zu ergründen. Und Sie haben so jenen Umschwung in der Menschheitsentwicklung, auf der einen Seite die Kopernikanische Astronomie und auf der anderen Seite die Entdeckung des Blutkreislaufes

* Im 17. Jahrhundert entstand übrigens auch der *Herz-Jesu-Kult* (in Frankreich). Boos («Das Goetheanum» a.a.O. S. 190) weist im Zusammenhang mit Harveys Betrachtungen über das Herz auf diesen Kult hin, der zur gleichen Zeit vom *Jesuitismus*, dem luziferischen Gegenstück zum Jakobismus, propagiert wurde; Boos meint, sicher mit Recht, es sei eine dankbare historische Aufgabe, diese Zusammenhänge aufzudecken – eine Anregung, die hiermit weitergegeben sei.

Eigenartig-symptomatisch erscheint es in solchen Zusammenhängen, wenn wir hören, Ludwig XIV. habe auf seinem Sterbebette seinem Kanzler den Befehl erteilt, nach seinem Tode sein *Herz* zu dem *Jesuiten*haus zu bringen. (So Karl Bartz in seinem Buche «Der Sonnenkönig ...», 2. Auflage Berlin 1936, S. 405. Das Buch ist zwar nicht frei von romanhaften Elementen, scheint aber in allen tatsächlichen Angaben doch auf geschichtlich einwandfreie Überlieferungen zurückzugehen.)

durch Harvey, den Zeitgenossen des Bacon, des Hobbes, denn jenes In-die-Welt-Schauen mit abstrakter Mathematik kann nicht mehr geben die alte Ptolemäische Theorie. Die ist noch im wesentlichen an den Menschen und seine erlebte Mathematik gebunden. Jetzt erlebt man das abgesonderte, mit einem beliebigen Nullpunkt auftretende Koordinaten-Achsensystem. Jetzt erlebt man nicht mehr innerlich das Bluterlebnis, jetzt entdeckt man physisch die Blutzirkulation mit dem Herzen in der Mitte.»

So brachte es die neuere Menschheitsentwicklung mit sich, daß annähernd gleichzeitig die große Sonne draußen im Kosmos und die kleine Sonne im menschlichen Organismus in ihrem qualitativ-spirituellen Wesen verkannt werden mußten, die große Sonne durch Kopernikus, der, wie wir oben S. 58 f. hörten, unter einem in den Materialismus führenden (vorgeburtlichen) Marseinfluß stand, die kleine Sonne durch Harvey, der, wie wir sahen, dem Jakobitisch-Baconianischen Geistesimpuls zugehört.

Nun haben wir aber schon wiederholt von dem Abbild des astronomischen Kopernikanismus im Sozialen gesprochen und dieses Abbild oder Analogon den *staatlich-sozialen Kopernikanismus* genannt. Er macht den sozialen Organismus, ähnlich wie der astronomische das Weltenall, zu einem quasi-berechenbaren, in mehr oder weniger mechanistischer Weise zu handhabenden zentralisierten Gebilde, «heliozentrisch» mit dem Fürsten in der Mitte als der Sonne, um die sich alles dreht und die der Quell aller Kraft, der Ausstrahlungspunkt auch aller «Gnadensonnen»-Wirkungen ist[252].

So bestätigt sich auch von hier aus immer deutlicher, wie dem neueren Staate, hier dem ludovizianischen, die großen allgemeinen geistigen bzw. ungeistig-geistigen Impulse der neueren Zeit zugrundeliegen, und wir sehen in Ludwigs XIV. Sonnenkönigtum einen tiefst symptomatischen Ausdruck der großen bewegenden Zeitenkräfte. Niemand hat im 17. Jahrhundert den staatlichen Kopernikanismus mehr ausgelebt als der Sonnenkönig Ludwig XIV., das herzlose Herz seines Staates.

Der Hof Ludwigs XIV. ist wie das glänzende Antlitz des Sonnenkönigs und damit der glanzvolle Mittelpunkt des ganzen ludovizianischen Systems. Er ist zugleich etwas wie eine erste Erweiterung der königlichen Person, jenes MOI, das sich in verschiedenen Kreisen bis zum Staate ausdehnt, mit dem es sich identifizieren kann. Untrennbar verknüpft mit der Erscheinung Ludwigs ist das einzigartige Bild dieses Hofes par excellence, mit dem Ludwig sich umgeben hatte sich selbst zum Ruhme, zur Ehre, zum Vergnügen, um in dessen Glanz seine eigene Person nur um so stärker zu fühlen. Von dem Sonnenkönig, dem grand roi empfing der Hof gleichsam alles Licht, um es glanzvoll in die Welt auszustrahlen, um die Wesensart des Königs der Nation und den gebildeten Schichten Europas zu vermitteln. Eleganz, vornehme Lebenshaltung, Geschmack und verfeinerte Sitten teilten sich von diesem Brennpunkte aus den von seinem Licht geblendeten, bewundernden Zeitgenossen mit.

So war der Hof der vollendete *Spiegel* des Sonnenkönigs und die Spiegelgalerie im Versailler Schloß tief symbolisch. Sie entsprach dem Bedürfnis des Königs und der von ihm erzogenen Hofgesellschaft, sich zu «bespiegeln», d.h. sich im Selbstgefühl des persönlichen, alltäglichen, unmittelbar gegebenen Ichs zu erleben. Ähnlich entwickelte in ganz Europa der Absolutismus eine besondere Vorliebe für reichliche Verwendung von Spiegeln in seinen Schlössern. Auch hierin ist das Vorbild Ludwig XIV., der wie in einem Urphänomen die Kunst der Selbstbespiegelung zeigte.

Als Ganzes genommen erscheint der glanzvolle Hof inmitten des ludovizianischen Systems wie der luziferische Gegenpol zu dem, was die werdende Staatsmaschine als reiner Machtstaat war, in dem die mehr ahrimanisch-mechanistischen Kräfte walteten. In ähnlicher Weise ist z.B. die mit dem Hofleben verbundene Mätressenwirtschaft der Fürsten der absolutistischen Zeit in gewissem Sinn der wesensnotwendige, menschlich-persönliche, im Zeichen der Willkür stehende Gegenpol zu den von kalter, rein politischer Berechnung eingegebenen unpersönlichen Fürsten-Zwangs-Ehen. Aber die verfestigenden, das Leben zur Erstarrung bringenden Kräfte waren gerade bei Ludwig XIV. so stark, daß hier selbst die Mätresse des Königs als «maîtresse en titre» zu einer offiziellen Staatsinstitution gemacht wurde. (Trotzdem blieb aber anscheinend noch genug des Pikanten übrig, und es haben gerade in Frankreich die königlichen Mätressen derart im Brennpunkt eines allgemeinsten Interesses gestanden, daß es dort über nichts eine so vollständige Literatur geben soll wie über sie!)

Ludwig XIV. zog den französischen Adel, der früher auf dem Lande gelebt und sich der Bewirtschaftung seiner Güter gewidmet hatte, an seinen Hof zu einem Leben, das höchst prunkvoll war, im Grunde aber aus Nichtstun bestand. Das hatte für den König einen doppelten Vorteil: Er selbst gewann dadurch etwas wie einen goldenen Hintergrund, von dem sich seine eigene Erscheinung würdig abheben konnte, und der Adel wurde in der Nähe des Königs leicht beherrschbar und gefügig, politisch ungefährlich; jede Lust zu Erhebungen mußte ihm vergehen. Ludwig suchte systematisch, durch das Hofleben den Adel zugrundezurichten, indem er von den Mitgliedern des Hofes die größten Ausgaben verlangte und Verschwendung auf jede Weise förderte. Wenn dann der Adel verarmt war, legte der König ihm goldene Ketten an: Von Pensionen und wertvollen Geschenken fristeten die ehemals so trotzigen Vasallen ein üppiges, aber abhängiges Leben. Dem König aber blieb nichts anderes übrig, als durch seine Werkzeuge das zu diesen Pensionen nötige Geld dem Volke abzupressen. «Der Souverän nimmt durch seine Agenten den Armen ihr Brot, um den Reichen Prachtwagen schenken zu können», wie der französische Historiker Taine den Tatbestand umschreibt.[253] Die breite Masse des Volkes war es auch, welche die riesigen Summen aufbringen mußte, die der König brauchte, um seinen Mätressen und Bastarden hohe Revenuen anweisen zu können. («Quand on a l'Etat en vue, on travaille pour soi»!) Natürlich war jedes Mitglied der Hofgesellschaft bemüht, durch Schmeichelei und sonst auf alle Art Ludwigs Gunst und dadurch hohe Pensionen zu erlangen. Dementsprechend wurde das ganze Dasein der Höflinge zu einer chronischen Angst vor Ungnade. Man kann sich leicht vorstellen, wie solche Zustände auf die Gesinnungen wirkten! Wie groß übrigens schon damals in dieser Atmosphäre des Luxus, der Intrigen und der Geldgier die Amoralität geworden war, zeigen verschiedene skandalöse Prozesse, in welchen die höchsten Kreise der Gesellschaft kompromittiert wurden und bei denen es sich um Giftmischerei, um Anwendung des sogenannten «Erbschaftspulvers» handelte. Dabei war äußerlich nicht nur alles glänzend, es wurde unter Ludwig XIV. auch auf den Anschein der äußeren Ehrbarkeit und Wohlanständigkeit, vor allem auch strengstens auf kirchliche Korrektheit gehalten.

Über eine bestimmte Erscheinung, die – natürlich unter vielem anderen – in solchem Milieu gedieh, hat Rudolf Steiner einmal gesprochen, in einem Zusammenhang, in dem die Rede ist von gewissen geistigen Wesenheiten, die mit verschiedenen Planeten in Zusammenhang stehen, und von der Möglichkeit eines Wirkens durch *Gerüche:*

«Es ist zum Beispiel für die okkulte Beobachtung ganz ungeheuerlich, was für wüste Geister in manchen Parfüms, die in der menschlichen Gesellschaft sehr geschätzt werden, sich in die Nasen der Menschen einschleichen, die in solcher Umgebung sind, ganz abgesehen davon, was sich in die Nasen derjenigen einschleicht, die selbst solche Parfüms an sich tragen... Es könnte Ihnen viel erzählt werden über Leute, die mehr oder weniger bewußt oder unbewußt verstanden, solche Geister zu kommandieren, die namentlich durch die Gerüche auf den Menschen wirken und mit den Gerüchen sich in den Menschen einschleichen. Wenn Sie manches aus der Geschichte dieser oder jener Zeit tiefer und intimer kennen würden, namentlich aus der Geschichte Frankreichs zur Zeit Ludwigs XIII., XIV., XV., mit all den Künsten, die da entfaltet wurden, wo tatsächlich Aromas eine wichtige Rolle gespielt haben beim Intrigenspiel, dann würden Sie eine Ahnung haben, was Menschen zu tun vermögen, welche ... die Geister zu kommandieren verstehen, die sich in den Parfüms und Aromas in das menschliche Sinnesempfinden einschleichen.»[254]

In einer ununterbrochenen Reihe von Festlichkeiten und Vergnügungen, in Genuß und Luxus floß, wenigstens in den früheren Zeiten Ludwigs, den Angehörigen des französischen Hofes das Leben dahin. «Es waren nur Feste, Spiele und unaufhörliche Promenaden», schreibt ein französischer Historiker, «in denen ein junger König, nachdem er sich eine seiner würdige Mätresse genommen hatte, begann, die Freiheit und das Königtum zu genießen.»[255] Nicht genug wissen die älteren Geschichtsschreiber von den Freuden, dem üppigen Leben des Hofes zu erzählen, von den Karussells und galanten Festen, von Überfluß und Reichtum. Die Kosten hatte natürlich wieder das Volk zu zahlen, von dem das Geld mit rücksichtsloser Härte eingetrieben wurde. Am gigantischsten waren die Aufwendungen für Ludwigs XIV. Bauten, namentlich für Versailles, das neben den finanziellen auch ungeheure *menschliche* Opfer verschlang. Mehr als 30000 kriegsgewohnte Soldaten sind durch die Arbeit in ungesunder Umgebung (Ableitung der Eure) zugrunde gegangen.[256] (Es ist übrigens wie ein Symbol, daß Ludwig sein Versailler Schloß in einer sumpfigen Gegend erbauen ließ! Ihm persönlich schien es um so mehr von seiner königlichen Macht zu zeugen, wenn er die ganze Anlage gleichsam dem Widerstreben der Natur selbst abrang.)

Man kann diesem Phänomen eines grenzenlosen, unbarmherzigen, aber in gewissem Sinne doch auch wieder schöpferischen Egoismus auch als späterer historischer Betrachter mit recht zwiespältigen Gefühlen gegenüberstehen, weiß nicht, soll man mehr die gigantische äußere Leistung in ihrer großartigen Einheitlichkeit und Geschlossenheit und die Kraft, mit der sie vollbracht wurde, mit der eine Persönlichkeit sich zum Zentrum von allem zu machen verstand, *bewundern* oder mehr die trüben menschlichen Motive, aus denen diese Leistung hervorging, und die verwerflichen Mittel jenes schrankenlosen Egoismus, mit denen sie verwirklicht wurde, *verabscheuen*. Es ist nicht bedeutungslos, auf solche natürlichen Reaktionen des gesunden menschlichen Fühlens recht bewußt zu achten. Sie bereiten den Boden, auf dem dann auch sehr objektive Erkenntnisse reifen können, die zu tieferen Einsichten führen. Und gerade das bewußt erlebte Gemisch von Bewunderung für die Größe und die Ausmaße eines solchen Phänomens mit dem Abscheu über dessen menschlich-moralische Seite kann uns ein Erkenntnisorgan erbilden für ein Verständnis dessen, was wesenhaft einem solchen Phänomen zugrundeliegen mag.

Der ganze Betrieb des französischen Hofes mit allem, was dazu gehörte, gipfelte letzten Endes in *einem* höchstgesteigerten Kultus, der nach Art eines feierlichen Gottesdienstes um die Person des Königs getrieben wurde. Zahllosen Menschen war diese tägliche Huldigung vor der erhabenen Majestät des Herrschers zur einzigen, nur durch luxuriösen Genuß unterbrochenen Lebensaufgabe geworden. Mit Zeremonien hatte Ludwig fast jeden Vorgang seines alltäglichen Lebens umgeben. Der Kultus begann des Morgens mit dem Aufgang der königlichen Sonne, von dem wir schon sprachen. Es gehörte zu den größten Vorrechten der Höflinge und Staatsminister, dem König bei der Morgentoilette das Waschwasser reichen zu dürfen.[257] Beim Essen wurde jedes Gericht, das man ihm auftrug, in feierlichem Aufzug, geleitet von elf Hotelmeistern mit weißen Stäben in der Hand, von der Küche auf die Tafel gebracht.[258] Selbst die höchststehenden Damen des Hofes mußten vor dem *Bette* des Königs eine tiefe Verbeugung machen wie der Priester vor dem Altar.[259] Dem entsprach es, daß, wenn in der Schloßkapelle die Messe zelebriert wurde, die Anwesenden das Gesicht nicht dem Altar, sondern dem Könige zuwendeten.[260] Von welch maßlosem Selbstgefühl mußte ein Mensch erfüllt sein, um sich bei alledem wohl zu fühlen! «Welch anderer Mensch als Ludwig XIV.», ruft ein Historiker mit Recht aus, «würde es ertragen haben, überall nichts als seine eigene Apotheose zu sehen?»[261]

Das Bezeichnende ist, daß dieser Kult gerade die alltäglichsten Vorgänge, die sich mit der königlichen Person, diesem «MOI», das sich mit dem Staat identifizieren konnte, abspielten, zu seinen Mittelpunkten hatte. Und so blieb es auch bei Ludwigs XIV. Nachfolgern. «Für einen Nachkommen Ludwigs XIV. bedeuteten Essen, Trinken, Aufstehen, zu Bett gehen: Gottesdienst verrichten», sagt der französische Historiker H. Taine, und er erzählt dazu, daß, als Friedrich II. von Preußen sich diese Etikette hatte erklären lassen, er sagte, wenn er König von Frankreich wäre, es sein erstes Edikt sein würde, einen anderen König zu ernennen, der an seiner Stelle Hof hielte![262]

Dem Kulte um die Person des Herrschers entsprach schon die bauliche Anlage des ganzen riesigen Schloßkomplexes von Versailles, dieses Tempels des Sonnenkönigs. «Auf einen Punkt laufen alle Linien der Anlage, von einem Zentrum aus ist das Riesenwerk gedacht: dem königlichen Schlafzimmer», in dessen Mitte wiederum das goldene Prunkbett mit der aufgehenden Sonne stand.[263] Das Schlafzimmer des Königs bildet den architektonischen Mittelpunkt des ganzen Schlosses. Vor dem Schlafzimmer (nach den Gärten und dem Park zu) liegt die Spiegelgalerie, in deren Mitte wiederum das Deckengemälde sich befindet: «Le Roi gouverne par lui-même.»

Es erhebt sich die Frage: Welchem Wesen galt real dieser ganze Kult? Wirklich nur dem MOI Ludwigs? Oder galt er dem Genius des Volkes? Und welchem Genius?

Kräfte des Erstarrens beherrschen die geistige Atmosphäre dieses Hofes. Alles bewegt sich dort in feierlicher Gemessenheit, in würdevoll steifer Konvention. Eine gewisse universelle Humorlosigkeit – fast wirkt es schon grotesk, hier an die Möglichkeit von Humor auch nur zu denken! – kennzeichnet wie den König so auch seine ganze Umgebung. Alles ist trotz äußerlich stark pulsierendem Leben festgelegt und geregelt. In den vorgeschriebenen Bahnen des strengen Hofzeremoniells hatte sich alles abzuspielen. Steife Pracht umgab den König. Er *muß* nun die Rolle spielen, die er angenommen hat. Das Leben der französischen Könige seit Ludwig XIV. ist, wie Taine sagt, «der Beruf eines Schauspielers, der den ganzen Tag auf der Bühne stände ... Sie können sich ihm nicht entziehen; die unaufhörliche und tägliche Repräsentation ist untrennbar mit ihrer Stellung verbunden und erlegte sich ihnen auf wie ein schweres und vergoldetes zeremonielles Kleid ... Das Leben des Königs ist derart öffentlich, daß keine seiner Funktionen sich ohne Zeugen abspielt.»[264]

Schon bei Ludwig XIV. selbst sehen wir, wie der von ihm hervorgerufene Prozeß ihm gleichsam über den Kopf wächst und wie er selbst gleichsam aufgesogen wird von seinem Werke. Im gleichen Maße verläßt immer mehr das Leben dieses Werk. Das erfüllte sich noch unter Ludwigs eigener Regierung. Das erst so glanzvolle Treiben des Hofes war in den düsteren späteren Zeiten Ludwigs geradezu in sein Gegenteil umgeschlagen. Wie über ihn selbst, so war auch über den Hof, besonders unter dem Einfluß der Madame de Maintenon, ein asketischer Zug gekommen. Frömmelndes Wesen, Bußübungen, alle Veranstaltungen einer äußerlichen Kirchlichkeit und der religiösen Heuchelei, Gesinnungen ausschnüffelndes Spitzeltum und dergleichen beherrschten jetzt den von trauriger Langeweile erfüllten, einst so blendenden, prächtigen Hof, von dessen Strahlen durch geraume Zeit ganz Europa geblendet gewesen war.

Geschichtliche Wurzeln im dritten nachatlantischen Zeitraum

Das Phänomen Ludwigs XIV. nebst vielem Eigenartigen, das mit ihm verbunden ist, wird in einem tieferen Sinne erst verständlich, wenn wir es als eine (gleichsam nur notdürftige) Metamorphose von Phänomenen, Sozialimpulsen und -gestaltungen des dritten nachatlantischen Zeitalters, also der ägyptisch-babylonischen Zeit, begreifen lernen.

Wir haben ja des öfteren von der «Wiederholung» des dritten im fünften nachatlantischen Zeitalter gesprochen und darauf aufmerksam gemacht, daß dieser Gesichtspunkt auch gerade auf die Sozialstrukturen des fünften Zeitalters angewendet werden muß: sowohl auf die bisherigen Sozialstrukturen des fünften Zeitalters wie auch auf seine zukünftigen.[265] Das dritte nachatlantische Zeitalter ist noch in vollem Maße ein Zeitalter der *Theokratie*, die ja aber auf viel weiter zurückliegende Zeiten, ja auf die atlantischen Urzeiten zurückgeht. In dieser gesamten Zeit der alten Theokratie war das *Gottesgnadentum* eine heilige Realität, und die «absolute Monarchie», wenn wir diesen modernen Ausdruck einmal auf diese Zeiten anwenden dürfen, hatte die uralteste spirituelle Berechtigung aus den ganzen Entwicklungs- und Bewußtseinszuständen der Menschen. Das hohe Alter, die viele Jahrtausende lange Dauer und die Ehrwürdigkeit der ursprünglichen theokratisch-monarchischen Sozialstruktur macht es auch allein erklärlich, daß ihre *Tradition* relativ sehr lebendig blieb noch durch einige weitere Jahrtausende, nämlich durch das ganze griechisch-lateinische Zeitalter hindurch, und auch noch beträchtlich nachwirkte in den Anfängen des fünften Zeitalters, in denen das Fürstentum der sozialen Wirklichkeit längst von ganz anders gearteten Kräften, die mit dem Gottesgnadentum real nichts mehr zu tun hatten, aufs stärkste ergriffen war. Bis zur französischen Revolution hin werden daher immer noch Stimmen laut, in denen in einer ernstzunehmenden Weise die alte monarchische Anschauung ausgesprochen wird. Im 17. Jahrhundert schreibt z.B. *Pascal* in seinen «Gedanken»:

«In einem monarchischen Staate könnte man die Ehrfurcht, die man ihm (dem König) schuldet, nicht verletzen, ohne eine Art von Sacrilegium; denn da die Machtübung, welche Gott mit ihm verbunden hat, nicht nur ein Abbild ist, sondern eine Teilnahme an der Machtübung Gottes, so könnte man sich ihr nicht entgegenstellen, ohne offenbar der Ordnung Gottes zu widerstreiten.»[266]

In bedeutsamer Weise hat noch kurz vor der französischen Revolution aus der alten geistigen Substanz heraus *Saint-Martin* u. a. auch über die Könige gesprochen, Saint-Martin, bei dem so vieles von urältesten guten Überlieferungen nachklingt.[267] In seinem Buch «Des erreurs et de la vérité»[268] schreibt er, freilich schon mit einer besonderen Nuance, der des Sein-*Sollenden*:

«Wenn wir nur die Ehrfurcht nehmen, die wir für Könige hegen, ist es denn nicht klar, daß wir sie ansehen als die da sein sollen das Bild und die Repräsentanten einer höheren Hand, und in der Qualität fähig eines größeren Maßes von *Tugenden*, von Kraft, von Licht und von Weisheit, als andere Menschen? Tut es uns nicht allemal auf gewisse Weise leid, wenn wir sie den menschlichen Schwachheiten unterworfen sehen? Und scheinen wir nicht den

Wunsch in uns zu haben, sie möchten sich nur durch lauter große und erhabene Tathandlungen zu erkennen geben, gleich der Hand, die sie, wie wir glauben, auf den Thron gesetzt hat?

Was sage ich, ist es nicht unter dieser heiligen Autorität, daß sie sich ankündigen und alle ihre Rechte geltend machen? Ob wir gleich nicht die Gewißheit haben, daß sie durch sie agieren, entsteht doch aber nicht gerade daher, daß wir die Möglichkeit davon fühlen, der Schauer vor ihrer Macht und die Ehrfurcht, die sie uns einflößen?

Alles dieses gibt uns also Anzeige, daß ihr erster Ursprung über menschliche Gewalt und über menschlichen Willen erhaben sei, und muß uns bestärken in der Idee, die ich gegeben habe, daß nämlich ihre Quelle höher liege, als wo die Politik sie hat finden wollen.»*

Einen wesentlich anderen Klang freilich haben die äußerlich ähnlich sich ausnehmenden Lehren des Bischofs *Bossuet* (1627–1704), einer der bedeutendsten Persönlichkeiten des offiziellen Frankreichs unter Ludwig XIV., der 1670 Bossuet auch zum Lehrer des Dauphins machte. Zwar ist es im Grunde dem «Was» nach dieselbe Tradition des theokratischen Zeitalters, aus der auch Bossuet schreibt, aber wie anders ist hier das «Wie», wieviel bombastischer klingt in seiner «Politique tirée des propres paroles de l'Ecriture Sainte» die Lehre von der Macht und der Herrlichkeit und dem Gottesgnadentum der Fürsten, ad usum nicht so sehr delphini, sondern noch mehr unmittelbar regis christianissimi, zum Gebrauch des allerchristlichsten Königs gewendet, bei dem er auch in entsprechender Gunst stand. Seine Lehren waren in ihrer Grundtendenz so recht nach dem Sinne Ludwigs, gaben sie doch von autoritativer Seite den schrankenlosen Machtansprüchen des Absolutismus eine politisch willkommene theologische Fundierung. – Wenn zwei dasselbe sagen, ist es nicht dasselbe!

* nämlich nicht in bloßer Übereinstimmung der Menschen, die sich in der Urzeit durch einen Gesellschaftsvertrag oder dergleichen einer Regierung unterstellt hätten. Diese Bemerkung ist von großer grundlegender Bedeutung.

Bossuet läßt sich z.B. so vernehmen:

«Die königliche Autorität ist geheiligt: Gott setzt die Könige ein als seine Diener und regiert durch sie die Völker ... Man muß den Fürsten aus Religion wie aus Gewissensgründen gehorchen. Gott hat in sie etwas Göttliches gelegt ... Die Könige müssen ihre eigene Macht als die Macht Gottes respektieren und sie heilig und gewissenhaft zum öffentlichen Wohl benutzen ... Die königliche Autorität ist absolut. Der Fürst braucht niemandem über seine Befehle Rechenschaft abzulegen. Die Fürsten ‹sind Götter› nach der Sprache der Schrift ... Der Fürst als solcher ist nicht als eine Privatperson zu betrachten; er ist eine öffentliche Person, der ganze Staat ist in ihm* ... Zieht Gott seine Hand zurück, so versinkt die Welt ins Nichts; hört die Autorität im Königreich auf, so kommt alles in Verwirrung ... Irgendein Göttliches haftet dem Fürsten an und flößt den Völkern die Furcht ein ... O Könige, übt nur beherzt eure Macht aus, denn sie ist göttlich und für das Menschengeschlecht heilsam. Ihr seid Götter, d.h. ihr habt in eurer Autorität, ihr tragt an eurer Stirne einen göttlichen Charakter. Ihr seid die Kinder des Allerhöchsten; er hat eure Macht zum Wohle des Menschengeschlechts aufgerichtet.»

Das sind gefährliche Aussprüche im Munde eines offiziellen, höfischen Theologen, wenn auch dieser sich bemüht, einen theoretischen Unterschied zwischen der berechtigten absoluten und der verwerflichen willkürlichen Monarchie zu begründen, und z.B. auch Kriege aus Ehrgeiz ablehnt. Solchen Worten stehen dann aber wieder andere gegenüber wie z.B.:

«Der Würde des Königs wohnt eine Heiligkeit inne, die durch kein Verbrechen ausgelöscht werden kann, selbst bei den ungläubigen Fürsten.»[269]

Im Munde Bossuets nimmt, wenn man auf die innere Substanz der Worte hinhört und sie zusammenhält mit der Königswirklichkeit Ludwigs XIV., der sie dienen sollten und zu der sie eine Art «Ideologie» liefern, die alte Lehre selbst eine Wendung, durch die

* «Tout l'Etat est en lui»: nur eine andere Formulierung des «l'Etat c'est moi».

sie in ihr Gegenteil verkehrt oder in den Dienst ihres Gegenteils gestellt wird. Man muß sie zusammensehen z.B. mit dem äußerlichen Gottesbegriff Ludwigs XIV. Sein Gott ist nicht mehr der Gott, vor dem einst Könige und Fürsten sich in Ehrfurcht gebeugt haben. Das «Dei gratia» (von Gottes Gnaden) von einst bezeichnete man als die «Devotionsformel»; sie war einst der Ausdruck einer wirklichen devotionellen Gesinnung der Herrscher gegenüber der Gottheit, so z.B. bei Karl d. Gr.[270] Bei Ludwig XIV. ist das Gottesgnadentum eher zu einer Hochmuts- oder Überhebungsformel geworden, zum Rechtstitel für egoistische Herrschaft.

So verkehren sich die alten spirituellen Realitäten in der materialistischen Zeit vielfach in ihr Gegenteil. Die alten Vorstellungen und Begriffe dienen nun, real gesehen, den Gegenmächten.

Die Kulturimpulse des ägyptisch-babylonischen Zeitalters «wiederholen sich» in unserem fünften Zeitalter, aber zunächst in derjenigen Form, die ihnen der werdende *Materialismus* gibt. Sie wiederholen sich in ahrimanisierter Form. Dereinst war alles Regieren durchsetzt gewesen von dem Initiationsprinzip. Durch die Teilnahme an der Welt der Götter erlangte der Regent die spirituelle Vollmacht, d.h. die Fähigkeit und dadurch zugleich das innere Recht zur unumschränkten Leitung seines Volkes oder Reiches. Von dem ägyptischen Pharao hörten wir, daß er, um der Initiation teilhaftig zu werden, sein Persönliches auslöschen mußte.[271] Er persönlich durfte nichts wollen, dann konnten Isis und Osiris durch ihn wirken, dann konnte er beider Sohn, den Horus darstellen. «Der Teil», sagt Rudolf Steiner, «dessen sich der Pharao begab, den er hinopferte, dieser Teil gab ihm gerade Macht. Denn die berechtigte Macht entsteht nicht dadurch, daß man die Persönlichkeit als eigene Persönlichkeit erhöht, sondern die berechtigte Macht entsteht dadurch, daß man in sich aufnimmt … eine höhere geistige Macht.»

Bei Ludwig XIV. liegt gerade dieses vor: Er erhöht seine Persönlichkeit, drängt überall das persönliche Selbst vor, übersteigert und bläht dieses «niedere Ich», dieses egoistische alltägliche MOI auf zum Staate, mit dem es sich gleichsetzt. Welches mag, so fragen wir wiederum, das Wesen sein, mit dem er auf diese Weise in spirituelle Verbindung kommen konnte, das ihn in seinem grenzenlosen Selbstheitswillen erfüllte und wie besessen machte und so große Wirkungen durch ihn erzielte?

Einst mußten die Regierer sich von dem persönlichen Leidenschaftselement befreien, mußten «kamafrei» werden, um in weisheitsvoller Art entsprechend den Impulsen geistiger Welten die sozialen Einrichtungen zu treffen.[272] Jetzt, im Zeitalter, in dem gerade die egoistische Persönlichkeit zur stärksten Entfaltung gelangt, geben die persönlichen Emotionen, Ruhmbegierde, persönlicher Machtwille, Begierde nach persönlichem Selbstgenuß, persönliche Eitelkeit des Herrschers in dem ganzen System Ludwigs XIV. geradezu die wichtigsten Antriebe zu allem, was gemacht wird und was nun nicht mehr weisheitsvoll ist, sondern nur noch rationalistisch erdacht und konstruiert. Ganz andere Kräfte, letzten Endes mechanistische, Todeskräfte ergreifen daher nun – beginnend schon in der Renaissancezeit, wie wir sahen – das soziale Leben.

Einst fühlten sich die Pharaonen als Söhne des Sonnengottes Ra[273] oder babylonische Könige wie etwa Hammurabi[274] als Beauftragte des Sonnengottes Schamasch, dem sie als Werkzeug oder Gefäß dienen wollten im Sinne einer spirituellen, durch die Initiation angestrebten und in den alten Zeiten auch weitgehend vollzogenen Realität – jetzt wird der Sonnenkult eines roi soleil daraus, der im Grund doch nichts anderes ist als ein arrogantes Theaterspiel.

Das ägyptische Verwaltungssystem der Pharaonen vergleicht ein Soziologe[275] mit einem riesigen *Saugapparat*, der alle wesentlichen Ertragsüberschüsse des ganzen Landes, die vor allem erzielt waren durch die Fruchtbarkeit, die der Nilschlamm auf die Äcker leitete, «in die oberen Etagen» des sozialen Organismus und damit in die Disposition des königlichen Zentrums hinaufführt. Wie verwandt ist dieses Bild des ägyptischen Saugapparates mit dem anderen Bilde von dem Herzen als Pumpe, die das Blut durch den Körper pumpt – von dem wir sahen, wie es sich aus tiefen geistigen Impulsen der neueren Zeit für das ganze Staats- bzw. Wirtschaftssystem Ludwigs XIV. ergibt, Ludwigs, des herzlosen Herzens seines Staates.

Und die von Ludwig XIV. ausgebildete Hofetikette mit dem zentralen Kultus um seine Person, der, wie wir hörten, gleich bei seinem morgendlichen Aufstehen begann und der noch seine Nachfolger in seinen Bann schlug, erscheint sie nicht wie eine nur notdürftige Metamorphose desjenigen Rituals, von dem wir lesen, daß es dereinst in Ägypten ausgebildet worden war, und das «den Pharao schließlich zeitweise wie die Grammatik seines Lebens bannte, ihm vorschrieb, was er des Morgens zuerst zu tun, in welcher Reihenfolge und zu welchen Zeiten er den Großvezier, den Verwalter des Schatzhauses und die anderen Würdenträger zu empfangen, wie er sich den Göttern gegenüber zu benehmen habe»?[276]

Schauen wir aber gerade auf die persönliche Art Ludwigs XIV. hin, auf das Absichtsvolle seines Königtums, auf die starke Betonung, den Nachdruck, mit dem er seine Ansprüche vorbrachte und durchsetzte, den theatralischen Charakter, so kann man den Eindruck gewinnen, als ob diese Individualität im 17. Jahrhundert gleichsam etwas «nachzuholen» hätte, als ob Ludwig XIV. jetzt etwas auslebte, was er vielleicht einst aufs intensivste *begehrt*, aber gerade *nicht* wirklich habe darstellen können, als ob er einst gleichsam zu kurz gekommen wäre und das nun bei der günstigen Gelegenheit der «Wiederholung» der alten Sozialstrukturen des dritten nachatlantischen Zeitalters mit aller Macht nachzuholen versuchte. Sollte die karmische Realität etwa auf der Linie liegen, die mit solchen nur als fragend gemeinten Gedanken angedeutet wird, dann würde auch jener Zug verständlich werden, den wir bei Ludwig XIV. trotz aller seiner königlichen Haltung immer wieder irgendwie als jenes gewisse «Parvenütum» in seinem Wesen empfinden.

So können wir versuchen, die «Wiederholungen» des dritten im fünften nachatlantischen Zeitalter zu konkretisieren. Wir haben zwei grundverschiedene Arten der Wiederholung zu unterscheiden. Die eine tritt uns bei Ludwig XIV. und dem Fürstenabsolutismus überhaupt entgegen: Es ist die ahrimanisierte Wiederholung, die gerade sehr stark auch äußere Ähnlichkeiten mit den Gestaltungen der ägyptisch-babylonischen Zeit aufweist. Und es erscheint bei diesem ahrimanisierten Charakter der Wiederholung noch um so wahrscheinlicher, daß unsere Vermutung[277] zutrifft, es seien die *letzten*, die *Dekadenz*zeiten des dritten nachatlantischen Zeitalters, die bei der «Wiederholung» im fünften Zeitalter *zuerst* wieder auftauchten. Was damals ein schon Niedergehendes, Luziferisiertes, nicht mehr voll Berechtigtes war, wäre dann zuerst wieder heraufgekommen als jene nur *«notdürftige»* Metamorphose, die in einem zu äußerlichen Sinne dem Alten ähnlich ist, die es nicht zu jener tiefen Wandlung und grundlegenden Metamorphose bringt, die im fünften Zeitalter erst noch kommen soll und die nur in dem Maße möglich sein wird, wie die Wandlungskraft des Christusimpulses in ihr waltet.

Wir haben diese viel intimere «Wiederholung» schon einmal anzudeuten versucht, in unseren «Geschichtsimpulsen des Rosenkreuzertums».[278] Sie ist untrennbar verbunden mit der Erneuerung des Initiationsprinzips im weiteren Fortgang des fünften nachatlantischen Zeitalters und kann letzten Endes nur darin bestehen, daß aus diesem gemäß den Grundkräften der Bewußtseinsseele erneuerten Initiationsprinzip ein *neues Geistesleben* erwächst, das ebenso befeuernd und zielsetzend im Konkreten in das soziale Leben eingreift und es im wahrhaft menschlichen Sinne gestaltet, wie dies im dritten nachatlantischen Zeitalter das *alte* soziale Geistesleben der Theokratie getan hat. Insofern dadurch eine neue, im Spirituellen begründete, gegliederte soziale *Einheit* entstehen könnte, würde damit auch die großartige soziale Einheit der Theokratien des dritten Zeitalters zutiefst verwandelt wieder aufleben. Von dieser so dereinst zu verwirklichenden Einheit erscheint dann die abstrakt-mechanistische Einheit des absoluten Fürstenstaates Ludwigs XIV. (und seine Fortsetzungen) als die veräußerlichte, ahrimanisierte Antizipation.

Nachatlantische Zeitalter

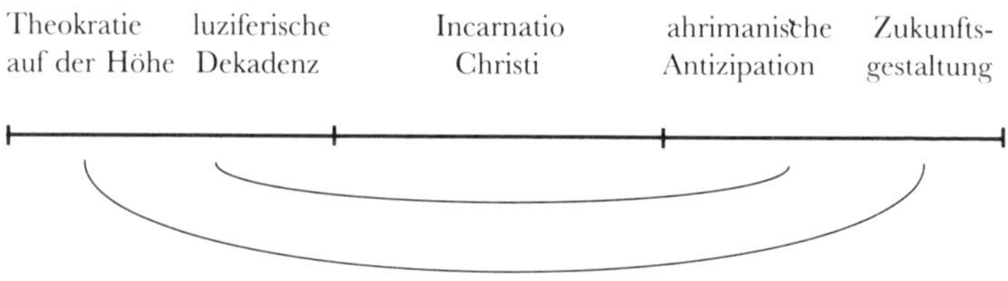

Ranke sagt einmal, daß jede Gewalt, die sich erheben wolle, sich auf ein großes *Verdienst* gründen müsse und daß jedes große Verdienst Autorität und Macht gewähre.[280] «Wollte man», heißt es bei Ranke an anderer Stelle, «in der aufkeimenden Monarchie nichts weiter sehen als das Geltendmachen und Durchführen eines unbedingten Willens, so würde man nicht begreifen, wieso die Menschen sich denselben auflegen ließen. In den meisten Ländern aber ist die Kraft der monarchischen Idee aus dem Bedürfnis des Landes hervorgegangen: Sie ist nicht viel weniger in den unteren Kreisen für notwendig gehalten, als in den höchsten gewünscht worden.»[281]

Nun, was Ranke so als das «Verdienst» bezeichnet, auf das sich eine jede Gewalt gründen müsse, die sich erheben will, das könnte man, mit weniger bewertender Nuance, auch etwa die Vollziehung von Notwendigkeiten nennen, die in irgend einem Sinne für ein Volk oder eine Zeit bestehen oder – und damit käme man auf die eigentliche zugrundeliegende geistige Realität – den Vollzug bestimmter Impulse geistiger Wesenheiten, die Völker oder Zeiten führen, wobei es sich um die verschiedenartigsten Impulse oder Inspirationen und um sehr verschieden geartete Wesenheiten handeln kann. Die Tat des französischen Königtums durch die Jahrhunderte hindurch war die Herstellung der Einheit und der Macht Frankreichs und die Hebung des dritten Standes und damit der wirtschaftlichen und intellektuellen Kultur des Landes. Das alles schloß sich zusammen und gipfelte in der Ausbildung des neueren zentralisierten nationalen Machtstaates in Frankreich.

In der Renaissancezeit hatte es sich für die damals modernsten Fürsten, die italienischen, noch ganz überwiegend um die *Erlangung* der Macht gehandelt. Das spiegelt sich in unvergleichlicher Weise in Machiavellis «Principe» wider. Von der Mitte des 17. Jahrhunderts an handelte es sich in immer steigendem Maße um die planmäßige und systematische *Anwendung* und Ausnützung der fürstlichen Macht, eben im Ausbau des neueren Staates. Das war die Stufe, die im Frankreich Ludwigs XIV. erreicht wurde, war seine besondere historische Leistung. Wie für die Erlangung der Macht des Fürstentums, so wurde auch für ihre methodische Anwendung das menschlich entscheidende, immer wieder antreibende Moment der egoistische Herrschaftswille des neueren Fürsten. Wir haben wiederholt gezeigt, wie gerade hiermit auch der *mechanistische* Zug zusammenhängt, der, schon stark hervortretend in der Renaissancezeit, sich steigert im 17. Jahrhundert und eben nun in dem planmäßigen Ausbau des neueren Staates als dessen Grundkraft waltet. In dieser Verbindung von rein egoistischem Machtstreben und mechanistisch-amoralisch wirkender Kraft liegt das eigentliche Wesen des «Machiavellismus» und daher auch die «machiavellistische» Kontinuität des politischen Lebens vom 16. ins 17. und in die weiteren Jahrhunderte des fünften nachatlantischen Zeitalters.

Zwischen Machiavelli und Ludwig XIV. liegt das Zeitalter der Gegenreformation, das vorwiegend religionspolitische Zeitalter. Es hat in der Gesamtentwicklung des Verweltlichungs- und Rationalisierungsprozesses der neueren Zeit in vieler Weise den Charakter eines weltgeschichtlichen *Rückschlages* in die mittelalterliche Welt (nur daß natürlich auch hier der Rückschlag nicht wirklich in das Alte selbst zurückführte, sondern in eine Ahrimanisierung und auch Luziferisierung dieses Alten). Dieses Zeitalter war zugleich die Hauptglanz- und Machtperiode *Spaniens*, das mit diesen Vergangenheitselementen starke innere Verwandtschaft verband. Eben weil Spanien so sehr mit den alten Kräften (den kirchenpolitischen, katholischen Interessen wie auch der aristokratischen Sozialstruktur des vierten nachatlantischen Zeitalters) verbunden war und wenig den spezifisch modernen Kräften (des Bürgertums, der Wirtschaft) zugewendet, führte es trotz wichtiger Ansätze auch nicht eine wirklich entscheidende Phase in der neueren Staatsentwicklung herauf. Mit dem Ende dieses vorwiegend religionspolitischen Zeitalters, das sein schauerliches Finale im Dreißigjährigen Krieg erlebt hatte, ging auch der Stern Spaniens rasch unter. Und so kommt es nun nicht in Spanien, sondern in Frankreich zu jener «Erstarkung des Staatsgedankens», von der Rudolf Steiner sagt, daß sie an Ludwig XIV. und dem französischen Nationalstaat als an einem singulären Beispiel zu studieren sei.[282]

«Unter den 400 Medaillen», schreibt ein älterer französischer Historiker von Ludwig XIV., «welche die Gerechtigkeit oder die Schmeichelei an ihn verschwendete, würde diejenige zugleich die glorreichste und die wahrhaftigste gewesen sein, die sein Bildnis durch die einfache Inschrift gekrönt hätte LOUIS L'ADMINISTRATEUR (Ludwig der Verwalter), denn wenn er auch in allen anderen Pflichten der Souveränität übertroffen worden ist, so hat er doch auf dem Gebiete, das diese Huldigung bezeichnen würde, seinesgleichen nicht gefunden ... Europa wird noch heute nach dem System regiert, das es von ihm übernommen hat.»[283] Mit diesen Worten wird auf die eigentliche geschichtliche Leistung Ludwigs XIV. und seiner Mitarbeiter hingewiesen, auf den historischen Hauptgesichtspunkt seiner Regierung. So führt Ludwig XIV. eine Geschichtsperiode herauf, von der man mit einem gewissen relativen Recht gesagt hat, daß in ihr, nämlich von 1648–1789, der Staat wirklich als Mittelpunkt der Geschichte zu fassen und die innere Entwicklung des Staates das Wichtigste sei.[284]

Der Ausgangspunkt dieser Entwicklung liegt freilich bei Ludwig XIV. wie überall in diesem ganzen Zeitalter in der Außenpolitik, der unmittelbarste Anstoß zu diesem Ausgangspunkt aber wiederum in den persönlichen Aspirationen der Fürsten, hier Ludwigs XIV. Sein Ziel ist *gloire*, Ruhm und Glanz für sich selbst. Diese glaubt er in erster Linie durch eine Vergrößerung seines Königreichs gewinnen zu können durch ruhmvolle Eroberungskriege (von den Objekten dieser Kriege gern auch «Raubkriege» genannt). Um aber diese Kriege erfolgreich durchführen zu können, muß er seinen ganzen Staat dazu in Form bringen. Dazu gehören vor allem die Konzentration aller Macht in der Hand des Königs und ruhige, sichere und klare Verhältnisse im Innern des Staates, wie sie nur durch eine geordnete *Verwaltung* durch Beamte erzielt werden können, die nur von dem König selber abhängen. Zum Kriegführen braucht er dann ferner eine große, wohldisziplinierte, gut ausgerüstete und gut geführte *Armee*. Diese aber kostet viel *Geld*. Damit dieses durch Steuern wirklich aufgebracht werden kann, muß die *Wirtschaft* von Staats wegen mit allen Mitteln gefördert werden. Um dem ganzen so entstehenden System dann noch den nötigen Glanz zu verleihen und damit zugleich die für jedes Regiment letzten Endes doch ausschlaggebenden Stimmungen und Gesinnungen der Menschen, auf die es angewiesen ist, zu kaptivieren und bald auch zu beeinflussen, setzt zur staatlichen Wirtschaftspflege auch noch eine staatliche *Kulturpflege* ein. So werden vom staatlichen Zentrum aus alle drei sozialen Lebensgebiete ergriffen und zu einer straffen, militanten Einheit zusammengeschweißt, die von *einem* Geist beherrscht wird: das politisch-verwaltungsmäßig-militärische Gebiet, das wirtschaftliche und das kulturelle. Und alles dient dem Könige. «Es ist ganz gleich, welches Gebiet man betrachtet: Kunst oder Justiz, Finanzen oder Festungsbau, überall herrscht derselbe Geist. Alle Straßen führen nach Versailles, alles bezieht sich auf den König.»[285]

Die *militärischen* Bedürfnisse und Zielsetzungen sind also das unmittelbare Agens in der Entwicklungsdynamik des neueren absolutistischen Staates. Er hat, wie sich immer zeigt, seine eigentliche Lebenskraft und seinen eigentlichen Lebenssinn in *Marsimpulsen* – eine Tatsache, die wir im inneren Zusammenhang mit dem sehen müssen, worauf wir wiederholt hingewiesen haben als auf einschneidende Veränderungen, die sich um die Wende des 16. zum 17. Jahrhundert in einem ganz anderen Sinne in der übersinnlichen Marssphäre vollzogen haben. In den äußeren geschichtlichen Ereignissen des 17. Jahrhunderts lebt sich etwas wie ein *Gegen*bild dieser Geschehnisse aus, leben die *alten* Marsimpulse mit gleichsam verstärkter Intensität fort, nachdem und weil der öfter erwähnte spirituelle Impuls, der mit jenen Geschehnissen im unmittelbaren Sinne zusammenhängt und der das Zeitalter des Dreißigjährigen Krieges auf spirituelle Art hatte «korrigieren» wollen, nicht aufgenommen worden war.

«*Mars christianissimus*» nannte in dem satirischen Titel eines gegen Ludwigs Absolutismus und Frankreichs Eroberungssucht gerichteten Pamphlets *Leibniz* den französischen Herrscher, anspielend auf den

Titel, den die französischen Könige führten: rex christianissimus (allerchristlichster König).[286]

Aber die Staatsentwicklung bei Ludwig XIV. ist wirklich nur ein besonders signifikantes Beispiel und das größte und imposanteste der Zeit für die Entwicklungsdynamik, die damals in allen Staaten des Fürstenabsolutismus überhaupt herrschte. Charakteristisch sind auch die Einrichtungen, die uns anderwärts begegnen, wie z.B. im *Brandenburg* des Großen Kurfürsten «*Kriegs*kommissariate» es waren, denen die Verwaltung der Steuern oblag. Früher waren diese von den Ständen verwaltet worden. An deren Stelle trat mit dem Kriegskommissar ein staatlicher, landesherrlicher Beamter. Er wird Vertreter der wirtschaftlichen Wohlfahrt des Landes, das eben das notwendige Geld vor allem für das Heer aufbringen soll. Aus einem militärischen Beamten wird er ein mehr finanzieller, merkantilistischer Beamter. Ähnlich schloß sich z.B. auch in *Rußland* an die Heeresbedürfnisse die ganze Entwicklung des Staates an.*

Weltgeschichtlich wichtig ist es, die Art zu durchschauen, wie das vereinheitlichte Staatswesen allmählich, stufenweise einen *unpersönlicheren* Charakter annimmt. Dieser Staat ist ein Werk der Fürsten. Um ihre eigene Macht zu erhöhen, bilden sie ihn aus. Ludwig XIV. kannte keine uneigennützige Sorge für das Wohl seiner Untertanen. Er schuf den werdenden Staatsmechanismus für sich, für seine Person, aber je mehr er dies tat, je weitverzweigter und umfassender die Staatstätigkeit wurde, desto unpersönlicher wurde doch seine Schöpfung, desto mehr strebte sie, über die Person ihres Schöpfers hinauszugehen, und dessen egoistische Triebe (Verschwendungssucht, übersteigerte Machtgier und dergleichen) wurden schon bei Ludwig XIV. selbst etwas, was als «unsachlich» empfunden werden kann und was sein eigenes Werk in den späteren Zeiten seiner Regierung an den Rand des Abgrundes brachte. Ein großer Schritt

* Durchaus nicht ohne weiteres in gleicher Art gilt das Gesagte natürlich für solche «Staatsgebilde», die sich mehr über *Handels- und Wirtschaftsinteressen* erhoben haben wie etwa die der Holländer und Engländer. Darüber siehe unten im Abschnitt «Wirtschaft».

ins Unpersönlichere ist aufs Ganze gesehen faktisch schon durch Ludwig XIV. getan, etwa gegenüber den Anfängen von «lo stato» in der italienischen Renaissance. Dennoch hängt dieser Staat noch ganz an der Person des Herrschers. Ein *Mensch* umspannt völlig den Riesenapparat des Staates, durchkraftet ihn und drückt ihm den Stempel seines eigenen Wesens auf. Dafür erschien in gewissem Sinne Ludwig XIV. als geradezu ideal geeignet. Seine eigene Art harmonisierte in idealer Weise mit dem inneren Wesen des werdenden Staates selber. Ludwig brauchte gewissermaßen nur seinen eigenen stark entwickelten Sinn für Ordnung, für Regel, für Klarheit, für Methodik und Systematik (die zugleich ebensosehr im Zeitcharakter des 17. Jahrhunderts wie auch dem Verstandesseelenwesen des französischen Volkes begründet waren) auszuleben, und er bewegte sich damit in einem Element, das zugleich das Lebenselement des neueren Staates selbst ist. Auch in diesem Sinne *war* er wirklich der Staat; dieser erschien nur wie eine Erweiterung seiner Person. Auch für das menschliche Gefühl der Untertanen gegenüber der über ihnen waltenden Macht im Zeitalter des Absolutismus ist die Tatsache von fundamentaler Bedeutung und darf nicht übersehen werden, daß es hier auf dieser Stufe der staatlichen Entwicklung noch ein *Mensch* von Fleisch und Blut war, der wirklich an der Spitze des ganzen Staates stand und alles nach seinem persönlichen Willen leitete. Diesem Menschen gegenüber konnten die Untertanen menschlich fühlen; war der Staat ihnen fremd, so brauchte es doch der Fürst nicht zu sein. Der Fürst war ihnen das weitaus Wichtigere, Wirklichere, Greifbare, Unmittelbare. In den Gefühlen der Untertanen für ihre Fürsten lebte noch sehr viel von den *alten* tragenden Kräften nach, die einst der Institution der Monarchie im Sinne ihres einstigen Urbildes zugrundegelegen hatten, und es bedurfte längerer Zeit der Mißbräuche durch die Fürsten, bis auch die Untertanen zu der gleichen realistisch-egoistischen Wachheit und Bewußtseinserhellung gekommen waren, welche die Fürsten ihnen vorlebten und zu denen diese sie unfreiwillig erzogen. Da war dann die Zeit reif für die Große Revolution. Während des ancien régime lebte in den Gefühlen der Untertanen gegenüber den Fürsten noch viel mehr patriarchalisches Empfinden als etwa umgekehrt in denen der Fürsten gegenüber den Untertanen. Die Menschen des ancien régime hatten für den König, schreibt der französische Historiker Alexis de Tocqueville, «zu gleicher Zeit die Zärtlichkeit, die man für einen Vater empfindet, und den Respekt, den man nur Gott schuldet. Indem sie sich seinen willkürlichsten Befehlen unterwarfen, wichen sie weniger noch dem Zwang als der Liebe, und so geschah es ihnen oft, daß sie ihre Seele sehr frei hielten bei extremster äußerer Abhängigkeit.»[287]

Schauen wir auf das Ganze des neueren Staates, wie er im 17. Jahrhundert in Frankreich im ludovizianischen System geschaffen wird und den wir im folgenden noch in manchen einzelnen Zügen näher kennenlernen wollen, so ersteht uns aus dem gesamten Phänomen das Bild jenes Königs, das Goethe in seinem Märchen von der Schlange und der Lilie malt als das Bild des «vierten Königs», der dort neben den drei Königen, dem goldenen, dem silbernen und dem ehernen König, auftritt, als der jüngste unter den Brüdern, und mit ihnen zusammenwirkt bzw. auch ihnen entgegenwirkt. Es ist der «gemischte König», der aus den drei Metallen Gold, Silber und Erz gemischt ist, gemischt in einer unharmonischen, nicht ansprechenden Weise. Wie Gold, Silber und Erz in ihm gemischt sind, so sind es das Geistesleben, das rechtlich-staatliche Wesen im engeren Sinne und die Wirtschaft in dem sozialen Einheitsgebilde, das als Werk des Fürstenabsolutismus die neuere Zeit beherrscht.

Der Staat Ludwigs XIV., mit dem dieser sein Ich, sein MOI identifizieren konnte, ist die erste große Realisierung des gemischten Königs im Sozialen.

Und so entdecken wir nun, daß der «Sonnenkönig» in Wahrheit gar nicht ein König wirklich aus dem Sonnenmetall, dem Weisheitsgolde, ist. Der «Sonnenkönig» ist *nicht* die Erneuerung oder die wahrhafte Wiedergeburt des einstigen goldenen Königs. Er ist in Wahrheit der *gemischte König*.

«Es ist nicht alles Gold, was glänzt.»

Wir haben gesehen, wie durch Jahrhunderte die Tendenz der französischen Geschichte auf die Zentralisation aller politischen Macht in den Händen der Könige abzielte. Ludwig XIV. vollendete in dieser Beziehung nur, was insbesondere die großen Kardinäle, Richelieu und Mazarin, schon begründet hatten. Er beendete die Unterwerfung der lokalen und provinziellen Gewalten. Die kommunale Freiheit wurde zerstört, der Adel der Krone untertan und, wie wir sahen, durch den Hofdienst gefügig gemacht. Das Volk war hierdurch von seinem alten «Feinde» befreit, denn Ludwig duldete keine Bedrückung des Volkes durch den Adel, freilich nur, um selbst das Volk zu bedrücken und finanziell auszusaugen, denn es mußten die Gelder für die großen Aufwendungen des Königs für Feste, Bauten und Kriege aufgebracht werden. Ludwig XIV. brachte auch die Parlamente, die alten Gerichtshöfe, endgültig zum Schweigen. Alles gehorchte! Ein unterwürfiger Ton gegenüber dem König fand immer mehr Eingang. Auf den Trümmern der alten ständischen und feudalen Institutionen konnte in großartiger Systematik die Zentralisierung des ganzen Staates durchgeführt werden. Freilich blieben manche Reste der alten Ordnung der Feudalität auch unter Ludwig XIV. und seinen Nachfolgern noch bestehen, um endgültig erst mit der Französischen Revolution zu verschwinden, die in vieler Beziehung das Werk der absoluten Könige erst vollendete.

Das staatlich-politische Leben im engeren Sinne des Wortes weist deutlich zwei verschiedene Hauptwesensseiten auf, die sich in einer gewissen Polarität gegenüberstehen. Man könnte sie als den Pol des *Rechtes* und als den Pol der *Macht* bezeichnen. Es ist auf der einen Seite der Staat als Rechtsorganisation, als ordnendes Prinzip, als innere Verwaltungseinheit, als Institution, die insbesondere auch dem einzelnen Bürger Sicherheit gewährt, auf der anderen Seite die willensmäßige Durchsetzung dieser Ordnung im Inneren gegen alle ihr widerstrebenden Elemente und vor allem die Selbstbehauptung und Durchsetzung des Staates nach außen, letzten Endes durch bewaffnete Macht, deren äußerstes Mittel immer darin besteht, daß sie wirksam drohen kann, Widerstrebenden das Leben zu nehmen: die Polizei (bzw. Strafvollzug usw.) im Inneren, das Heer nach außen wirksam. So sind die Rechtsordnung als ein System von Normen zur äußeren Regelung des Lebens, d.h. des Verhaltens der Menschen zueinander, auf der einen Seite, auf der anderen aber das militärische Element die beiden Pole des spezifischen Staatswesens und daher ihre menschlichen Exponenten der *Jurist* und der *Soldat*, die beiden Berufe, die überall da die führenden und tonangebenden, gesellschaftlich salonfähigsten sind, wo eben das staatliche Element als solches im sozialen Vordergrunde steht. Für all dies erscheint wie das Urphänomen *Rom*, der römische Staat, getragen von den beiden Hauptsäulen, dem römischen Recht und Juristentum und dem römischen soldatisch-militärischen Wesen. Das ist zugleich auch die Erbschaft, die von Rom auf den neueren Staat übergegangen ist.

Für die Entwicklung dieses neueren Staates ist es typisch, daß an der Spitze ein königlicher Staatsrat (in Frankreich der conseil du roi) als Zentralorgan steht, das sich nach sachlichen Gesichtspunkten in verschiedene Abteilungen gliedert, woraus im Laufe der Zeit die Ministerien werden. Das ist der menschlich-sachliche Ausgangspunkt der Entwicklung, die schließlich zu der unpersönlichen Riesenbürokratie des neueren Staates führt. Ihre Träger sind einfache juristische Verwaltungsbeamte bürgerlichen Ursprungs, die als solche, mehr äußerlich betrachtet, der Macht der Krone niemals gefährliche Rivalen werden können (wie die alten Funktionäre aus dem hohen Adel) und die, mehr innerlich gesehen, gerade als Bürgerliche Träger eben jener intellektuellen Haltung sind, welche die Ausbildung des mechanistisch-bürokratischen Elementes im neueren Sinne erst möglich macht. Diese bürgerlichen Juristen werden daher zu den unentbehrlichen Werkzeugen der Fürsten im Kampf gegen die Stände. Durch sie haben die Fürsten, hat auch Ludwig XIV. Ordnung im Lande hergestellt, das Volk vor der Willkür des Adels geschützt, eine gewisse Rechtssicherheit begründet (was in Frankreich z.B. besonders in der Stadt Paris notwendig war, wo in der ersten Zeit Ludwigs XIV. noch Überfälle, Raub und Diebstahl an der Tagesordnung bzw. an der «Nachtordnung» waren). Auf diesem Gebiete des Rechts, der öffentlichen Ordnung liegen die unmittelbarsten Verdienste des neueren Fürstentums.

Der Rechtseinheit im Lande dienten die zahlreichen «Ordonnanzen» Ludwigs XIV. für die verschiedensten Rechtsgebiete, umfassende königliche Verordnungen über Strafrecht, Strafprozeß, Zivilprozeß, Handelsrecht, Seerecht, Forstpolizei und Flußschiffahrt. Auch das entsprach dem ordnenden, zentralisierenden Geiste, von dem die ganze Regierung Ludwigs XIV. ergriffen war, nur daß er sich hier auf demjenigen Gebiete betätigte, wo dieser Geist seine größte menschlich-soziale Berechtigung hatte und daher am wohltätigsten zu wirken vermochte.

Ein anderes freilich als das Erlassen von Gesetzen ist ihre Anwendung in strenger, geordneter Rechtspflege, und hieran fehlte es im Frankreich Ludwigs XIV. noch sehr. Willkürliche Eingriffe des Königs in die Rechtsprechung, vor allem aber Korruption, die das Gerichtswesen selbst durchsetzte, standen der gerechten Durchführung der Gesetze vielfach im Wege. Das war zum Teil Vergangenheitserbe, im übrigen aber scheint das grundsätzlich Wichtige an diesem Phänomen das folgende zu sein: Zum *Erlassen* von Vorschriften und Verordnungen genügt der verstandesmäßig ordnende Geist, wie er Ludwig XIV. und sein ganzes Volk und, wie wir sahen, auch gerade das 17. Jahrhundert in hohem Maße durchdrang. Zur strengen *Durchführung* wären darüber hinaus Pflichttreue, Verantwortlichkeitsgefühl, ernste, uneigennützige Hingabe an den Staat erforderlich gewesen, die nicht in gleichem Maße vorhanden waren. Es lag dem in Ludwig XIV. gipfelnden Wesen, Organisationen auszudenken, Einrichtungen zu begründen, Neuerungen zu treffen, aber zur Durchführung von alledem gehören im modernen Staate Qualitäten noch anderer Art, die man nach ihrem klassischsten Vertreter etwa als «preußische» zu bezeichnen pflegt. Und das ist eigentlich insofern der Schritt vom 17. ins 18. Jahrhundert, der von Frankreich nach Preußen, was zugleich heißt: von der überwiegenden *Verstandesseele* zur von der Verstandesseele durchsetzten *Bewußtseinsseele.* Es ist der Schritt vom *Erlassen* der ausgedachten Ordnungen zu ihrer konsequenten willensmäßigen *Durchführung* – was übrigens keineswegs nur als «Fortschritt» betrachtet zu werden braucht, obwohl es in dem Sinne der Staatsentwicklung gewiß ein solcher ist, denn wenn das lebendige individuelle *Menschentum* durch die abstrakten Zwangsreglementierungen des neueren staatlichen Wesens vielfach ernstlich gefährdet wird, so läßt sich verstehen, daß dies noch weit mehr da geschieht, wo die Reglements bis ins letzte *durchgeführt* werden, als da, wo sie wohl erlassen, in der praktischen Handhabung aber vielfach durch Schlamperei, Willkür oder andere immerhin noch «menschliche» Faktoren durchbrochen werden! Auch in solchem Lichte darf wohl ein Wort aus den berühmten Memoiren des Herzogs von Saint-Simon (geb. 1675) über Frankreich betrachtet werden: «Es gibt kein Land in Europa, wo es so viele schöne Gesetze und gute Reglements gäbe, noch ein solches, wo ihre Innehaltung von so kurzer Dauer wäre.»[288]

«In seinen Kriegen bildete Ludwig XIV. eine Armee, deren gleichen die Welt noch nicht gesehen hatte», sagt Ranke in seiner «Französischen Geschichte», und er betont, daß unter Ludwig XIV. die *moderne Armee* zur Erscheinung gelangt ist.[289]

Auch auf diesem Gebiete, an diesem anderen Pole des eigentlichen Staatswesens, zeigt sich wieder, wie sehr Frankreich unter Ludwig XIV. an der Spitze der europäischen Zivilisation marschierte. Vorbildliches wurde auch auf dem Gebiete des Heereswesens geschaffen, das die anderen Staaten dann nachahmten. Die französische Armee wurde die beste und die stärkste der Welt. Aus demselben Geiste der Systematik und der Organisation, der uns immer wieder entgegentrat, war auch sie entstanden. Die Organisation dieser für die damalige Zeit gewaltigen Armee war das Werk *Louvois'*, Ludwigs Kriegsminister. Er ordnete das Heer, das in einem sehr reformbedürftigen Zustand war, in neuer Art, führte eine strenge Disziplin ein und bekämpfte die zahlreichen Mißbräuche. Er sorgte auch in großzügiger Weise für invalide und kranke Soldaten. Freilich müssen auch große Mängel fortbestanden haben, Unterschlagungen von Sold, schlechte Verpflegung, so daß die Truppen vielfach auf Raub und Plünderung angewiesen waren.[290] Dennoch ist es eine Tatsache, daß das Heerwesen auf eine neue Stufe gehoben worden war. Aus einem Heer, das bisher militärische Großunternehmer (als Obersten usw.) für den Fürsten geworben und demgemäß auch weitgehend in der Hand gehabt hatten, wurde es, wenn auch unter Ludwig XIV. noch nicht vollkommen verstaatlicht, so doch faktisch zu einem Instrument, das nun der König selbst fest in der Hand hatte und mit dem ihm seine Feldherren seine Siege erfochten. Wie ein geschichtliches Symptom für vieles ist es, daß in dieser Armee zuerst in großem Stil die *Uniformen* der Soldaten eingeführt wurden. Die Ludwig XIV. und den ganzen neueren Staat auszeichnende Lust, zu vereinheitlichen und zu uniformieren, konnte sich hier auf ihrem ureigentlichsten Gebiete und im wörtlichsten Sinne ausleben. Nach dem Frieden von Nimwegen (1678/79) entließ Ludwig sein Heer nicht, sondern behielt es in steter Kriegsbereitschaft als Machtmittel zu jederzeitigem Gebrauch. Das bedeutete die Institution des stehenden Heeres für alle Staaten.[291] Das französische stehende Heer erreichte eine Höhe von 300 000 Mann.*

Damit ist auf einen wichtigsten Ausgangspunkt für die Militarisierung aller europäischen Staaten in den folgenden Zeiten hingewiesen. Sie geht wesentlich zurück auf den «Mars christianissimus» und auf das Volk, von dem etwa eineinhalb Jahrhunderte später (1816) einer seiner Staatsmänner, Chateaubriand, das völkerpsychologisch zutreffende Wort sagen sollte: «Notre génie est le génie militaire. La France est un soldat». (Unser Genie ist das militärische Genie. Frankreich ist ein Soldat.)

* Zuerst hatten übrigens die *Türken* ein stehendes Heer entwickelt (vgl. Bd. II, S. 202 Anm.**) und die dort gegebenen Zusammenhänge). «Der diabolische Rationalismus, der in dem türkischen Staats- und Heerwesen waltete», hatte, wie Friedrich Meinecke (a.a. 0. S. 131) schreibt, manche Staatsdenker gefesselt, so z.B. Campanella. Vgl. hierzu auch unsere Bemerkung (oben S. 109) über Luthers Anerkennung für das Regiment der Türken. Es ist nicht ohne Bedeutung, auf dieses türkische Vorbild abendländischer Staatsentwicklung hinzuschauen.

Als eine finstere Gestalt steht der Schöpfer der Armee Ludwigs XIV., Louvois, in der Geschichte. Ein Organisationsgenie größten Stils, von riesenhafter Arbeitskraft, im übrigen aber von einer Skrupellosigkeit, einer furchtbaren Brutalität, Härte und Grausamkeit, die vor keinem Verbrechen zurückschreckten. Vielen Tausenden von Menschen hat er das entsetzlichste Elend gebracht. Auf ihn geht die grauenhafte Zerstörung der Pfalz (1689) zurück. «Louvois-Satan» hat ihn bezeichnend ein französischer Historiker genannt.[292] Louvois übte namentlich in seiner späteren Zeit einen beträchtlichen Einfluß auf Ludwig XIV. aus. Ludwig hatte ihm viel zu danken. Als Louvois 1691 gestorben war, legte der König ihm gegenüber allerdings nicht mindere Gleichgültigkeit an den Tag als einst beim Tode seines anderen großen Ministers, Colberts. «Es wird darum nicht schlechter um unsere Angelegenheiten stehen», sagte er sofort.[293] Er täuschte sich aber; objektiv sollte er in den kommenden schweren Zeiten Louvois noch oft schwer entbehren.

Wirtschaft

Wir haben (in Bd. III, S. 89f., 118, wie auch oben S. 118 f.) gesehen, wie das fünfte nachatlantische Zeitalter den *«ökonomischen Menschentypus»* heraufbefördert und im sozialen Leben weithin zur Herrschaft bringt, so daß er die ältere «Priester»-Herrschaft des vierten nachatlantischen Zeitalters ablöst, welche ihrerseits auf die Initiierten-Herrschaft des dritten nachatlantischen Zeitalters gefolgt war. Das hängt damit zusammen, daß im fünften Zeitalter überhaupt zunächst ein ganz besonders starker Akzent auf dem *Wirtschafts*gliede des sozialen Organismus liegt, daß es da als selbständiges Glied gleichsam «geboren» wird in dem Sinne, daß es nun immer mehr geradezu in den Vordergrund des menschlichen Bewußtseins tritt und mit starkem Bewußtsein gehandhabt wird, während es vorher mit einer gewissen instinktiven Selbstverständlichkeit sein Dasein führte, sozial gleichsam mit unterlief, nicht zu seinem Eigenwesen erwacht war.*

Charakteristisch für diesen Wirtschaftsaufschwung des beginnenden fünften nachatlantischen Zeitalters ist einerseits die Blüte der Niederlande und dann der Aufstieg Großbritanniens, die beide Mächte sind, in denen das unmittelbare Leben des fünften Zeitalters mit einer gewissen Ausschließlichkeit pulsiert, auf der anderen Seite aber die Entwicklung wiederum im Frankreich Ludwigs XIV., das entsprechend der romanischen Tradition des nachwirkenden vierten nachatlantischen Zeitalters zunächst mehr im Zeichen des politisch-staatlichen Elementes als solchem stand. Indem nun aber auch hier der Wirtschaftsimpuls der neueren Zeit stark einschlägt, verbindet er sich mit dem politisch-staatlichen Element. Hier bedeuten die Bedürfnisse des letzteren den Ausgangspunkt, vor allem, wie schon öfters betont, das Heer als Mittel der staatlichen Machtpolitik, das viel Geld kostet. Man könnte, vielleicht etwas überspitzt, sagen: In den Niederlanden und in England legte man sich staatliche Formen und Einrichtungen, Militär und dergleichen zu, um die Wirtschaftsinteressen nachdrücklich zu fördern, um seinen Handel schützen und auf Kosten anderer ausdehnen zu können, um Kolonien zu erbeuten, um die Handels- und Wirtschaftskriege (z.B. um Zolltarife) erfolgreich führen zu können; in Frankreich und den zahlreichen geschichtlich in seinem Fahrwasser segelnden absolutistischen Fürstenstaaten förderte man umgekehrt die Wirtschaft, um sich ein mächtiges Heer halten und eine staatlich-politische Macht entfalten und das Ganze glanzvoll ausgestalten zu können.

So kommt es in Frankreich zur paradigmatischen Verschmelzung von Staat und Wirtschaft im Merkantilismus, der nach seinem Hauptförderer, Ludwigs XIV. großem Minister, auch Colbertismus

* Vgl. hierzu u.a. Rudolf Steiner (Vortrag am 13. Dezember 1918 in Dornach, GA 186): Erst seit dem Beginne des fünften nachatlantischen Zeitraums wird das öffentliche wirtschaftliche Leben, wie es sich in die soziale Struktur hineinstellt, in bewußter Weise beobachtet. «Erst mit dem Heraufkommen des modernen Staatsgebildes, das ja ungefähr auch erst seit dem 16. Jahrhundert datiert, sehen wir das Nachdenken über wirtschaftliche Fragen.»

genannt wurde, zu jener Förderung und weitgehenden Handhabung der Wirtschaft durch den Staat, innerhalb der Grenzen des Staatsgebietes, zum Zwecke der finanziellen Kräftigung des Staates. Diese Entwicklung war gewiß schon längst vorher angebahnt worden*, wurde aber nun im Staate Ludwigs XIV. im größten Stile und mit französischer Logik und Konsequenz zur Durchführung gebracht, und es wurde damit ein Vorbild geschaffen, das nun in allen absolutistischen Staaten nachgeahmt wurde. «Absolutismus» und «Merkantilismus» wurden einander zugeordnete Begriffe. Staat und Wirtschaft begannen sich zu einer immer unauflöslicher scheinenden Einheit zu verbinden. Und so stark trat diese staatliche Wirtschaftspolitik und wirtschaftliche Betätigung in den Vordergrund, daß man sogar vielfach in ihr den positivsten Inhalt und die eigentlichste, seine Existenz rechtfertigende Leistung des Absolutismus, zunächst des ludovizianischen, gesehen hat. So sehr vollzieht sich in diesen Zeiten der Sieg des «ökonomischen Menschentypus»!

Colbert (gest. 1683) war ein großer Minister, ein hervorragender Verwaltungstechniker, in jeder Beziehung Beamter, für seine Person einfach und bürgerlich**, unermüdlich tätig für die Hebung des Wohlstandes in Frankreich, er selbst einer der energischsten Vertre-

* Von erheblichem Interesse ist es z.B., unter den Befürwortern des staatswirtschaftlich-merkantilistischen Systems keinen Geringeren als *Baco von Verulam* im England Jakobs I. zu finden: «Bacon hatte sich ... seit jeher für ‹Monopole›, d.h. also für die Einrichtung königlicher Manufakturen, eingesetzt, weil er die Überwindung des Zunftwesens und die Gewinnung neuen Nationalreichtums aus industrieller Tätigkeit als wesentliche Voraussetzungen für die Stärkung der Staatsmacht betrachtete.» (Ernst Lewalter, «Francis Bacon. Ein Leben zwischen Tat und Gedanke», Berlin 1939, S. 319.)

** was freilich nicht heißt persönlich uneigennützig. So wenig wie von dem Fürsten selbst wurde damals von den hohen Beamten persönliche Uneigennützigkeit verlangt. Weder die Fürsten noch ihre beamteten Organe unterschieden damals schon mit der späteren Schärfe zwischen dem «Staat» als jenem abstrakten und unpersönlichen Etwas, das ja eben erst im Werden war, und sich selbst als den Menschen, die seine Träger waren. Der «Staat» gab wie dem Fürsten, so in entsprechend abgestufter Art auch den an seiner Macht Teilhabenden die Möglichkeit zu persönlicher Bereicherung oder der der Familie. So war es auch bei Richelieu und Mazarin gewesen.

ter des ökonomischen Menschentyps. Er beherrschte alle Zweige der Staatsverwaltung; alle wurden auf das eine Ziel der Zentralisation der königlichen Macht über alles und jedes Lebensgebiet, vor allem aber auf die wirtschaftliche Fundierung dieser Macht orientiert. So wurde Colbert einer der größten Schöpfer und Förderer des Einheitsstaates. Colberts Scharfsinn war ebenso groß wie sein Fleiß und seine Ausdauer, auch er ging mit rücksichtsloser Härte vor, um seine Ziele zu erreichen.*

Der gleiche Geist der überlegten Systematik, den wir überall im Staate Ludwigs XIV. am Werke sehen und der sich hier auf dem modernen Gebiete der Wirtschaft betätigt und insofern noch in einem besonderen Sinne eine Art Ehe mit den stärksten Zeittendenzen eingeht – dieser Geist kam auch in dem Lebenswerke Colberts zu einer klassischen Entfaltung. «Die Pläne Colberts, die Ludwig sich zu eigen macht», sagt voller Lobes ein französischer Historiker, «rollen sich in einer majestätischen Ordnung ab und mit jener Strenge der Methode, jener Harmonie und jener unbesiegbaren Logik, die unter allen Jahrhunderten das Jahrhundert Descartes' kennzeichnen und die ebenso glorreiche Denkmäler in der realen Welt hinterlassen haben wie in der Welt der Ideen.»[294]

Die wichtigste Voraussetzung aller anderen Neuerungen war die Reform der *Finanzen.* Colbert brachte die französischen Finanzen in Ordnung. Die Staatseinnahmen gingen sprunghaft in die Höhe. Große Einnahmen erschloß er allein schon dadurch, daß er viele seit langer Zeit veruntreute Gelder eintrieb. Überall verfuhr er mit der größten Energie und Härte, zum Teil auch rechtswidrig wie etwa bei der gewaltsamen Herabsetzung der vom Staat zu zahlen-

* «Colbert war furchtbar verhaßt; in der Tat konnte nichts seiner Härte gleichkommen. Brauchte der König Ruderer für die Galeeren, so erging an sämtliche Gerichte des Landes der Befehl, alle Vergehen mit der Galeerenstrafe zu ahnden.» (Philippson a.a.O. S. 81). Der zuletzt erwähnte Befehl ist übrigens ein in unmittelbarstem Sinne sprechendes Beispiel für das, was als realer neuzeitlicher Kern der marxistischen Anschauung von dem ideologischen Charakter des Rechtslebens zugrundeliegt, das nur der Reflex wirtschaftlicher Bedürfnisse, Interessen usw. sei.

den Renten.[295] Ein gesundes Prinzip Colberts war es, die Reichen stärker heranzuziehen und die Armen zu schonen.

Zur Hebung der wirtschaftlichen Kraft des Landes trieb Colbert eine großzügige *Verkehrspolitik*. Er sorgte für den Bau von Landstraßen und ließ den Canal du Midi anlegen, der die wichtigste Verbindung des Atlantischen Ozeans mit dem Mittelmeer herstellte. Dabei ist es bezeichnend, daß Colbert diesen Kanal durch Zwang gegen das unverständige Widerstreben derer, denen er zugute kam, durchsetzen mußte, woran man als nur an einem von vielen Beispielen sehen kann, wie der einsichtigere, modernere Wirtschaftswille eben bei der absolutistischen Staatsführung war und nicht bei den alten ständischen Mächten, gegen deren Willen der wirtschaftliche Fortschritt oftmals verwirklicht werden mußte.

So wurde auch eine wichtige Voraussetzung für das Gedeihen der neueren Wirtschaft geschaffen durch Herstellung eines umfassenderen Wirtschaftsgebietes, innerhalb dessen Handel und Verkehr frei und unbehindert zirkulieren konnten: Durch Aufhebung vieler Binnenzölle im Jahre 1664 wurde ein größeres einheitliches Zollgebiet geschaffen, das allerdings noch lange Zeit nicht *ganz* Frankreich umfaßte. Diesen letzten Schritt vollzog erst die Französische Revolution, auch hier wie in so vielem die Vollenderin dessen, was die Könige begonnen hatten.

Das Merkantilsystem, dessen größter Praktiker Colbert war, beruhte auf einer für den Geist der neueren Zeit ungemein bezeichnenden Überschätzung des baren *Geldes* bzw. des Edelmetalls, das in einem Lande vorhanden ist. In ihm sieht es den eigentlichen – vom Staat zu verwaltenden – Reichtum des Landes. Das führte zu dem Bestreben, möglichst viel Geld im eigenen Lande anzusammeln; man suchte daher die Wareneinfuhr durch Schutz- und Prohibitivzölle möglichst einzuschränken, damit möglichst wenig Geld aus dem Lande herausfloß, die Ausfuhr dagegen durch Prämien und dergleichen in die Höhe zu treiben, um möglichst viel Geld in das eigene Land hereinzubekommen.

Viel verkaufen und wenig kaufen! Dieses staatswirtschaftsegoistische und für die *Gemeinschaft* der Völker und Staaten wie einer umfassender aufgefaßten Wirtschaft selber antisoziale, aber gerade darin für die Impulse der neueren Zeit höchst bezeichnende System führte, da bald *alle* Staaten dazu übergingen, ebenso bezeichnenderweise zu einer weiteren egoistischen Abschließung und Absonderung der Nationen, Staaten und Wirtschaftsgebiete (und diese Begriffe fielen in der Realität immer mehr zusammen) voneinander. Ihr Verhältnis wurde immer mehr auf das *Gegen*einander und die Feindschaft gestellt: Jedes Land glaubte nur durch den Schaden des anderen gewinnen zu können, «alle Nachbarn sind die geborenen Gegner» (Erich Marcks); eben deshalb ist das Zeitalter des Merkantilismus mit seiner «Verbindung von Handel und Macht» nicht nur das einer intensiven innerstaatlichen Förderung der Wirtschaft, sondern zugleich auch das der kriegerischen Auseinandersetzung zwischen den Staaten um wirtschaftliche Betätigungsmöglichkeiten, Märkte und dergleichen, das Zeitalter der Wirtschaftskriege, welche die radikalste Verleugnung, die sich denken läßt, der Uridee aller Wirtschaft bedeuten: der Assoziation.

Aus der Überschätzung des Geldes folgte ferner eine einseitige, aber höchst planmäßige Begünstigung von Industrie und Handel, da diese mehr Geld abzuwerfen versprachen. Die Landwirtschaft zwang man, zu niedrigen Preisen zu verkaufen, damit die Lebensmittel für die in der Industrie Arbeitenden billig blieben und dementsprechend durch billige Produktion die industriellen Gewinnmöglichkeiten größer wurden. Durch ein Übermaß an staatlichen Eingriffen, Vorschriften und Reglementierungen, an staatlicher Beaufsichtigung suchte man alle diese wirtschaftlichen Absichten zu verwirklichen, die sich unter dem beliebten Schlagwort der Zeit «Kommerzien und Manufakturen» zusammenfassen lassen.

Der Kern der Colbertschen Wirtschaftspolitik war eben seine Industriepolitik, die auf das Ziel einer Autarkie gerichtet war und zur Herstellung einer guten Normalware führen sollte. Colbert begünstigte die Industrie durch weitgehenden Schutz, Vorrechte, Belohnungen und dergleichen. Neue Industrien blühten auf, staatliche Manufakturen wurden angelegt. Es war eine zwar mit größtem Zwang Hand in Hand gehende, aber doch auch eine *Erziehungs-*

arbeit, welche die staatliche Führung, bei der, wie gesagt, der modernere Wirtschaftswille lebte, an den Wirtschaftenden vollzog. Auch den Handel förderte Colbert nach Kräften, insbesondere der Seehandel hatte ihm viel zu danken. In Verbindung damit trieb er auch eifrige Kolonialpolitik, so daß Frankreich eine Zeitlang die erste Kolonialmacht war. Die Landwirtschaft freilich nahm schweren Schaden, da sie völlig vernachlässigt und infolge der im einseitigen Interesse der Industrie künstlich gesenkten Lebensmittelpreise unrentabel wurde.

Colberts merkantilistisches System wurde überall nachgeahmt und blieb lange Zeit in Europa herrschend. Eine wichtigste Folge von ihm war, daß überall mit der Akzentverlegung auf die Wirtschaft zugleich auch deren eigentlicher Träger, das *Bürgertum*, durch den Absolutismus großgezogen wurde, das Bürgertum, das etwa hundert Jahre später das absolute Königtum ablösen sollte.

In Frankreich selbst wurden freilich die Absichten und Erfolge des großen Ministers schon ziemlich bald durchkreuzt und dann in steigendem Maße geradezu zunichte gemacht durch einen Faktor, der bezeichnenderweise nicht in dem System selbst lag, sondern der wie von außen her störend und zerstörend in es hineinwirkte. Und das war der grenzenlose persönliche Egoismus des Königs, der für seinen Luxus und seine Verschwendung, für seine Bauten und den Hof und für seine maßlosen Kriege unausgesetzt von Colbert Unsummen forderte und damit auch die durch Colbert so sehr gesteigerte Leistungsfähigkeit des reichen Landes bei weitem über das Maß des Möglichen hinaus in Anspruch nahm. Über alle Einwände, die Colbert, immer verzweifelter, gegen die ruinösen Anforderungen des Königs erhob, setzte sich dieser hinweg, und so mußte Colbert, der schließlich infolge seiner Vorstellungen gegen die Verschwendung des Königs bei diesem in Ungnade fiel, im Gegensatz zu seinen eigentlichsten Absichten und Prinzipien und schließlich im Bewußtsein, auf den Staatsbankrott zuzusteuern, die gesunde Fortführung seiner wirtschaftlichen Projekte fallen lassen und eine Ausbeutungspolitik dem Lande gegenüber durchführen, die das Land in

Niedergang und wirtschaftlichen Ruin trieb. Er mußte immer mehr zu einem System erpresserischsten Fiskalismus übergehen; ein unerträglicher Druck lastete auf dem Volke. Colbert blieb taub gegen die Vorstellungen seiner Beamten, wie der König es gegen die seinen geblieben war; er sagte, man müsse kein Mitleid haben.[296] Nach seinem Tode 1683 wurde alles noch viel schlimmer, und am Ende der Regierung Ludwigs XIV. war ein riesiges Defizit im Staatshaushalt vorhanden und das Land vollständig verarmt.

Diese Dinge sind unzählige Male geschildert worden, es scheint mir aber darauf anzukommen, daß man dabei durchschaue, wie hier dieses vorliegt, daß der Egoismus und die Unersättlichkeit eines Menschen, nämlich des Königs, die auf der einen Seite und zunächst die stärksten Antriebe für die ganze in seinem Namen und unter seiner Mitwirkung sich vollziehende Ausbildung des Staates abgegeben hatten, auf die Dauer aber den sachgemäßen Gang der von ihm selbst eingeleiteten Entwicklung gerade wieder durchkreuzten und weitgehend aufhoben. Und daran kann man etwas erkennen, was von einer beträchtlichen grundsätzlichen Bedeutung, auch für ein Verständnis des Fortgangs der Entwicklung im 18. Jahrhundert ist, wie nämlich der immer mehr zu einem großen Mechanismus werdende neuere Staat mitsamt seiner Verflochtenheit in die Wirtschaft beginnt, gleichsam nach eigenen Gesetzen und aus einer Dynamik heraus zu laufen, der gegenüber die egoistischen Eingriffe des Menschen und auch gerade des Fürsten, wiewohl dieser an sich die ganze werdende Maschine auf dieser Stufe menschlich noch in weitem Ausmaß durchdringt, den Charakter des «*Unsachgemäßen*» haben. Diese Maschine verlangt aus ihrer eigensten immanenten Wesensgesetzmäßigkeit heraus, daß der Mensch in *ihrem* Sinne denke, wolle, sie handhabe. Ludwig XIV. als das große MOI der Maschine wollte dieser *seinen* Willen aufzwingen, der von seinen persönlichen Aspirationen (Ruhm-, Machtsucht und dergleichen) gespeist war. Damit aber konnte er nur schwerste Störungen im Gang der Maschine hervorrufen, welche diese, d.h. den Staat an den Rand des Abgrundes brachten. Der Egoismus wird auf einer bestimmten Stufe zu einem destruktiven Element. Ludwig konnte –

begreiflicherweise! – dies nicht verstehen, er konnte nicht verstehen, daß die Maschine Sachlichkeit und Unpersönlichkeit, Selbstlosigkeit vom Menschen verlangt. Diese Eigenschaften aber gehören gerade ganz zentral zu dem menschlichen Gewinn, den der Mensch des Bewußtseinsseelenzeitalters aus dem Umgang mit der Welt des Mechanistischen haben kann und soll. Gerade dies ist, neben der bewußtseinsweckenden, Wachheit hervorrufenden Kraft, die von der mechanistischen Welt ausgeht, ihr eigentlicher menschheitspädagogischer Ertrag. Das alles aber mußte erst gelernt werden. Man konnte diese ganze Entwicklung wohl aus Egoismus *beginnen*, aber man konnte nicht bei der rein egoistischen Haltung gegenüber dem Geschöpf dieses Egoismus *stehenbleiben.*

Das scheint mir das eigentliche Phänomen Ludwigs XIV. auf diesem Gebiete zu sein. Und damit hängt – sekundär – aufs engste noch ein weiteres zusammen. Die komplizierte Staatsmaschine, die durch Zusammenfassung aller Kräfte des Landes in der Hand des Königs entstanden war, konnte von der Zentralgewalt nur bürokratisch regiert und in Gang gehalten werden, d.h. durch Beamte, welche die Weisungen der Zentralstelle durchführten. Auch von diesen Beamten als den einzelnen Rädern des großen Räderwerkes mußte aus dem Wesen der werdenden Maschine selber heraus unpersönliches, uneigennütziges Dienen, mußten Pflichtbewußtsein und Verantwortlichkeit verlangt werden. Diese Eigenschaften aber fehlten wie bei dem Herrn des Ganzen so auch bei den Dienern vielfach noch sehr. Es herrschte im Gegenteil eine ziemlich allgemeine Korruption. Auch hier durchbrach die Selbstsucht des Einzelnen die werdende Ordnung des staatlichen Wesens. Ludwig versuchte vergebens, die Mißbräuche der Beamten abzustellen, d.h. aber in der Realität: sie davon abzuhalten, sein eigenes Vorbild in ihrem kleineren Maßstabe nachzuahmen. So sehr war er wirklich das MOI des Staates, gerade er als Mensch, daß er ihn auch mit seinen Fehlern gleichsam imprägnierte. Selbstsucht, Genußsucht und eine gewisse innere Unwahrhaftigkeit charakterisierten wie ihn selbst so auch seine Werkzeuge.

Die ganze Regierung Ludwigs war von einem gewissen Geist der

Unredlichkeit angekränkelt, und vollends in den Zeiten der zunehmenden Finanznot trieb dieser immer neue Blüten. Die Regierung wandte die unsaubersten Praktiken an, um immer wieder neues Geld den Untertanen abzupressen. Man schuf Ämter nur zu dem Zweck, um sie für hohen Preis zu verkaufen. Ludwig erklärte Adelstitel, deren meiste er selbst verliehen, d.h. verkauft hatte, für ungültig, und um sie trotzdem zu behalten, mußte dann der Inhaber eine neue Abgabe entrichten.[297] Man braucht deshalb nicht mit Bonnemère[298] das Frankreich des 17. Jahrhunderts vom König bis zu dem letzten seiner Untertanen «eine Pyramide von Banditen und Halsabschneidern» zu nennen, aber man kann gerade an allen diesen Erscheinungen sehen, wie eben der werdende mechanistische Staat, um richtig und reibungslos zu laufen, von den Menschen Eigenschaften verlangt, die am Anfang seiner Entwicklung noch nicht vorhanden waren. Diese Eigenschaften machen etwas von dem aus, was man so oft das «preußische» Ethos genannt hat, womit zugleich auf eine andere Stätte im neueren Europa hingewiesen ist, auf der diese Stufe eigentlich erst voll erreicht wurde, um dann ebenfalls in der Welt, mehr oder weniger abgeschwächt vielleicht, Schule zu machen. Auch hier sehen wir: die Verstandesseelenimpulse des Franzosentums waren zwar hervorragend geeignet, den neueren Staat zu «*erfinden*», ihn mit systematischem Geiste auszudenken und methodisch einzurichten, nicht aber ebensosehr, um das Erfundene, Erdachte und Eingerichtete in vollendeter Sachlichkeit und unpersönlicher Hingabe durchzuführen und einzuhalten.

Kultur

Das dritte Glied des sozialen Organismus neben dem eigentlich rechtlich-staatlichen Leben und neben der Wirtschaft ist das der Kultur im engeren Sinne, das Geistesleben.

Es war durch viele Jahrhunderte von der Kirche verwaltet worden als eine Dependenz des religiösen Lebens. In dem Maße, wie sich dieses in seiner alten Form dann immer mehr überlebt hatte und mit der Renaissance der große Prozeß der Verweltlichung auf allen Gebieten einsetzte, begann nun auch die des Geisteslebens, und wir sehen als dessen Hauptträger etwa den Humanisten und den Künstler der Renaissancezeit, besonders in Italien. Stark luziferisch-persönliche Impulse lebten in diesen ersten Trägern eines nicht mehr kirchlichen Geisteslebens und beschwingten gerade seine Anfänge.

Nun beginnt auch hier der Staat, wie überall, die Erbschaft der Kirche anzutreten. Zunächst der Staat in seinem Keimesstadium, wo er noch «lo stato» im ursprünglichen italienischen Sinne ist, d.h. der Fürst mit seiner persönlichen Umgebung, der Künstler und Gelehrte an seinen Hof zieht, sich selbst zum Glanze, zur Unterhaltung, aber auch aus persönlichem Enthusiasmus für Kunst und Wissenschaft. Es ist das selbst noch mehr luziferische Anfangsstadium der Beziehungen des Staates zum weltlichen Geistesleben.

Nur durch die Verbindung mit dem Fürsten und dem werdenden Staate und unter ihrem Schutze hat sich wohl, wie die Dinge einmal lagen, überhaupt ein Geistesleben unabhängig von dem alten Herrn, der Kirche, entwickeln können. Die Fürsten wurden in gewissem Sinne die Geburtshelfer dieses neueren, rein weltlichen Geisteslebens in Wissenschaft und Kunst. Nach einiger Zeit freilich stellte sich heraus, daß dieses Geistesleben in seinen Beschützern und Geburtshelfern *neue* Herren gegen den alten eingetauscht hatte, und je mehr das Pendel von den luziferischen Anfängen in der enthusiastischen Atmosphäre der Renaissance zu dem anderen Pol herüberschwang, der, wie wir gesehen haben, schon in dem so viel nüchterneren 17. Jahrhundert dominierend geworden war – in demselben Maße wird es nun bereits sehr bemerkbar (wenigstens für den nachträglichen Betrachter des ganzen Prozesses), daß bei aller Zeitbedingtheit der neuen Herrschaft doch ein sehr wesentlicher Unterschied zwischen ihr und der alten Herrschaft bestand: Der alte Herr, die Kirche, war eine soziale Entität, die selbst von Hause aus ganz im geistigen Leben wurzelte, die selbst – wiewohl schon stark politisiertes – Geistesleben war; in der Zeit ihrer gesunden und zeitgemäßen Entwicklung war sie überhaupt eigentlich weniger ein Herr gewesen denn ein Vater oder eine Mutter, die heilige Mutter Kirche, die alle Zweige des Geisteslebens unter ihrem Mantel umfaßte. Der neue Schützer und Herr aber war ein solcher, der *nicht* in der geistig-kulturellen Sphäre als solcher wurzelte, sondern eben als Staat in dem politisch-rechtlichen Element. Er stand daher dem innersten Nerv des Geisteslebens im Grunde inkongenial, fremd gegenüber, und seine Herrschaft mußte daher, ob gewollt oder nicht, aus der inneren Struktur der Dinge heraus auf die Dauer auch ganz andere Folgen zeitigen.

Nun wird man die Entwicklung, aufs Ganze schauend, wohl so zu sehen haben, daß dabei zwei Faktoren zusammenwirkten und sich gegenseitig steigerten. Der eine war der, daß mit dem Heraufziehen des materialistischen Zeitalters das Geistesleben selbst notwendigerweise einerseits intellektualistischer, andererseits ästhetizistischer wurde, d.h. daß es an seelentragender und das menschliche Sein befeuernder Kraft einbüßte, und dies also schon aus seiner eigenen inneren Entwicklung heraus. Es wurde schwächer und ohnmächtiger, sozial unproduktiver. Und eben diese eigene innere Schwäche trieb es daher nun um so mehr in die Arme von Mächten, die selbst *nicht* solche des Geisteslebens in dem hier gemeinten Sinne des Wortes waren, an die es sich gleichsam anklammerte und denen es dadurch mehr oder weniger verfiel und die nun eine Herrschaft über es auszuüben begannen, die in einem gewissen tieferen Sinne als eine Fremdherrschaft empfunden werden muß. Das war zuerst der *Staat* und später (vom 19. Jahrhundert ab) außerdem immer mehr auch noch die *Wirtschaft*. Und diese Herrschaft nun, mit ihren Einflüssen, die von den neuen Herren auf das Leben in Wissenschaft, Kunst und Religion, Pädagogik usw. ausgingen, wirkte auf diese Zweige des Geisteslebens so zurück, daß sie jene innere Schwäche noch verstärkte, die von vornherein dazu beigetragen hatte, daß eben das Geistesleben bei den herrschenden Mächten des materialistischen Zeitalters Schutz und Anlehnung suchen mußte. So handelt es sich also um eine Wechselwirkung: Die zunehmende soziale Schwäche des Geisteslebens provoziert die Herrschaft dieser neuen Mächte über es, und diese Herrschaft erhöht wiederum jene Schwäche – wahrhaft ein circulus vitiosus, den man als *Ganzes* erkennen muß, wenn man nicht einseitig und ungerecht urteilen will. Gerade als Ganzes gesehen trägt er das Gepräge des materialistischen Zeitalters.

Von der Abhängigkeit des Geisteslebens von der *Wirtschaft* zu sprechen, besteht hier, wo uns das 17. Jahrhundert vor Augen steht, noch wenig Veranlassung. Bei seiner nun einsetzenden Abhängigkeit vom *Staate* aber kommen aus der Natur der Sache, d.h. aus der Dynamik des Staates heraus vor allem zwei Dinge in Betracht. Das Leben des Staates bewegt sich, wie schon oben erwähnt, zwischen den Polen von *Recht* und *Macht*. Der Staat ist seinem Wesen nach und kann auch diesem Wesen nach nichts anderes sein als Rechtsorganisation, die sich durch Macht verwirklicht, durchsetzt.

Insofern der Staat *Rechts*organisation ist, hat er es mit der Bildung von Normen zu tun, die notwendigerweise «abstrakt», d.h. vom Einzelnen «abgezogen», für alle gleich verbindlich sein müssen, mit Regeln, die für alle Individuen bzw. für alle «Fälle» in gleicher Weise gelten müssen. Es ist daher ohne weiteres klar, daß der Staat als Rechtsordnung mit dieser seiner notwendigen Dynamik (er *muß* aus ihr leben, gerade um seine Aufgabe erfüllen zu können) diametral entgegengesetzt derjenigen Dynamik ist, aus der ebenso wesensnotwendig das Geistesleben lebt, da es in diesem ja umgekehrt ganz und gar auf das ankommt, was seinen schöpferischen Quell in dem individuellen Innenleben des einzelnen Menschen hat und von hier aus sozial fruchtbar werden will. Insoweit dieser innere individuelle Quell durch den Geist der Regel, der Abstraktion zugeschüttet wird, versiegt daher das Geistesleben.

Insofern der Staat (ebenso notwendigerweise auf seinem Gebiete) *Macht* ist, Macht, die von außen her ein bestimmtes Verhalten der Untertanen oder Staatsbürger erzwingen muß, kommt er, wenn er die Sphäre des Geisteslebens ergreift (sich ihrer «be-*mächt*igt») wiederum in Gegensatz zu demselben Wesenszug des Geisteslebens, daß nämlich dieses in echter Art nur aus dem *Inneren* der geistig schöpferischen Menschen hervorquellen kann. In alten Zeiten ertrug dieses innere Menschenwesen stärkste äußere Autoritäten und Führermächte, ja es brauchte sie auf der Stufe der Empfindungsseele, auch noch durchaus auf der der Verstandes- oder Gemütsseele, wenn es nur eben Autoritäten waren (wie noch die Kirche), die ihrerseits auch selbst *im Geistigen* wurzelten. Mit dem Zeitalter der Bewußtseinsseele will dieses Innere, das von jeher der Quell allen geistigen Lebens war, immer mehr frei aus sich selbst heraus schaffen, und so wird nun diese Freiheit geradezu eine Voraussetzung der gesunden geistigen Produktion. Insofern nun der Staat diese Voraussetzung einschränkte oder aufhob, lähmte er wiederum das Geistesleben ab.

Man muß natürlich bedenken, daß der Einfluß des Staates auf das Geistesleben keineswegs immer «reine Phänomene» zeitigt, insoweit nämlich der «Staat» nicht immer (und sogar sehr oft nicht) zur reinen Entfaltung seines ureigentlichsten Wesens kommt, da ja immer doch auch *Menschen* als solche in die Staatstätigkeit hineinwirken. Diese können, z.B. als Organe des Staates, von einem wirklichen lebendigen Interesse und von einem wirklichen menschlichen Verantwortlichkeitsgefühl für das Geistesleben erfüllt und bestrebt sein, dieses nach Möglichkeit in nicht zu starkem Widerspruch zu seinen Lebensnotwendigkeiten zu fördern. Vollends war dieses sicherlich sehr oft gerade in den ersten Zeiten in der Entwicklung des neueren Staates der Fall, als außerordentlich viel insbesondere von der Person, der Einsicht und dem Verständnis des Fürsten, also eben eines Menschen, abhing. Wenn wir also von der Art und Weise des Staatseinflusses auf das Geistesleben sprechen, so meinen wir die dem politischen Staat *als solchem* innewohnenden Tendenzen, die in der Wirklichkeit mit den charakterisierten anderen Faktoren zu einer Art «Parallelogramm der Kräfte» zusammenwirken. Diese «Staatstendenzen als solche» aber wirken auf das Geistesleben in der Weise, daß sie zwischen ihm und dem Staat ein solches Verhältnis zu begründen streben, bei dem der Staat der Herr, das Geistesleben aber der ihm Dienende ist, bei dem dieses ein bloßes Mittel zum Zwecke der Größe und der Macht jenes ist, was also eine Umkehrung der im Wesen der Sache begründeten sozial gesunden Ordnung bedeutet, denn das Geistesleben stellt die eigentliche Blüte und Frucht des sozialen Organismus dar. Es am allerwenigsten darf zu einem bloßen Mittel degradiert werden, ohne daß es schwersten Schaden leidet und in die Unmöglichkeit versetzt wird, dem gesamten sozialen Organismus diejenigen sozial notwendigen Dienste zu leisten, ohne welche dieser auf die Dauer nicht gesund leben kann.

Die dienende Rolle, zu der die gemeinten «Staatstendenzen als solche» das Geistesleben seit dem 17. Jahrhundert in weitgehendem Maße heranzuziehen begonnen haben, hatte in der Hauptsache zwei Ziele (die natürlich keineswegs immer klar erkannt und wohl noch seltener klar ausgesprochen worden sind): den *Nutzen* und die *Dekoration.**

Beim «*Nutzen*» wird man wiederum zwei verschiedene Aufgaben unterscheiden können: 1. alles das, was das Geistesleben, besonders in Wissenschaft und Unterricht, an nützlichen und notwendigen Kenntnissen und Fähigkeiten vermitteln kann, damit die Untertanen bzw. Staatsbürger z.B. als Beamte im Staatsdienst oder als in der Wirtschaft (an deren Blüte der Staat ja hervorragend interessiert ist) Tätige Tüchtiges leisten können; im weiteren Sinne gehört hierzu natürlich auch jede Förderung der Technik und derjenigen Wissenschaften, auf denen diese aufbaut; 2. alles dasjenige, was geeignet ist, solche Anschauungen, Gesinnungen, Stimmungen, Gefühle usw. in den Menschen zu erzeugen bzw. fernzuhalten, an deren Erzeugung oder Fernhaltung die Inhaber der staatlichen Macht, zunächst also die Fürsten des absolutistischen Zeitalters ein Interesse haben.

Zur «*Dekoration*» (mehr der luziferische Pol gegenüber dem nüchternen Nützlichkeitspol) gehört nicht etwa nur die Kunst, insofern

* «Que font-ils pour l'Etat?» (was tun sie für den Staat?), wie es in Molières «Les femmes savantes» an einer Stelle (4. Akt, 3. Szene) heißt: so klingt eigentlich im Sinne dieser Tendenzen immer die Frage an die geistig Schaffenden, «qu'est-ce que leurs écrits lui rendent de service?» (was für Dienste leisten ihre Schriften dem Staat?).

sie z.B. dem Fürsten repräsentable Schlösser baut, ihn besingt und dergleichen, sondern auch in einem viel weiteren Sinne alles das, was dem Fürsten, der Regierung, dem Staate den Ruf der Kunstsinnigkeit, des Mäzenatentums, der Wissenschaftsfreundlichkeit und damit einen gewissen moralischen Kredit eintragen kann und was daher zugleich zu dem wichtigen Kapitel der politischen «Kulturpropaganda» gehört, die namentlich für die politische Macht Frankreichs durch Jahrhunderte von denkbar größter Bedeutung gewesen ist.

Alle diese Gesichtspunkte werden im 17. Jahrhundert akut im Staate Ludwigs XIV., und wir glaubten, sie deshalb hier zunächst einmal in einer allgemeineren Weise wenigstens skizzenhaft herausstellen zu sollen.

Auch bei der Fürsorge Ludwigs XIV. für Kunst und Wissenschaft, für die er unendlich viel getan und wodurch er auch und gerade auf geistig-kulturellem Felde große und bedeutsame Wirkungen hervorgebracht hat, war der unmittelbar menschliche Ausgangspunkt wieder derselbe: das eigenartige polare Doppelbedürfnis, das in diesem Menschen lebte, einerseits *Glanz* um sich herum zu entfalten und auszustrahlen, andererseits *Macht und Herrschaft* auszuüben, *alle* Lebensäußerungen zu umfassen und mit dem eigenen Wesen gleichsam zu imprägnieren, das ganze Leben der Nation jenem MOI einzugliedern, es an sich zu reißen und in diesem Zustande dann soweit nur irgend möglich zu steigern und hochzutreiben.

«Er gewährte Gelehrten und Dichtern Wohltaten, aber nicht aus edler Begeisterung für Wissenschaft und Poesie, sondern weil er damit lediglich wieder an sich, seinen Ruhm und seine Verherrlichung dachte. Auch ausländische Gelehrte wurden mit Wechseln ... bedacht, in Begleitung schmeichelhafter Briefe, Niederländer, Deutsche, Italiener ...

Er liebte es, sich nicht nur mit Höflingen, Beamten und Feldherren, sondern auch mit den hervorragendsten literarischen Größen seines Landes zu umgeben. Strahlen von ihrem Glanze fielen auf ihn zurück und erhöhten den Schimmer der königlichen Sonne; er erschien als Mittelpunkt auch der intellektuellen Bestrebungen, als Verkörperung des französischen Geistes nach allen seinen Richtungen … Von der königlichen Huld angelockt, schart sich um ihn der Kreis der Schriftsteller, auf seine Bestrebungen und Anschauungen gehen sie ein, sie sind seine Diener gleichwie Colbert und Louvois …, sie fügen sich in die Rolle, ihre Fähigkeiten und ihren Fleiß gleichsam nur zum Ruhme des Einen zu betätigen. Sie sind wie der Chor lobpreisender Engel um den Thron der Gottheit.

Ludwig hatte sich 1672 zum Protektor der französischen Akademie erklärt, ihr den königlichen Palast des Louvre zu ihren Sitzungen eingeräumt. Er schuf mit Colberts Hilfe die Akademie der Inschriften und schönen Wissenschaften, sowie die naturwissenschaftliche Akademie. Ebenso wurde für die Künste gesorgt: Sie sollten gleichfalls im Dienste des großen Monarchen stehen, seine Taten verherrlichen, seine Wohnsitze schmücken, seine Feste verschönern, auch sie die majestätische Würde und wohlerzogene Regelmäßigkeit wiedergeben, die von der Person Ludwigs XIV. ausging. Zunächst wurde eine Akademie der Malerei, dann eine französische Künstlerschule in Rom gestiftet. Eine Akademie der Baukunst, eine Akademie der Musik folgten.»[299]

Ohne jeden Zweifel steht es fest: Ludwig XIV. hat unermeßlich viel für Kunst und Wissenschaft getan, hat ihnen stärkste Aufmerksamkeit zugewendet, hat die Rolle, die gerade die geistige Kultur in einem Volke und besonders auch für dessen kultur*propagandistische* Wirksamkeit nach außen zu spielen, den nachhaltigen Ruhm, den sie zu verleihen vermag, voll gewürdigt und außerordentliche finanzielle Aufwendungen für alle diese Zwecke nicht gescheut; er hat ihre Vertreter hoffähig gemacht und unendlich viel Betriebsamkeit und Leben um sich herum angeregt, in Schwung gebracht und eine Zeitlang in Gang erhalten. Eine andere und gerade die wesentlichere Frage aber gegenüber dem mehr quantitativen Aspekt dieser Kulturförderung ist die nach den *Qualitäten* des auf diese Weise begünstigten geistig-kulturellen Lebens, die Frage des *Wie* gegenüber der des Was, die Frage nach den menschlichen Werten, der menschlichen Wesensart und den Gesinnungen, die es in den Menschen gefördert hat. Und hier ist für den, der nicht selbst nur an der äußeren Oberfläche der Dinge hängen bleibt (was gewiß nicht gerade die Aufgabe des Historikers ist!), das Bild ein durchaus eindeutiges: Das Geistesleben, insbesondere die Kunst, die Ludwig XIV. großgezogen und denen er den Stempel seines Wesens aufgeprägt hat, wenn auch selbstverständlich auf allen Gebieten die Anfänge und Ansätze zu ihnen schon vorher in hohem Maße vorhanden waren, war ein zwar glänzendes und «repräsentatives», aber in Wahrheit doch recht oberflächliches und konventionelles, dem eigentlichen menschlich-schöpferischen Quell im menschlichen Inneren entfremdetes. Es war elegant, gefällig, geregelt und doch esprit-begabt, geistreich oberflächlich, den Verstand ansprechend, von gepflegtester Form, kühl und äußerlich; es war auf seinem Niveau ein Vollendetstes, Vollkommenes, dem Zeiten-Geist und dem Zeitgeschmack in höchstem Maße Entsprechendes, aber eben deshalb nicht geeignet, irgendwelche tieferen Schichten des menschlichen Wesens anzusprechen oder irgendwelche starken inneren Wirkungen im Menschen hervorzubringen oder gar menschliches Streben zu befeuern. Gerade ein *solches* – durch Reglementierung abgelähmtes und wegen seiner Abgelähmtheit auch wieder reglementierungsbedürftiges – Geistesleben konnte eben deshalb nur in engster Anlehnung an Hof und Staat bestehen. Es ist selbst ein Ausdruck des Versiegens der tieferen produktiven Kräfte der Menschennatur, das die neuere Zeit charakterisiert.

Die französische *Literatur* des grand siècle, insbesondere das Drama, beruhend auf strengen Regeln und Vorschriften, zeichnet sich ganz durch die geschilderten Wesenszüge aus; es sind stärkste formale Vorzüge, aber auch fast nur solche: rhetorisches Pathos, vornehme, gemessene Haltung, verbunden mit großer Unnatur, theatralischem, geschraubtem Wesen und doch zugleich wieder Nüchternheit und Verstandesmäßigkeit. «Nüchterne Klarheit und pathetische Deklamation» fanden sich hier vereint. Weit überragt wird diese im allgemeinen die Mittelmäßigkeit züchtende, die Größe ablehnende Literatur, aber doch zugleich als von ihrem eigenen Gipfel, von dem Genie *Molières*, der, wie Rudolf Steiner ausgesprochen hat, den höchsten Gipfel des französischen Wesens überhaupt, die eigentliche Höhe der französischen Seele bedeutet, von dem, wie Rudolf Steiner sagte, ein Abglanz noch in Voltaire wirkte.[300] Und Ludwig XIV. schätzte und schützte auch Molière. «Voltaire», so schreibt der feinsinnige deutsche Kunsthistoriker Moritz Carrière, «nennt Molière einen Gesetzgeber in der Moral und in der Schicklichkeit des Weltbenehmens. Er hat mit Corneille und Racine auf Bildung und Sitte Frankreichs eine dauernde Wirkung geäußert; die Empfindung, der Charakter der Nation hat durch sie jenes bestimmt herausgearbeitete und wohlgeglättete Gepräge erhalten, das von ihren Werken sich auf das Leben selbst übertrug und Frankreich ebensosehr wie das Schwert und die Politik Ludwigs XIV. im 17. Jahrhundert an die Spitze von Europa stellte.»[301]

Weniger bedeutungsvoll, aber in ihrer Art charakteristisch genug und von demselben Geiste erfüllt wie die Literatur, waren im Zeitalter Ludwigs XIV. die *bildenden Künste*. Von den Malern repräsentierte am besten *Lebrun* das Wesen des Königs, der ihm auch als seinem eigentlichen Hofmaler eine wahre Herrscherstellung auf dem Gebiete der Malerei einräumte, ihn zu einer Art Malerpapst machte. Die wenig ernste, aber gewandte und effektvolle Kunst Lebruns entsprach dem aufs äußerlich Dekorative gerichteten Sinne Ludwigs. In der Plastik wandte sich der Geschmack des Königs einem *Bernini* zu, der mit königlichen Ehren aus Italien geholt wurde.

Am charakteristischsten aber war ohne Zweifel Ludwigs Betätigung auf dem Gebiete der *Architektur*, die von allen Künsten ja von jeher am geeignetsten war, den Machtwillen großer Herrschernaturen zu versinnbildlichen. Ludwig, der wie in einem Baurausch lebte, wollte, so sagt ein neuerer Schriftsteller mit richtigem und hier vielleicht sogar in einem sehr tiefen Sinne richtigem historischen Empfinden, «sein Schloß ..., so wie die Pharaonen ihre Pyramiden hatten».[302] Und so entstand als seine ureigentlichste Schöpfung vor allem und in erster Linie *Versailles*, dieses einzigartige und gewaltige Symbol seines Geistes und des ludovizianischen Zeitalters, diese ganze Anlage mit ihrer imposanten Einheitlichkeit und machtvollen Wirkung und dabei doch im tieferen Sinne Öde und Kälte. Man mußte ein Mensch eben nach dem Schlage Ludwigs XIV. sein, um sich darin wohl zu fühlen. Mit Recht hat man auch hervorgehoben, daß Ludwig in Versailles sich insbesondere deshalb so wohl fühlte, weil dort alles von *ihm* hervorgebracht worden war, die riesige Anlage in einer ehemals sumpfigen Gegend unter ungeheuerlichsten Opfern zustandegebracht, alles künstlich gemacht, alles *sein* Werk und alles nur für ihn da.

Stellt innerhalb der Fürsorge Ludwigs XIV. für das Geistesleben die für die *Künste*, trotz aller auch hier stattfindenden Reglementierung dieser Staatskunst durch die Akademien, mehr den luziferischen Pol dar, das dekorative Element – hier beginnt so recht eigentlich eine Kunst, die den Charakter des *Luxus* gegenüber dem Leben hat –, so tendiert die Art von *Wissenschaftlichkeit*, die von ihm gefördert wurde, zu dem entsprechenden Gegenpol, zum Nüchtern-Intellektuellen, zur Sammeltätigkeit und zu dem, was mehr dem Nutzen dienen soll. «Gar nicht auszusprechen» ist nach Ranke, wie sehr der König auch in späteren Jahren durch Anwendung ansehnlicher Mittel die Wissenschaften gefördert hat.[303] Ranke nennt die Gründung des Observatoriums, an die sich die Fortschritte der Astronomie und Geographie knüpften, die Einrichtung des botanischen Gartens, die großen historischen Sammelwerke, die seiner Protektion ihren Ursprung und Fortgang verdankten. Es ist derselbe systematisierende, organisierende, zentralisierende Trieb, der uns im ganzen Staate Ludwigs XIV. entgegentritt, der sich hier nützlich betätigen konnte, wo es sich um die Begründung von Instituten, um fleißiges Sammeln und Ordnen, Zusammenstellen von Wörterbüchern und dergleichen handelte. «Alles, wozu Schwung, Begeisterung, Leben, Seele erforderlich ist, konnte nicht existieren unter dem einförmigen Despotismus Ludwigs ... Um so mehr wurde der geduldige anspruchslose Fleiß begünstigt und gepflegt, das nüchterne trockene Gelehrtenwesen.»[304]

Zwischen glänzender und schimmernder Dekoration und nüchternem Nützlichkeits- und Verstandeswesen verkümmerte so im

Geschehen an der herrschenden Kulturoberfläche das Menschlich-Mittlere.

Das eigentlich Großartige und Imposante an dem Phänomen ist die Art, wie Ludwig XIV. es vermocht hat, diese Konzentration aller Kräfte und aller Lebensgebiete des Landes zu einer großen Einheit tatsächlich zustande zu bringen. Wie groß mußte das geistige Agens sein, das durch Ludwig wirkte, daß er mit seiner Person so sehr der Mittelpunkt von allem werden, alles so an sich ziehen, um sich gruppieren und beherrschen konnte! Wie stark verbunden mußte er mit geistigen Mächten seines Volkes und auch der Zeit sein, daß er so zum Exponent dieses Volkes, wenn auch nicht seines eigentlichen, besten Geistes, und so wahrhaft «tonangebend» in seiner Zeit werden konnte! Wie groß muß auch die persönliche Anziehungskraft gewesen sein, die von ihm ausging und wie Höflinge, Beamte, Priester und Soldaten, so auch Dichter, Maler, Architekten, Gelehrte und Wissenschafter in seinen Bann zog, so daß er auch diese «wie ein Regiment Soldaten nach seinem Willen marschieren lassen» konnte! Was war das für eine geistige Macht, die durch ihn wirkte? Mit ihrem Walten muß es auch zusammenhängen, daß sein grenzenloser Egoismus keineswegs immer so empfunden wurde, wie er zweifellos war, daß er vielmehr lange Zeit mit einer gewissen Selbstverständlichkeit hingenommen wurde, weil er eben mit einem gleichsam Objektiven zusammenfiel, in dessen Sinne der König wirkte, wenn er für sich wirkte. Der Geist, so schreibt treffend ein Schriftsteller, in dem der König sich betätigte, in dem er z.B. Versailles schuf, ist derselbe, in dem auch die Künstler und Dichter und Staatsmänner um ihn herum ihre Werke schufen. Vielleicht schuf der König diesen Geist überhaupt nicht, so meint derselbe Schriftsteller, sondern repräsentierte ihn nur. Vermutlich aber sei es so, daß sowohl der König wie die Werke Produkte waren und zu Symbolen wurden dieses Zeitgeistes.[305]

Was war das für ein Geist? Diese Frage aufwerfen, heißt nach der eigentlichen spirituellen Realität fragen, die hinter dem ganzen Phänomen stand.

Ein Element zur Beantwortung dieser Frage ist sicher auch die bezeichnende Tatsache, daß Ludwig XIV. sich – besonders deutlich auf künstlerischem Gebiet – in der Hauptsache mit solchen Talenten umgab, die schon *vorhanden*, schon ausgebildet waren, als er zur Regierung kam (1661). Gerade die bedeutenderen Künstler, deren Namen das «große Jahrhundert» erleuchtet haben, entstammten einer einige Jahrzehnte älteren Zeit, die in Frankreich für die geistige Kultur fruchtbarer war als diejenige Ludwigs XIV., einer freieren, lebendigeren, geistig regsameren Zeit, in welcher der größte kirchliche Zwang nicht mehr und der größte staatliche noch nicht herrschten: der ersten Hälfte des 17. Jahrhunderts (Corneille z.B. war 1606 geboren, Molière 1620). Ludwig hat die vorhandenen Künstler nur gefördert und ermuntert, durch Wohltaten, Geschenke und Pensionen. Hervorzubringen vermochte sein System keine geistig schöpferischen Persönlichkeiten, es konnte nur die vorhandenen an sich ziehen und ausnützen. Aufs Große gesehen war es eine Art Raubbau. Der Keim des Unterganges, hat man z.B. gesagt, sei von vornherein in Ludwigs System enthalten gewesen, weil er die lebendigen Kräfte vernichtete.

Mit alledem hängt es auch tief zusammen, daß Ludwigs System sich durch den Lauf der Dinge ad absurdum führte. Er mußte dies selbst noch erleben. In seiner späteren Zeit schieden sich die Kreise des geistigen Lebens und des Hofes. Die Kunst war in Frankreich weitgehend erstorben unter der lähmenden Wirkung des Geistes ihres Förderers. Und auf wissenschaftlichem Gebiete entwickelten sich die Dinge so, daß alles, was in der Folgezeit an freiem Denken aufkam, die ganze Wissenschaftlichkeit und Schriftstellerei und Freigeisterei des 18. Jahrhunderts, sich in ausgesprochensten Gegensatz zu Ludwigs ganzem System stellte und geradezu Kraft aus seiner Bekämpfung schöpfte.

Dennoch hat Ludwig XIV. aufs stärkste in der Geschichte auch des eigentlich kulturellen Wesens weiter gewirkt, eben durch die unter ihm in großem Stile beginnende Verstaatlichung des Geisteslebens. Es *begann* mit Impulsen, in denen sich trotz aller schon sofort einsetzenden Zentralisierung doch noch ganz stark das persönliche

Element des Königs auslebte, es begann mit höfischem Glanze; es *endete* mit unpersönlichen zentralisierten Staatsinstitutionen. Richelieu hatte mit ihrer Gründung den Anfang gemacht*, Ludwig und Colbert hatten das fortgesetzt. Nachdem längst der Glanz des Sonnenkönigs verblichen war, blieben diese Institutionen, diese Akademien usw. bestehen; ihrer wurden in allen Staaten immer mehr begründet und das ganze, namentlich wissenschaftliche Geistesleben von da aus immer mehr im gleichen Sinne betrieben. So entstand von dieser Seite her der neuere Einheitsstaat. Niemand hat größeren Anteil an ihm gehabt als Ludwig XIV. und seine Helfer.

Die Hugenotten

Vielleicht auf keinem Gebiet hat sich der wahre Geist des ludovizianischen Systems gegenüber dem geistigen Leben deutlicher enthüllt als in dem Verhalten Ludwigs gegenüber den französischen Calvinisten, den Hugenotten.

Wir haben (oben S. 121 ff.) gezeigt, wie der Calvinismus eine westeuropäische Spielart der christlichen Religion ist, die auf Grund einer religiös zwar merkwürdig anmutenden Motivation durch Förderung der sogenannten «innerweltlichen Askese» in der Endwirkung zur Tüchtigkeit besonders im *wirtschaftlichen* Leben führt. Diese wirtschaftliche Tüchtigkeit zeichnete gerade die französischen Hugenotten in hohem Maße aus. Doch waren sie auch mit einem ausgesprochenen *politischen* Sinn begabt. Dieses gilt mehr für den hugenottischen *Adel* – bis in den höchsten Hochadel war das reformierte Bekenntnis verbreitet –, während der Träger des hugenotti-

* S. oben S. 144 und auch schon meine «Geschichtsimpulse des Rosenkreuzertums», Breslau 1938, S. 82. Man muß das in dieser Schrift über den rosenkreuzerischen «Sozietäts»-Impuls Gesagte mit all dem zusammennehmen, was wir hier ausgeführt haben. Dann wird immer deutlicher, wie in der tatsächlichen Entwicklung das mächtige *Gegenbild* dessen entstanden ist, was im Sinne jenes Impulses lag.

schen Wirtschaftslebens das reformierte *Bürgertum* war. Insgesamt wird man sagen können, daß der Calvinismus in Frankreich in seinen Wirkungen in einer ähnlichen Weise zwischen *Politik* und *Wirtschaft* spielte, wie die Luthersche Reformation zwischen Religion oder *Kirche* und *Staat*.*

Lange Jahrzehnte bildeten die Hugenotten in Frankreich eine starke politische Partei, ja eine sogar politisch-militärische Macht und etwas wie einen recht straff organisierten Staat im Staate. Damit hängen u.a. die religiös-politischen Wirren zusammen, die zahlreichen «Hugenottenkriege», von denen Frankreich im 16. Jahrhundert erregt war. Berüchtigt ist insbesondere der schauerliche Höhe- oder besser Tiefpunkt, den diese Zustände mit der Bartholomäusnacht (1572) durch die Ermordung von Tausenden der Hugenotten erreichten. Einer der Hugenotten wurde als Heinrich IV. französischer König, nachdem er sich zum endgültigen Übertritt zum Katholizismus entschlossen hatte («Paris vaut bien une messe» – Paris ist wohl eine Messe wert). Er erließ aber 1598 das bekannte Toleranzedikt von Nantes, das den Hugenotten nicht nur volle Gewissensfreiheit, sondern auch die Anerkennung ihrer politisch-militärischen Organisation und vieler festen Plätze gewährte. Anders wurde es unter Richelieu, der ihre politisch-militärische Macht vernichtete (Einnahme der hugenottischen Festung La Rochelle 1629), die mit dem werdenden zentralistischen Machtstaat des französischen Königtums selbstverständlich nicht vereinbar war. Doch beließ Richelieu, in religiösen Dingen duldsam, ihnen in vollem Umfange ihre Gewissensfreiheit. So waren sie als politische Partei unterlegen und daher der politischen Zentralgewalt als solcher nicht mehr gefährlich. Umgekehrt schätzten Richelieu und auch Mazarin an ihnen die tüchtigen, arbeitsamen, sittenreinen Leute und die loyalen, königstreuen Untertanen, die sie waren.**

* Vgl. hierzu R. Steiner, 15. Dez. 1918, GA 186: Der Protestantismus in West-Europa und Amerika lebt sich mehr im politischen als im religiösen Leben aus; der Protestantismus in Mitteleuropa hat vorzugsweise «in Schwung gebracht ... das Sich-Stützen des Menschen auf sein inteligentes Wesen».

** Die positiven Qualitäten der Hugenotten auch im politischen Dienste des

Aber sie paßten nicht in das zentralistisch-nivellierende, Unterschiede hassende System Ludwigs XIV., der seinen Zentralismus eben immer energischer, wie wir gesehen haben, auch in die Sphäre der geistigen Kultur hineintrug. Ihm ureigentlich wurden sie aufgeopfert.

Ludwigs unernster, oberflächlicher Gottesvorstellung[306] und seinem alles umfassen wollenden Machtstreben entsprach nur das Ziel einer einheitlichen, von ihm, soweit nur irgend möglich, abhängigen französischen Nationalkirche, die sein System vervollständigen und zugleich als instrumentum regni ihm politisch nützliche Dienste zu leisten vermöchte, insbesondere dadurch, daß sie ihre Angehörigen in strenger äußerer Disziplin und in der Gesinnung der Ergebenheit gegenüber dem Könige hielt. Dazu mußte natürlich insbesondere auch der König selbst ein Musterbeispiel äußerer Kirchlichkeit abgeben. Das war durchaus im Geiste eines Machiavelli, wenn Ludwig es auch nicht nötig hatte, die Zustimmung zu den Lehren der Kirchen entgegen seinen Überzeugungen nur zu heucheln, da er eben durchaus in der Gesinnung einer äußerlichen Kirchlichkeit lebte, die sich, wie wir schon hörten, in seinen späteren Zeiten noch erheblich steigerte und seiner ganzen Umgebung ein frömmelndes Gepräge gab.

So kam es zu dem kirchlich-politischen System des «*Gallikanismus*», das insbesondere von Bossuet vertreten wurde, dem System einer dem König politisch dienstbaren französischen Nationalkirche. Ludwig beherrschte in ihr vor allem durch das Stellenbesetzungsrecht

französischen Königtums hängen wiederum mit jener calvinistischen «innerweltlichen Askese» zusammen, die, wie Friedrich Meinecke (a.a. O. S. 237) sagt, «seinen Bekennern erlaubte, die Dinge dieser Welt streng utilitarisch und rational und zugleich mit größter Energie zu betreiben, wofern sie nur ihr Herz nicht von ihnen gefangen nehmen und betören ließen, wofern sie sie nur als Werke zur Mehrung der Ehre Gottes in der Welt betrieben. Dadurch wurde es möglich, auch in der Politik das konfessionelle Element rein utilitarisch zu verwerten – wenn nur der stille Vorbehalt gemacht wurde, daß hoch über aller Politik die Ehre Gottes stünde – *l'empire de Dieu restant en son entier*, wie die Formel der Hugenotten im Königsdienste lautete – und daß letzten Endes auch alle Politik der Ehre Gottes zu dienen habe.»

die Geistlichkeit; diese war viel mehr von ihm als von Rom abhängig, sah daher in vollendeter Ergebenheit zu ihm auf, und er verschaffte ihr, da sie ja *für ihn* arbeitete und ihm die nötige religiöse Weihe gab, Achtung und Ansehen, die Voraussetzung ihres Einflusses. Die hohen kirchlichen Ämter wurden besonders an Angehörige des hohen Adels vergeben, die an Byzantinismus gegenüber dem Könige mit den Mitgliedern des Hofes wetteiferten.

Der Geist des vereinheitlichenden Regulierens auch auf religiösem Gebiet nahm in manchen Fällen recht groteske Formen an. So wurde z.B. verordnet, daß, wer in der Fastenzeit Fleisch essen wollte, dafür 1. ein Zertifikat seines Arztes und 2. einen Dispens seines Pfarrers beibringen mußte; der Pfarrer mußte bestätigen, daß der Fleisch essen Wollende gute Werke getan habe, durch welche die Sünde des Fleischessens, die er zu begehen beabsichtige, kompensiert würde![307]

Die Unfehlbarkeit des Papstes bekämpfte Ludwig bezeichnenderweise, obwohl sie seiner streng-kirchlich-autoritativen Art an sich eigentlich durchaus entsprach. Aber sie hätte seine eigene Unfehlbarkeit und seine eigene Machtstellung gegenüber dem französischen Klerus beeinträchtigt. (Später allerdings machte der alternde König auf Kosten seines Gallikanismus dem kirchlichen Ultramontanismus große Konzessionen.)

In dieses System Ludwigs paßten zwei kirchliche Strömungen nicht hinein, und zwar nicht zuletzt gerade deshalb, weil in beiden, wenn auch in verschiedener Weise, sehr viel mehr von ernster christlich-gläubiger Gesinnung lebte als in der offiziellen Kirche. Die eine dieser Strömungen war der *Jansenismus*, die andere eben der *Calvinismus*.

Die *Jansenisten* pflegten eine innerlichere persönlichere Religiosität; man hat sie öfter die Protestanten unter den Katholiken genannt. Sie stellten vielleicht die feinste Blüte des damaligen religiösen Lebens in Frankreich dar. Zu ihnen stand in engen Beziehungen insbesondere der edle *Blaise Pascal* (geb. 1623, gest. 1662), einer der allerbesten Vertreter des französischen Geistes, der scharfe Gegner des Jesuitismus, dessen gefährliche Abirrungen er in seinen berühmten, 1656 und 1657 erschienenen «Lettres provinciales» mit ebensoviel echt französischem Witz und echt französischer Klarheit und logischer Schärfe wie mit sittlich-religiösem Ernst bekämpfte. Rudolf Steiner spricht von Pascal als einem, «der groß dasteht in der Geistesentwicklung, wie ein Geist, der alles abgelegt hat, was an Schäden der alten Kirchen heraufgekommen ist, der aber auch nichts von dem modernen Rationalismus aufgenommen hat. Wie große Geister immer, so ist auch er im Grunde genommen einsam geblieben mit seinen Gedanken.»[308]

Ludwig XIV. verfolgte *beide* religiöse Strömungen, die Jansenisten wie die Calvinisten. Die Verfolgungen gegen die Jansenisten waren allerdings relativ unbedeutend und harmlos gegenüber dem, was über die Hugenotten verhängt ward.

Man hat für diese Verfolgungen der Hugenotten außer dem genannten zentralen auch noch andere Motive Ludwigs XIV. finden wollen, nämlich einerseits das Bestreben des Königs, dem Papste einen Beweis der Lauterkeit seiner kirchlichen Gesinnung zu erbringen, in einer Weise, die ihm unbeschadet *seiner* Autorität möglich war, und andererseits den Wunsch, sich des Geldes der Hugenotten zu bemächtigen, «zur Ehre Gottes sie zu plündern, des ewigen Heiles Verdienste zu erwerben und zugleich die leeren Kassen zu füllen».[309] (Dieses zweite Motiv würde Ludwig XIV. insofern in die Nähe seines Vorgängers Philipps des Schönen in dessen Verhalten gegenüber dem Templerorden rücken.[310]) Doch sind sich, soviel ich sehen kann, alle Historiker darin einig, daß das weitaus hauptsächlichste Motiv Ludwigs XIV. eben in seinem Einheitsfanatismus, in der Vereinheitlichungssucht, der auch geistigen Uniformierungstendenz liegt, die sein ganzes System beherrschte, ja dessen Wesen ausmachte. Es sollte einfach nicht *verschiedene* religiöse Überzeugungen in seinem Lande geben; es war ihm zuwider, daß es anderen erlaubt sein sollte, einen anderen Glauben zu haben als er, der doch selbst (wie wir gehört haben) an der göttlichen Weisheit teilnahm. War die Existenz der Hugenotten nicht im Grunde ein Angriff auf seine eigene Unfehlbarkeit, ein Zweifel daran, daß *er* «die» richtige Religion habe?

Das darf einerseits ganz persönlich genommen werden, bringt aber andererseits zugleich etwas viel Allgemeineres zum Ausdruck. Ludwig XIV. war wirklich irgendwie Frankreich geworden; durch ihn sprach wirklich ein Geist, der der Geist Frankreichs war oder geworden war, wenn auch nicht der eigentliche, gute Geist Frankreichs. Und so hören wir denn, daß bei seinem Kampfe gegen das religiöse Sonderdasein der Hugenotten nicht nur die Vertreter der offiziellen Kirche hinter ihm standen und ihn antrieben (selbstverständlich ein Bossuet, aber auch z.B. der soviel mildere Fénelon), nicht nur der finstere Louvois, der auch hier wieder sich als der eigentliche böse Geist dessen betätigte, was geschah, nicht nur die Ludwig im kirchlichen Sinne beeinflußende Madame de Maintenon und sein Beichtvater, der Jesuit La Chaise, – sondern es war so, daß fast ganz Frankreich hinter ihm stand, jedenfalls die große Mehrheit der Franzosen. Es triumphierte in dem Vernichtungswillen gegenüber den Hugenotten der Geist jener französischen «Logik», die sich in jene gleichmacherische Vereinheitlichungssucht verliert, in der Vernunft Unsinn, Wohltat Plage wird, die das Leben, das von innen heraus irgendwo erblüht, negiert. Das war der böse Geist Frankreichs selbst und der böse Geist Ludwigs XIV.

Und darum ist es auch so bedeutsam, sich klar zu machen, daß *diese* religiöse Verfolgung einen anderen Charakter hat als die früheren, etwa die des Mittelalters oder auch noch die kirchlich-politischen Gewaltmaßnahmen der Reformationszeit. Früher hatte es sich, trotz aller Trübungen, doch immer noch dem Kerne nach um, wenn auch noch so irregeleitete *religiöse* Impulse gehandelt; jetzt war das Religiöse nur der Schein, die äußere Motivierung, und der eigentliche Antrieb ging aus etwas anderem hervor, nämlich den staatszentralistischen Geistesimpulsen, dem staatlich-politischen Einheitsfanatismus, der auch auf das religiös-geistige Gebiet übergriff.

Zunächst versuchte man es mit einer «Bekehrungskasse», die jedem Protestanten, der zur katholischen Kirche übertrat, 6 Franken bezahlte. Als das die gewünschten religiösen Wirkungen nicht in genügendem Maße hervorbrachte, griff man zu immer schärferen und unerhörteren Maßnahmen. Berüchtigt sind insbesondere die

Strafeinquartierungen von Dragonern («*Dragonaden*») als Bekehrungsmittel («conversion par logement») bei Hugenotten, die ihrem Glauben treu blieben (1681, 1683). Die grauenvollsten Scheußlichkeiten wurden von den Soldaten an ihren unglücklichen Opfern, Frauen, Kindern, Männern verübt, unter Duldung und Aufmunterung der Oberen; Folterqualen wurden angewendet zur Erzielung «religiöser Einsicht».[311] Ludwig XIV. selbst allerdings muß die größten Grausamkeiten der Dragonaden gar nicht erfahren haben – vielleicht erfüllte man stillschweigend seinen Wunsch damit, daß man sie ihn nicht wissen ließ –, und was er davon erfuhr, soll er mißbilligt haben, was aber die «Logik» auch dieser Prozeduren im Sinne des ganzen Systems nicht vermindert. Ein Gesetz bestimmte, daß die Reformierten ihre Kinder 24 Stunden nach der Geburt taufen lassen mußten; dadurch starben viele Kinder auf der oft weiten Reise nach den wenigen Kirchen, namentlich im Winter. Den Calvinisten in den Cevennen wurde verboten, ihre Felder zu bestellen; Zuwiderhandelnde wurden hingerichtet.[312] 1685 war das Toleranzedikt von Nantes aufgehoben worden; damit war den Reformierten jede religiöse Übung, zugleich aber auch die Auswanderung (bei Galeeren- und selbst Todesstrafe) verboten.

Man hat Ludwigs Vorgehen gegen die Hugenotten als einen schweren politischen Fehler bezeichnet, und im äußeren Sinne, unter dem Gesichtspunkt der äußeren Folgen war es das auch. Das hindert aber nicht, daß gerade hieran der wahre Geist des Systems Ludwigs XIV. mit besonderer Deutlichkeit zutage getreten ist. Mit der Hugenottenverfolgung hat dieses System zugleich eine Art Urphänomen geschaffen, an dem sich zeigt, wozu der neuere, auf äußerer Macht beruhende, in Wahrheit mechanistische Staat, der seiner ganzen Wesensart nach darauf angelegt ist, das *Äußere* des menschlichen Daseins zu erfassen, dann führt, wenn er seine Macht benutzt, um auch in das ihm in Wahrheit entzogene Innere des Menschen, die Sphäre des Gewissens, der religiösen Überzeugung usw. hineinzuwirken.

In Ludwigs XIV. Hugenottenverfolgungen liegt zweifellos eine wichtige geschichtliche Wurzel der Radikalisierung der geistigen

Bewegungen des 18. Jahrhunderts. Die Erinnerung an die ungeheuerliche, dem werdenden Geist der neueren Zeit ins Gesicht schlagende religiöse Intoleranz Ludwigs XIV. konnte den Toleranzideen des 18. Jahrhunderts nur umso stärkeren Auftrieb geben. Darüber hinaus hat ohne Zweifel die Verhöhnung jeden echten religiösen oder gar christlichen Empfindens, die in der Handlungsweise des «Allerchristlichsten Königs» lag, ihr gut Teil zur Heraufführung von Strömungen beigetragen, die nun mehr oder weniger jedweder Religiosität und jedwedem Glauben scharf feindlich entgegentraten – woran man übrigens als an einem von unzähligen Beispielen eine wichtige Dynamik im Wirken der retardierenden Geistesmächte erkennen kann: Sie korrumpieren, veräußerlichen usw. zuerst eine Sache, um sodann in der folgenden Phase ihres Wirkens mit Vehemenz gegen dieses zuerst Korrumpierte anzurennen, d.h. aber nun nicht nur gegen die Korruption, sondern zugleich auch gegen die korrumpierte Sache selbst, die mit der Korruption identifiziert wird und die sie so vollends zu vernichten hoffen.

Diese Dinge gehören zugleich schon in das Kapitel: innere Zusammenhänge zwischen Ludwig XIV. und der Französischen Revolution, über das wir später noch einiges zu sagen haben werden. Die Französische Revolution bedeutete, außer vielem anderen, eine Art karmischer Erfüllung Ludwigs XIV. Das gilt in einem ganz tiefen Sinne; es wird aber sicher wohl auch in dem Sinne zutreffen, daß, wie ein Historiker meint, die Französische Revolution nicht so furchtbar ausgefallen wäre, wenn das religiöse, sittlich hochstehende und intelligente Element der Hugenotten aus Frankreich nicht ausgestoßen worden wäre.[313]

Damit sind wir bei dem wichtigen Thema der Folgen angelangt, welche die Hugenottenunterdrückung für Frankreich und seine Umwelt gehabt hat.

Die erste Folge war, daß trotz aller drakonischen Verbote eine Auswanderungsbewegung großen Stils einsetzte. Etwa 200000 (nach anderer Version 300 000 – 400 000 oder noch erheblich mehr) Personen gelang es, das Land zu verlassen. Die aber auswanderten, stellten eine *Elite* Frankreichs dar, und sie wurden Träger des Fortschritts, besonders des wirtschaftlichen, in den protestantischen Ländern, in die sie nun auswanderten und die sie, die Réfugiés, mit offenen Armen aufnahmen. Es waren viele der reichsten Familien, die auswanderten, groß besonders in Handel und Industrie, Seeleute, Schiffbauer, aber auch Handwerker; es waren ferner Adlige, Militärs, Gelehrte und Künstler. Alle trugen sie ihren lebhaften Geist, ihre Intelligenz und Bildung, ihren Unternehmungssinn, ihre Betriebsamkeit und große Fähigkeiten in die Länder, die ihnen nun neue Heimat und wo ihnen weitgehende Rechte eingeräumt wurden, so nach Holland, Dänemark und England (nach diesen Ländern sind, wie es heißt, ganz überwiegend die Wirtschafter unter den Hugenotten ausgewandert), aber auch nach der Schweiz und nicht zuletzt nach Deutschland (wohin außer Männern der Wirtschaft auch der hugenottische Adel, Offiziere und Träger von Wissenschaft und Kunst sich wandten). Überall wirkten sie belebend namentlich auf Handel und Gewerbe, strahlten sie moderne Wirtschaftsimpulse aus.

Vollends in Deutschland erschienen sie mit Recht als Träger einer höheren, verfeinerten, westeuropäischen Kultur, die man sehr zu schätzen wußte, und betätigten sich als anregendes, befruchtendes Element. Hier fanden sie besonders in Brandenburg und in Hessen-Kassel Aufnahme.

Nach Hessen-Kassel rief sie der Landgraf Karl, indem er ihnen schon vor der Aufhebung des Edikts von Nantes Versprechungen machte. Auch hier unterhielten sie selbständige Behörden. Es gab z.B. in Kassel, wo sie seit 1688 die Oberneustadt erbauten und auch sonst fast alle Werke der Baukunst herstellten, eine französische Kanzlei. In Hessen lebte auch seit 1688 als Professor an der Universität Marburg Denis Papin, der erste Erfinder der Dampfmaschine.[314]

Nach *Brandenburg*, dem Kernlande der alsbald entstehenden gesamtpreußischen Monarchie, wurden die Hugenotten von Friedrich Wilhelm, dem Großen Kurfürsten, gerufen. Hier fanden sie eine ganz besonders freundliche Aufnahme und Unterstützung; sie erhielten weitgehende Selbstverwaltung eingeräumt und hatten bald gerade in Brandenburg ein neues Vaterland gefunden. Viele Hugenotten, die anfänglich nach der Schweiz, nach England und Holland geflohen waren, siedelten später noch nach Brandenburg-Preußen über, «weil sie sich nirgends so heimisch wie hier fühlten».[315]

Die unmittelbare und auch von dem Großen Kurfürsten gewollte Folge war ein Aufblühen von Handel und Gewerbe. In Brandenburg machte sich ihre befruchtende Wirkung auf die *Wirtschaft* ganz besonders wohltätig geltend. Die Einwanderer bürgerten nicht weniger als 43 Arten von Gewerben und Fabrikaten ein, die bisher hier unbekannt gewesen waren. Zahlreiche Tuch- und Wollwarenfabriken erhoben sich zumal in Berlin, Magdeburg, Halle usw.[316]

Man muß diese wirtschaftsbelebende Funktion der Hugenotten in Brandenburg-Preußen und bei den Hohenzollern im inneren Zusammenhang mit der besonderen Wesensart und Aufgabe sehen, die überhaupt innerhalb Deutschlands dem preußisch-hohenzollerischen Elemente zugekommen ist, das so bedeutsam gerade für die ersten Jahrhunderte des fünften nachatlantischen Zeitalters wurde, für die Jahrhunderte der materiellen, der wirtschaftlichen Kultur. Preußen hat selbst immer diese besondere Veranlagung zum *Wirtschaftlichen* gehabt; es war berühmt ob seiner Sparsamkeit, es lernte die Kunst, aus wenig viel zu machen, im besten Ruf standen seine geordneten Staatsfinanzen. (Als nach den Teilungen Polens im 18. Jahrhundert ein Stück von Polen zu Preußen kam, machten die dort lebenden Polen daher eine Schulung gerade zu gesunder *wirtschaftlicher* Kultur durch.[317] Sie lernten, so könnte man sagen, die «polnische Wirtschaft» überwinden.)

Der andere beherrschende Zug innerhalb des Preußentums ist das *militärische* bzw. militärisch-politische Wesen, all das, was besonders mit dem preußischen Organisationsgeist zusammenhängt. Auch für diese Fähigkeiten bedeuteten die in Brandenburg-Preußen eingewanderten Hugenotten ein wichtigstes befruchtendes Element, ja man geht nicht zu weit, wenn man sagt, daß überhaupt erst durch diesen ihren Einschlag das preußische militärische Wesen zu dem geworden ist, was es wurde. Zahlreiche hugenottische Adlige traten in die preußische Armee ein, und die französische militärische Tüchtigkeit, der militärische Geist der Franzosen floß gleichsam ein in das werdende preußische Militär. Auch hier entstand durch den Zusammenfluß beider Bedeutendstes. Neun der besten Generäle Friedrichs d. Gr. im Siebenjährigen Krieg waren Nachkommen französischer Einwanderer,[318] und noch in viel späteren Zeiten hatten eine große Reihe französischer adliger Namen im preußischen Heere den besten Klang. Und wenn vor allem und zuerst *Frankreich* durch das spätere Wort (das wir oben bereits anführten) charakterisiert wird: «Notre génie est le génie militaire, la France est un soldat» – hätte nicht seit dem 18. Jahrhundert auch Preußen ganz ähnlich von sich sagen können: «Unser Genie ist das militärische Genie, Preußen ist ein Soldat»?

Nachkommen französischer Réfugiés dienten auch im preußischen Kabinett, in Regierung und Verwaltung. Französischer Geist teilte sich auch hier dem werdenden preußischen Staate mit. Was die Welt als den preußischen Organisationsgeist bewundert (z.T. auch gehaßt) hat, erscheint so als das Ergebnis der Verbindung von französischer Klarheit und Methodik und französischem Sinn für das Ausdenken von Organisationen (entsprechend der Veranlagung der Verstandesseele) mit deutscher Gründlichkeit, deutscher Pflichttreue und deutscher Gewissenhaftigkeit, wodurch es dann im Preußentum eben (vgl. oben S. 200) dazu kommt, daß die Organisationen nicht nur ausgedacht, sondern auch mit voller Exaktheit *durchgeführt* werden. Natürlich konnte diese Verbindung nur auf einem Boden zustandekommen und so große Früchte zeitigen, der selbst schon dazu veranlagt und gleichsam prädestiniert war.

Auch an dem geistig-kulturellen Leben des werdenden Preußen nahm das geistig-lebendige Wesen der französischen Einwanderer großen Anteil, etwa an der Berliner Akademie der Wissenschaften, die, 1700 gegründet, von ihnen über Wasser gehalten wurde.[319] «Überhaupt blieb», so hören wir, «das wissenschaftliche und belletristische Element in der preußischen Hauptstadt noch bis über die Mitte des 18. Jahrhunderts hinaus vornehmlich durch die französischen Religions-Flüchtlinge und ihre Nachkommen vertreten.»[320]

In allen drei Sphären des sozialen Lebens, im Wirtschaftlichen, im Militärisch-Staatlichen und im Geistig-Kulturellen lebt das hugenottisch-französische Element und seine westeuropäische Mitgift dank Ludwig XIV. in Preußen fort.

Besonders deutlich ist dies an der Wesensart der preußischen Hauptstadt, *Berlin.* Dort lebten um die Wende des 17. zum 18. Jahrhundert allein über 4000 Franzosen, das waren von den 20000 Einwohnern des damaligen Landstädtchens Berlin über ein Fünftel, und zwar waren es mit die geistig lebendigsten Einwohner der preußischen Hauptstadt.[321] Dieser Einschlag hat in seinem Keimesstadium das Berliner Wesen entscheidend mit konfiguriert. Im Berlinertum lebt der «Einschluß von französischem Esprit und französischer Nüchternheit»[322] oder, wie man es wenigstens im 19. Jahrhundert noch sagen konnte: «Das noch heute leicht erkennbare Gepräge der Berliner, welches sie von der Bevölkerung jeder anderen deutschen Hauptstadt unterscheidet, auf der Grundlage deutscher Biederkeit, Tüchtigkeit und Zähigkeit eine geistige Rührigkeit, Beweglichkeit, freilich öfters auch leichte Aufregbarkeit wahrnehmen läßt, ... ist ohne Zweifel hauptsächlich auf ihre spätere vielfache Vermischung mit den Nachkommen jener französischen Religions-Flüchtlinge zurückzuführen.»[323]

So ist das französisch-hugenottische Element geradezu ein konstituierender Faktor des Preußentums geworden und dieses in seiner ganzen spezifischen Wesensart ohne jenes überhaupt nicht denkbar und nicht verständlich, wie wir ja auch noch Friedrich d. Gr., der im 18. Jahrhundert Preußen zu seiner Höhe führte, ganz durchtränkt von französischem Geiste sehen, bei und neben allem, was – sogar in einem zentralen Sinne – deutsch an ihm war.[324]

So hat Ludwig XIV. mittelbar und ungewollt einen beträchtlichen Anteil gehabt an der Geburt des Preußentums in seinen verschiedenen Wesensseiten, nicht zuletzt eben auch der spezifisch preußisch-militärischen Tüchtigkeit und Begabung. Er ist einer der Väter dessen, auf das als auf den «preußischen Militarismus» sich in der Welt so viele Hassesempfindungen gerichtet und das am meisten an Preußen und später immer mehr an den Deutschen überhaupt wohl *die* gehaßt haben, die in irgendeinem Sinne die Nachfolger gerade des Geistes in Frankreich und in der Welt waren, der in Ludwig XIV. selber wirkte. Auch dieser Haß richtete sich im Grunde gegen das, was man dumpf irgendwie als sich selbst verwandt empfand (aber nicht erkannte), wenn man es im Nachbilde draußen antraf.*

Das dürfte ein nicht unwichtiger Beitrag sein zu dem vielfach so tragischen Kapitel des Schicksals, das zwischen Frankreich und Deutschland waltet.

Für Frankreich selbst bedeutete die Vertreibung der Hugenotten nicht nur einen schweren Blutverlust, nicht nur eine Schädigung seiner Wirtschaft aus politischen Gründen, den Verlust großer Vermögen, den Verlust Hunderttausender seiner fähigsten und tüchtigsten Bürger, die ihm nun vom Auslande her wirtschaftliche Konkurrenz machten, nicht nur eine Verminderung seiner Wehrkraft, nicht nur Demoralisation durch das gegen die Hugenotten aufgebotene Denunziantentum, Verderb der Disziplin der Soldaten, die gegen die Hugenotten mißbraucht worden waren, und was dergleichen mehr ist, nicht nur, daß Frankreich durch die Ausscheidung des protestantischen Elementes noch stärker in die Gefahr der Schablonenhaftigkeit und geistigen Uniformierung hineingetrieben wurde, sondern über dies alles hinaus bedeutete der Auszug der Hugenotten, daß irgendwie der Geist des fünften nachatlantischen Zeitalters – dessen Repräsentanten in Frankreich vor allem die

* Vgl. hierzu Rudolf Steiners Ausführungen (im Vortrag vom 21. Dezember 1918 in Dornach, GA 186) über deutsches Bemühen bis ins 18. Jahrhundert hinein, es den Franzosen gleich zu tun, «es so zu machen, daß sie auch Franzosen würden». «Was die Franzosen dann an sich *nicht* sahen, oder wenn sie es sahen, doch eher schätzten, das haßten sie furchtbar, wenn sie es in der Nachahmung sahen. Der Mensch übt nämlich unbewußt eine merkwürdige Selbsterkenntnis. Die Deutschen wurden im Grunde genommen in ihrem tiefsten Wesen von den Franzosen nie gehaßt, sondern die Franzosen haßten sich selber, indem sie ihr Abbild, ihr Spiegelbild aus der deutschen Seele heraus ansahen.»

Hugenotten gewesen waren, das Land verließ, des Landes verwiesen wurde. Indem der König dem Geiste dieses Zeitalters, der mit religiöser Verfolgung unvereinbar ist, Hohn sprach, beraubte er sein Land und Volk in einem tiefen Sinne gerade eines Zukunftselementes – bezeichnend ist, daß seine Hugenottenpolitik gegen den Willen Colberts, des einflußreichsten Schützers dieser treuesten, gebildetsten und nützlichsten Untertanen der Krone erfolgte –, legte er in gewisser Weise, trotz dem, was das 18. Jahrhundert an modernen Impulsen in Frankreich noch bringen sollte, die aber nun immer eindeutiger von England her übernommen wurden, das französische Volk auf den vierten nachatlantischen Zeitraum fest, mit dem es von Hause aus die tiefe Wesensverbundenheit hat. Ludwig XIV. war es, der auf diese Weise das Land in einem inneren Sinne Vergangenheitskräften ausgeliefert hat. Und wenn es ohnedies zur weltgeschichtlichen Tragik des Franzosentums gehört, daß es nicht recht loskommen kann von den Grundimpulsen des vergangenen griechisch-lateinischen Zeitalters, so hat Ludwig XIV. durch das starre Festhalten an seinem politisch-zentralistischen System, entgegen den Freiheitsforderungen und entgegen der Wirtschaftsvernunft der neueren Zeit, sein Volk an diese Vergangenheit gleichsam gekettet und damit als eine Kraft des Todes und nicht des Lebens auf das französische Element in der Welt gewirkt.*

Auch von hier aus wird verständlich, daß am Ende der Regierung Ludwigs XIV. England Frankreich überflügelt hatte. Englands Macht stieg immer mehr an, und England wurde der eigentliche

* Ludwig XIV. erscheint in wesentlichen Beziehungen als ein Gegenpol Heinrichs IV. In diesem lebte viel von den Impulsen des fünften nachatlantischen Zeitalters, in Ludwig XIV. trotz aller mechanistischen Tendenzen der Zeit, an denen er stark Anteil hatte, doch im Tieferen eine Vergangenheitskraft. Heinrich IV. erließ das Toleranzedikt von Nantes, Ludwig XIV. hob es auf. Heinrich IV. stand in engster Verbindung mit den Hugenotten, Ludwig XIV. vertrieb sie ins Ausland. Heinrich IV. sorgte für wirtschaftlichen Wohlstand, unter Ludwig XIV. geschah dies durch Colbert zwar auch eine Zeitlang, aber aufs Ganze gesehen war es doch so, daß Ludwig den Wohlstand mehr verzehrte als hervorbrachte, weil er politisch nicht Maß zu halten wußte.

Träger der unmittelbar im äußeren Sinne vorwärtsführenden Impulse des Zeitalters.

«Un roi, une loi, une foi» (ein König, ein Gesetz, ein Glaube): das war die tief im französischen Wesen begründete Devise, der man die Hugenotten zum Opfer gebracht hatte.

Un roi: das ist wie die Erinnerung an den dritten nachatlantischen Kulturzeitraum mit seinen gewaltigen Monarchen und ihrer Einheitsherrschaft.

Une loi, une foi: das drückt faktisch den zwiefachen Sozialimpuls des vierten nachatlantischen Zeitalters aus, mit seinem Nebeneinander der zwei Glieder des sozialen Organismus, dem alten geistig-religiösen Gliede und dem damals neuen des rechtlich-politischen Lebens.

«Une économie« (*eine* Wirtschaft) hätte man eigentlich im merkantilistischen Staate eines Colbert hinzufügen müssen; damit hätte man das Neue bezeichnet, das im fünften nachatlantischen Zeitalter hinzukam und das nun auch in die Einheit unter dem «un roi» mit einbezogen wurde. Es hätte aber wohl nicht so gut geklungen, vollends in den Ohren derer, die trotz aller Neuerungen eben doch so tief den Wesensimpulsen des vierten Zeitalters verhaftet waren, das nur une loi und une foi kannte.

Hätte man an die Stelle der *Dreiheit* «un roi, une loi, une foi», die sich zwischen dem ägyptisch-babylonischen und dem griechisch-lateinischen Zeitalter bewegt, die *Vierheit* gesetzt: «un roi, une loi, une foi, une économie», so wäre es kein unebener Ausdruck dafür gewesen, daß nun im Beginne des neuen Zeitalters das Reich des *«vierten Königs»* im Sinne des Goetheschen Märchens begründet war, d.h. das des gemischten Königs. In diesem ist ja enthalten: une loi (das Silber), une foi (das Gold), une économie (das Erz); und der «un roi», das wäre dann er selber, der vierte König, d.h. die Vermischung, die (in Wahrheit chaotische) Verschmelzung der drei Metalle.

Diese Einheit der drei Metalle im Leibe des vierten Königs bedeutet die Art, wie sich im beginnenden fünften nachatlantischen

Zeitalter jene «Wiederholung» des dreifachen Einheitsreiches zunächst vollziehen sollte, das im dritten nachatlantischen Zeitalter bestanden hatte. Indem diese Wiederholung darin bestand, daß die drei Metalle äußerlich, mehr mechanistisch *gemischt* wurden, statt zu einem sinnvoll gegliederten Zusammenwirken gebracht zu werden, stellt sie sich als die veräußerlicht antizipierte Wiederholung dar, über die wir unter einem anderen Gesichtspunkt schon oben S. 190 gesprochen haben. Die «Mischung» erzeugt ein «chaotisches»[325] Gebilde, weil die drei Metalle nicht jedes seiner inneren Wesensart und Dynamik gemäß behandelt werden, weil sie nicht von innen heraus ihr Wesen darleben können, sondern von außen wie durcheinandergerührt werden. Diese mechanistische Handhabung entsprach aber dafür um so mehr dem Menschheitsbewußtsein in demjenigen Zeitalter, in dem sie soziale Wirklichkeit wurde, dem materialistischen Zeitalter, das für eine Weile Denken, Fühlen und Wollen des Menschen ganz an die physisch-sinnliche Welt binden mußte und das nur mit den Kräften des Toten operieren konnte. Das aber ist ja zugleich das Bewußtsein, in dem die drei Seelenkräfte in chaotischer Weise verquickt sind, und eben dieses menschheitsentwicklungsgeschichtlich bedingte Bewußtsein stellt ja der vierte, der gemischte König des Märchens dar.

Dieses Bewußtsein des materialistischen Zeitalters ist das intellektualistisch-rationalistische.

In der Sphäre der *Erkenntnis*, der Wissenschaft sagt es: Alles, was der Mensch erkennen kann, erkennt er durch das Zusammenwirken der äußeren Sinne und des kombinierenden Verstandes. Was darüber hinaus liegt, ist unerkennbar und bleibt wissenschaftlich außer Betracht.

In der Sphäre des *sozialen Lebens* sagt dieses selbe Bewußtsein: «Es läßt sich alles regieren, wenn nur ein erleuchteter Wille an der Spitze steht und große Macht vorhanden ist.»[326] Das war die Grundgesinnung seit der Renaissance, die Überzeugung, daß der menschliche Intellekt, der irdische Verstand, verbunden mit der nötigen Willenskraft und Machtentfaltung, das soziale Leben zu meistern vermag; der Intellekt denkt sich die richtigen und notwendigen Maßnahmen aus, und der Wille verwirklicht sie sozial vermöge der ihm zur Verfügung stehenden politischen Macht. Was mit dieser Dynamik nicht zu erreichen ist, interessiert sozial gewissermaßen nicht.

Diese Regierungsgesinnung beginnt, wie gesagt, in der Renaissancezeit. Sie wird immer planmäßiger in die soziale Wirklichkeit übertragen durch den Fürstenabsolutismus des 17. und 18. Jahrhunderts, und sie kulminiert in der Französischen Revolution.

Rudolf Steiner bezeichnete Ludwig XIV. als ein singuläres Beispiel, an dem man studieren könne, wie nach dem Dreißigjährigen Kriege der Staatsgedanke erstarkt.[327] Wir haben versucht, dies zu tun. Von der positiven Seite her gesehen, können wir eine dreifache fördernde Wirkung dieses neueren Staates feststellen:

Er bringt Ordnung in die Rechtssphäre, Sicherheit für den einzelnen, er bahnt die Gleichheit im Rechte an für alle Untertanen (welche dann wiederum erst die Revolution vollenden sollte).

Er impulsiert und erzieht die Wirtschaft zu modernerer Gestaltung und stellt ihr größere, einheitliche Binnenwirtschaftsräume zur Verfügung (die nationalwirtschaftliche Vorstufe für die vom 19. Jahrhundert an werden wollende Weltwirtschaft).

Er stärkt – und ermöglicht vielfach erst – die Anfänge eines weltlichen, nicht mehr von der Kirche abhängigen Geisteslebens.

Durch alles dieses zusammen trägt der Staat, wie so viele Einrichtungen und Kräfte der neueren Zeit, bis zu einem gewissen Punkte der Entwicklung zur Erweckung des Bewußtseins, zu einem größeren Wachwerden der Menschen des Bewußtseinsseelenzeitalters bei und nicht zuletzt auch durch den vielfachen Zwang, den er auf Schritt und Tritt auf den Menschen ausübt.

Es bleibt die Frage, ob der Staat Ludwigs XIV. und das ancien régime überhaupt bei all seinem Zwang denn «gar keine Freiheit gekannt» habe? Es gab keine Freiheit, die etwa der Staat als solcher gewährt hätte, indem er systematisch den Individuen allgemein gewisse Freiheiten eingeräumt hätte, wie es eben auch erst seit der Französischen Revolution in größerem Stile geschah. Aber es gab, man kann sagen, *noch* Freiheiten, d.h. Freiheiten dadurch, daß dieser Staat mit seinen Herrschaftstendenzen, die darauf abzielten, *alles* Leben von sich aus zu regulieren, alles zu verordnen, noch lange nicht überall durchgedrungen war, gleichsam nicht überall hin reichte. Diese Reste der *alten* Freiheit hatten, wie die «Freiheiten» des Mittelalters überhaupt, mehr korporativen, ständischen Charakter, sie waren, so kann man auch in vieler Beziehung sagen, Freiheiten mehr durch *Ausnahmen*, die das allgemeine System noch zahlreich durchlöcherten. *Diese* Freiheiten waren sogar viel größer als in späteren Zeiten. Das spricht z.B. Alexis de Tocqueville in seinem klassischen Werk über das ancien régime aus, indem er (um die Mitte des 19. Jahrhunderts) sagt: Im ancien régime «herrschte viel mehr Freiheit als in unseren Tagen; aber es war eine Art unregelmäßiger und intermittierender Freiheit, immer in den Grenzen der Klassen eingeschlossen, immer an die Idee der Ausnahme und des Privilegs gebunden, das fast ebenso gestattete, dem Gesetz Trotz zu bieten, wie die Willkür.»[328]

Die Außenpolitik

«Cose forestiere», schreibt im 17. Jahrhundert ein Venezianer Diplomat, seien «elevate materie che veramente si chiamano di stato»: Die auswärtigen Angelegenheiten seien erhabene Gegenstände, die wahrhaft mit Recht *Staats*angelegenheiten genannt werden.[329] In der Tat ist in seinen auswärtigen Beziehungen, gar wenn sie die Form des Krieges annehmen, der Staat am meisten in Form, am meisten Staat, d.h. zusammengeballte, organisierte Macht, die Stoßkraft entfaltet nach außen. Wir haben schon mehrfach erwähnt, daß von der Außenpolitik her überhaupt die Entwicklung des neueren Staates überwiegend bestimmt ist, und mit Recht sprechen die Historiker in diesem Sinne von dem «Primat der Außenpolitik». An ihr gerade zeigt sich auch der martische Grundcharakter dieses Staates am deutlichsten.

Indem wir die Außenpolitik Ludwigs XIV. ins Auge fassen, betrachten wir den weitesten Kreis seiner Ausstrahlungen, den seiner Weltwirkung. Das persönliche Motiv und Endziel seiner Außenpolitik war, wie wir schon sagten, der Ruhm, die gloire, die sie ihm eintragen sollte, und zwar durch Vergrößerungen seines Staates, welche nur durch Eroberungskriege zu erzielen waren, die zugleich auch die gloire-reichsten Unternehmungen waren, die ein Fürst durchführen konnte. Im Zeitalter des Absolutismus war der Drang zu Eroberungen geradezu, wie man gesagt hat, «zu einem Dogma geworden». Sie umgaben ihn mit dem ganzen Schimmer der ureigentlichsten staatlich-militärischen Macht- und Glanzentfaltung.

Bildhaft tritt Ludwig XIV. in der folgenden Schilderung Rankes vor unser Auge:

«In jeder Unterhandlung will er ... sein Übergewicht fühlen lassen. Von einem seiner auswärtigen Minister sagt er selbst: ‹Ich habe ihn entfernen müssen; denn allem, was durch seine Hand ging, gebrach es an der Großartigkeit und Kraft, welche man zeigen muß, wenn man die Befehle eines Königs von Frankreich ausführt, der nicht unglücklich ist.›

Man darf annehmen, daß diese Gesinnung der vornehmste Antrieb selbst seiner Kriegslust war. Schwerlich war gerade eine ausschweifende Ländergier in ihm; von einer weit um sich greifenden Eroberung war eigentlich nicht die Rede. Wie die Feldzüge selbst nur eben mit zu den Beschäftigungen des Hofes gehören – man versammelt ein Heer, man läßt es vor den Damen paradieren; alles ist vorbereitet; der Schlag gelingt; der König rückt in die eroberte Stadt ein, dann eilt er zum Hofe zurück –, so ist es hauptsächlich diese triumphierende Pracht der Rückkehr, diese Bewunderung des Hofes, worin er sich gefällt; es liegt ihm nicht soviel an der Eroberung, an dem Kriege, als an dem Glanze, den sie um ihn verbreiten. Nein! einen freien, großen, unvergänglichen Ruhm sucht er nicht; es liegt ihm nur an den Huldigungen seiner Umgebung; diese ist ihm Welt und Nachwelt.»[330]

Für die Außenpolitik ist die Innenpolitik großenteils *Mittel:* Sie soll den Staat so kraftvoll machen und in die nötige Verfassung bringen, damit er erfolgreich Krieg führen kann.

Freilich gilt auch das Umgekehrte, «daß der König von Frankreich durch Eroberungskriege das Naturell seiner Untertanen beschäftigen und das Land von Zeit zu Zeit von seinem Überflusse purgieren müsse. Um Ruhe im Inneren zu haben, müsse in den Untertanen ein ‹martialischer Geist› gegen die Feinde des Staates genährt werden. Nun war beides erreicht in Frankreich, Gehorsam im Inneren und kriegerische Kraft zur Durchsetzung aller Machtinteressen.»[331]

«Der Krieg gegen auswärtige Feinde», schreibt Friedrich Meinecke, «war eines der wirksamsten Mittel zur Entfeudalisierung des Staates, zur Ausrodung des autonomen Geistes im Inneren, zur Zusammenfassung der zersplitterten nationalen Kräfte im Dienste des Staatsinteresses.»[332]

Es gelten also *beide* Sätze: Die einheitsstaatliche Zusammenfassung der Untertanen war notwendig, damit der Absolutismus seine Kriege führen konnte, *und*: Die Kriege brauchte er, um die Untertanen einheitsstaatlich zusammenfassen zu können, den autonomen Geist auszuroden, den Prozeß der Entfeudalisierung durchzuführen. Und schließlich gilt auch noch ein dritter Satz, vielleicht der wichtigste von allen: Indem der Fürst den Staat in dieser Weise als zentralistisch regierten Machtstaat ausgestaltete, brachte er ihn in eine Verfassung, die kraft eigener Dynamik danach *verlangte*, daß er – gleichsam zur Entladung der gesammelten und konzentrierten Energien – Kriege führe. Der Fürst *konnte* nun nicht nur, sondern *mußte* Kriege führen. In dem Zusammenklingen dieser drei Sätze drückt sich viel von den Impulsen aus, in deren Zeichen die soziale Entwicklung der neueren Jahrhunderte stand.[333]

Mit den persönlichen gloire-Bedürfnissen Ludwigs XIV. Hand in Hand gehen natürlich rein sachliche, denn sein persönliches Interesse ist nun eben einmal nicht abgesondert von dem «seines» Staates zu denken. Zu diesen sachlichen Motiven gehört auf der einen Seite das Bestreben eines Vorrückens und Sicherns der französischen

Ostgrenze und gehören auf der anderen die Handelsinteressen. Besonders der Krieg gegen Holland (1672 – 1678) hatte weitgehend den Charakter eines Wirtschaftskrieges. Man wollte möglichst viel von dem Erbe der Holländer an sich reißen. Auch Colbert befürwortete französische Wirtschaftskriege zwecks Gewinnung vorteilhafter Handelstarife und dergleichen.

Diese sachlichen Motive sind mit den persönlichen und den mit diesen wiederum zusammenhängenden dynastischen so verquickt, daß sogar behauptet werden konnte, *rein* dynastische Kriege seien auch im Zeitalter des Absolutismus selten geführt worden. Wie stark indessen doch das persönlich-dynastische Motiv war, zeigt ja allein die Tatsache der Erbfolgekriege, deren furchtbarster, der spanische Erbfolgekrieg (1701–1714), Ludwigs Niedergang und beinahe Frankreichs Ruin zur Folge hatte. Die Fürsten bekriegten sich, um die Herrschaft in Staaten und Ländern zu gewinnen, wie um persönliche Beutestücke als die passiven Objekte ihres Streites.

Wir können über Ludwigs XIV. Außenpolitik und die Geschichte seiner Kriege hier natürlich nur in einigen großen Zügen sprechen, können und wollen auch gar nicht ihnen in allen ihren Verschlingungen und allem äußeren Hin und Her folgen. Aber die große Linie zu verfolgen ist doch von einem auch inneren Interesse. Diese große Linie ist, wie den Historikern bekannt, etwa diese:

Ludwigs Außen- und Eroberungspolitik ging zuerst, wie so vieles bei ihm, vernünftig, methodisch, systematisch vor, sie verfuhr in sinnvoller Weise und auch maßvoll, gemessen nämlich an der Kraft und an den Bedürfnissen des stark gewordenen Landes. Es haftete ihr nichts Abenteuerliches an, man unternahm nicht phantastische Eroberungszüge, sondern richtete planmäßig den Blick auf das Nächstliegende, was man brauchen konnte, um, wie schon erwähnt, die französische Ostgrenze nach den Niederlanden und nach Deutschland hin vorzurücken und zugleich zu verbessern, d.h. zu sichern (wobei freilich jede Erweiterung neue Sicherungsbedürfnisse brachte). Es waren, wie Guizot es ausgedrückt hat, «*vernünftige* Eroberungen»; sie fallen unter den echt französischen Begriff der «Sicherheitspolitik», nur daß diese im Zeitalter der größten französischen Kraftentfaltung noch ein selbstverständlich offensives Gepräge trug. Wie Ranke sagt, sahen «einsichtsvolle Zeitgenossen in Ludwig XIV. weniger den Eroberer – und wer wollte ihn mit den großen Eroberern irgend einer Epoche vergleichen –, er erschien ihnen vielmehr in dem Lichte eines Befehlshabers einer Festung, der, um diese zu behaupten und furchtbarer zu machen, seine Umgriffe nach allen Seiten über die Grenze ausdehnt».[334] Damit stellte sich Ludwig XIV. zugleich in den Dienst einer Tendenz, die schon seit Jahrhunderten die Politik der französischen Könige beherrschte, eben der französischen Tradition stetiger Erweiterung, stetigen Vorrückens nach Osten.*

Frankreichs Macht nahm durch diese erfolgreichen Unternehmungen immer mehr zu. Die «Festung» wurde bald zu einer Art Zwingburg für Europa. Frankreich hatte die absolute Vorherrschaft in Europa erlangt. Nun wurde Ludwigs Vorgehen, besonders seit dem Frieden von Nimwegen (1678/79), immer gewaltsamer, immer brutaler und hemmungsloser, bis er schließlich der Versuchung zu äußerster Übersteigerung seiner Ansprüche erlag, welche in zunehmendem Maße die Umwelt gegen ihn zusammenschloß, ihn zu grenzenloser Überspannung seiner Kräfte veranlaßte und damit den Rückschlag einleitete, der ihn schließlich an den Rand des Abgrundes brachte.

Das *Wie* seines Vorgehens trug von vornherein die Merkmale des *Machiavellismus*, wie er sich in den neueren Jahrhunderten in alle europäischen politischen Verhältnisse eingefressen hatte. Raffinierte Klugheit der Mittel auf der einen Seite, rücksichtsloseste Gewaltsamkeit auf der anderen, das sind die hauptsächlichsten Merkmale dieser machiavellistischen Politik der Zeit. Sie zeichnen auch die Ludwigs XIV., des «Machiavellus Gallicus», wie man ihn genannt

* Wenn man Geschmack daran findet, diese Kriege Ludwigs XIV. als «Raubkriege» zu bezeichnen, so kann man mit dem gleichen wohlklingenden Wort weitaus die meisten Kriege, die im Zeitalter des Absolutismus des 17. und 18. Jahrhunderts und auch zum Teil danach von den jeweils aktivsten und lebendigsten Fürsten oder Staaten offensiv mit dem Ziele der Eroberung oder sonstigen materiellen Gewinnes geführt worden sind, titulieren.

hat, aus, der dabei freilich noch manche ihm bzw. dem Franzosentum eigentümlichen Besonderheiten entwickelte. In großem Maßstabe und mit starkem Erfolg gebrauchte er z.B. das Mittel der «Pensionen», durch die er in fremden Ländern Minister, Prälaten, Fürsten, Ratgeber, Mätressen zu bestechen verstand.[335] Eine besondere französische Eigentümlichkeit des ludovizianischen Machiavellismus war seine gleichfalls in großem Stile angewandte «juristische» (oder, wie man treffend gesagt hat, «juristisch-rabulistische») Methode, durch die er, wenn er ein Land oder Gebiete oder Städte oder dergleichen gewinnen wollte, juristische Begründungen dafür fand, indem z.B. privatrechtliche Verhältnisse auf das öffentliche Recht übertragen wurden usw. So erhob Ludwig auf Grund des sogenannten «Devolutionsrechtes» seiner Gemahlin Ansprüche auf die spanischen Niederlande, so schuf er die «Reunionskammern» (die Seele dieser Politik war Louvois), die ihm juristische Begründungen für die «Reunierung» von Ortschaften und Gebietsteilen des Deutschen Reiches, insbesondere im Elsaß, und der spanischen Niederlande zu liefern hatten. Man kann bei dieser politischen Methode von einem *Zynismus* in der Verwendung des Juristischen sprechen*.

In dieser politischen Atmosphäre wuchs in Frankreich auch die moderne *Diplomatie* heran. Entstanden schon im Italien der Renaissancezeit, wo ihre Meister besonders die Venetianer wurden, wird sie nun durch die Franzosen weiterentwickelt zu einem feinen Werkzeug, das nach festen Regeln verfährt und in systematischer Weise für dauernde Zwecke wirkt. Seit Ludwig XIV. wurde internationale Sprache der Diplomatie die französische Sprache, diese für «Diplomatie» (das Wort in jedwedem Sinne genommen) so hervorragend geeignete Sprache. Rudolf Steiner wies darauf hin, daß die französische Sprache nicht umsonst die Diplomatensprache gewor-

* Dies würde für die Methode natürlich auch dann gelten, wenn Ludwig sich in der Tat etwa für seine Person über die von den in seinem Auftrag tätigen Juristen konstruierten «Rechte» getäuscht und bis zu einem gewissen Grade an diese geglaubt haben sollte (vgl. «Staat und Gesellschaft der neueren Zeit», Berlin und Leipzig 1908, Koser, S. 286). Wie würde er wohl reagiert haben, wenn seine Juristen ihm keine «Rechtsansprüche» geliefert hätten?

den ist, d.h. «diejenige Sprache, in der fixiert werden kann, was auf diplomatischer Grundlage abgemacht ist» – was sie infolge der großen Prägnanz geworden sei, die mit der ganzen Entwicklungsstufe des französischen Kulturelementes zusammenhängt.[336]

Nicht nur die Diplomatensprache wurde die französische Sprache unter Ludwig XIV., sondern bald die Sprache aller Gebildeten, besonders aber der «großen Welt», der höfisch-aristokratischen Kreise in ganz Europa und blieb es bis ins 19. Jahrhundert hinein. Verhältnismäßig am meisten verschlossen sich ihrem Siegeszuge noch Holland und England, in denen beiden ein starkes, eigenständiges bürgerliches Element als Träger der Bewußtseinsseelenimpulse des fünften nachatlantischen Zeitalters lebte.

Ludwigs XIV. politische Expansion und politische Machtstellung wurde zugleich eine solche der französischen Sprache und der französischen Kultur überhaupt. Ja, diese traten eine wahre Weltherrschaft an, die über die politische Vorherrschaft noch weit hinausging.

«Die französische Literatur», schreibt Ranke, «leicht, glänzend und lebendig, in streng geregelter und doch anmutender Form, faßlich für alle Welt und doch von nationaler Eigentümlichkeit, fing an, Europa zu beherrschen. Es sieht beinahe wie ein Scherz aus, wenn man bemerkt hat, daß z.B. das Diktionär der Akademie, in welchem sich die Sprache fixierte, besonders an Ausdrücken der Jagd und des Krieges reich ist, wie sie am Hofe gang und gäbe waren; aber leugnen läßt sich nicht, daß diese Literatur dem Staate völlig entsprach und ein Teil den anderen in der Erwerbung seines Supremats unterstützte. Paris wurde die Kapitale von Europa. Es übte eine Herrschaft wie nie eine andere Stadt, der Sprache, der Sitte, gerade über die vornehme Welt; die Gemeinschaftlichkeit von Europa fand hier ihren Mittelpunkt.»[337]

Die politischen Freunde wie die politischen Gegner Ludwigs XIV. – er hatte ja später fast nur noch Gegner – wurden von dem französischen Kultureinfluß gleichermaßen ergriffen. Von irgendwelchen nationalen Abwehrtendenzen war bei ihnen gar keine

Rede. Es gab damals nur *einen* werdenden Nationalismus: den der Franzosen, und eben dieser drückte seinen kulturellen Stempel der Welt auf. Mit der französischen Sprache und Kultur lebten sich französisches Fühlen, französische Gedankenformen überall ein, und gerade auch in der politischen Sphäre; sie bedingten das *Wie* der Dinge. Wenn man für Deutschland oft darauf hingewiesen hat, daß gegenüber der deutschen Schwerfälligkeit und Pedanterie, gegenüber mancher Roheit und dergleichen die Aufnahme der französischen Kultur damals einen Fortschritt bedeutete, so ist an sich daran gewiß sehr viel Richtiges. Aber man müßte in genügend tiefer Art die Frage aufwerfen, welche inneren Entwicklungstatsachen des damaligen Deutschland die Überfremdung durch das französische Wesen möglich bzw. sogar notwendig oder unvermeidbar gemacht haben, oder, wie man die Frage auch stellen kann, welche Umstände das *Vakuum hervorgerufen* hatten, welches dann das französische Wesen, den französischen kulturbeherrschenden Einfluß «*ansog*». Man würde dann aus den größeren Zusammenhängen heraus auf das geistig-spirituelle Versagen Mitteleuropas zu Beginn des 17. Jahrhunderts kommen, da Deutschland jene Inspiration, jenen Weltimpuls, auf den wir öfter hinzuweisen hatten, nicht aufgenommen hatte, die doch mit seinem tiefsten Wesen und seinen ureigensten Aufgaben zusammenhingen und denen es sich nicht versagen konnte, ohne damit die tragischsten Folgen auf sich herabzuziehen.*

* In diesem Zusammenhang ergibt sich, wenn man verschiedene Tatsachen zusammenschaut, noch folgendes:

Am Ausgangspunkte steht, wie soeben wieder ausgesprochen, die Nichtaufnahme des spirituellen Impulses von der Wende des 16. zum 17. Jahrhundert, der insbesondere auch in der rosenkreuzerischen Inspiration wirkte, aus der heraus Johann Valentin Andreae die «Chymische Hochzeit Christiani Rosenkreutz» geschrieben hat. Durch die Zurückweisung des Impulses war das mitteleuropäische und zugleich europäische Vakuum entstanden; dieses hatte die einseitige Entwicklung der französischen politisch-wirtschaftlich-kulturellen Macht in dem Jahrhundert, das nun schlechthin das «siècle de Louis XIV» wurde, zur spirituellen «Folge». (Man kann diesen Zusammenhang insofern mit jenem anderen vergleichen, von dem wir oben S. 32 gesprochen haben, als von der Mission von Florenz die Rede war und der Art, wie einerseits Dante,

Mehr noch, als die politische Expansion Ludwigs XIV. diejenige der französischen Kultur begünstigt hat, wird man sagen können, daß umgekehrt die Ausbreitung der französischen Kultur den politischen Einfluß Frankreichs mächtig gesteigert hat. Es hängt dies mit einem tief in der europäischen Völkerpsychologie begründeten Zuge zusammen, auf den Rudolf Steiner hingewiesen hat, daß nämlich die Franzosen in ihrer Politik davon abhängig sind, wie sie den anderen *gefallen*. «Die Politik Frankreichs hing davon ab, wie die Franzosen den Menschen gefielen. Davon war die Wirksamkeit dessen, was sie taten, abhängig.»* Das ist der tiefere Grund, warum gerade die französische *Kultur*, die der ganzen Welt aus gut begreiflichen Gründen so sehr «gefiel», zugleich ein so eminent wichtiger, in seiner Bedeutung kaum zu überschätzender außenpolitischer Faktor für Frankreich war und warum Frankreich durch Jahrhun-

andererseits aber Machiavelli in diese hineingestellt erscheinen.) Das mitteleuropäische Vakuum des 17. Jahrhunderts hat diese Macht und diesen Geist des französisch-ludovizianischen Kulturelementes nach Deutschland herein«gesogen», so daß jene Überfremdung, jene überstarke Durchtränkung der Deutschen mit diesem Kulturelement zustande kam. Der rosenkreuzerische Impuls trat zurück, er wartete gleichsam. Erst im Verlaufe des 18. Jahrhunderts setzte er wieder ein. Er wirkte jetzt besonders auf und durch *Lessing*. Lessing nahm schließlich die rosenkreuzerische Inspiration auf und schrieb seine «Erziehung des Menschengeschlechts». Lessing aber brachte zugleich auch die große Auseinandersetzung mit dem französischen Kulturelement. In Lessing besann sich der deutsche Geist gleichsam auf sich selbst, wehrte den überstarken und verhängnisvollen französischen Einfluß (nachdem dieser in anderer Weise seine Dienste getan hatte) ab und befreite sich in hohem Maße von ihm. Damit begann das Zeitalter des echtest deutschen Geisteslebens, das die Welt gesehen (und soweit verstanden, verehrt) hat, das Zeitalter des Goetheanismus.[338]

* Vortrag vom 8. Dez. 1918 in Dornach, GA 186. – Dasselbe sagt Rudolf Steiner, wenn auch nur nebenbei, übrigens auch von den Italienern. Als Gegenpol zu Franzosen und Italienern nennt er die Westslawen, die Polen, Slowenen, Tschechen, Serben, deren Schicksal umgekehrt damit zusammenhänge, wie sie *nicht* gefallen, wie sie unsympathisch sind der mitteleuropäischen Bevölkerung. (Das eine hänge mit der Vergangenheit, das andere mit der Zukunft zusammen.) Eine Art Mittelstellung nehme gegenüber diesen beiden polaren Verhältnissen die Politik Englands ein, die in einem gewissen Sinne von der Welt als selbstverständlich akzeptiert wurde, «ob sie gefällt oder nicht gefällt».

derte immer eine staatlich-politische Kulturpropaganda größten Stils getrieben hat. Sie wurde außerordentlich begünstigt durch die Verstaatlichung der französischen Kultur im 17. Jahrhundert, durch das, was man Ludwigs XIV. «Bündnis mit der französischen Kultur» genannt hat.

Aber die Imprägnierung der europäischen Kultur mit französischem Wesen durch Ludwig XIV. hat des Königs politisch beherrschende Stellung überdauert. Sie war die eigentliche Errungenschaft Ludwigs XIV. für die Welt. Als seine Heere längst geschlagen waren, als die gloire seines Königtums längst verblaßt und nur noch historische Erinnerung war, blieb noch über hundert Jahre der französische Kultureinfluß überwiegend.

Mit der Regierung Ludwigs XIV. ist die furchtbare Erinnerung verbunden an die Greueltaten der Grausamkeit und der Zerstörung, die Ludwigs XIV. Truppen auf Befehl – besonders Louvois' – im Jahre 1689 in weiten links- und rechtsrheinischen deutschen Gebieten, insbesondere durch die Verwüstung der Pfalz begingen und gegen welche selbst die in Holland verübten Untaten[339] zurücktreten. An diesen Untaten großen Stils wird in einer besonders radikalen Weise etwas von dem Zerstörungsimpuls sichtbar, der in manchem tieferen Sinne überhaupt in dem Wirken Ludwigs XIV. waltete und der im allgemeinen nur allzu sehr verschleiert und zugedeckt wird durch die glänzende Oberfläche. Dieser Zerstörungsimpuls ist freilich nur ein Teil jener umfassenden Zerstörungsimpulse, die in dem Materialismus als solchem überhaupt wesensnotwendig veranlagt sind. Der Materialismus, der im 17. Jahrhundert zum entscheidenden Siege gelangt war, löst Triebe zur Zerstörung in den Seelen der Menschen aus. Dafür erscheint die Mordbrennerei und Verwüstung in den unglücklichen Ländern am Rhein insofern nur wie ein erster Auftakt, der für die kommenden Jahrhunderte weiteres verheißen sollte.

Gewiß hat es zu allen Zeiten der Geschichte genug an Greueln und Leiden gegeben, die namentlich von gewaltsamen Ereignissen wie Kriegen und Revolutionen mit sich gebracht wurden. Noch der

Dreißigjährige Krieg steht in furchtbarer Erinnerung. Immerhin aber waren es bisher mehr solche Greuel, die teils «sachlich», wenn man so sagen darf, mit dem Kriege untrennbar verbunden sind, teils auch Greuel, die aus menschlichen Affekten und Leidenschaften, aus Wut, Rache, Haß hervorgingen, durch Disziplinlosigkeit der Soldaten und dergleichen. Als neu wenigstens in der europäischen Geschichte und als das eigentlich zutiefst Empörende und das Blut erstarren Machende ist bei den Greueln in der Pfalz und am Rhein immer die kalte Systematik, die überlegte Planmäßigkeit und Methodik, die geschäftsmäßige Ruhe (auch hier also, auf dem Gebiete der Zerstörung!) empfunden worden, mit der die Ruchlosigkeiten von oben herab im einzelnen genau vorgeschrieben und dann ausgeführt worden sind. Der eigentliche Zweck der Frevel, vor denen sogar das Andenken an die Mordbrennereien des Dreißigjährigen Krieges verblaßt, war, eine ungeheure Wüstenei längs der französischen Grenze zu schaffen, damit die nahenden deutschen Heere in diesen verödeten Gegenden, welche die Franzosen nicht halten konnten, die benötigten Subsistenzmittel entbehren sollten.[340] Ludwig mag diese Barbareien nicht in ihrer ganzen Ausdehnung gekannt haben, warum aber ließ er auf die zweite Zerstörung Heidelbergs (1693) eine Schaumünze prägen mit der Inschrift «Heidelberga deleta»?[341]

Mit welchen Methoden vorgegangen wurde, zeigt eine Anordnung Louvois' an eines seiner ausführenden Organe: «Das Mittel, um zu verhindern, daß die Einwohner von Mannheim sich dort wieder niederlassen, ist, daß man, nachdem man ihnen bekanntgegeben hat, daß man es nicht tun werde, alle diejenigen töten läßt, die man dabei antreffen wird, daß sie dort irgendwie Wohnung beziehen wollen.»[342]

Noch eine Bemerkung möchten wir hier einschalten, da wir von den Schicksalen sprechen, die der Machtstaat Ludwigs XIV. Mitteleuropa, Deutschland bereitete. Rudolf Steiner hat in einem kunstgeschichtlichen Vortrag über *Rembrandt*[343] gesprochen, der ja auch noch ein, wenn auch älterer, Zeitgenosse Ludwigs XIV. war (er lebte von 1606 bis 1669) und den Rudolf Steiner als einen Künstler charakterisiert, der, in keiner Faser seiner Künstlerseele irgendwie abhängig von dem romanisch-südlichen Elemente, aus aller Ursprünglichkeit des mitteleuropäischen Volkstums heraus wirkte und der als Künstler im eminentesten Sinne das geltend machte, was eben im mitteleuropäischen Volkstum lebt, die menschliche Individualität und die menschliche Freiheit. In solchem Zusammenhang spricht nun Rudolf Steiner von dem, was dieses mitteleuropäische Volkstum geschichtlich bedroht hat, ja was es brechen wollte. Und das ist die Strömung und der geschichtliche Impuls der *Gegenreformation*, die den großen Gegenschlag gegen das führt, was als die Reformation so stark gerade mit dem mitteleuropäischen Wesen zusammenhängt. Alle diese Strömungen: der mitteleuropäische Impuls und derjenige, der ihn «brechen» will, der gegenreformatorische, finden ihren Ausdruck auch in den großen Künstlergestalten der Zeit. Der mitteleuropäisch-reformatorische kommt, wie Rudolf Steiner sagt, in Dürer und Holbein zum Vorschein. Dann kommt die Gegenreformation über Europa, damit aber eine Strömung, die, wie Rudolf Steiner an anderer Stelle einmal sagt, «so viel beigetragen hat zur Einschläferung, zur Eindämmerung, aber auch zu anderen üblen Wirkungen innerhalb der mitteleuropäischen Welt».[344] In dem Rembrandt-Vortrag heißt es von dieser gegenreformatorischen Zeit nun weiter: «Und diese ganze Epoche, in der über Europa hinflutet das Großstaatentum und hinwegfegt die politischen Individualitäten, da breitet sich aus, wie Herman Grimm es sagt: In der Epoche des europäischen Fürstentums breitete sich aus dasjenige, was in der Kunst bei Rubens, van Dyck, Velasquez und so weiter zu sehen ist. Und wenn wir auf diese Namen hindeuten, bei all ihrer Größe finden wir ja wirklich dasjenige darinnen ausgedrückt, was zusammenhängt mit der Gegenreformation, mit dem Willen, das mitteleuropäische Volkstum zu brechen.» Und diesem stellt eben Rudolf Steiner Rembrandt gegenüber, der als Künstler aus aller Ursprünglichkeit des mitteleuropäischen Volkstums, das gebrochen werden soll, das geltend macht, was in diesem Volkstum lebt.

Man sieht, wie hier das europäische Großstaatentum in Verbindung mit der gegenreformatorischen Bewegung genannt wird. Diese aber ihrerseits hängt wiederum mit dem romanisch-südlichen Elemente zusammen, über dessen Artung Rudolf Steiner u.a. in dem nächsten seiner Kunstvorträge[345] spricht, wo von der niederländischen Malerei die Rede ist und aus dem wir in einem ähnlichen Zusammenhang Wichtiges in Bd. III (S. 143 f.) angeführt haben, das mit dem hier Gesagten zusammengeschaut werden muß. Nun, bei diesem europäischen Großstaatentum ist natürlich in erster Linie an Spanien zu denken, das ja die Macht der Gegenreformation par excellence ist, dann aber offensichtlich auch an Frankreich, Spaniens Nachfolger als europäische Großmacht, an das Frankreich, welches z.B. das Hugenottentum ausstieß, worin sich aber, wie wir sahen, ein viel umfassenderer Wesensimpuls offenbart. Kein Wunder nach alledem, daß von diesem Frankreich Ludwigs XIV. ärgste Bedrohungen Mitteleuropas ausgingen: Hollands, das sich ihrer weitgehend siegreich erwehrte, und Deutschlands, das ihnen weitgehend zum Opfer fiel. Es fiel ihnen innerlich und äußerlich zum Opfer. In welchem Sinne innerlich, das haben wir oben schon gesagt. Es geschah aber auch handgreiflich äußerlich: durch jene Zerstörung der Pfalz und der anderen rheinischen Gebiete, durch den Verlust von linksrheinischen deutschen Gebieten, besonders des Elsaß, wobei karmisch-symptomatisch namentlich der Verlust *Straßburgs* an Ludwig XIV. (am 30. September 1681) ist, Straßburgs, das mit tiefen Impulsen des wahren deutschen Geistes eng verbunden war, Straßburgs, wo, ebenfalls sicherlich nicht durch Zufall, 1616 erstmals im Druck die «Chymische Hochzeit Christiani Rosenkreutz» erschienen ist.[346] Hier wird für den die Symptomatik der Dinge würdigenden Blick der tragische innere Zusammenhang sogar besonders deutlich, der besteht zwischen der Nichtaufnahme des echt mitteleuropäischen Impulses vom Beginne des 17. Jahrhunderts und dem Hochkommen Ludwigs XIV. und seiner großstaatlichen Macht, die durch das mitteleuropäische Vakuum angesogen wurde.

Die Zeit, in der Ludwig XIV. Straßburg seinem Staat einverleibte, 1681, oder auch noch einige Jahre darüber hinaus, bezeichnet den Höhepunkt seiner Machtentfaltung. 1681 beginnt außenpolitisch die Gegenströmung gegen Ludwig XIV., zusammengefaßt von Wilhelm von Oranien. Bald setzte der Niedergang der Machtstellung Ludwigs XIV. ein. Während er in seiner Außenpolitik zuerst dem natürlichen Drange gefolgt war, seinen Staat nach Osten hin zu erweitern, ließ er sich mit der Zeit und den großen Erfolgen zu den unmöglichsten Ansprüchen hinreißen; dadurch verstärkte sich der Widerstand der Umwelt gegen ihn. Ludwig XIV. mußte die Kräfte seines Landes immer stärker anspannen und überspannen. Das Land litt in zunehmendem Maße, und Ludwigs Machtstellung ging zurück. Der Friede von Ryswick (1697) bedeutete das Ende der französischen Alleinherrschaft in Europa, wenn Frankreich auch noch die erste europäische Macht blieb. Der spanische Erbfolgekrieg hat den Niedergang erst vollendet. Ludwig hatte sich in diesen Krieg gestürzt, obwohl sein erschöpftes Land dringend den Frieden gebraucht hätte. Sein böser Geist, der ihn besaß, ließ ihn nicht los, die schrankenlose unersättliche Machtsucht, der Wille zur absoluten Hegemonie (alias «die Ehre und der Ruhm des Landes») trieben ihn immer weiter vorwärts. Der Friede von Utrecht, der 1713 den furchtbaren spanischen Erbfolgekrieg (der wie eine Art Vorgeschmack des Weltkrieges 1914 – 1918 empfunden werden kann) abschloß, bedeutete das Ende der französischen Hegemonie. Nur durch den Übermut seiner Feinde, die durch die Überspannung ihrer Forderungen Ludwig zum äußersten Widerstand zwangen, wodurch er die für ihn kritischste Lage überwand, war Ludwig vor einem vollständigen Zusammenbruch bewahrt geblieben. Doch war sein Land aufs furchtbarste zerrüttet. Sein außenpolitisches Streben war endgültig gescheitert, wenn auch sein Enkel (Philipp V.) den spanischen Königsthron behielt. An die Stelle der französischen Vorherrschaft in Europa trat das «europäische Gleichgewicht» im Interesse Englands, das nun in den Vordergrund trat und das bei diesem Gleichgewicht, das es sorgsam zu bewahren suchte, das Zünglein an der Waage bildete.

Das 17. Jahrhundert stellt den eigentlichen Höhepunkt der französischen Geschichte dar. Die Franzosen feiern es mit Recht als ihr grand siècle. Im 17. Jahrhundert lebte Molière, in dem das französische Wesen seinen Gipfel erreicht, wie wir hörten. Das 17. Jahrhundert ist das Jahrhundert des «grand roi», Ludwigs XIV., und gewiß kann kein Zweifel sein, daß auch er für viele Züge des französischen Geistes und Wesens eine höchst repräsentative Gestalt ist. Während wir aber sonst gerade den charakteristischsten Exponenten der verschiedenen Völker nicht nur Bewunderung, sondern oft genug auch Sympathie und herzliche Zuneigung entgegenbringen, gerade wenn und weil sich in ihnen das Wesen ihres Volkstums in reiner Weise ausprägt – im höchsten Maße gilt dies gegenüber den großen Repräsentanten des Geisteslebens der Völker, einem Dante für das italienische Volk, eben einem Molière für das französische, einem Shakespeare für das britische, wie in Goethe die Besten aller Völker den Gipfel des deutschen Volkstums verehren –, können wir gegenüber Ludwig XIV., nach dem das «große Jahrhundert» der Franzosen geradezu auch das Jahrhundert Ludwigs XIV. heißt, nicht so empfinden. Und nun hören wir gar, daß der bedeutende französische Historiker Ernest Lavisse Ludwig XIV. überhaupt nicht eigentlich als Franzosen gelten lassen wollte.* Das erscheint para-

* Man findet die (oder wenigstens eine derartige) Stelle bei *Ernest Lavisse* in seiner «Histoire de France», Tome 7. 1 «Louis XIV. La Fronde. Le Roi. Colbert», Paris 1905, in dem Abschnitt «*Le ‹Moi› du roi*», S. 131. Lavisse stellt es bei der von ihm stark betonten Fremdheit Ludwigs XIV. gegenüber dem eigentlichen französischen Wesen allerdings ganz auf *Vererbungs*einflüsse ab. Er weist auf den starken habsburgisch-spanischen Blutsanteil in Ludwig XIV. hin und sieht von daher in Ludwig XIV. mehr den Spanier als den Franzosen. «Weder», schreibt Lavisse von Ludwig XIV., «der andauernde Ernst ist von unserer Art, noch diese natürliche Erhabenheit, noch die hieratische Ordnung, die er dem Hofe auferlegte ..., noch der Abstand des Königs den übrigen Menschen gegenüber, noch das Gemisch von Wollust und Devotion, noch die Regierung durch das Kabinett und die Büros, noch der Ehrgeiz, Europa beherrschen zu scheinen, noch die Politik, sich in alle Angelegenheiten einzumischen,

dox, aber gerade in den Paradoxa der Geschichte liegen oft die wichtigsten Probleme verborgen. Es erhebt sich die für ein universelleres Geschichtsverständnis wichtige Frage: Wie steht Ludwig XIV. zu dem Genius des französischen Volkes?

Die fundamentalen Tatsachen für ein weltgeschichtliches und völkerpsychologisches Verständnis des Franzosentums sind, daß das französische Volk als solches von den menschlichen Seelengliedern vor allem die *Verstandes- oder Gemütsseele* entwickelt und daß es eben dadurch in stärkster innerer Verwandtschaft zu demjenigen *Zeitalter* steht, das als Zeitalter die besondere Aufgabe hatte, dieses Seelenglied auszubilden, d.h. zu dem griechisch-lateinischen Zeitalter, dessen Kulturerbe kein Volk so treu und so konservativ bewahrt wie eben das französische, als Pfleger und Bewahrer der «Latinität». Mit diesen beiden Grundtatsachen hängt alles andere innigst zusammen, was uns im französischen Volkscharakter und in dem französischen Kulturimpuls entgegentritt. Rudolf Steiner hat z.B. in seinen großen Vorträgen über Völkerpsychologie[347] gerade für das 17. Jahrhundert gezeigt, wie die griechisch-lateinische Zeit in der französischen Kultur etwa bei Corneille wieder aufgetaucht, wie sie nun menschliche Seelenangelegenheit geworden ist, wie die großen französischen Dichter das griechische Element herübernehmen (z.B. die Regeln des Aristoteles für das Drama, über die Einheit der Zeit, des Ortes

noch die totale Verquickung von Staat und Religion, worin die Erinnerung an die Autodafés von Aragon oder Kastilien nachzuleben scheint, noch Versailles, das schließlich wie der Escorial der Wohnsitz einer Majestät geworden war, die sich aus dem gewöhnlichen Leben isoliert, um nur noch mit sich selbst zu wohnen ... Mehr von Spanien-Österreich hat, wie es scheint, Ludwig XIV. seinen enormen, unwahrscheinlichen, pharaonischen Stolz, aber französische geschichtliche Gegebenheiten haben in ihm die atavistische Gesinnung erweckt und überreizt.»

Man nehme dazu auch, was *Ernst Robert Curtius* in einem Aufsatz (in «Die Wandlung» II 5, S. 410) von dem großen Einfluß der «Querverbindung» von Wien und Madrid schreibt, die bis tief ins 17. Jahrhundert hinein den Stil europäischer Kultur bestimmt habe: «Selbst Frankreich ist noch bis in die Zeit Ludwigs XIV. hinein von Madrid kulturell abhängig gewesen, und Versailles ist ein ins Französische übersetzter Escorial.»

und der Handlung) und dergleichen. In diesem Zusammenhang gerade bezeichnet er Molière, dessen Dichtung aus der Verstandes- oder Gemütsseele heraus geschaffen ist, der aus ihr heraus die Komik katexochen hervorbringt, als den einmaligen Gipfel des französischen Wesens.

Sodann bewährt sich die griechisch-lateinische Wesensart in dem Franzosentum vor allem in dessen ausgeprägtem Sinn für das *politisch-staatliche* Element, das ja selbst nicht ohne tiefere Gründe zuerst im Zeitalter der Verstandes- oder Gemütsseelenentwicklung, in der griechisch-lateinischen Kultur entwickelt worden ist,[348] in Reinkultur bei den Römern, bei denen auch schon das für die auf politischem Gebiet sich voll auslebende Verstandesseele typische Streben nach *Einheit*, nach staatlicher Zentralisation sich im größten Stile zeigt. Und gerade dies ist wiederum einer der bezeichnendsten Züge des Franzosentums, seine tief eingewurzelte «Leidenschaft für die politische Einheit», wie sie durch Jahrhunderte hindurch konsequent (mit französischer «Logik») sich betätigt und realisiert hat. Die klare Verstandesschärfe, das logisch-organisatorische Talent der französischen Nation, im fünften nachatlantischen Zeitalter sich verbindend mit den mechanistischen Zeitkräften, bringt nun den berechnet-konstruierten, auf Zweckmäßigkeit gegründeten, systematischen, einheitlichen, zentralisierten Machtstaat hervor. Den Anteil der Verstandesseele an ihm kann man etwa so charakterisieren: Der Verstand, das entspricht ja seinem Wesen, denkt sich etwas aus, das «logisch» ist und das daher, wie er meint, auch «richtig» sein muß. Wenn es aber «richtig» oder gar «*das* Richtige» ist, dann muß es, so schlußfolgert derselbe Verstand, logischerweise überall und für jeden gelten. Es muß zur *Regel* für alle gemacht werden. Wenn daher dem Verstande auch die nötige Macht zur Verfügung steht, so handelt er wiederum nur logisch, wenn er in zentralistischer Weise das Ausgedachte sozial zu realisieren und durch Zwang durchzuführen sucht. Dabei entspricht es dem auf der Stufe der Verstandesseele noch starken Autoritätsprinzip, daß die Untertanen bereit sind, anzuerkennen, daß eben nur die politische Leitung, in Frankreich also das Königtum, im Vollbesitze des erleuchteten Verstandes ist, daß also von ihr als dem Zentrum des Ganzen die Regeln und Gesetze auszugehen haben.

Nun, dieser so begründete, systematische Staat war aber, wie wir gesehen haben, das eigentliche Werk Ludwigs XIV. wie seiner Wegbereiter und Mitarbeiter. Er schuf insofern in vollem Maße aus der Volkssubstanz heraus.

Wir finden ungefähr alle französischen Nationaleigentümlichkeiten bei Ludwig XIV., aber das Charakteristische dabei ist, daß sie alle bei ihm in einer bestimmten einseitigen Übersteigerung auftreten. Und es sind gerade die *bedenklichen* Seiten, die es wie in jedem, so auch im französischen Volkscharakter gibt, die bei dem grand roi besonders ausgeprägt erscheinen. Sie treten in einer Weise an ihm und durch ihn – und seit ihm – auf, an der man empfindet, daß die scharfe Einseitigkeit der Prägung auf Kosten dessen geht, was das mehr Universell-Menschliche ist.

Wir sehen das urfranzösische *Einheitsstreben* unter Ludwig XIV. siegen, wir sehen die Staatseinheit zustandegebracht, aber wir sehen sie zugleich übersteigert zu einem despotischen Zentralismus.

Wir sehen den französischen Sinn für das *Politische* übersteigert zu einer umfassenden und allgemeinen Politisierung[349] aller Lebensgebiete, der auch die ganze geistige Kultur und insbesondere die Sprache zu dienen hat, zu einer Prestigepolitik größten Ausmaßes, die über ganz Europa glänzen wollte, zu einem ins Maßlose überspannten, dämonischen Machtwillen, der zuletzt das Land, dessen Größe er angeblich bezweckte, an den Rand des Abgrundes brachte.

Wir sehen den echt französischen Sinn für das *Militärische* («Notre génie est le génie militaire ...»)* übersteigert zu einer uferlosen

* Nebenbei sei bemerkt, daß aus der Verbindung des *militärischen* Zuges mit dem ebenfalls echt französischen «*Sicherheits*»bedürfnis und der ebenso echt französischen *Erfindungsgabe* die Neigung hervorgeht, möglichst viele, mit allem Raffinement angelegte Festungen zu bauen, worin das Frankreich Ludwigs XIV. bekanntlich ebenfalls groß war (Vauban) und der Welt zum wiederum viel bewunderten Vorbild diente.

Kriegs- und Eroberungspolitik, die wiederum das Land in den Ruin führte.

Wir sehen den echt französischen Sinn für das *Juristische*, seine juristische Begabung sich zwar einerseits in den großen Gesetzgebungswerken Ludwigs XIV. ausleben, die für viele Gebiete ein einheitliches Recht für den ganzen Staat schufen, andererseits aber auch den Mißbrauch des Rechts zur ebenso großartig-planmäßigen wie spitzfindigen Schaffung von juristischen Vorwänden für den außenpolitischen Bedarf. (Übrigens zeigt sich auch hierin wieder die Verwandtschaft des Franzosentums mit dem Griechen- und Römertum. Auch die Römer waren groß darin, Rechtsgründe zu finden oder zu erfinden – das «Erfinden» ist eine typische Funktion der Verstandesseele –, die ihre außenpolitischen Aktionen «recht»fertigen sollten.[350])

Wir sehen den echt französischen Sinn für *Klarheit*, für *Logik*, die französische Verstandeshelle übersteigert in eine Manie, für alles und jedes *Regeln* auszudenken, nicht nur im Recht durch die großen Kodifikationen, sondern auch für die Wirtschaft, wie für das Drama und die Malerei so selbst für die lebendige Pflanzenwelt, der in den künstlichen geschnittenen Hecken der Gärten von Versailles noch die toten geometrischen Formen aufgezwungen wurden, die der abstrahierende menschliche Verstand sich ausgedacht hatte. Die ganze Kultur, die um Ludwig XIV. herum gedieh, krankte, wie man oft festgestellt hat, an dem Übermaß, an der Hypertrophie des rein Verstandesmäßigen, an einseitiger Pflege von Klarheit und Logik und Regel bei schwindendem geistigen Gehalt und schwindender menschlicher Substanz.

Und so sehen wir auch den echt französischen (wiederum in der Verstandesseele verankerten) Sinn für die *Form* übersteigert und veräußerlicht zu einem rein formalen Wesen bei zunehmender innerer Verarmung, veräußerlicht zur «Phrase», zu glänzendem, aber hohlem Prunk.

Wir sehen endlich den echt französischen Sinn für die menschliche *Persönlichkeit*, für personnalité, wie sie gleichfalls zuerst im vierten nachatlantischen Zeitalter entwickelt wurde.[351] Es ist das Erleben des in der physisch-sinnlichen Welt unmittelbar gegebenen persönlichen Wesens, des persönlichen Ichs des Menschen. Wir sehen auch gerade dieses in Ludwig XIV. wieder in geschichtlich einzigartiger Weise übersteigert und aufgebläht zu jenem MOI, das sich, wie wir so oft hörten, mit dem Staate gleichsetzt, den Staat in den Dienst seiner persönlichen Interessen und Emotionen stellt; wir sehen die Eitelkeit dieses persönlichen Selbstes, das fortwährend neue «gloire»* braucht als Nahrung für sein Selbstgefühl.

Aber die «persona» bedeutete im Altertum außer «personnalité» und gerade ursprünglich noch etwas anderes: die Maske des Schauspielers im Theater, durch welche die Stimme dieses Schauspielers «personat» (hindurchtönt) – ein wunderbares Bild für das geistige Menschen-Ich, für das die leiblich-physische Erscheinung wie ein Gewand oder eben eine Maske ist, in der es seine «Rolle» auf Erden spielt. Wir sehen daher nun auch nicht von ungefähr den gleichen Sinn und die gleiche eminente Begabung für Schauspiel und Theater wie bei Griechen und Römern bei den Franzosen. Und wir sehen auch diesen Zug wieder in extremer Übersteigerung bei Ludwig XIV., dessen ganzes Dasein mitsamt seiner Umgebung wie ein großes «Theater» war mit Schauspielern und Sängern und

* Die «gloire», wie sie bei Ludwig XIV. und im späteren Franzosentum überhaupt auftritt, wird man freilich nur dann gerecht beurteilen, d.h. richtig verstehen, wenn man auch sie, wie so manches andere, als ein *Spätprodukt* von etwas auffaßt, dem einmal eine seelisch zu Recht bestehende Realität innegewohnt hat. Daß in der «gloire» einmal so etwas lebte, darauf macht *Herbert Hahn* aufmerksam in seinem Schillerbüchlein «Gewaltiger als das Schicksal» (Stuttgart 1939, S. 75), und zwar im inneren Zusammenhang mit Schillers «Jungfrau von Orleans», die der Dichter aus der inneren positivsten Substanz des Franzosentums heraus schrieb. «Hinter dem Großartigen», wie das französische Wesen es liebt, schreibt Hahn, «steht ursprünglich auch ein wirklich Großes. ‹La gloire› war nicht das fanatische Ruhmgetue von lauter Hitzköpfen. Abglanz kosmischer Kräfte in Seelenüberfülle; Seelenüberfülle, die sich heroisch äußern muß, weil sie menschlich, nurmenschlich, nicht leben kann – das war, das wirkte ursprünglich in der ‹gloire›» (und dafür war gerade Schiller der berufenste Dolmetscher). Soweit Hahn. Nun, das Zeitalter der Seelenüberfülle, das Zeitalter, in dem bei verblassender Geistigkeit das Seelische in der Persönlichkeit sich in Fülle und Überfülle auslebte, war eben wiederum das griechisch-lateinische Zeitalter.

Statisten, mit Kulissen und Beleuchtungskünsten, mit Dramatik und Theatereffekten aller Art, mit applaudierenden Zuschauern in ganz Europa, denen das Stück aufs höchste «gefiel». Der größte Schauspieler aber auf dieser Bühne, der die Heldenrolle spielte oder wohl auch etwas wie eine männliche Primadonna abgab, war eben Ludwig XIV. selbst, der große König.

So ergibt sich aus dem allen ein Bild des grand roi, das gleichsam hin und her pendelt zwischen dem echten französischen Geist und etwas anderem, das wir in Wahrheit als dessen objektives *Zerrbild* empfinden müssen, ein Gegenbild, in dem viele Züge des wahren französischen Genius wie abgebogen ins Ahrimanisch-Äußerliche erscheinen.

Dafür fehlt diesem Bilde bezeichnenderweise manches, was gerade zu den besten Seiten der Verstandes- oder Gemütsseele und damit zugleich des französischen Volkscharakters gehört. Besonders das *Maß*, das Maß-Halten. Hier ist vielmehr alles Übersteigerung. Es fehlt auch an der Gestalt eines Ludwigs XIV. jener Sinn für *Komik*, der vielleicht die menschlichste Seite der Verstandesseele ist. Ludwig XIV. soll zwar gern geistreiche Gespräche angehört haben, in denen andere Witz und Schlagfertigkeit entwickelten. Ihm selbst fehlten diese Gaben. Weit entfernt war er von jeder Komik – es ist geradezu komisch, es besonders zu sagen –, er, der ganz unablässig betonte Würde und Unnahbarkeit war!

Dem großen Komiker Molière steht Ludwig XIV. als der große – Komödiant gegenüber. Er repräsentiert nicht denselben Geist wie Molière. Er repräsentiert wohl auch, und wahrhaftig in repräsentativster Art, einen französischen Geist, aber nicht eigentlich den guten, liebenswerten französischen Geist, sondern mehr einen anderen. Denn auch für Völker gilt* das große Wort: «*Zwei Seelen wohnen, ach! in meiner Brust.*»

Aber natürlich, es wirkte dieser andere Geist durchaus nicht etwa

* wie gerade wir Deutschen im 20. Jahrhundert in furchtbarster Weise erlebt haben!

nur in Ludwig XIV. selbst. Er war schon vor ihm da. Ludwig XIV. aber war sein vornehmstes und bedeutsamstes Werkzeug.

Wir haben früher[352] in anderem Zusammenhang dargetan, daß es das *Gabriel-Monden-Zeitalter* war, in dem die große Blüte und die große Machtentfaltung des französischen Volkes stattfanden, insoweit diese in das fünfte nachatlantische Zeitalter fielen, und daß es die mondenhaft-gabrielischen Wesenszüge im französischen Volkstum[353] waren, die seine innere Wesensverwandtschaft mit und dadurch eben auch seine Führerrolle in diesem Zeitalter begründeten. Es war für das Franzosentum in diesem Zeitalter die Koinzidenz von *Volks*veranlagung und *Zeit*charakter gegeben. Das ist der objektiv-spirituelle Tatbestand. Und die eigentliche Höhe dieses Gabrielzeitalters, das von etwa 1525 bis 1879 dauerte, war eben in vieler Beziehung die zweite Hälfte des 17. Jahrhunderts; man kann aber in weitem Umfange auch noch das 18. Jahrhundert mit hinzurechnen. Im 17. Jahrhundert war Frankreich übrigens auch quantitativ das erste Volk in Europa. Mit 27 Millionen Einwohnern übertraf es an Zahl alle anderen Völker Europas und machte für sich allein den dritten Teil der europäischen Bevölkerung aus. Die mondenhaften Impulse des Gabrielzeitalters lebten sich, wie wir früher[354] gezeigt haben, einerseits in der *Verstandes*mäßigkeit aus, die an das physische Werkzeug des (mondenbeeinflußten!) Gehirns gebunden ist. Daher ist das 17. Jahrhundert das Jahrhundert *Descartes*' (geb. 1596, gest. 1650), des französischen Philosophen, welcher der Begründer der neueren Philosophie geworden ist, von dem das Wort stammt «cogito ergo sum» (ich denke, also bin ich), und dann eben Ludwigs XIV., dessen ganzes Wesen und politisch-soziales System wir von diesem selben Zuge der Verstandesmäßigkeit erfüllt gesehen haben. Andererseits aber ist es der *Geburts-* und *Vererbungs*pol innerhalb des menschlichen Wesens, der gleichfalls unter dem Mondeneinfluß steht und in dem daher die gabrielischen Impulse besonders wirken. Daher z.B. die (in einem anderen Sinne anachronistisch anmutende) große Rolle der Geburtsstände, der Aristokratie im Jahrhundert Ludwigs XIV., mit der erst die Französische Revolution aus anderen, umfassenderen Impulsen heraus aufräumte. Daher auch die große Bedeutung der Dynastien in diesem Zeitalter, ferner die schon erwähnten *Erb*folgekriege, deren furchtbarster der spanische Erbfolgekrieg war, den Ludwig XIV. gegen jede politische Weisheit wie unter einem inneren Zwang führte und der für sein Land so ruinös wirkte.

Mit dem Monde ist kosmologisch nah verwandt der *Mars*[355], dessen wesenhafte Bedeutung im Wirken Ludwigs XIV. und dessen entscheidenden Anteil an der Begründung des neueren Staates uns immer wieder entgegentrat. Die Marsimpulse waren, wie wir früher[356] ausgeführt haben, aus bestimmten kosmologischen Gegebenheiten heraus in zeitgemäßer Kraft im vierten nachatlantischen Zeitalter, dessen Wesen das Franzosentum im fünften Zeitalter nachlebt. Innerhalb desjenigen Unterabschnittes dieses fünften Zeitalters, den wir das Gabrielzeitalter nennen, konnten daher auch diese Marskräfte noch einmal als in einem engeren Sinne und gleichsam indirekt zeitgemäße Impulse zeitenmächtig werden. Noch den großen Exponenten des Franzosentums im 18. Jahrhundert, *Voltaire*, sehen wir nach Rudolf Steiners spiritueller Forschung[357] unter dem Einfluß eines Mars-Genius, womit das Aggressive dieses großen Kämpfers für die Freiheit und gegen die überlebten Mächte seiner Zeit zusammenhängt. Eine Marsgabe im Menschen ist endlich besonders auch die *Sprache*, d.h. aber jenes mächtige Werkzeug, das wohl bei keinem neueren Volke der Erde eine so große Rolle gespielt hat wie bei dem französischen, dessen Sprache, wie wir sahen, so einzigartig geeignet gerade für die politisch-diplomatischen Angelegenheiten war und in so hervorragendem Maße wahrhaft als «Waffe» in der von Marsimpulsen erfüllten Expansions- und Eroberungspolitik Ludwigs XIV. diente.

Wie es tief in dem Wesen des französischen Volkes verwurzelt war, so blieb das Bild Ludwigs XIV. auch tief mit diesem Wesen für die Folgezeit verbunden. Das hat Rudolf Steiner einmal in einem Zusammenhang ausgesprochen, in dem von dem *monarchischen Prinzip* die Rede war.[358] Die Deutschen, so sagte er dort, haben kein Talent für den Monarchismus, die Franzosen sehr: «Die Franzosen nennen sich zwar Republikaner, aber sie haben unter sich einen heimlichen Monarchen, der das Staatsgefüge fest zusammenhält, der die Gemüter furchtbar im Zaume hält: denn im Grunde genommen ist überall noch der Geist Ludwigs XIV. da! Es ist nur noch in der Dekadenz natürlich, aber es *ist da:* es *ist* schon einmal ein heimlicher Monarch in dem französischen Volke enthalten; das geht im Grunde genommen aus jeder seiner Kulturäußerungen hervor.» Ähnlich spricht Rudolf Steiner an anderer Stelle davon, daß das französische Volk als Volk heute «königlicher» als irgend ein anderes ist, trotzdem es die Revolution im 18. Jahrhundert durchgemacht hat.[359] «Das französische Volk ist ‹königlich›, ohne daß es einen König hat. Es kommt auf die *Seelenverfassung* an. Dieses kompakte Sich-eins-fühlen, dieses Volksbewußtsein, das ist eigentlich durchaus ein sehr realer Rest des *Ludwig XIV.-Bewußtseins.*»

Aufstieg und Niedergang

Bei der Darstellung der Regierung Ludwigs XIV. werden die Historiker nicht müde, auf die deutlich unterschiedenen zwei Perioden dieser Regierung hinzuweisen: die des Aufstiegs und die des Niedergangs, des Aufstiegs bis in die erste Hälfte der achtziger Jahre hinein und des Niederganges von dort an, oder wie man noch einfacher sagt, die gute und die üble Periode, die man dann etwa so unterscheidet: in der guten große Erfolge und Fürsorge für das Land durch Förderung von Handel und Wandel und Bildung; in der üblen Periode zerstört der König, was er in der guten selbst aufgebaut hatte, stürzt das Land in äußerste Zerrüttung und legt damit den Grund zum späteren Sturze seiner Dynastie in der Französischen Revolution. Man betont auch, daß das Königtum Ludwigs XIV. von der *auswärtigen Politik* her sich selber den Boden entzogen habe, eben durch die Maßlosigkeit seiner Ziele, die ungeheuren Opfer und Kosten seiner Kriege. Das wäre also der «Primat der Außenpolitik» auch in bezug auf den Niedergang.

In der Tat hat sich wohl selten eine Regierung so ausgesprochenermaßen im Zeichen einer Zweiteilung, eines glanzvollen Aufstiegs und eines trüben Niedergangs, abgespielt wie die Ludwigs XIV. Anfangs stand der Sonnenkönig glänzend da, jung, schön, bewundert, machtvoll, umgeben von Höflingen und Künstlern, ein üppiges Leben führend; sein Gottesgnadentum war ihm der Rechtstitel für Herrschaft und Genuß. Die größten Erfolge im Inneren wie nach außen fielen ihm zu. In der zweiten Hälfte seiner Regierung kamen die großen Rückschläge im Kampfe mit dem gegen ihn zusammengeschlossenen Europa. Am Ende seines Lebens hatte sein System sich gründlich überlebt. Alles war starr, kalt und tot in ihm und um ihn herum geworden. Der König selbst alt, kränklich, er und sein Hof erfüllt vom Geiste der Bigotterie unter dem Einfluß der (für ihre Person vielleicht wirklich, wie es heißt, religiös gesinnten) Madame de Maintenon, wenn auch noch lange trotz allem Elend des Volkes mit den Festen fortgefahren wurde, die bedeutenden Künstler tot, neue nicht erstanden, der Klassizismus überlebt, das frisch aufsprießende geistige Leben, das seinen Herd in England, Frankreichs größtem Gegner auch auf politischem Gebiet, hatte, in schärfster Opposition gegen den Despoten, der Staat unheilbar verschuldet, das Volk im Elend, die Bevölkerungszahl zurückgegangen, militärische Niederlagen, politische Demütigungen. Niedergang überall.

Wenn man aber tiefer sieht, dann zeigt sich, daß der Niedergang der zweiten Periode aus der Fortführung und immer größeren Übersteigerung *derselben* Elemente hervorgegangen ist, die auch in dem Aufstiege der ersten Periode wirksam waren. Im Aufstieg wie im Niedergang war es der durch das große staatszentralistische System sich realisierende *Egoismus des Königs*. Derselbe Egoismus «baute» erst «auf», und derselbe Egoismus zerstörte dann.

Die zwei Perioden Ludwigs XIV. entsprechen einer tieferen wesenhaften Gesetzmäßigkeit, die, von allgemeinster Geltung, das einzelmenschliche Leben ebenso wie das geschichtliche beherrscht und die im Leben und in der Regierung Ludwigs XIV. nur mit besonders eindrucksvoller, seltener Prägnanz, wie in einem Urphänomen, deutlich zur Ausprägung gelangt ist. Das ist der Pendelschlag des Lebens vom Luziferischen zum Ahrimanischen. Es ist der Pendelschlag von Jugend und Alter, von Rausch und Ernüchterung, von Lebensüberfülle und Todeskraft, bei Ludwig XIV. zugleich der vom strahlenden Glanz seiner früheren zu der düsteren Verfinsterung seiner späteren Zeit, von seinem anfänglichen Glück zu seinem späteren Unglück. Je weniger aber das Menschlich-Mittlere, das wahre höhere Ich des Menschen (im Unterschied von dem wahnhaften MOI Ludwigs XIV.) in diesen Abläufen Gleichgewicht erzeugend anwesend ist, desto extremer wird sich der Pendelschlag vollziehen.

In seiner ersten Periode strahlte Ludwig XIV. eine Fülle von Licht aus, das die Welt blendete, bewundert, umschmeichelt, auch beim Volke beliebt, inmitten glanzvoller Erfolge und rauschender Feste.

In der ersten Periode überdeckt der luziferische Glanz das, was doch schon von Anfang an als der eigentlich antreibende ahrimanische Impuls vorhanden und eben im tieferen Sinne von Anfang an ein zerstörendes Element war, gerichtet in Wirklichkeit auf die Vernichtung der lebendigen Kräfte, Raubbau an ihnen treibend. So daß in der zweiten Periode nur die Wahrheit, die in der ersten unter einem glanzvollen Mantel wie verhüllt war, offenbar wurde und der Mantel sich als der Schein erwies, der er im tieferen Sinne immer gewesen war.

In der zweiten Periode machte, besonders in seinen letzten zwei Jahrzehnten, das System Ludwigs XIV. äußeren Bankrott. Von allen Seiten brach nun das Unglück über Ludwig XIV. herein: durch außenpolitische Niederlagen und schlimmste Demütigungen, durch das (von ihm verschuldete) Elend im Inneren des Landes, verschärft durch Mißwachs zu Hungersnöten, die immer wieder Aufstände hervorriefen; ferner das Unglück in seiner Familie: Ludwig XIV. sah drei seiner präsumtiven Thronfolger ins Grab sinken, darunter seinen Enkel, den Herzog von Burgund, dessen Tod insofern besonders karmisch-symptomatisch für das von Ludwig XIV. in unheilvolle Bahnen gelenkte Schicksal des Staates erscheint, als man von diesem Enkel ein anderes Regime erwarten konnte, ein Regime des fürstlichen *Dienstes* am Staate. In seinem Unglück büßte Ludwig XIV. in recht herber Weise für viele seiner Fehler. Das bringt vom Gesichtspunkte der moralischen Weltordnung einen versöhnenden Zug in das im Ganzen wenig schöne Bild, wie es denn auch scheint, daß Ludwig zuletzt doch auch einige Einsicht in seine Fehler aufgebracht hat.[360] Auch die Festigkeit, mit der er selbst die schwersten Schicksalsschläge unerschüttert ertrug, in «echt königlicher Gesinnung», wie man gesagt hat, kann dem Betrachter der Tragödie doch Achtung vor dem Manne abnötigen, der so viel Unheil über sein eigenes Volk gebracht und in einem so vielfach bedenklichen Sinne in der allgemeinen Weltgeschichte gewirkt hat.

Ludwig XIV., einst viel bewundert und wie ein Gott verehrt, war am Ende seines Lebens dem Volke verhaßt. Als er am 1. September 1715 im Alter von 77 Jahren starb, war das Volk «fast wahnsinnig vor Freude». Es herrschte überall ein Gefühl der Erlösung; auch dem Hofe war das Ende nur willkommen. Denkwürdig bleibt das Begräbnis Ludwigs XIV. Sein Leichenzug wurde von dem Pariser Volke beschimpft und verhöhnt, der Leichenwagen mit Flüchen begleitet und mit Schmutz und Steinen beworfen. In den Provinzen wurden offen Dankgebete abgehalten. Symbolisch für den Untergang seines Regimes war es auch, daß das Leichenbegängnis so einfach wie nur möglich eingerichtet wurde, um «Kosten und Zeit zu sparen».[361]

Wie läßt Corneille in seinem «Cinna» (I, 2) den Titelhelden sagen?:

> «Et le peuple, inégal à l'endroit des tyrans,
> S'il les déteste morts, les adore vivants»*

– nur daß Ludwigs XIV. «Tod» schon einige Zeit vor dem 1. September 1715 eingetreten war.

Das Schicksal Ludwigs XIV. in seinem Pendelschlag kann auf den Betrachter wie ein großartiger geschichtlicher Anschauungsunterricht erscheinen über die Hinfälligkeit allen nur irdischen Glanzes,

* «Und das Volk, ungleichmäßig in bezug auf die Tyrannen, während es sie verabscheut, wenn sie tot sind, betet es sie an, solange sie leben.»

über die Wesenlosigkeit allen nur irdischen Ruhmes und aller nur irdischen Macht.

Der Kernpunkt im Scheitern Ludwigs XIV. – insoweit er nämlich wirklich gescheitert *ist* – liegt in dem von Grund auf egoistischen Charakter seines Königtums. Mit Egoismus als Grundkraft konnte, seit der Renaissance, wie wir gesehen haben, der Fürst zwar vieles in Gang bringen, er konnte der Entwicklung des neueren Staates einen mächtigen, wirksamen Anstoß geben, konnte ihn bis zu einem gewissen hohen Grade ausbilden. Dann aber kommt irgendwo der Punkt, wo es unmöglich wird, bei diesem Prinzip des bloßen persönlichen Egoismus stehen zu bleiben, wo es gleichsam «unsachgemäß» zu werden beginnt, weil nämlich nun die «Sache», d.h. der ganze Staatskomplex anfängt, eine Art unpersönliches Eigenleben zu führen, eigenen Gesetzen folgen zu wollen. In dem Maße, wie die Wirksamkeit des Staates immer umfassender, der Staat immer mehr zu jenem gewaltigen Mechanismus wird, nimmt er die Tendenz an, sich der Rolle eines Befriedigers fürstlicher Gloire-Bedürfnisse zu entziehen. Der Egoismus der Fürsten als Gesetz des Lebens auch des Staates wird immer unberechtigter, und wenn dieser Egoismus wie im Falle Ludwigs XIV. dennoch seinen Willen durchzusetzen versucht und auch noch vermag, dann führt dies eben zu Zerstörung. Daran eigentlich ist das gescheitert, was man das «System Ludwigs XIV.» nennt.

Das Karma Ludwigs XIV. ist sein Egoismus. Gerade dadurch ist er im höchsten Maße symptomatisch für die Kräfte, die, wie wir gesehen haben, ja überhaupt in der neueren Zeit so mächtig am Werke sind. Sie beginnen persönlich, aber sie führen durch ihre eigene Wirkung über das Persönliche hinaus oder unter es hinunter ins Mechanistische, in das unterpersönliche Element der neueren Zeit.

Auf der anderen Seite drängen die persönlichen Kräfte derjenigen Menschen, die Ludwigs System *niedergehalten* hatte, ihre persönlichen Aspirationen mit Macht hervor. Der Moment, in dem Ludwig XIV. verschied, bedeutete eine *Revolution.* «Die knechtische Gesinnung gegen die überkommenen Gewalten, die das 17. Jahrhundert charakterisierte, verschwindet vor dem Wehen eines freieren Geistes. Alle die oppositionellen Bestrebungen, die Ludwigs furchtbarer Absolutismus bislang niedergehalten, machen sich gewaltsam Luft und stürzen mit Absicht alles von ihm Begründete um: in politischer, sozialer, ökonomischer und religiöser Beziehung.»[362] Es war wie ein erster kräftiger Auftakt zur Französischen Revolution, die 1789, 74 Jahre* nach Ludwigs XIV. Tode, einsetzte.

In verschiedenem Sinne gehört, wie die Historiker oft dargestellt haben, die Französische Revolution zu den Schicksalsfolgen der Regierung Ludwigs XIV. (obwohl sie natürlich aus noch viel umfassenderen Zusammenhängen heraus verstanden werden muß): Er hat das große Ereignis teils direkt vorbereitet, teils ergaben sich, indirekt, Antriebe zu ihm aus den Folgen, die der Zusammenbruch des Systems Ludwigs XIV. hatte, durch den Gegenschlag, den die vorangegangene äußerste Überspannung heraufführte.

Unmittelbar in der Richtung derjenigen Tendenzen, die in der Französischen Revolution zum Durchbruch kamen, hat Ludwig XIV. wie der Absolutismus überhaupt insofern gewirkt, als er in der Richtung der Gleichheit der Untertanen arbeitete. Zwar war sein Königtum noch durchaus ständisch gesinnt in der Weise, daß es die Unterschiede der Stände anerkannte, ja daß Aristokratie und Privilegien noch eine denkbar große Rolle spielten; dennoch aber wirkte dieses absolute Königtum durch die Unterschiede verwischende Vereinheitlichungstendenz im Ganzen nivellierend. Durchaus schon in der Phase des Fürstenabsolutismus zeigt sich das innere Wesen des neueren Staates, das die Verschiedenheit im Grunde haßt und darauf abzielt, nur eine gleichmäßige Masse von typenhaften Individuen zu beherrschen. So legt schon Ludwig XIV. den Grundstein zur Gleichheit aller Bürger.

«Versailles ist mit Recht das ‹Grab des französischen Adels› ge-

* Das ist übrigens in ziemlich starker Annäherung 4 mal jene Periode von 18 Jahren, 7 Monaten und einigen Tagen, von der wir oben S. 140) gesprochen haben. Genauer würde die Frist vom Tode Ludwigs XIV. (1. September 1715) an gerechnet im Februar 1790 zu Ende gehen.

nannt worden; indem die Großen des Landes aus fast unabhängigen Fürsten ... zu Höflingen wurden, wurde das Volk von ihrer oft drückenden Herrschaft befreit. Es erhielt statt vieler kleiner einen großen Tyrannen, aber es war diesem zunächst dankbar ...

Louis XIV. hat insofern die allgemeine Gleichheit begründet, als ihm, der Majestät gegenüber, alle Untertanen gleich waren: nämlich nichts ...

Wenn die Masse eines Tages entdeckt, daß zu ihrem Nachteil alle Macht in einer Hand ruht, so erscheint ihr es das Nächstliegende, den so geschaffenen, zentralisierten Apparat selber zu übernehmen und den Gebieter auszuschalten.

Das geschah in Frankreich in der großen Revolution.»[363]

Unmittelbar in der Richtung auf die Französische Revolution, wenn auch natürlich ebenso ungewollt, wirkte dann auch die durch Ludwig XIV. verschuldete Verelendung des Volkes, der große Aufwand, den er durch seine Feste, Bauten und Kriege auf Kosten des Volkes trieb und der nur allzu geeignet war, eine dem absolutistisch-monarchischen System feindliche Gesinnung tief Wurzeln schlagen zu lassen. «Wenn Ludwig XIV. auf Colbert und seine Mahnungen zur Sparsamkeit, zu vernünftigem Maßhalten gehört hätte, wenn er Colbert sein dem inneren Aufbau und dem Wohlstande der Nation dienendes Werk hätte fortsetzen lassen, so hätte dies bedeutet, daß die Französische Revolution nicht hätte auszubrechen brauchen» – in diesem Sinn lassen sich immer wieder Historiker hören, und wenn es auch oberflächlich geurteilt ist, insofern den tieferen Antrieben der Französischen Revolution damit in keiner Weise Rechnung getragen wird, so deuten solche Urteile doch auf ein wichtiges, die Revolution auslösendes Moment hin.

Indem Ludwigs Regime, wie schon erwähnt, die Persönlichkeiten (der anderen!) und ihren Willen zur Selbstentfaltung niederhielt und alles in sein dekoratives und Machtsystem hineinzwang, übte er einen Druck aus, der einen Gegendruck erzeugte und der das Pendel in der folgenden Zeit um so radikaler nach der entgegengesetzten Seite herüberschwingen ließ. In Paris, das der König nicht liebte, wurde in der jungen Generation die Freigeisterei und damit die große Revolution noch zu Lebzeiten Ludwigs XIV. geboren.[364]

Man kann auch sagen, Ludwig XIV. habe mit dem Bankrott seines Systems ein Vakuum hinterlassen (nachdem er selbst, wie wir sahen, zuvor ein anderes Vakuum in gewissem Sinne ausgefüllt hatte), in das nun die stärkste Macht hineinfuhr, die im damaligen Europa vorhanden war: der *englische Geist* materialistisch-baconianischer Färbung, der im 18. Jahrhundert Frankreich geistig eroberte, mit dem ganzen Elan des französischen Temperamentes aufgenommen, popularisiert und so zu einer bewegenden Weltmacht ersten Ranges wurde. Niemand ist hierfür charakteristischer als *Voltaire*.[365] Wiederum war es dieser Geist, der in Frankreich zur großen Revolution oder, noch genauer gesagt, zu demjenigen Ablauf führte, den dieses Ereignis nahm. Mit dem allgemeinen englischen Denken zogen auch die von daher beeinflußten politischen Ideen ein, zuerst als Theorien der französischen Aufklärung, dann auch in der äußeren Wirklichkeit in der Französischen Revolution, so das parlamentarische System der Repräsentativverfassung der Nation. Schon zu Lebzeiten Ludwigs XIV. vollzog sich eine Tatsache, die wie ein diese ganze Entwicklung vorausverkündendes Symbol betrachtet werden kann: Ludwigs größter Gegner, der die Seele des Kampfes gegen ihn wurde, Wilhelm von Oranien, wurde König von England an Stelle des von Ludwig gestützten Stuarts, Jakobs II., der das absolutistische Prinzip vertrat, und zwar wurde Wilhelm von Oranien englischer König von Parlaments Gnaden, durch die «glorreiche Revolution» des Jahres 1688. Damit war Ludwigs XIV. absolutistisches Prinzip durch eine schicksalsvolle Entscheidung in Europa erschüttert, ein anderes Zeitalter nahte heran.

So führen die Wege von Ludwig XIV. und seinem Niedergang zu der Französischen Revolution, die dem französischen Königtum das Ende bereitete und Ludwigs übernächsten Nachfolger, Ludwig XVI., aufs Schafott brachte, wo er nicht für die eigenen, sondern in Wirklichkeit vor allem für die Sünden Ludwigs XIV. büßte. Und hier kann nun eine geschichtliche Erinnerung heraufdämmern, Jahrhunderte zurückliegend, an einen anderen französischen König, einen Vorgänger also Ludwigs XIV., und zwar zu Beginne des 14.

Jahrhunderts, von dem wir früher sahen, wie auch von ihm aus bedeutsame Fäden sich spinnen zur Französischen Revolution: an Philipp den Schönen.[366] Wir sahen ihn «initiiert mit dem bösen Prinzip des Goldes», nach dem er gierte, d.h. aber des *Sonnen*metalles, und sahen, wie von ihm und seinem grausigen Vorgehen gegen die Templer eine Strömung des Materialismus ausgeht, die noch nach Jahrhunderten der Französischen Revolution ihre besondere Färbung, eben im materialistischen Sinne gab. Wir sahen ferner, wie auch Philipp der Schöne schon tätig war in der Richtung auf die Schaffung jener königlichen Macht in Frankreich, die dann nach dreieinhalb Jahrhunderten in Ludwig XIV. und seinem Sonnenkönigtum gipfelte. Und auch auf dessen Goldglanz ruhte kein Segen. Er blendete lange die Welt, aber die Methoden, mit denen sein Gold, jetzt zwar nicht einem geistlichen Ritterorden, sondern dem ganzen Volke abgepreßt war, führten eben mit hinein in das säkulare Ereignis der großen Revolution. Ist es nicht, wie wenn ein Abglanz (freilich nur ein Abglanz) der finsteren geistigen Macht, die durch Philipp den Schönen wirkte, auch noch über dem Sonnenkönig gelegen hätte? Auch sein Gold hatte im Grunde einen düsteren Glanz.

Wie geistig, wie innenpolitisch, so rückte auch außenpolitisch, und das am sichtbarsten mit dem Niedergang und dem Ende Ludwigs XIV., *England* in die Vormachtstellung ein, die Ludwig XIV. vergeblich für Frankreich zu erhalten und zu einer Art Weltherrschaft zu steigern versucht hatte. England war der große Sieger insbesondere des spanischen Erbfolgekriegs. Von nun an begann seine auf die Herrschaft zur See gegründete Weltmachtstellung. Sie war von vornherein, und entsprechend den eigentlichen materialistisch-*wirtschaftlichen* Impulsen des fünften nachatlantischen Zeitalters (das wie das englische Volk als Volk so es als Zeitalter die Aufgabe hat, die Bewußtseinsseele zu entwickeln) auf Welt*wirtschafts*beherrschung vornehmlich gegründet. Und so entwickelte sich das englische Element, zu dem dann vom 19. Jahrhundert ab das amerikanische immer mehr hinzutrat; so entwickelte sich die englisch sprechende

Bevölkerung zu dem, was «geographisch-welthistorisch darstellt eine Art Unternehmertum als herrschendes Element, ... als herrschende Welt», wie Rudolf Steiner es ausdrückte.[367]

Politisch diente dem jener Zustand des «europäischen Gleichgewichts», den wir (oben S. 255) schon erwähnten, der ebenso sehr der mechanistischen Denkweise der Zeit entsprach, der die Vorstellung eines mechanischen Ausbalancierens der Mächte lag, wie dem Interesse des vorzüglichsten Trägers dieser mechanistischen Denkweise, eben Englands. Ihm gestattete dieses System, als jenes «Zünglein an der Waage» zu fungieren und so das Gleichgewicht aufrechtzuerhalten, das ihm die europäische Rückendeckung bot, die es brauchte, um seine kolonialen, handels- und wirtschaftspolitischen Eroberungen in der ganzen Welt zu machen. Dieses will in aller Nüchternheit gesehen werden. Dann hat man zugleich den Hintergrund, von dem sich zukunftserahnende und Zukunftskräfte in sich tragende Gedanken im rechten Sinne abheben, die *Novalis* in seinem Fragment aus dem Jahre 1799 «Die Christenheit oder Europa» schrieb: «Es ist unmöglich, daß weltliche Kräfte sich selbst ins Gleichgewicht setzen, ein drittes Element, das weltlich und überirdisch zugleich ist, kann allein diese Aufgabe lösen. Unter den streitenden Mächten kann kein Friede geschlossen werden, aller Friede ist nur Illusion, nur Waffenstillstand; auf dem Standpunkt der Kabinetter, des gemeinen Bewußtseins ist keine Vereinigung denkbar.»

Mochten die Fehler Ludwigs XIV. die schwersten Folgen für Frankreich nach sich gezogen haben – eines aber blieb fortan für geraume Zeit unerschüttert. Das war sein einheitsstaatliches System als solches. Es hat, wenn auch mannigfaltige Modifikationen durchmachend, die Welt erobert. Auch die Französische Revolution hat es nur weitergeführt und vollendet. Kein anderer einzelner Mensch hat mehr für es getan, hat mehr zu seinem Siege beigetragen als Ludwig XIV.

«Das höchste wäre», sagt Goethe, «zu begreifen, daß alles Faktische schon Theorie ist.»[368] «Theorie», d.h. nach Rudolf Steiners Erläuterung zu diesem Wort: «das Faktische *nach seinem wesentlichen* Charakter betrachtet, nicht eine von den Dingen abziehende Abstraktion».

Daß das Faktische in diesem Sinne schon die «Theorie» ist, das kann man auch bei einer eindringlichen Betrachtung der Phänomene bewahrheitet finden, die Ludwig XIV. darbietet. In den Tatsachen um Ludwig XIV., wenn wir sie umfassend und gründlich anschauen, liegt schon die spirituelle Realität enthalten; diese springt für den betrachtenden Blick aus ihnen gleichsam hervor, die spirituelle Realität, welche die diesen Tatsachen zugehörige oder besser eben: die in ihnen selbst schon enthaltene «Theorie» ist, wobei wir in diesem Falle das Wort «Theorie» im ursprünglichsten Sinne dieses griechischen Wortes nehmen können, wo es dann «Schauung» bedeutet.

Aus seinem übersinnlichen Forschen, seiner Geistesschau heraus hat Rudolf Steiner die spirituelle Realität des Phänomens Ludwig XIV. ausgesprochen, indem er sagte, *Ludwig XIV. sei «besessen» gewesen von dem ahrimanischen Gegenbild des Volksgeistes.*[369] Rudolf Steiner stellte dem Friedrich d.Gr. gegenüber, von dem er sagte, er habe im Dienste des normalen Volksgeistes gestanden (wo man dann nicht von «Besessenheit» reden könne).

Was haben wir unter dem «ahrimanischen Gegenbild des Volksgeistes» zu verstehen?

In der Volksseelenkunde der Geisteswissenschaft finden wir zwei Arten von Wesenheiten unterschieden, die in verschiedener Weise auf ein Volk wirken. Die einen Wesenheiten sind die sogenannten «normalen» Volksgeister, d.h. normal entwickelte Archangeloi; sie wirken in intimer Weise mehr auf die Temperamente und Temperamentmischungen des Volkes; sie arbeiten in die Ätherauren der verschiedenen Erdgebiete hinein, in denen die Völker leben, ein jeder Volksgeist in den «Erdenraum» seines Volkes, d.h. in dessen

Land und das, was in diesem lebt und webt. Diesen «normalen» Volksgeistern stehen andere Wesenheiten gegenüber, sogenannte abnorme Archangeloi, die auf einer früheren Stufe stehengeblieben und so teils luziferischen, teils aber auch ahrimanischen Charakter angenommen haben. Diese haben es in einer besonderen Weise mit den *Sprachen* zu tun und zerspalten die Menschheit in Nationen nach den Sprachen.

Rudolf Steiner hat einige Male[370] das Wesen dieser «Gegenbilder» charakterisiert – z.B. im Zusammenhang mit dem Worte, das der russische Zar zu Beginn des Krieges 1914 gesprochen haben sollte: «Der Gott Rußlands ist groß» –, und zwar so, daß dieses Wesen durch den Gegensatz deutlich wurde, in dem es zu der Art und dem Wirken der «normalen» Volksseelen steht. Am Wesen des «Bildes», wenn wir es einmal so nennen dürfen, wurde das des «Gegenbildes» deutlich.

In der Sphäre des «Bildes» herrscht Harmonie der Volksseelen, die wie in einem Reigen oder in einem Chor zusammenleben. Es ist jener «Chor der Friedenssphären», von dem in einem Spruche die Rede ist, der sich eben an diesen normalen Volksgeist, den «Geist meines Erdenraumes» wendet.[371] Da wird der Volksgeist dem Menschen ein Weg zum Christus, zum Geiste der ganzen Menschheit, die sich durch das Walten der Volksgeister wunderbar gliedert und differenziert zu reicher Mannigfaltigkeit.[372]

Die «Gegenbilder» wirken im entgegengesetzten Sinne von alledem. Sie bringen z.B. Haß und Absonderung und nationale Gegensätze unter die von ihnen beherrschten Menschengruppen. Sie sind wie eine Art Doppelgänger der eigentlichen, normalen Volksgeister: ihnen offenbar ähnlich und verwandt und doch auch wieder im tiefsten Wesen entgegengesetzt, in gewissem Sinne sogar Verderber des echten und wahren Volkstums. Dem guten Genius des Volkes steht in dem «Gegenbild» insofern eine Art Dämon des Volkes gegenüber.*

* Vgl. hierzu das Zitat aus Emil Bock (in unserem Bd. I, S. 215; Anm.), wo von dem jüdischen König Saul die Rede ist.

Etwas wie ein verschwommenes und verzerrtes Wissen oder Ahnen von der

So wohnen in der Tat «zwei Seelen» auch in der Brust der Völker.

Indem wir nun also hören, daß Ludwig XIV. von dem ahrimanischen Gegenbild der Volksseele besessen[373] war*, ist uns wahrhaftig

Existenz der zweierlei geistigen Führermächte im Leben eines Volkes scheint einen, wenn auch etwas hypothetischen, Niederschlag gefunden zu haben bei einem politischen Schriftsteller des 17. Jahrhunderts, dem Fürstlich Ötingischen Hofrat *Johann Elias Kessler*, und zwar in seinem Buche «Reine und unverfälschte Staats-Regul christlicher Staatsfürsten und Regenten ...» (Nürnberg 1678). Kessler stellt da nämlich Betrachtungen an über die «Staatsengel», die Gott unter seiner Engelschar für jedes einzelne Regiment verordnet haben könnte. Aber ebenso viele böse Geister und Influentien könnten ihnen auch entgegenwirken. (Wiedergegeben nach Friedrich Meinecke a. a. O. S. 170/171.) Von diesen letzteren sagt Kessler (a. a. O. S. 503/504): «Kein Zweifel ists / daß wenn es unterweilen in einem Regiment liederlich / übel und gottlos hergehet / wie es dann bei großen Staatskanzleien und unter dero hohe zugetanen und verwandten Ministris gemeiniglich zu geschehen pflegt / solches Übel und Unglück notwendig von einem bösen Ursprung herrühren muß. Drum hat vermutlich jeder Staat und Herrschaft neben den guten Engel auch absonderlich ihre besonderen Fürsten aus der Hölle / je größer Herrschaft und Gewalt / je größer und ärger ist auch sein Teufel ...»

* Man könnte natürlich mit Recht die Frage aufwerfen, wie es denn komme, daß gerade bei Ludwig XIV. eine solche Besessenheit auftreten konnte. Diese Möglichkeit muß einerseits er selbst als Mensch durch seine besondere Wesensart (die wiederum als ein Ergebnis seiner karmischen Entwicklung zu verstehen sein kann) gegeben haben. Andererseits ist auch der Zeitpunkt in der Entwicklung des französischen Volkes, an dem Ludwig XIV. auftrat, dabei zu berücksichtigen. Es kann hier nur kurz auf das hingedeutet werden, was dabei in Betracht zu ziehen ist, eine Evolution nämlich, welche, wie andere Volksseelen, so auch die französische Volksseele als solche durchgemacht hat. (Hier ist also die Rede von der «normalen» Volksseele.) Diese Evolution bringt es mit sich, daß für die französische Volksentwicklung die Zeit um 1600 einen wichtigen Einschnitt bedeutet (für das italienische Volk liegt ein entsprechender Einschnitt in der Zeit um 1530 bzw. die Mitte des 16. Jahrhunderts, für das englische Volk um etwa 1650). Von dieser Zeit um 1600 ab prägt sich durch ein verstärktes Einwirken der Volksseele der französische Nationalcharakter schärfer in einer bestimmten Weise aus. (Das Nähere über diese Zusammenhänge findet man in Rudolf Steiners Vortrag vom 14. März 1915 in Nürnberg, GA 159, und z.B. dem vom 22. März 1915 in München.) Damit hängt offenbar die Möglichkeit für jenes «Gegenbild» zusammen, nun auch seinerseits zu einer verstärkten Einwirkung zu gelangen.

die «Theorie» gegeben, die aus allem «Faktischen» gleichsam herausspringt, das wir in den bisherigen Ausführungen über Ludwig XIV. aufzuweisen versuchten. Zugleich aber haben wir damit einen Schlüssel in die Hand bekommen, der uns nun ein noch viel tieferes Verständnis des Phänomens Ludwig XIV. erschließen kann. Denn von diesem okkulten Tatbestand fällt nun wiederum hellstes Licht auf alles das zurück, was wir zu schildern und zu charakterisieren versuchten, und durchleuchtet wie von innen heraus große geschichtliche Zusammenhänge.

Zunächst das Wesen Ludwigs XIV. selber! Das Aufblähen des niederen, persönlichen Ich, das übersteigerte Selbstgefühl jenes egoistischen MOI, das sich mit dem Staate gleichsetzt, das in eitler Anmaßung für sich eine gottähnliche Funktion und Verehrung in Anspruch nimmt. Und mag auch z.B. der alte römische Cäsarenkult noch ein ganz erhebliches Stück weitergegangen sein als der Kult des Sonnenkönigs im 17. Jahrhundert, so dürfen wir uns doch hier an ein Wort Rudolf Steiners über den Cäsarenkult der Römer erinnert fühlen: «In dem Augenblick, wo sich der Mensch wie ein römischer Cäsar als ‹Gott› verehren läßt, verliert er seine Menschlichkeit und sinkt in das Untermenschliche herunter.»[374] Eben durch jene Aufblähung des persönlichen Ich wird gleichsam der Platz frei gemacht für den Dämon, der nun den Menschen besessen macht. Es ist der genaue Gegenpol zu der rechtmäßigen Herrscher-Initiation, wie sie in den guten Zeiten der dritten nachatlantischen Kulturperiode stattfand, da z.B. der ägyptische Pharao einen Teil seines Wesens hinopfern mußte, damit Isis und Osiris durch ihn sprechen konnten.[375] «Der Teil», sagt Rudolf Steiner, «dessen sich der Pharao begab, den er hinopferte, dieser Teil gab ihm gerade Macht. Denn berechtigte Macht entsteht nicht dadurch, daß man die Persönlichkeit als eigene Persönlichkeit erhöht, sondern … dadurch, daß man in sich aufnimmt … eine höhere geistige Macht.»[376] Indem Ludwig XIV., weit davon entfernt, sein Persönliches zu überwinden oder hinzuopfern, es umgekehrt in jener maßlosen Weise übersteigerte, wurde er zum Schauplatz des Wirkens jenes ahrimanischen Gegenbildes der Volksseele. In so konkretem Sinne können wir hier von einer «*ahrimanisierten* Wiederholung» des dritten nachatlantischen Zeitalters und seines theokratischen Prinzips im beginnenden fünften Zeitalter sprechen!

«Deo minor, sed orbe maior» (kleiner als Gott, aber größer als die Welt): so lautete die Devise, die Ludwig XIV. sich zugelegt hatte in seiner Überhebung, seiner «superbia», um mit dem Mittelalter zu sprechen, das darunter die hochmütige Auflehnung des Menschen gegen Gott verstand und das daher «superbia» als unvereinbar mit dem christlichen Fürstenbegriff betrachtete.[377] Wir haben früher gesehen, wie äußerlich und oberflächlich, ja fast blasphemisch Ludwigs XIV. Vorstellung von dem Gotte war, von dessen Gnaden er seine königliche Macht bezogen haben wollte. Nun sehen wir in aller spirituellen Realität, *welches* der «Gott» war, von dessen Gnaden Ludwig XIV. sich fühlen konnte und in dessen Sinne er wirkte … und der ihn in all seine Maßlosigkeit und Übersteigerung fortriß und in jenen zerstörerischen Egoismus. Und wir verstehen noch besser auch jenes Gefühl zugleich von staunender Bewunderung und von Widerwillen, das dem unbefangenen Betrachter die Gestalt Ludwigs XIV. einflößt.[378]

Daher nun auch dieser Zug des von dem Dämon Besessenen, alles an sich reißen, alles beherrschen, alles seiner Macht aufopfern zu wollen, in seiner Umarmung zu erdrücken, das in Wahrheit parasitäre Zehren von dem Vorhandenen, das man großartig ausnützt, gruppiert, mit dem man sich dekoriert, dabei doch zugleich im tieferen Sinne unproduktiv, der Impuls letzten Endes, wie wir sahen, nicht des Aufbaues, sondern des Abbaues, der Zerstörung, abbauend insbesondere auch gerade für das wahre und echte französische Volkstum. Wir verstehen nun noch tiefer, warum ein Ernest Lavisse Ludwig XIV. nicht eigentlich als Franzosen gelten lassen wollte.[379] Wenn in seinen bewußten Vorstellungen dabei auch nur der Gedanke an die Vererbungseinflüsse lebte, so fühlte er in Wahrheit offenbar etwas von jenem in Ludwig wirksamen «Gegenbild», und dieses mochte wohl in der Tat an einem Menschen mit dem starken spanischen Blutsanteil ein besonders geeignetes Werkzeug haben finden können.

Ein neues Licht fällt nun auch auf jenes Bündnis Ludwigs XIV. gerade mit der französischen *Sprache*, die einerseits unter seinem Einfluß konventioneller und flacher wurde, andererseits aber geradezu, wie wir sahen, zu einem politischen Machtmittel ersten Ranges, zu einem wichtigsten Schrittmacher des französischen politischen Welteinflusses gemacht und zur internationalen Diplomatensprache wurde, die nun immer mehr jene Sprache wurde, die sich so besonders gut dazu eignet, das Element zu kultivieren, in dem der Sprechende auf dem schmalen Grenzgebiet zwischen Wahrheit und Lüge elegant und geschickt laviert, die ihn so besonders leicht diejenigen Worte finden läßt, von denen wiederum ein französischer Diplomat später gesagt hat, daß sie dazu da sind, die wahre Meinung zu verbergen. Und hat man sich nicht innerhalb des französischen Volkes gerade seit Ludwig XIV. vielfach immer mehr in seine Sprache «verliebt», was Rudolf Steiner – ganz allgemein sprechend – ebenfalls als ein Merkmal der Wirksamkeit jener «Gegenbilder» bezeichnet hat?[380]

Ein neues wesenhaftes Licht fällt nun auch auf jenen imperialistischen Zug, der als ein Grundimpuls in Ludwig XIV. lebte und von dem man so stark empfindet, wie er das negiert, was man den lebendigen menschheitlichen Zusammenklang der Völker nennen kann. *Ein* dämonischer Geist, der das eigene Volk auf Kosten aller anderen geltend machen, in den Vordergrund drängen, sein Wesen allen anderen aufprägen will – ein Spiegelbild von solchen Impulsen ist auf dem Boden der Wirtschaft der *Merkantilismus* mit seiner Tendenz, die Staaten gegeneinander abzuschließen, den wirtschaftlichen Gewinn des eigenen Volkes auf Kosten und zum Schaden der anderen zu erstreben (Exportieren-, aber nicht Importieren- wollen und dergleichen), kurz die Negation der Zusammengehörigkeit und assoziativen Verbundenheit auch der Wirtschaften. Daß diese Impulse im 17. Jahrhundert *überall* in Europa auftauchten, zeitbeherrschend wurden, ist daher natürlich noch im weiteren Sinne bezeichnend.

Die Hand jenes Dämons verspüren wir dann auch, besonders grausig, in der Zerstörung der Pfalz und der rheinischen Gebiete, von der wir gesprochen und die so viel dazu beigetragen hat, das Verhältnis zwischen zwei Völkern zu belasten.

Wo, aus tiefen Kräften der neueren Zeit heraus, der menschheitliche Zusammenklang gestört und mehr oder weniger zerstört wird, da kann auch kein wirklicher Sinn gedeihen für das wahre Wesen des menschlichen Ich selber. Wie sehr Ludwig XIV. dieses verleugnete, indem er dasjenige Leben negierte, das von innen heraus in den Menschen lebt, haben wir u.a. an der Geschichte der Jansenisten- und besonders der Hugenottenverfolgungen gesehen, die alle das Malzeichen des ahrimanischen Prinzips an der Stirne tragen.

Daß Ludwig XIV. das wahre Wesen des menschlichen Ich aber auch – und vor allem! – in sich selbst verleugnete, darauf wies der Sache nach Rudolf Steiner einmal hin, indem er das berühmte Wort «L'Etat c'est moi» von einer besonderen Seite her beleuchtete, an die man sonst – bezeichnenderweise – wohl fast nie oder überhaupt nie zu denken pflegt. Sonst hat man bei diesem Worte stets vor Augen, daß Ludwig XIV. *den Staat mit sich* identifizierte. Hier aber kommt der Gesichtspunkt zur Geltung, daß er *sich mit dem Staat* gleichsetzte. Rudolf Steiner sagte:

«Eine ... Krisis geht durch die Welt, von wenigen bemerkt, aber furchtbar in ihrer Wirkung, eine Krisis, die herrührt von dem Nichtverstehen zweier Strömungen. Die eine Strömung, welche einstmals durch die Welt gehaucht wurde in den so unendlich tiefen, in das Menschenherz eingegrabenen Sprüchen:

«Mein Reich ist nicht von dieser Welt.»

«Ihr seid von unten, ich aber bin von oben her.»

Des Menschen Wurzel ist in der geistigen Welt. Das andere aber, das sich immer mehr und mehr entwickeln muß zu einem krisenhaften Gegenüberstehen dem, was zum Ausdruck kommt in den Worten: ‹Mein Reich ist nicht von dieser Welt ... Ich bin von oben, Ihr aber seid von unten her›, das ist das: ‹L'Etat c'est moi! Der Staat bin ich!›, mein Reich, das Reich *meines* Ich, ist eine ganz an diese Welt gebundene Wesenheit: Das Richtige liegt in der Synthesis der beiden Sätze. Es liegt in dem universell aufgefaßten Christentum ausgesprochen: *‹Gebt dem Kaiser, was des Kaisers ist, und Gott, was Gottes* *ist.›* Im richtig verstandenen Christentum liegt kein falsches Abkehren von der Welt. Es liegt aber auch nicht darin ein Sich-Anhängen an jene Einseitigkeit des Weltendaseins, die bloß in den materiellen Einrichtungen des Weltendaseins sich ausleben kann.»[381]

Der Geist Ludwigs XIV. hat sich besonders mit *Versailles* verbunden, dieser repräsentativen Hauptschöpfung des Königs. Wie nichts anderes spiegelt sie in ihrer Größe und Vornehmheit, in ihrer Regelmäßigkeit, ihrer kalten Pracht sein Wesen wider. Noch heute zeugt Versailles bis in jede Einzelheit hinein von ihm. Aber zugleich auch: «Kein Bau der Welt wirkt so unheimlich tot wie das heutige Versailles.»[382]

Der Geist Ludwigs XIV. scheint in Versailles weiter umzugehen. Aber es ist kein gutes Karma damit verbunden, nicht für Frankreich, nicht für die Welt und insbesondere nicht für das deutsche Volk. Hier wurde am 18. Januar 1871 in der berühmten Spiegelgalerie, wo einst Ludwig XIV., seine Höflinge und Generäle, seine Mätressen sich bespiegelten, die Gründung des neuen Deutschen Reiches, des Bismarckreiches durch die bekannte Kaiserproklamation verkündigt. Für Preußen, das sich nun real zum Deutschen Reich erweitert hatte, war es, ungewollt und, wenn überhaupt, wohl nur von wenigen bemerkt, in gewissem Sinne auch wie ein «ritornare al segno», war es wie ein Anknüpfen an seine eigenen Anfänge im 17. und beginnenden 18. Jahrhundert, die wir so stark mit dem französischen Element und insofern auch gerade mit den von Ludwig XIV. geschaffenen Tatsachen verknüpft sahen. Für das Bismarckreich aber war es, wie wenn die Szenerie seiner Geburtsstunde dem Neugeborenen gleichsam etwas mitgegeben, es irgendwie infiltriert hätte mit ihrer eigenen Wesenhaftigkeit; es war etwas wie eine Geburtskonstellation, die bei aller äußerlich flüchtigen Einmaligkeit doch auf das ganze weitere Leben einen nachhaltigen Einfluß ausübt. Allzuviel Nachahmung, nicht im grob-äußeren Sinne natürlich, des großen westlichen historischen Vorbildes sollte in den folgenden Jahrzehnten dem Bismarckreich anhaften, zuviel vom Stile Ludwigs XIV., zuwenig Entwicklung seines eigenen, deutschen Wesens, zuwenig Besinnung auf seine eigene geschichtliche Aufgabe, namentlich die soziale.

48 Jahre später kam es zu der anderen Szene in Versailles, zur Unterzeichnung des «Friedens»vertrages von Versailles am 28. Juni 1919. Sie fand bekanntlich in jenem selben Spiegelsaale statt, wo 48 Jahre vorher die Kaiserproklamation begangen worden war. Das hatten die Franzosen so eingerichtet, sie sind gute auch politische Regisseure, und so symbolisierte die Szenerie zugleich die Revanche für jenen 18. Januar 1871. Aber sie symbolisierte noch mehr, und dieses wohl unbeabsichtigt: den Sieg des Geistes Ludwigs XIV. im 20. Jahrhundert. Es geht eine Linie von Ludwig XIV. und seinem Dämon zu dem «Tiger» Clemenceau.

Das Karma von Versailles nahm seinen Fortgang.

Die geistige Macht, unter der Ludwig XIV. stand, konkretisiert auch von einer bestimmten Seite her das, was wir (oben S. 125) allgemein über den von ahrimanischen Impulsen durchsetzten Charakter des 17. Jahrhunderts sagten. Und wenn wir neben dem Dreißigjährigen Kriege auch die ungeheure Wirksamkeit des französischen Königs im inneren Zusammenhang mit der Tatsache erblicken durften, daß der spirituelle, umfassend veranlagte Erneuerungsimpuls vom Anfang des Jahrhunderts in dem äußeren geschichtlichen Leben eben *nicht* Aufnahme gefunden hatte, so daß etwas wie ein Vakuum entstand, so fällt nunmehr auf die besondere Art der wesenhaften Ausfüllung dieses Vakuums ein weiteres klärendes und konkretisierendes Licht. Die Ausstrahlungen jenes Volksgeist-Gegenbildes waren es, die – natürlich mit anderem zusammen – für viele Jahrzehnte Europa erfüllten. Daher auch wiederum kam es im 17. Jahrhundert zu derjenigen «Rückkehr» zu gewissen Impulsen des dritten nachatlantischen Zeitalters, die wir wiederholt charakterisiert haben, und nicht zu einer wahrhaft den tieferen Notwendigkeiten des fünften nachatlantischen Zeitalters Rechnung tragenden grundlegenden sozialen Neugestaltung. So entstand ein Tatbestand, auf den ein Satz Rudolf Steiners aus dem Jahr 1918 sich anwenden läßt, wenn auch bei diesen Worten nicht der geringste ausdrückliche

Hinweis auf die von uns hier gemeinten Zusammenhänge gegeben ist: «Dem objektiven Beobachter kündigte sich nur zu deutlich an, daß fast über die ganze Welt hin nach Grundsätzen verwaltet, regiert usw. wurde und wird, *die eigentlich schon vor Jahrhunderten veraltet waren,* während das Leben in den letzten Jahrhunderten natürlich fortgegangen ist».[383]

Noch auf ein anderes sei hier, wenn auch mehr nebenbei, im Zuge aller dieser Dinge hingewiesen. In jedem Jahrhundert erscheint mindestens einmal der *Halleysche Komet.* Wenn er in die Sphäre unseres Erdendaseins kommt, ist er der äußere Ausdruck eines neuen Impulses zum Materialismus. Rudolf Steiner, der hierauf hingewiesen hat, führte in diesem Sinne die Erscheinungen des Halleyschen Kometen im Jahre 1835 und 1759 an: auf die des Jahres 1835 folgte die banale materialistische Literatur des zweiten Drittels des 19. Jahrhunderts, auf die des Jahres 1759 die Anschauungen der seichten «Aufklärung», insbesondere der französischen Enzyklopädisten, der zweiten Hälfte des 18. Jahrhunderts, wie sie z.B. in Holbachs (der übrigens Deutscher war) «Système de la nature» Ausdruck gefunden haben. Das Jahr 1910, in dem Rudolf Steiner diese Ausführungen machte, brachte eine neue Erscheinung des Halleyschen Kometen, auf die Rudolf Steiner damals hinwies.[384] Nun, auf diese Erscheinung ist ja dann bald der Weltkrieg gefolgt, die Wilsonverkündigung und der Sieg des Bolschewismus in Rußland. Die spirituellen Gegenkräfte waren zu schwach, um das Unheil zu bannen.

Auch in die Zeit Ludwigs XIV. fällt ein Erscheinen des Halleyschen Kometen, nämlich in das Jahr 1682. Im folgenden Jahre (1683) fand von Juli bis September die Belagerung Wiens durch die Türken statt, eine ungeheure Gefahr für die abendländische Menschheitsentwicklung, die indessen bekanntlich abgewendet wurde. 1685 hob Ludwig XIV. das Edikt von Nantes auf, und 1689 erfolgte die Verwüstung der Pfalz. Also die beiden finstersten Akte, die in seine Regierung fallen, schließen sich zeitlich an dieses Erscheinen des Halleyschen Kometen an. Aber noch den spanischen

Erbfolgekrieg (1701–1714) wird man von ihm überschattet denken dürfen.*

Endlich noch ein letzter Gesichtspunkt in diesem – weiteren – Zusammenhang! Wir haben (in Bd. III[385]) gezeigt, wie es mit dem Heraufkommen der Herrschaft des «ökonomischen Menschentyps» in den ersten Jahrhunderten des fünften nachatlantischen Zeitraums zusammenhängt, daß an die führenden Stellen vielfach nicht die Besten, sondern im menschlichen Sinne oft gerade die schlechteren, ja zuweilen menschlich Minderwertigen kamen, eine Tatsache, die einen Teil des Karmas des Materialismus überhaupt bildet. Diese Verhältnisse muß man in Betracht ziehen, wenn man die ganze, oft so unerfreuliche Atmosphäre in einem umfänglicheren Sinne verstehen will, wie sie im 17. und dann im 18. Jahrhundert vielfach an den Höfen, um die Fürsten herum, gerade in der Zeit ihrer größten Macht und ihres größten, auch kulturellen Einflusses herrschte. Wenn man die Schilderungen der menschlichen Seite dieser Milieus und des von ihnen ausgehenden politischen Getriebes auf sich wirken läßt, dann kann man sich nur abgestoßen fühlen durch das, was da wie ein Meer von persönlichem Ehrgeiz und persönlichen Leidenschaften ist, ein ewig wechselndes Getriebe von Allianzen und Wortbrüchen.[386] Man empfindet es als im höheren Sinne sinnlos und daher im Grunde uninteressant, wie sich alles dreht um die Befriedigung der jeweiligen niedrigen egoistischen Interessen und der Eigensucht nicht nur der bedeutenderen gekrönten Häupter (bei denen das alles noch erträglicher erscheint), sondern oftmals auch der erbärmlichsten Fürsten. Ja, es kann einen manchmal ein Gefühl der Scham überkommen darüber, wieviel Erbärmlichkeit und Niedertracht die Völker zuweilen regiert haben. Und menschlich bildet demgegenüber gewiß keine durchgreifende Erhebung der Gedanke,

* Vor dem Jahre 1682 war der Halleysche Komet zuletzt 1607 erschienen. Man wird sich auch in diesem Zusammenhang der Nicht-Aufnahme des Rosenkreuzerimpulses (für den das Jahr 1604 besonders wichtig im positiven Sinne war) erinnern, wie auch vor allem wiederum des Ausbruchs des Dreißigjährigen Krieges (1618).

daß seit dem 17. Jahrhundert doch in diesem Milieu das Sachlich-Objektive des mechanistischen neueren Staates geboren wurde, um den sich die tüchtigsten und großzügigsten unter den Fürsten dieser Zeit ja sogar die größten Verdienste erworben haben. Man sieht den tief inneren Zusammenhang zwischen der skrupellosen machiavellistischen Politik dieser Jahrhunderte, die nur aus Egoismus und Leidenschaft geboren war, der jede höhere Weihe fehlte, und den mehr menschlich-persönlichen Qualitäten, die in diesen selben Milieus gediehen, in dieser Atmosphäre des Ehrgeizes, der Intrige, des Scheines, der Zügellosigkeit, des Mätressenwesens. Und man versteht, daß diese ganze Atmosphäre so recht geeignet gewesen sein muß, einen günstigen Boden abzugeben, auf dem retardierende Wesenheiten die Ansatzpunkte ihres Wirkens fanden, die im unheilvollen Sinne in die Schicksale der Völker eingriffen. Was hatten die guten Geister und die guten Kräfte der Völker oftmals im Grunde viel mit diesen ihren Beherrschern zu tun? Was etwa gar das deutsche Volk mit solchen unter seinen «Landesvätern», die im 18. Jahrhundert ihre Landeskinder um schnöden Geldes willen schmachvoll an fremde Fürsten und Staaten verkauften und die so noch einmal auf einem ebenso primitiven wie niederträchtigen Niveau den herrschend gewordenen «ökonomischen Menschentypus» darlebten?

Zeitgenossen und Nachahmer Ludwigs XIV.

Dieselben mächtigen Zeittendenzen, die schon vor Ludwig XIV. vorhanden gewesen waren und die dann durch ihn als ihr bedeutsamstes Werkzeug im 17. Jahrhundert gewirkt haben, sehen wir in dieser Zeit überall in Europa am Werke und mit den differenzierten Verhältnissen in den verschiedenen Ländern und Völkern, von Westen nach Osten fortschreitend, die mannigfaltigsten Verbindungen eingehen. Aber darüber hinaus hat doch auch unmittelbar das große, faszinierende Vorbild Ludwigs XIV. selbst bei seinen Zeitgenossen, d.h. also vor allem den Fürsten Schule gemacht. Man wird wohl ohne Übertreibung sagen können, daß selten in der Geschichte ein Mensch mit seinem ganzen Habitus derart als Vorbild gewirkt, derart direkte *Nachahmung* hervorgerufen hat wie Ludwig XIV. Die allgemeinen Zeittendenzen wirkten eben so, daß ihr hervorragendster Repräsentant, eben weil er dies war, überall eine ungeheure Resonanz fand, daß der Ton, den er anschlug, gewissermaßen überall die gleichgestimmten Saiten erklingen machte.

Nirgends natürlich erstand der ganze Ludwig XIV. noch einmal! Es waren hier mehr die einen, dort mehr die anderen Elemente, die sich in *seinem* Wesen zu einem einzigartigen, einmaligen, unwiederholbaren Ganzen zusammengefunden hatten. Hier war es mehr die sachliche Arbeit tüchtiger Organisatoren an dem machtvoll ins Dasein tretenden neueren, mechanistischen Staate, welche die Fürsten leisteten, dort mehr die glanzvolle, vergoldete, autokratische Fassade, die sie nachahmten. Manche zeitgenössische Fürsten lebten auch noch ein gutes Stück älteren wohlmeinenden patriarchalischeren Landesvatertums nach, während die anderen schon skrupellose Egoisten und Ausbeuter ihrer Untertanen geworden waren.

Überall hatten, wie wir schon hörten, die Fürsten, um ihre eigene Macht zu mehren, die Stände bekämpft und brachen allmählich deren der Ausbildung des neueren zentralistischen Staates feindliche Macht. In Deutschland, um jetzt besonders dorthin unsere Blicke zu lenken, ist hierfür schon ein *Maximilian I.* von Bayern (1598–1651) bezeichnend, wie überhaupt Bayern der erste voll absolutistisch ausgebildete Staat in Deutschland wurde.

Die finanzielle Unabhängigkeit von den Ständen ermöglichte den Fürsten, ein Heer und eine Beamtenschaft zu halten und damit die Grundsäulen des neueren Staates zu errichten. Das Merkantilsystem diente nun überall mehr oder weniger als Mittel zur wirtschaftlichen Hebung der Territorien, womit die Voraussetzung größerer Einkünfte der Fürsten und eines geordneten Finanzsystems geschaffen wurde, ohne die sie das kostspielige Heer und die Beamten nicht hätten bezahlen können. In Verbindung mit alledem kam überall der vielregierende Polizeistaat auf. Seinen äußeren materiellen Erfolgen stand gegenüber die mit der Zeit, besonders im 18. Jahrhundert immer mehr um sich greifende Degradierung der Charaktere der Untertanen, das Schwinden des älteren deutschen Unabhängigkeitssinnes, das Aufkommen eines knechtischen Geistes. Ein kriecherischer, unterwürfiger Ton gegenüber der Obrigkeit, Rang- und Titelsucht, hohle Konvention und äußerliches Etikettewesen griffen Platz – alles das verschlechterte Kopien des französischen Vorbildes. Aber während dieses Vorbild zwar auch keineswegs aus den besten Seiten des französischen Wesens hervorgegangen, aber immerhin doch seinen ausgeprägten Stil hatte – den man eben nirgends so wie um Ludwig XIV. herum studieren kann –, brachte seine Nachahmung durch die Deutschen, denen das alles so gar nicht anstand, jene widerwärtigen Karikaturen hervor, auf die man noch nach Jahrhunderten nicht ohne Schamgefühl hinschauen kann: Durch den Absolutismus kam es in Deutschland zu jener Korruption der Gesinnungen, die noch durch lange Zeiten als eine böse Belastung des deutschen Volkes nachgewirkt hat, von der es auch noch viel später nicht wirklich frei geworden ist und durch die der Deutsche so vielfach die Abneigung der Welt hervorgerufen hat, am meisten freilich wohl derjenigen Welt, die hierin eine schlechte Kopie ihres eigenen Wesens hätte erkennen (und gerade dadurch die Abneigung oder den Haß überwinden) sollen.

Auch die deutschen Fürsten des 17. Jahrhunderts waren im allgemeinen im Inneren wie nach außen echte Schüler des Machiavellismus, skrupellos, von klugem, berechnendem Nützlichkeitssinn. Die «Staatsräson», vielfach im engsten Sinne, mit all ihrer wiederum die Charaktere verderbenden Kraft triumphierte. Lange Zeit lehnte sich in Deutschland das mehr volksmäßige Empfinden noch gegen diese ganze politische Welt auf.

In seinen «Bildern aus der deutschen Vergangenheit» hat *Gustav Freytag*[387] eine Flugschrift aus dem 17. Jahrhundert wiedergegeben, die für diese Praktiken und vor allem die Stimmung, mit der das volksmäßige Empfinden noch darauf reagierte, sehr bezeichnend ist. Sie ist 1678 erschienen unter dem Titel «Idolum Principum. Das ist: Der Regenten Abgott, den Sie heutigen Tags anbetten, und Ratio

Status genennet wird, in einer nicht-fabelhafften Fabel Geschichtsweiss beschrieben.» Von dieser höchst ironisch gehaltenen Flugschrift betont Gustav Freytag, daß sie überall das Bewußtsein verrate, eine gewöhnliche Ansicht der Zeit auszudrücken. In der allegorisierenden Art des 17. Jahrhunderts erzählt die Flugschrift, wie ein junger, neu gebackener Rat eines Fürsten von dessen Vizekanzler, dessen Tochter er geheiratet hat, in den Staatsgeheimnissen unterwiesen wird. Zu diesem Ende führt ihn der Schwiegervater in die verschiedenen Staatskammern und zeigt ihm die dort aufbewahrten Gegenstände, die zum Dienste an der Staatsräson unentbehrlich sind. Da hängen z.B. viele Staatsmäntel, außen schön verbrämt, inwendig ganz schlecht gefüttert und zum Teil mit Wolfs- und Fuchspelzen unternäht. Der erste, mit Gold gestickte heißt: Wohlfahrt der Untertanen, der zweite: Beförderung des gemeinen Wesens, der dritte: Erhaltung des Gottesdienstes, der vierte: Eifer des Glaubens, der fünfte: Freiheit des Vaterlandes, der abgetragenste: Wohlmeinung. – Da liegen allerlei Staatslarven, künstlich ausgearbeitet, als wären es natürliche Menschengesichter. Sie heißen Eid, Lästerung, Betrug. – Dann sind da Scheren zum Abscheren der Renten, Schröpfköpfe zur Abzapfung der Kontributionen, Brillen, die ein Ding zehnmal größer machen, andere, die einen Berg nicht größer erscheinen lassen als eine Haselnuß, wieder andere, die das Weiß schwarz und das Schwarze weiß machen, und was dergleichen Ausstattungsstücke mehr sind, die dem Politiker unentbehrlich erschienen. –

Während der roi soleil in Frankreich den seiner Gottähnlichkeit gewidmeten Kult ausbildete, erhoben und überhoben sich auch in Deutschland die Fürsten immer mehr.

«Einst hatte der Fürst», erzählt Gustav Freytag, «mit den Bürgern um die Wette nach derselben Scheibe geschossen, und war höchstens bei den Späßen des Pritschenmeisters mit etwas größerer Rücksicht behandelt worden; jetzt stand der Hof in fast unnahbarer Entfernung über dem Volke, und wenn sich ein Hofmann herabließ, einen Bürger zu beachten, so war das in der Regel kein Glück für den Beutel oder den Hausfrieden des Bevorzugten. So kam das

Gefühl der Niedrigkeit in die Bürger. Ein Amt, einen Titel zu suchen, der ihm erlaubte, selbst ein wenig Hammer und Schraube zu sein, wurde das Ziel seines Ehrgeizes. Sogar dem Handwerker. Von den Hofhaltungen verbreitete sich die Begierde nach Titulaturen bis in die kleinsten Kreise des Volkes.»[388]

Aber, so tröstet Gustav Freytag in seiner Art den Leser über die oft dargestellten traurigen Zustände nach dem Dreißigjährigen Krieg: über die «politische Ohnmacht Deutschlands», über «das despotische Regiment», die «Verdorbenheit der Herrscher», den «Knechtsinn der Gehorchenden», die «Unsittlichkeit der Höfe», die «Unredlichkeit der Beamten» ... – aber: «Mit dieser Zeit beginnt auch das moderne Staatsleben der Deutschen.» «Nicht immer sind», schreibt er, «die Fortschritte, welche eine Nation macht, auch den Zeitgenossen als ein guter Erwerb verständlich und werth, nicht immer wird das notwendige Neue durch große Menschen zu bewußtem Zwecke durchgesetzt, zuweilen braucht der gute Geist der Nation die Schlechten, Kleinen, Kurzsichtigen als Werkzeuge gewaltiger Neubildungen. Nicht in der französischen Revolution allein ist aus Missetaten ein neues Leben erwachsen, auch in Deutschland hat eiserne Noth, Willkür und Mißachtung alter Rechte Vieles geschaffen, was wir jetzt als notwendige Grundlage für ein geordnetes Staatsleben betrachten.»[389]

Daß diese Worte und die darin enthaltenen Bewertungen ganz einseitig aus einem Denken im Sinne des damals ins Leben getretenen neueren Staates selber heraus gesprochen sind, braucht wohl nur gerade angemerkt zu werden. Auch die geschichtsphilosophische Anschauung über die Dienste, welche «die Schlechten, Kleinen, Kurzsichtigen» als Werkzeuge dem *guten* Geiste einer Nation zuweilen leisten, ist in dieser simplen Art gewiß recht schief und sogar unzutreffend, wenn nämlich die Schlechten, Kleinen, Kurzsichtigen selbst es sind, die einer bestimmten Entwicklung überhaupt die Anstöße geben und ihre vornehmsten Träger sind. Als um so bedeutungsvoller aber kann es erscheinen, daß selbst dieser so positive Bewerter der im 17. Jahrhundert in Deutschland einsetzenden Entwicklung deren Anstöße und viele ihrer Träger eben so charakterisiert, wie er es tut, und damit als ein nicht nur unbefangener, sondern gewiß zugleich auch höchst kenntnisreicher Zeuge das bestätigt, was wir oben S. 285 f. über das Wesen der in diesen Zeiten des ökonomischen Menschentyps zur Herrschaft gelangten Persönlichkeiten aussprachen.

Der hervorragendste Vertreter des Absolutismus zur Zeit Ludwigs XIV. außerhalb Frankreichs war *Friedrich Wilhelm, der Große Kurfürst* von Brandenburg (1640 – 1688), der im 17. Jahrhundert die Grundlagen des späteren preußischen Staates legte und der landreichste Fürst in Deutschland neben dem Kaiser wurde. Wir haben früher gesehen, wie er die französischen Hugenotten in sein aufstrebendes Land rief. Er selber war calvinistisch erzogen und hatte mehrere Jahre seiner Jugend in den Niederlanden mit ihrem blühenden wirtschaftlichen Leben und ihren großen politischen Verhältnissen zugebracht, Jahre, die für sein ganzes Leben entscheidend wurden. Wir sehen hier deutlich wiederum einen westlichen Einschlag im Entstehen des preußischen Staates. Friedrich Wilhelm wird als persönlich gütig, väterlich, einfach und patriarchalisch geschildert, insofern dem älteren deutschen Wesen noch zugehörig. Auf der anderen Seite aber lebte der neue politisch-absolutistische Impuls aufs stärkste in ihm. Er war von der größten Umsicht, Energie und Rücksichtslosigkeit, voll politischer Leidenschaft, unermüdlich tätig für seinen Staat; der starke Wille zu dessen und seiner eigenen und seines Hauses Macht war bei ihm die Triebfeder. Seine Politik schreckte vor Verschlagenheit und Treulosigkeit nicht zurück, er wußte diese meisterhaft zu handhaben. «Unehrlich bis zum äußersten», wie einer seiner Bewunderer von ihm gesagt hat, wußte er den Fuchs mit dem Löwen zu verbinden, wie man ihm – in der Sprechweise Machiavellis – gleichfalls nachgerühmt hat. Friedrich Wilhelm war durchaus ein Machiavellist im Stile der Zeit.

Er warf die Stände nieder, die auch hier der absoluten Fürstenherrschaft im Wege waren. Er errichtete ein stehendes Heer, klein zwar an den Verhältnissen späterer Zeiten gemessen, groß aber, gemessen an den natürlichen Verhältnissen seines Landes. Es erhielt reichliche Gelegenheit, sich ausgezeichnet zu schlagen. «Die oberste Finanzbehörde hatte den bezeichnenden Namen Kriegs- und Domänenkammer: Krieg zuerst. Dort entstand der Begriff der preußischen Sparsamkeit, und die Uniform wurde zum Alltagsgewand der Hohenzollern.»[390] Friedrich Wilhelm führte eine geordnete Beamtenverwaltung ein, er begründete ein zeitgemäßes Steuerwesen. In großem Stile sorgte er für die wirtschaftliche Wohlfahrt des Landes. So finden wir alle die bekannten Züge bei ihm wieder. Aber ihm ging es nicht um persönlichen Glanz oder Genuß im Sinne Ludwigs XIV., vielmehr finden wir bei ihm stark das Motiv der *staatlichen Pflichterfüllung*, wie man es oft genannt hat, ein Zug, der vielen besten Vertretern gerade des Hauses Hohenzollern eignet. So wurde der Große Kurfürst der Gründer des zukunftsreichsten deutschen Staates.

Die Mehrzahl der deutschen Fürsten hat ihre Zugehörigkeit zum Zeitalter Ludwigs XIV. allerdings in erster Linie durch ihre Nachahmung der äußeren Lebenshaltung des Sonnenkönigs zu erweisen versucht. Alles wurde ihm nachgetan, und es gab noch bis in die Jugend Friedrichs d. Gr. hinein, um dessen Ausdruck zu gebrauchen, keinen jüngeren Prinzen einer Nebenlinie, der sich nicht einbildete, etwas Ähnliches wie Ludwig XIV. zu sein. Genußsucht und Verschwendung, Prunk und Üppigkeit zogen an den zahllosen, auch den kleinsten Fürstenhöfen ein, wofür die Mittel durch äußerste Aussaugung der Untertanen diesen abgepreßt wurden. Überall erstanden luxuriöse Schlösser und Gärten nach dem Muster von Versailles, wenn auch in kleinem Maßstabe, in Sandflächen angelegt und «mit Statuen und Mätressen bevölkert»[391] Mochte die Nachahmung des großen französischen Vorbildes in oft kleinsten deutschen Verhältnissen und das ganze damit verbundene Gehabe noch so erbärmlich und lächerlich und zugleich aufreizend sein, so bleibt auf der anderen Seite doch auch wahr, daß gerade diese fürstlichen Schloßanlagen des 17. und 18. Jahrhunderts von einer großartigen Einheitlichkeit und geschmackvollen Vornehmheit sind, der etwa das 19. Jahrhundert nichts auch nur annähernd an die

Seite zu stellen hat. Aber es war eine künstliche Kultur, die mit dem tieferen positiven Wesen des deutschen Volkstums nichts zu tun hatte.

Ein hervorstechendstes Beispiel des deutschen Fürstentyps à la Louis XIV, jedoch ein in verhältnismäßig großem Stile gehaltenes, war der Kurfürst *Friedrich August I. der Starke von Sachsen* (1694–1733) mit seinem luxuriösen, schwelgerischen und liederlichen Leben und Hof, mitsamt aller dazugehörigen künstlerisch-aristokratischen Kultur.

Auch Preußen stellt einen Repräsentanten – freilich nur *einen*! – dieses egoistisch-genußsüchtigen Fürstentyps in der Person des Kurfürsten Friedrichs III. von Brandenburg, der als Friedrich I. der erste König in Preußen wurde (1688 bzw. 1701–1713). Er ging in der modischen Nachahmung Ludwigs XIV. so weit, daß er sich lediglich pro forma eine offizielle preußische Staatsmätresse hielt. Er verschwendete große Summen, begünstigte auf der anderen Seite aber auch, ebenfalls dem großen Vorbilde entsprechend und unter dem Einflusse seiner geistig interessierten Gemahlin, Kunst und Wissenschaft, gründete die Akademie der Künste, die Universität Halle und auf Betreiben Leibniz' die Sozietät der Wissenschaften.[392]

Alle diese Fürsten hätten in ähnlichem Sinne wie Ludwig XIV. von sich sagen können: «L'Etat c'est moi». Sie identifizierten ihre eigene Person mit dem Staat und ordneten diesen ihren egoistischen Wünschen unter. Im Verlaufe des 18. Jahrhunderts sollte sich dieser Fürstentyp immer mehr überleben, so weit verbreitet er nicht nur in Deutschland, sondern in ganz Europa blieb – auch das Frankreich Ludwigs XV. vermochte sich nicht über ihn zu erheben, es sogar am allerwenigsten. Er wurde überwunden in Preußen, durch Friedrich d. Gr.

Als ein eigenartiger, ganz später Nachzügler unter den Bewunderern und Nachahmern des Sonnenkönigs erscheint noch in der zweiten Hälfte des 19. Jahrhunderts der romantische Bayernkönig *Ludwig II.* (1864–1886). Sein Schloß Herrenchiemsee ist, wie bekannt, noch einmal eine bewußte Nachahmung von Versailles.

Überall sieht man dort Ludwig XIV. in Bildern, wie auch seine Mätressen. Selbst das Sonnensymbol fehlt nicht; man findet es z.B. am Kopfende des Bettes im königlichen Schlafzimmer. Ja, noch Ludwig XV. und seine Mätressen sind durch Bilder vertreten. Seltsame Sympathie des Wahnbetörten für die absoluten Herrscher der Bourbonen! Sollte sich der so stark dem Spirituellen zuneigende König nicht vielleicht im Hinschauen auf den Sonnenkönig in Wahrheit unbewußt einer *eigenen* Vergangenheit erinnert haben, wie uns der Kult des roi soleil ja selbst schon wie eine Erinnerung an alte Zeiten anmutet?

Die Régence

Der Tod Ludwigs XIV. bedeutete, wie wir schon sagten, eine Revolution, und diese Revolution war etwas wie ein Auftakt zu derjenigen, in deren Zeichen das 18. Jahrhundert enden sollte. Die Regentschaft des Herzogs Philipps II. von Orléans, Ludwigs XIV. Neffen, die wegen der Minderjährigkeit Ludwigs XV. eingerichtet werden mußte, bedeutete den sofortigen Zerfall des schon vor Ludwigs XIV. Tode nur als Fassade erhalten gebliebenen Systems des grand roi. Selten hat die Geschichte einen so radikalen Umschwung erlebt wie den, der mit Ludwigs XIV. Tod und der Régence eintrat. Es war, wie wenn ein lange Zeit künstlich zurückgestauter Strom die Dämme durchbräche und sich mit Urgewalt überallhin ergösse, alles mit sich reißend. Wie mit einem Schlage waren die Mächte des 18. Jahrhunderts an die Oberfläche aufgestiegen.

Das Pendel schwang nun mit Macht herüber vom Pole der Schwere, des Zwanghaften, Lastenden, Gravitätischen, Steifen, wie es das Zeitalter Ludwigs XIV. gekennzeichnet hatte, zu dem des Leichten, Aufgelösten, Entfesselten, Heiteren, Frivolen, anders ausgedrückt also vom ahrimanischen Pol wieder einmal zum luziferischen. Das gilt nicht in einem allertiefsten Sinne, aber für ganze große Tatsachenschichten gilt es doch.

In der Kunst- und Stilentwicklung ist es der Übergang vom

Barock bzw. auch vom ludovizianischen Klassizismus zu dem Stil, den man ja geradezu den «Régencestil» nennt und mit dem das Rokoko beginnt.

In den Sitten und dem gesellschaftlichen Leben ist es der Übergang von der äußerlichen Dezenz und steifen Konventionalität zum Taumel der unverhüllten Sittenlosigkeit und Liederlichkeit größten Stils.

Im gedanklich-weltanschauungsmäßigen und religiösen Element ist es der Übergang von der äußeren Kirchlichkeit und starren Intoleranz, wie sie Ludwig XIV. kultiviert hatte, zu der beginnenden französischen Aufklärung, deren Hauptkraft der glänzende Intellekt war, der sich geistreich in Kritik betätigte, antikirchlich, auflösend. Skepsis und Spötterei über die überkommenen (und überlebten) kirchlich-religiösen Traditionen und Einrichtungen gehörten fortan zum guten Ton gerade der herrschenden Gesellschaftsschicht. Hier war das ureigentliche Feld der nun beginnenden, zunächst geistigen Revolution des 18. Jahrhunderts.

Wir können die Entwicklung im Gesellschaftlichen, in den Sitten und die im Gedanklich-Weltanschauungsmäßigen charakteristischerweise auf einen gemeinsamen Nenner bringen: Es war der Übergang von der *Heuchelei* zur *Frivolität* und zum *Zynismus*. Dieses Begriffspaar gilt bezeichnenderweise gleichermaßen für die Sphäre des Intellekts wie für die der Sexualität (die beide ja selbst im Sinne einer in der menschlichen Natur begründeten Polarität im genauesten Zusammenhang miteinander stehen).

Es waren Freiheitsimpulse, die im 18. Jahrhundert mit Macht heraufdrängten, oder vielleicht besser gesagt: *Befreiungsimpulse*, Befreiungsimpulse, aufs stärkste durchsetzt mit und getragen von luziferischen Antrieben, Freiheit des Intellekts, Freiheit der Persönlichkeit, Freiheit zugleich im Sinne von Zügellosigkeit und Wurzellosigkeit. Wurzellosigkeit des abstrakten Denkens war es z.B., die dem Finanzsystem und den Gründungen des Schotten John Law in Frankreich zugrunde lag, durch welche die Regentschaft berüchtigt geworden ist, dem Spekulationsfieber des Publikums. Das Ganze endete bekanntlich mit einem riesigen Finanzkrach, zum Schaden von ungezählten Tausenden. Auch hier bezeichnet das Wort «Spekulation» in seinem neueren Doppelsinn recht charakteristisch wieder zugleich die intellektuelle und die geschäftlich-finanzielle Seite desselben Wesenszuges.

Während der Regentschaft setzt in entscheidender Weise das ein, was Rudolf Steiner etwa so aussprach, daß er sagte: Im Schoße des Nationalstaates (den Ludwig XIV. ausgestaltet hatte) entwickeln sich die Keime zur Revolution, zur weiteren Evolution der Persönlichkeit.[393] Und: «In dem Schoße desjenigen, was sich da» (durch die Entfaltung der königlichen Macht und des großen königlichen Glanzes in Frankreich unter Ludwig XIV.) «herausbildet, was fortpflanzt den alten nationalen Impuls, gerade im eminentesten Sinne, erwächst etwas, was weit über das Nationale ... hinausgeht, was gewissermaßen das Nationale sprengt.» (Das 18. Jahrhundert ist ja zugleich das Jahrhundert des Individualismus und des – mit ihm zusammengehörigen – Kosmopolitismus.) «Es erwächst dasjenige, was sich später auslebt in der Französischen Revolution: die Persönlichkeit, die rein auf sich gestellte Persönlichkeit will sich heraus emanzipieren.»[394]

All diese Impulse des 18. Jahrhunderts gediehen zunächst, nämlich bis zur Französischen Revolution hin, in einer Atmosphäre der gesellschaftlichen Dekadenz, ja, wenn man so will, der Fäulnis, einer «produktiven Fäulnis» aber, könnte man vielleicht mit einiger Paradoxie sagen. Es war die zu höchster und letzter Blüte gebrachte aristokratische Kultur des ancien régime mit ihrer äußersten Verfeinerung, ihrem luziferischen Hauch, ihrer äußeren Leichtigkeit und Freiheit, welche die Voraussetzungen für diese Entwicklung abgaben, gerade in der Künstlichkeit, Naturentfremdetheit und Wurzellosigkeit dieser Kultur. In der Sphäre dieser Oberschicht, der das Leben zur «fête galante» wurde, gedieh der Keim, der dann in einen ganz anderen Boden gesenkt wurde in der Französischen Revolution, der dort von viel elementareren, jüngeren Kräften ergriffen wurde. Da gab es dann das todesernste Ende. Die fête galante war aus, das ancien régime mit seiner «douceur de vivre» zu Ende.

Dieses Milieu des ancien régime war auch das Milieu, in dem eine Persönlichkeit wie *Voltaire* gedeihen konnte, Voltaire, in dem, wie wir hörten, Rudolf Steiner einen zweiten Höhepunkt (nächst Molière) des französischen Wesens aufzeigte. «Voltaire lebt ganz in einer abgeleiteten Schicht, in einer Bildungssphäre, wo alles entwurzelt ist», «innerhalb einer Kultursphäre, die eine absterbende ist», sagt Rudolf Steiner.[395] «Das ist seine Tragik. Solche Kultursphären haben aber auch die Möglichkeit in bezug auf gewisse Strömungen, Reife zu entwickeln. Und jene Reife hat Voltaire entwickelt. Sie drückt sich in seinem eindringlichen, selbst im Witz sich nicht verwirrenden gescheiten Urteil aus, drückt sich in einer gesunden, selbst in der Frivolität noch gesunden Art aus, auf die Welt zu wirken und sich mit der Welt in ein Verhältnis zu setzen.» Das 18. Jahrhundert mußte, wie Rudolf Steiner auch ausführt, alles das ins rechte Licht setzen, was dem Hervordringen der Bewußtseinsseele hemmend gegenüberstand, es mußte gerade in der absteigenden Kulturströmung eine gewisse Größe zeigen. Das alles kommt bei Voltaire zum Ausdruck, der ein Träger eminentester Freiheitsimpulse war, denen er sein ganzes Leben hindurch mit seinen glänzenden Eigenschaften, mit allen seinen Fehlern gedient hat. Er war, wie Rudolf Steiner es ausdrückt, ein großer Einreißer, ein großer Auflöser, der viel hinweggeräumt hat. Aber – so sehen wir – was er hinwegräumte, war das Überlebte, mehr oder weniger zur Unwahrheit und zum entwicklungshemmenden Zwang Gewordene der Vergangenheit.[396]

Es ist bezeichnend, daß Voltaires Anfänge gerade in die Zeit der Regentschaft fallen, nachdem er seine ersten Anregungen in den vornehmen geistreichen und frivolen Kreisen empfangen hatte, die sich in Paris bereits in den letzten Lebenszeiten Ludwigs XIV. gebildet hatten.

Als ein Träger von Bewußtseinsseelenimpulsen, die in so einzigartiger Weise in Voltaire lebten, erscheint auch, um aus unsäglich vielen Erscheinungen des 18. Jahrhunderts eine herauszugreifen, da wir hier von der Régence sprechen, die Familie *Orléans*, die von

Ludwigs XIV. Bruder Philipp abstammende Nebenlinie des königlichen Hauses. Freilich treten diese Bewußtseinsseelenimpulse bei ihr in einem wenig erfreulichen Sinne auf und ganz und gar durchdrungen von zum Teil schlimmster Dekadenz. Ein bürgerlicherer, «demokratischerer» Zug eignet den Orléans. Man hat charakteristisch gesagt, daß die Opposition gegen die bourbonische Hauptlinie, gegen den französischen Hof bei den Orléans gleichsam erblich geworden sei.

Zwar noch gar nicht gilt dies von dem Begründer dieser Familie Orléans, Ludwigs XIV. Bruder, «Monsieur», den er 1660 zum Herzog von Orléans machte und der in zweiter Ehe mit Elisabeth Charlotte von der Pfalz, der berühmten Liselotte, verheiratet war. Dieser *Philipp I.* von Orléans war *nur* dekadent, unbedeutend und sittenlos, seinem großen königlichen Bruder gegenüber aber von vollendeter Loyalität.

Gründlich anders wurde es indessen bei seinem Sohne von der Liselotte, Herzog *Philipp II.* von Orléans, eben dem Regenten, der als solcher geradezu ein Exponent jener nachludovizianischen Epoche geworden ist.[397] Außer dem nämlich, daß dieser ein im höchsten Maße ausschweifendes und liederliches Leben führte, war er ein Freigeist im Sinne des heraufziehenden Jahrhunderts, lebhaft naturwissenschaftlich interessiert, irreligiös und frivol, bewußt für Toleranz eintretend – auch einer der Zukunftsimpulse des 18. Jahrhunderts. Als Regent betätigte er sich als ein Gegner der Jesuiten. In starker Opposition hatte er zu Ludwig XIV. gestanden, dessen trockenes Zwangssystem, das öde Zeremoniell und dergleichen ihm lächerlich und zuwider waren. Bei Philipp II. tritt jener bürgerliche Zug der Orléans schon deutlich zutage. Nur im Gegensatz zu dem testamentarisch festgelegten Willen des zu Lebzeiten so allmächtigen Ludwigs XIV. war er, auf das von Ludwig XIV. vollkommen ausgeschaltete Parlament (den höchsten Gerichtshof) sich stützend, zur Regentschaft gelangt. Wie alle Aufklärer und Freidenker stand er stark unter englischen Einflüssen.* England war ja, wie wir sahen,

* Auch in der Mode ahmte man damals England nach. Ein französischer Historiker spricht geradezu von Anglomanie während der Régence.

der eigentliche Sieger über Ludwig XIV. geworden, geistig und politisch. Wie ein äußerer Ausdruck für den grundlegenden Wandel der Zeit mag es daher erscheinen, daß der Regent auch politisch ein Bündnis mit England, dem bisherigen Hauptfeind, (und Holland) schloß.

Des Regenten Urenkel *Ludwig Philipp Joseph* von Orléans hat in der Geschichte eine traurige Berühmtheit erlangt durch die Rolle, die er in der Französischen Revolution spielte. Auch er war ein völlig sittenloser Mensch, auch er stand stark unter englischem Einfluß. Sein Palais royal, der Orléans-Palast in Paris, war ein Haupt-, Mittel- und Sammelpunkt der revolutionären Elemente. Er stand als Großmeister in den freimaurerischen Zusammenhängen, die für die Französische Revolution von so grundlegender Bedeutung gewesen sind. Den ungeheuren Reichtum des Hauses Orléans, der zum großen Teil auf Schenkungen zurückging, mit denen Ludwig XIV. einst seinen Bruder überhäuft hatte – um ihn zufriedenzustellen, aus Furcht, sein Bruder könne ihm politisch gefährlich werden[398] –, verwandte er, um die Revolution zu finanzieren. Als *Philippe-Egalité** stimmte er für das Todesurteil gegen seinen königlichen Verwandten Ludwig XVI. und gab so (bei der sonst vorhandenen Stimmengleichheit für und gegen) den Ausschlag für den Tod des Königs.

Philippe-Égalités Sohn war *Louis-Philippe* von Orléans, der gleich seinem Vater sich in der Französischen Revolution auf die Seite der Revolution gestellt hatte. Durch eine weitere Revolution, die sogenannte Julirevolution, wurde er nach der Abdankung Karls X., des

* Karmisch eigenartig ist für die Betonung des Gleichheitsprinzips durch Philipp das Folgende, worauf man vielleicht immerhin aufmerksam werden kann. Philippe-Egalités Urgroßvater, der Regent, war durch Ludwig XIV. entgegen allen Standesanschauungen zur Ehe mit einer illegitimen Tochter Ludwigs von der Montespan gezwungen worden, eine Mésalliance, welche die Entrüstung z.B. von Philipps Mutter Liselotte hervorrief. Man kann diese Tatsache schicksalsmäßig wie einen von Ludwig XIV. selbst gelegten Keim zur Sprengung der alten Standesunterschiede, wie einen Schritt zur «Gleichheit» empfinden, welcher gleichsam seine Früchte bei Philipps II. Urenkel trug, der in mancher Beziehung als die radikalisierte und ins Schlimme gewendete Fortsetzung dessen erscheint, was gerade in seinem Urgroßvater lebte.

letzten regierenden Bourbonen in Frankreich, des Bruders Ludwigs XVI., im Jahre 1830 König der Franzosen (bis 1848). Sein Königtum hatte einen demokratischen Ursprung. Als *Bürgerkönig* lebt er in der Geschichte fort.

Aber kehren wir noch einmal kurz zur Regentschaft zurück. Auch im Politisch-Sozialen, auf dem Gebiete der Staatsverwaltung, wurde ein Versuch gemacht, das System Ludwigs XIV. durch etwas anderes zu ersetzen. An Stelle der von bürgerlichen Ministern staatszentralistisch im Sinne des absoluten Königs verwalteten Ministerien richtete man sogenannte «Conseils» (Räte, Ausschüsse)[399] ein, die zunächst mit Jubel begrüßt wurden, weil sie der Tyrannei der Minister ein Ende zu bereiten schienen.[400] Unter einem allgemeinen Conseil (Conseil der Regentschaft) wurden sieben Sonder-Conseils eingesetzt: für geistliche Angelegenheiten, für auswärtige Angelegenheiten, für Krieg, Finanzen, Marine, innere Angelegenheiten und Handel. Diese Conseils waren in den Händen des *Hochadels.* Es war also der Sache nach ein Versuch, dem durch Ludwig XIV. entmachteten hohen Adel die Macht wieder in die Hände zu legen. Die Historiker sprechen daher von einer *Adelsreaktion.*

Man hat also versucht, das System Ludwigs XIV. zu revidieren, aber nicht im Sinne von Zukunftsgestaltungen – für die wohl auch alle Voraussetzungen damals noch fehlten –, sondern im Sinne der überlebten Vergangenheitsmächte. Der Versuch mißlang, und schon 1718 kehrte man zum System Ludwigs XIV. zurück. Zu sehr stimmte, so können wir sagen, dieses mit den tieferen Tendenzen des mechanistisch-materialistischen Zeitgeistes überein, aus denen es ja auch seinen Ursprung genommen hatte. *Hier blieb Ludwig XIV. Sieger*! Und als am Ende des 18. Jahrhunderts die große Französische Revolution mächtig das soziale Gefüge ergriff und die politisch-sozialen Konsequenzen aus den geistigen Bewegungen des 18. Jahrhunderts, die zuerst während der Regentschaft hervorgebrochen waren, zu ziehen suchte, da fiel zwar das Königtum als solches im äußeren, institutionellen Sinne, aber in einem anderen, tieferen Sinne blieb doch das Staatssystem Ludwigs XIV. unberührt. Der «heimliche Monarch» *blieb wieder Sieger.* Ja, erst jetzt wurde sein Staatssystem zur größten Vollendung gebracht. Nun bemächtigten sich dieses Staatssystems freilich Kräfte, die es, während er noch als Mensch den ganzen Staat beherrscht und durchdrungen hatte, gleichsam eine Stufe tiefer ins Unterpersönliche herabzogen, aber eben dadurch ihm eine noch viel größere Kraft gaben.

Schluß

Im Jahre 1699 erschien ein Buch «Die Abenteuer des Telemach» von *Fénelon,* dem Erzbischof von Cambrai und früheren Erzieher der Enkel Ludwigs XIV. In diesem Buch wird das Ideal eines Fürsten hingestellt, der das Wohl seiner Untertanen zu seinem höchsten Ziel erhebt, der in Einfachheit und Schlichtheit lebt und der auch sein Volk zu Sittlichkeit, Genügsamkeit und Selbstlosigkeit zu erziehen weiß. Da wird das Idealbild eines Staates entworfen, wo «das Gesetz will, daß einer unter vielen durch seine Weisheit und Mäßigung das Werkzeug der Glückseligkeit eines ganzen Volkes werde, und nicht, daß ein ganzes Volk in niedrige Knechtschaft und ins Elend versinke, um dem Stolz und der Sinnlichkeit eines einzigen zu fröhnen». «Die Götter haben ihn nicht zum König gesetzt, damit er nur sich diene; sie wollen, daß er für sein Volk lebe, daß er diesem seine ganze Zeit, all seine Arbeit, sein ganzes Leben widme.» Ein Besuch Telemachs in der Unterwelt gibt Gelegenheit, die Qualen auszumalen, die böse Könige dort zu erleiden haben; sie müssen z.B in einem Spiegel «die ganze Scheußlichkeit ihrer Laster» erblicken: ihre Eitelkeit, ihre Härte, ihre Scheu vor der Wahrheit, «ihre ausschweifende Prachtliebe, wodurch sie ihre Völker zugrunde gerichtet, ihren Ehrgeiz, der sie trieb, mit dem Blut ihrer Untertanen ein wenig nichtigen Ruhm zu erkaufen, und endlich die Grausamkeit, womit sie, taub gegen die Tränen und die Verzweiflung der Unglücklichen um sie her, stets nach neuen Ergetzlichkeiten jagten.»[401]

Ludwig XIV. war begreiflicherweise über dieses Buch empört; er verbot es, was aber nicht hinderte, daß es nach seinem und Fénelons Tode (beide starben 1715) ungezählte Auflagen erlebte und die allgemeine Stimmung gegen das Königtum im Stile Ludwigs XIV. noch erheblich verschärfte. Mit dem positiven Ideal, das Fénelons «Telemach» aufgestellt hatte, und mit den Gesinnungen, die in ihm lebten, hat Fénelon nach dem Worte eines Historikers das 18. Jahrhundert eingeläutet.

Fénelons Zögling, der Herzog von Burgund, Ludwigs XIV. Enkel und präsumtiver Thronfolger, war den Gedanken seines Lehrers geneigt; von ihm hätte man erhoffen können, daß er bestrebt sein würde, im Sinne des «Telemach» sein Königsamt zu verwalten. Aber er starb (1712) vor Ludwig XIV. Im Frankreich Ludwigs XV. wurde Fénelons Ruf nicht vernommen und nicht befolgt. Das Königtum ging den Weg weiter, der dann schließlich in die große Revolution einmündete.

Auf einem *anderen* europäischen Boden wurde ein gutes Stück der Gesinnungen, die Fénelon vorschwebten, Wirklichkeit – Gesinnungen der staatlichen Pflichterfüllung, der Versachlichung. Was aber wird sich ergeben, so dürfen wir fragen, wenn sich menschlich-persönliche Dienstgesinnung und Gewissenhaftigkeit in den Dienst des mechanistischen neueren Staates stellt und sich mit ihm verbindet? Die Antwort darauf kann uns eine Betrachtung der staatlich-sozialen Entwicklung in *Preußen* und der Gestalt *Friedrichs des Großen* geben.

Anmerkungen

Die Zitate aus den Werken Rudolf Steiners wurden, soweit möglich, nach den Bänden der Rudolf-Steiner-Gesamtausgabe (GA) nachgewiesen. (Verzeichnis der hier zitierten Bände s. S. 321 f. Vgl. dazu: Bibliographische Übersicht: Das literarische und künstlerische Werk von Rudolf Steiner. Dornach 1984. Dort auch chronologisches Register der von Rudolf Steiner gehaltenen Vorträge.)

Abkürzungen:

Bd. I bedeutet: *Karl Heyer*, «Studienmaterialien zur Geschichte des Abendlandes. Band I: Von der Atlantis bis Rom», 4. Auflage, Stuttgart 1984.
Bd. II bedeutet: *Karl Heyer*, «Studienmaterialien zur Geschichte des Abendlandes. Band II: Mittelalter», 3. Auflage Stuttgart, Stuttgart 1985.
Bd. III bedeutet: *Karl Heyer*, «Studienmaterialien zur Geschichte des Abendlandes. Band III: Die neuere Zeit», 3. Auflage, Stuttgart 1986.

1 Vortrag vom 18. Oktober 1914 in Dornach, GA 287. In dem dortigen Zusammenhang wird von Molière gesprochen.

2 Das Manuskript, das wir nur mit einigen Kürzungen und geringen Änderungen abdrucken, ist in der Zeit vom Frühjahr 1914 an niedergeschrieben worden. Es hatte ursprünglich einen Teil der Ausarbeitung eines Themas bilden sollen, das dem Verfasser von Rudolf Steiner (am 29. September 1912) gegeben worden war und das lautete: «*Die Wandlungen des Fürstenbegriffs*» bzw. «*Die Wandlungen des Fürstenbegriffs in der neueren Zeit*». Diese Arbeit behandelte zunächst einleitend das Mittelalter, besonders Augustinus und Karl d.Gr. (einiges davon ist in den Abschnitt «Augustinus und Karl d.Gr.» in Band II eingegangen), sodann den Machiavellismus und den Fürstenbegriff der Renaissance. Die Einleitung zu diesem Renaissance-Abschnitt findet man nun oben im Text (S. 9 – 27) wiedergegeben. Auf diese Einleitung folgte in dem Manuskript von 1914/15 als der weitaus größte Teil des Renaissance-Abschnittes eine Darstellung, die dann gesondert als unsere Schrift «Der Machiavellismus», Berlin 1918 (in Ferd. Dümmlers Verlagsbuchhandlung) veröffentlicht worden ist (vgl. auch deren Vorwort). In weiteren Abschnitten sollten die «Wandlungen des Fürstenbegriffs» an Ludwig XIV., Friedrich d.Gr. und Joseph II. erläutert werden. – Vgl. auch Bd. III, Anm. 152.

3 Vgl. *Jacob Burckhardt*, «Die Kultur der Renaissance in Italien», 6.Auflage, Leipzig 1898, Bd. 2, S. 47.

4 Vgl. die Ausführungen über diesen Staat in Bd. II, S. 73 – 75 sowie schon in meinem Buch «Menschheitsfragen der Gegenwart», Basel 1927, S. 123 f.

5 *Richard Schmidt*, «Allgemeine Staatslehre«, II. Band, II. Teil, 1. Kapitel (Abteilung II), Leipzig 1903, S. 474.

6 Vgl. Richard Schmidt a. a. 0. S. 476, 477.

7 *Friedrich von Bezold*, «Staat und Gesellschaft der neueren Zeit», Berlin und Leipzig 1908, S. 67. Hervorhebung von mir.

8 *Erich Marcks*, «Männer und Zeiten», I. Band, Leipzig 1912, S. 43, wo allerdings in erster Linie von der *englischen* Renaissance und Shakespeare gesprochen wird.

9 Jacob Burckhardt a. a. 0., Band I, S. 3, Anm. 2.

10 Vgl. dazu meine Schrift «Der Machiavellismus», Berlin 1918, Anhang: «Der Fürst als machiavellistischer Politiker».

11 *Leopold von Ranke*, «Die römischen Päpste in den letzten vier Jahrhunderten», 6. Auflage, Leipzig 1874, 2. Band, S. 174/175.

12 Vgl. Bd. II, S. 37 – 39.

13 *D. Erskine Muir*, «*Machiavelli*. Ein Mann und seine Zeit», deutsche Übersetzung, Stuttgart 1939, S. 263.

14 vgl. mein Buch «Das Wunder von Chartres», Basel 1926, S. 145 f.

14a Vortrag vom 31. August 1923 in Penmaenmawr, GA 227.

15 im Vortrag vom 23. Oktober 1915 in Dornach, im Anschluß an Carlyle. GA 254.

16 Vgl. hierzu auch *Friedrich Meinecke* in «Klassiker der Politik», Band 8: Niccolò Machiavelli, der Fürst. Berlin 1923, S. 8.

17 Der weitere Zusammenhang, in dem Rudolf Steiner diese Ausführungen macht, ist nicht leicht verständlich. Rudolf Steiner sagt auch geradezu, daß die Dinge, um die es sich im weiteren Sinne handelt, von den Hörern innerlich erarbeitet werden sollten.

18 Dante starb am 14. September 1321, Machiavelli wurde am 3. Mai 1469 geboren. Dazwischen liegen also 147 (= 7 x 21) Jahre (und etwa 7 1/2 Monate).

19 Bd. I, S. 132 f.

20 Bd. I, 5. 132.

20a im Vortrag vom 17. Dezember 1916 in Dornach, GA 173, und zwar als eine Darstellung des großen italienischen Dichters *Carducci* (1836 – 1907), der aus gewissen tieferen Quellen schöpfen konnte.

21 Vgl. den Aufsatz «Der Franziskus-Mensch» von *Ernst Trummler* in «Die Christengemeinschaft» III 8 (November 1926), S. 231: «Durch den Vater, Pietro Bernardone, ward dem Knaben Assisi zur Heimat, der appeninische Rand der umbrischen Landschaft, altetruskische Erde.» Von der etruskischen Vergangenheit Assisis zeugt auch die Tatsache, daß man dort «Reste

etruskischer Stadtmauern» findet (laut Großem Brockhaus 1939 und früher). Übrigens war Franziskus' Vater aus *Lucca* im alten Etrurien nach Assisi gekommen.

22 Vgl. u.a. Rudolf Steiners Vortrag vom 29. Mai 1912 in Norrköping («Theosophische Moral», GA 155). Siehe ferner zu diesen ganzen Zusammenhängen meine Bücher «Aus dem Jahrhundert der französischen Revolution», Breslau 1937, S. 34 f., und «Geschichtsimpulse des Rosenkreuzertums», Breslau 1938, S. 20 f.

23 vom 24. August 1924, abends, in London, GA 240.

24 Vgl. hierzu auch mein Buch «Das Wunder von Chartres», Basel 1926, S. 98 ff., 133 ff.

25 in dem erwähnten Vortrag vom 24. August 1924 abends. Vgl. zu diesen ganzen Zusammenhängen außerdem Rudolf Steiners Vorträge vom 30. Januar 1915 in Dornach, GA 161; vom 13. Juli 1924 in Dornach, GA 237; vom 18. Juli 1924 in Arnheim, GA 240. Siehe übrigens auch mein «Das Wunder von Chartres», Basel 1926, S. 144 f. (das Kapitel «Brunetto Latini»).

26 Vortrag vom 29. Mai 1912 in Norrköping («Theosophische Moral», GA 155).

26a Vortrag vom 18.Dezember 1912 in Neuchâtel, GA 130. Vgl. auch die Angaben im Vortrag vom 22. Dezember 1912 in Berlin, GA 141.

27 a. a. 0.

28 Rudolf Steiner im Vortrag vom 10. September 1923 in Dornach. GA 228.

29 a. a. 0. Vgl. auch Bd. I, S. 73, 74.

30 Vortrag vom 14. August 1908 in Stuttgart, GA 105, und vom 12. September 1908 in Leipzig, GA 106.

31 Über Vergil vgl. *Maria Röschl*, «Vergil als Christuskünder» («Die Drei» X, S. 557 – 566, 611 – 622, bes. S. 557 f.).

31a im öffentlichen Vortrag vom 7. November 1917 in Zürich, «Anthroposophie und Geschichtswissenschaft». In: Rudolf Steiner, «Die Ergänzung heutiger Wissenschaften durch Anthroposophie», GA 73.

32 In der Neuausgabe einiger Werke von Lasaulx «Verschüttetes deutsches Schrifttum», Stuttgart 1925, S. 203 ff.

33 a. a. O. S. 216 f. Von Lasaulx erwähnt übrigens S. 338, Anm. 32, daß auch *Moses* drei Namen gehabt haben soll.

34 Vgl. hierzu den in Anm. 31 genannten Aufsatz von Maria Röschl.

35 Vortrag vom 6. Mai 1909 in Berlin, GA 57.

36 vom 7. Mai 1923 in Dornach, GA 224.

37 Für das Nähere hierzu vgl. mein Buch «Geschichtsimpulse des Rosenkreuzertums», Breslau 1938, S. 22.

38 Vortrag vom 11. April 1916 in Berlin, GA 167.

39 Francesco Vettori, am 9. April 1513 (s. Heinrich Leo, «Die Briefe des ... Machiavelli», Berlin 1826, S. 38, 39).

40 *F. von Oppeln-Bronikowski* in «Klassiker der Politik», 2. Band, Berlin 1922, S. 24, 27. Hervorhebungen von mir.
41 vgl. Bd. I, S. 154.
42 *Friedrich Schlegel*, Sämtliche Werke, 2. Band, Wien 1822 (Geschichte der alten und neuen Literatur), S. 30.
43 F. von Oppeln-Bronikowski, a. a. 0. S. 24.
44 Vortrag vom 19. April 1917 in Berlin, GA 175.
45 Vortrag vom 17.September 1916 in Dornach, GA 171.
46 in «Die Drei» IV 7 (Oktober 1924), S. 488 f.
47 in einem instruktiven, zusammenfassenden Aufsatz «Machiavelli» (erschienen z.B. im «Stuttgarter Neuen Tagblatt» vom 29. Juni 1935).
48 vgl. hierzu auch Karl Alexander von Müller a. a. 0.
49 Machiavellis Briefe a.a.O., S. 119, Brief vom 10.Dezember 1513.
50 Ähnliches hat auch *Wolfgang Heyer* empfunden und in einem Vortrag über Machiavelli, den er in Heidelberg hielt (im Winter 1913/14 als Student, er ist im Weltkrieg am 4. Oktober 1917 gefallen), ausgesprochen: «Man hat bei Machiavelli, wie ja bei vielen Menschen, das Gefühl, als hätten sein großer Verstand, seine glänzende Beobachtungsgabe, überhaupt seine peripheren Fähigkeiten bei weitem das Übergewicht über seine sonstigen, etwa einer tieferen Sphäre angehörenden Qualitäten.»
51 a. a. O. I. Band, S. 84.
52 in «Klassiker der Politik», Band 8: Niccolò Machiavelli, Der Fürst, Berlin 1923, S. 29. Hervorhebung von mir.
53 «Die Idee der Staatsräson in der neueren Geschichte», 2. Auflage, München und Berlin 1925, S. 243.
54 vgl. Bd. II, S. 126, Bd. III, S. 131 f.
55 Bd. III, S. 134.
56 vgl. hierzu auch Bd. III, S. 136.
57 vgl. meine «Geschichtsimpulse des Rosenkreuzertums», Breslau 1938, S. 20 f.
58 vgl. zu dem Samaelzeitalter Bd. II, S. 114 f.
59 Ohne Nennung des Namens zitiert in der von Hans Floerke besorgten Ausgabe der «Gesammelten Schriften» Niccolò Machiavellis, Band I, München 1925, S. XXV. Hervorhebung von mir.
60 Karl Alexander von Müller a. a. 0. (Hervorhebung von mir.) Ähnlich Friedrich Meinecke, «Klassiker der Politik», Bd. 8 a. a. 0. S. 12.
61 *Eduard Wilhelm Mayer*, «Machiavellis Geschichtsauffassung und sein Begriff virtù», München und Berlin 1912.
62 Karl Alexander von Müller, a. a. 0.
63 vgl. zu alledem Bd. I, S. 22 und Bd. II, S. 175 f.
64 Bd. III, S. 56 f.
65 vgl. Bd. II, S. 191 f.
66 «Machiavelli», Wien und Leipzig 1925, S. 139.

66a vgl. Bd. III, S. 118, 167.
67 in «Die Gesetzgebung des Lykurgos und Solon».
68 Machiavelli, «Gesammelte Schriften», Band I, München 1925, Einleitung, S. X.
69 vgl. für das Chinesentum *Ku Hung-Ming*, «Der Geist des chinesischen Volkes und der Ausweg aus dem Krieg», Jena 1917, besonders S. 25, und zu dem Folgenden meinen Aufsatz «Östliche und westliche Sozialentwicklung», erschienen in «Anthroposophie. Österreichischer Bote von Menschengeist zu Menschengeist» Nr. 4/5 vom 15. Dezember 1922.
70 vgl. bereits Bd. III, S. 110 f.
71 Im gleichen Jahre 1502 war übrigens Lionardo da Vinci im Dienste Cesare Borgias als Kriegsingenieur in der Romagna tätig.
72 an Francesco Vettori vom 31. Januar 1515, Ausgabe der Briefe von Leo, a. a. 0. S. 182.
73 Vortrag vom 16. September 1916 in Dornach, GA 171.
74 vgl. z.B. *Alfred Semerau*, «Die Condottieri», Jena 1909, S. 311 – 388: Cesare Borgia.
75 Semerau a. a. 0. S. 330, 388.
76 Vortrag vom 5. 0ktober 1917 in Dornach, über Kunstgeschichte. GA 292.
77 Vgl. hiermit den Vortrag vom 9. Juli 1918 in Berlin, GA 181. Es werden da die Borgias mit den Begründern des Bolschewismus verglichen, und es wird gesagt, sie seien vor dem historischen Geschehen in bezug auf die Bekämpfung des Geistigen wahre Waisenknaben gegenüber diesen gewesen.
78 Machiavelli, Gesammelte Schriften a. a. O., Band I, S. IX.
79 «Geschichten der romanischen und germanischen Völker», Vorrede.
80 Konkreteres hierüber in Rudolf Steiners Karma-Vortrag vom 12. April 1924 in Dornach, GA 236. – Vgl. im übrigen zu Ranke auch meine Vorträge «Anthroposophische Betrachtungen über die Geschichtswissenschaft und aus der Geschichte» (gehalten 14. bis 16. Oktober 1920 in Dornach) in «Kultur und Erziehung», Stuttgart 1921, insbesondere S. 173.
80a *Albert Sorel*, «Montesquieu», deutsche Übersetzung, Berlin 1896, S. 45.
81 in dem oben erwähnten Vortrag vom 12. April 1924 in Dornach, GA 236.
82 *Friedrich Schlegel*, Sämtliche Werke, 2. Band, Wien 1822 (Geschichte der alten und neuen Literatur).
83 Bd. III, S. 26 f.
84 vgl. z.B. F. von Oppeln-Bronikowski in «Klassiker der Politik», 2. Band, Berlin 1922 (Niccolò Machiavelli, Discorsi), Einleitung, S. 10.
85 Friedrich Meinecke, «Klassiker der Politik»: Machiavelli, Der Fürst, S. 8.
86 In: Vier Mysteriendramen, GA 14.
87 a. a. 0. 1. Band, S. 85.
88 Vgl. zu letzterem meine Schrift «Der Machiavellismus», Berlin 1918, S. 18 – 20. Vgl. auch Bd. I, S. 133 f., wo auf die Wurzeln solcher Menschenverachtung in *römischer* Geistesart hingewiesen wurde.

89 Insel-Verlag, Leipzig.
90 Machiavellis Landsitz.
91 Vgl. übrigens auch in meinem Vortrag vom 16. Oktober 1920 in Dornach (= dem letzten der drei Vorträge «Anthroposophische Betrachtungen über die Geschichtswissenschaft und aus der Geschichte» in «Kultur und Erziehung. Anthroposophische Hochschulkurse», Stuttgart 1921, S. 196 f.) die Ausführungen über die Kernpunkte des Machiavellismus und seine Folgen.
91a 2. Buch, II. Kapitel, 4. Abschnitt (in der Ausgabe Leipzig 1930, S. 213/214).
92 Besonders im Vortrag vom 20. Juli 1924 in Arnheim (GA 240); vgl. auch den Vortrag vom 8. August 1924 in Dornach (GA 237). – Es sei noch erwähnt, daß im Nachwort zu der Ausgabe von «Der Wille zur Macht», Leipzig 1930, der Herausgeber dieses Werk als «das philosophische Hauptwerk» Nietzsches bezeichnet (S. 699).
93 Vortrag vom 28. Mai 1910, GA 120.
94 zitiert nach *Max Kemmerich*, «Machiavelli», Wien und Leipzig 1925, S. 176.
95 «Republik und Monarchie in der italienischen Literatur des 15. Jahrhunderts» (Historische Zeitschrift, 81. Band, München und Leipzig 1898, S. 434), vgl. auch Abdruck dieses Aufsatzes in Friedrich von Bezold, «Aus Mittelalter und Renaissance», München und Berlin 1918, S. 247.
96 «Kaiser Friedrich der Zweite», Berlin 1927, S. 224.
97 *Leopold von Ranke*, «Zur Kritik neuerer Geschichtsschreiber», Leipzig und Berlin 1824, S. 195.
98 Vortrag vom 29. Juni 1919 in Stuttgart, GA 192.
99 Vgl. *Charles Benoist*, «Le Machiavélisme», 1. Teil: «Avant Machiavel», Paris 1907. S. auch meine Schrift «Der Machiavellismus», Berlin 1918, S. 13 f.
100 Über Ludwig XI. vgl. Bd. II, S. 131 – 133.
101 Friedrich von Bezold in dem genannten Aufsatz in der «Historischen Zeitschrift» a. a. 0. S. 449 – 451.
102 Bd. II. Anhang, S. 172 ff.
103 Karl Alexander von Müller a. a. 0.
104 Max Kemmerich a. a. 0. S. 171.
105 *D. Erskine Muir*, «Machiavelli. Ein Mann und seine Zeit», Stuttgart 1939, S. 145.
106 *Friedrich Meinecke* in «Klassiker der Politik», a. a. 0., S. 9.
107 Friedrich Meinecke a. a. 0., S. 13.
108 vgl. bereits Bd. III, S. 125 f.
109 Karl Alexander von Müller a. a. 0.
110 *Alois Dempf*, «Christliche Staatsphilosophie in Spanien», Salzburg 1937, S. 90.
111 vgl. unter vielen anderen z.B. *Friedrich von Oppeln-Bronikowski* in «Klassiker der Politik», 2. Bd. a. a. 0., S. 10/11.

112 Vgl. bereits Bd. II, S. 177.
113 Vgl. hierzu auch das oben S. 62 über das «Kama»-Element Gesagte.
113a S. 76 – 96.
114 Vortrag vom 26. Oktober 1917 in Dornach, GA 177.
115 a. a. 0. S. 244.
116 a. a. 0. S. 150.
117 a. a. 0. S. 263.
118 Vgl. dazu Bd. II., S. 191: Der Staat als «Strom der Leidenschaften».
119 Vgl. Meinecke a. a. 0., S. 162.
120 Vgl. Friedrich von Oppeln-Bronikowski, a.a.O., S. 10/11.
120a Dieser 5. Abschnitt gibt nur wenig verändert ein älteres Manuskript wieder, das einen Teil unserer in Anm. 2 genannten größeren Arbeit «Die Wandlungen des Fürstenbegriffs» bildete – die damals nicht zu Ende geführt wurde –, und zwar den Schluß des Kapitels «Der Machiavellismus und der Fürstenbegriff der Renaissance». Von diesem Kapitel ist der erste Teil oben S. 9–27 wiedergegeben worden, der Hauptteil in meiner Schrift «Der Machiavellismus», Berlin 1918. Der Rest, der nun hier folgt, kann deshalb auch zugleich als Ergänzung dieser Schrift von 1918 gelten.
121 Jacob Burckhardt a. a. 0. 1. Band, S. 23.
122 Vgl. *Otto Hintze,* «Die Hohenzollern und ihr Werk», Berlin 1915, S. 82.
123 *Friedrich von Bezold,* «Staat und Gesellschaft der neueren Zeit», Berlin und Leipzig 1908, S. 31.
124 Von Bezold a. a. 0., S. 38/39. Vgl. auch S. 39/40.
125 über ihn vgl. bereits Bd. II, S. 131 – 133.
126 Vgl. z.B. *Friedrich von Bezold,* «Staat und Gesellschaft der neueren Zeit», Berlin und Leipzig 1908, S. 67, mit Hinweis auf Treitschke.
127 Vgl. dafür z.B. das Kapitel «Berengar von Tours. Ein Abendmahlsstreit im 11. Jahrhundert» in meinem Buch «Das Wunder von Chartres», Basel 1926, S. 65 f.
128 Vortrag vom 18. September 1917 in Berlin, GA 176.
129 Vgl. Bd. III, S. 56 f., vgl. auch oben S. 62 ff.
130 Wir sind hier einem instruktiven Aufsatz von *Hanns Lilje* «Luthers Stellung zum Staat» («Tägliche Rundschau» Nr. 264 vom 9. November 1932) gefolgt.
131 *Ranke,* Weltgeschichte IX 2, 1. – 3. Auflage Leipzig 1888, S. 141/142.
131a zitiert nach *Ernst von Hippel,* «Rechtsgesetz und Naturgesetz», Halle (Saale) 1942, S. 36.
131b a. a. 0. S. 37.
131c «Die Idee der Staatsräson in der neueren Geschichte», 2. Auflage, München und Berlin 1925, S. 108.
132 Nr. IV und V (ausgegeben Ende September 1930), S. 10, 11.
133 *H. Rommen* im Aufsatz über Suarez im Staatslexikon im Auftrag der Görresgesellschaft, 3.Band, 5.Auflage, Freiburg i.Br. 1932, Sp. 209.

134 a. a. O. S. 57.
135 z.B. im Vortrag vom 14. Dezember 1918 in Dornach, GA 186.
136 Vortrag vom 12. Oktober 1919 in Dornach, GA 191.
137 Vgl. zu dieser Entwicklung Näheres in Bd. III, S. 88 f.
138 Vgl. hierzu Karl Eder, a. a. 0., S. 89.
139 Karl Eder, a. a. 0. S. 161. Hervorhebung von mir.
140 Vgl. hierzu z.B. auch den Hinweis in Bd. II, S. 97f. auf die analoge Veranlagung des Deutschritterordens und seine staatsbildende Mission in Preußen, ferner Rudolf Steiners Vortrag vom 10. März 1920 in Stuttgart «Die Völker der Erde im Lichte der Geisteswissenschaft», für GA 335 vorgesehen.
141 Besonders hat dies der bekannte Soziologe *Max Weber* in seiner Religionssoziologie getan.
142 Vgl. zu Wahrheit und Irrtum der Prädestinationslehre z.B. den Aufsatz von *August Pauli* «Prädestination» in «Die Christengemeinschaft» XVII 2 (Mai 1940).
143 vgl. bereits oben S. 52.
144 Vortrag vom 25. August 1913 in München, GA 147.
145 vgl. zu all dem die grundsätzlichen Ausführungen in Bd. Ill, S. 12 f.
146 Vortrag vom 27. Mai 1910 in Hamburg, GA 120.
147 «Die Idee der Staatsräson», a. a. 0. S. 167.
148 am 24. April 1912. Um Mißverständnissen vorzubeugen, möchte ich bemerken, daß in diesem Gespräch von den oben im Text folgenden Gedanken und Betrachtungen mit keinem Worte die Rede war. Es handelte sich um einen ersten Hinweis im Zusammenhang mit einer Aufgabenstellung.
149 am 9. Juni 1918, laut Erinnerungen von *Ludwig Graf Polzer-Hoditz*, Prag 1937, S. 73.
150 vgl. zu alledem meine «Geschichtsimpulse des Rosenkreuzertums», Breslau 1938, bes. S. 7f., 20f., 46/47.
151 Vgl. «Geschichtsimpulse des Rosenkreuzertums» S. 55 – 57, ferner Bd. I, S. 82–103 (hier besonders 102), Bd. III, S. 84 f. und 179. Diese Stellen enthalten notwendige Ergänzungen unserer jetzigen Ausführungen.
152 Es ist dies die Campanella nahestehende Persönlichkeit, von der Rudolf Steiner in seinem Vortrag vom 21. September 1924 in Dornach gesprochen hat. GA 238.
153 vgl. meine «Geschichtsimpulse ...» S. 20, 22.
154 a. a. O. S. 46.
155 vgl. Bd. III, S. 79 – 84 «Campanella».
156 *Luigi Amabile*, «Fra Tommaso Campanella. La sua congiura, i suoi processi e la sua pazzia». Aus diesem Werk sei hier besonders hingewiesen auf Vol. I, Napoli 1882, S. 149 – 151, Vol. III, Napoli 1882, S. 478 – 498 (für das Jahr 1600 s. S. 480).
Vgl. ferner *Dr. J. Kvačala*, «Thomas Campanella. Ein Reformer der ausge-

henden Renaissance», Berlin 1909, s. besonders S. 4, 5, 16 – 23, 29, 32, und *Friedrich Meinecke* in dem Campanella gewidmeten Kapitel seines Werkes «Die Idee der Staatsräson in der neueren Geschichte», S. 116.

157 Ich habe diese in einigen Umrissen in meinen «Geschichtsimpulsen des Rosenkreuzertums» anzudeuten versucht.

158 Vortrag vom 25. Juni 1918 in Berlin, GA 181. Hervorhebung von mir.

159 Vortrag vom 26. April 1924 in Dornach, GA 236. Vgl. auch den Vortrag vom 30. September 1917 in Dornach, GA 177; ferner «Die Drei» VII 4, S. 255.

160 *Erich Marcks* in einer Münchener Universitätsvorlesung vom 26. November 1914.

161 Vortrag vom 17. Oktober 1918 in Zürich, GA 73. – Ähnlich im Vortrag vom 18. Oktober 1918 in Dornach, GA 185.

162 «Männer und Zeiten», I. Band o. J. (1912?), S. 22.

163 Bd. II, S. 81 f. (besonders 65 f.).

164 Bd. II, S. 131 f.

165 vgl. hierzu bereits Bd.II, S. 109f. das Kapitel «Verweltlichung».

166 Vgl. hierzu z.B. *René Fülop-Miller*, «Macht und Geheimnis der Jesuiten», Berlin 1929, S. 40 – 43.

167 Französische Geschichte, 3. Band, Leipzig 1869, S. 54; Hervorhebungen von mir.

168 Vortrag vom 17. Februar 1921 in Stuttgart, GA 338.

169 *Cardinal Duc de Richelieu*, «Maximes d'État ou Testament politique». Uns lag vor die Ausgabe von Paris 1764; darin hier Première partie, S. 4. – Mag Richelieu das «Testament» auch nicht selbst niedergeschrieben haben, es bleibt doch ein wichtigster Ausdruck seines Denkens und seiner Maximen.

170 *Friedrich Meinecke*, «Die Idee der Staatsräson ...» S. 311.

171 *Pasquale Villari*, «Niccolò Machiavelli e i suoi tempi», 3 Bände, 3. ed. Milano 1912/1914, II.Band, S. 427/428.

172 a. a.O., Seconde Partie, Überschrift des 1. Kapitels.

173 a. a. O., Seconde Partie, S. 41/42.

174 a. a. O., Première Partie, S. 239.

175 Friedrich Meinecke, a. a. O. S. 246.

176 *Martin Philippson*, «Das Zeitalter Ludwigs des Vierzehnten», Berlin 1879, S. 8.

177 a. a. 0., Première Partie, Vorwort

178 Vortrag vom 19. September 1924 in Dornach, GA 238.

179 Ludwigs XIV. Mutter Anna von Österreich.

180 2 Bände, Paris 1860, herausgegeben von Charles Dreys.

181 Wir bringen die Zitate teils in eigener Übersetzung, teils in dem oft so charakteristischen Originalwortlaut, wobei wir meist davon absehen, auch diese letzteren Stellen zu übersetzen, um der größeren Reichhaltigkeit halber dafür lieber noch *andere* Stellen auf deutsch zu bringen.

182 Bd. II, S. 14.
183 II 238.
184 II 7.
185 II 444.
186 I 177.
187 I 209.
188 II 288.
189 II 230.
190 II 372.
191 II 304.
192 II 70.
193 II 421/422.
194 I 116.
195 II 238.
196 II 423.
197 Mémoire de Louis XIV, Paris 1806, Ausgabe von Gain-Montagnac, S. 35, 1. Teil «Fragments».
198 I 116.
199 I 120.
200 I 251.
201 II 46.
202 zitiert von *Pierre-Edouard Lémontey*, «Essai sur l'établissement monarchique de Louis XIV», Paris 1818, S. 369.
203 Mémoires I 174
204 I 179.
205 II 117.
206 II 15.
207 II 520. – Das «Mémoire», in dem diese Stelle vorkommt, ist im vollen Wortlaut eigenhändig von Ludwig XIV. niedergeschrieben, wie Voltaire, der es abdruckt, in seinem «Siècle de Louis XIV» (Oeuvres de Voltaire, Band 20, Paris 1830, S. 218) versichert.
208 Französische Geschichte. Sämtliche Werke, 10. Bd., Leipzig 1869, S. 196.
209 II 403/404.
210 a. a. 0. S. 209.
211 *Georg Büchmann*, «Geflügelte Worte», 24. Auflage, Berlin 1910, S. 485 bezeichnet das Wort als *unverbürgt*. *Edouard Fournier*, «L'esprit dans l'histoire» Paris 1857, S. 163 – 165 spricht sich mit Berufung auf Chéruel dahin aus, daß Ludwig XIV. das Wort *nicht* gesprochen habe.
212 a. a. 0. II 70.
213 Martin Philippson a. a. 0. S. 142.
214 a. a. 0., Sämtliche Werke, 10. Band, S. 198.
215 «Essay sur l'histoire ...», 6. Band, 1756, S. 147,160.«Studienmaterialien zur Geschichte des Abendlandes.

216 a. a. 0. S. 43.
217 a. a. 0. S. 160.
218 vgl. Philippson, a. a. 0. S. 324.
219 a. a. 0., sämtliche Werke, 10. Band, S. 199.
220 vgl. auch *Paul Cohen-Portheim*, «Der Geist Frankreichs und Europa», Potsdam 1926, S. 42. Vgl. auch bereits unseren Bd. III, S. 150.
221 vgl. darüber Bd. II, S. 55.
222 vgl. *S. Sugenheim*, «Frankreichs Einfluß auf und Beziehungen zu Deutschland», I. Band, Stuttgart 1845, S. 16.
223 S. Sugenheim a. a. O. bringt diese Stelle in einer französischen Übersetzung, aus der wir sie ins Deutsche übertrugen.
224 Das einzige, was ich fand, waren folgende Sätze in dem Buche von *Karl Bartz* «Der Sonnenkönig. Das Leben Ludwigs XIV.» (Berlin 1936, S. 133,134): «Strahlend sollte der Hof sein, gewaltig und schön die Schlösser, in denen Ludwig wohnen würde. Ein armseliger Wissenschaftler fand dienerisch das neue Symbol des Königs. Dieses Wappen war eine Sonne, und sie gab der Erde das Licht und das Leben ...» Welches dieser Wissenschaftler war und wo und wie er das neue Symbol gefunden hat, vermochte ich leider nicht festzustellen. Der Autor des erwähnten Buches hatte jedoch die Freundlichkeit mir mitzuteilen, daß es sicher sei, daß ein ausreichendes Zitat über das Werden des Sonnensymbols existiert, das ihm jedoch nicht mehr zur Hand war.
225 Es sei außerdem nochmals zur nötigen Ergänzung auf die in der Anm. 150 angegebenen Stellen hingewiesen.
226 Bd. I, S. 82, Bd. III, S. 84.
227 a. a. 0. S. 122.
228 a. a. 0. S. 115.
229 vgl. Bd. I, S. 82 f.
230 vgl. für alles dies das Campanella-Kapitel bei Meinecke a. a. 0.
231 Kvačala a. a. 0. S. 44.
232 Meinecke a. a. 0. S. 144.
233 a. a. 0. S. 139 – 144.
234 Kvačala a. a. O. S. 142.
235 a. a. O. S. 142. Hervorhebung von mir.
236 a. a. 0. S. 126.
237 vgl. «Geschichtsimpulse des Rosenkreuzertums» a. a. O. S. 82/83.
238 a. a. O. S. 127.
239 a. a. O. S. 115.
240 Vortrag vom 21. September 1924 in Dornach, GA 238.
241 vgl. *Luigi Amabile*, «Fra Tommaso Campanella nei castelli di Napoli, in Roma ed in Parigi. Narrazione», Vol. II, Napoli 1887, S. 402, 132 f.
242 abgedruckt mit Erläuterungen eines Schülers Campanellas bei Amabile a. a. O., S. 347 – 355.

243 Meinecke a.a.O. S. 118.

244 *Roman Boos*: 1. in seinem Aufsatz «Historisches Aperçu zum 300. Jahrestag der Veröffentlichung von Harveys Blutkreislauflehre» in «Das Goetheanum» VII 24 vom 10. Juni 1928, 2. dem ergänzenden Aufsatz «Nachtrag zum Harvey-Jubiläum» in «Das Goetheanum» VII 26 vom 24. Juni 1928, 3. in seiner «Korrespondenz der Sozialwissenschaftlichen Vereinigung am Goetheanum», 38. und 39. Lieferung (1932), S. 272 f., 4. in seinem Buch «Die Neugeburt des Deutschen Rechts», München und Berlin 1934, S. 104 f., 123, 138.

245 nach Boos a. a. O., der dafür als Quelle angibt «Klassiker der Medizin», herausgegeben von Karl Sudhoff, Band I.

246 *Boos* in dem in Anm. 244 unter 2. angegebenen Aufsatz.

247 vgl. z.B. Bd. I, S. 60 f.

248 Vortrag vom 18. Juli 1916 in Berlin, GA 169. Vgl. hiermit auch die wichtigste Stelle im Vortrag vom 21. Februar 1918 in Berlin, GA 67.

249 Vgl. meine «Geschichtsimpulse des Rosenkreuzertums», Breslau 1938, S. 20, 21, 22, 46, 47.

250 «Das Goetheanum» VII 24, a. a. O. S. 190; ähnlich Sozialwissenschaftliche Korrespondenz a. a. 0. S. 273/274.

251 Vortragszyklus gehalten vom 24. Dezember 1922 bis 6. Januar 1923 in Dornach, GA 326.

252 siehe Bd. II, S. 126, vgl. auch Bd. III, S. 131 f.

253 *Hippolyte Taine*, «Les origines de la France contemporaine», 1. Band, Paris 1876, S. 107/108.

254 Vortrag vom 6. Januar 1908 in Berlin, GA 102.

255 *La Fare* 259, zitiert nach *Eugène Bonnemère*, «La France sous Louis XIV», Tome premier, Paris 1864, S. 209/210.

256 nach Philippson a. a. O. S. 160.

257 Vgl. *René Fülop-Miller*, «Macht und Geheimnis der Jesuiten», Berlin 1919, S. 447.

258 Philippson a. a. O. S. 144.

259 Bonnemère a. a. 0. Band I, S. 540/541.

260 Fülop-Miller a. a. 0. S. 447.

261 Philippson a. a. 0. S. 158.

262 a. a. 0. I. Band, S. 141.

263 vgl. Cohen-Portheim a. a. 0. S. 41/42.

264 a. a. 0. S. 135/136.

265 vgl. oben S. 149f., ferner Bd. III, S. 100 – 108, 183f., 212f. und meine «Geschichtsimpulse des Rosenkreuzertums», Breslau 1938, S. 54/55.

266 2. Abteilung, 17. Artikel, Ziffer 104 (Reclam-Ausgabe S. 317).

267 vgl. auch Bd. II, S. 192 f.

268 1775, deutsch von *Matthias Claudius*, neue Ausgabe, Band II, Stuttgart 1922, S. 22.

269 Zitate nach Bonnemère a. a. 0., I. Band, S. 360/361 und *Henri Martin,* «La monarchie au XVIIe siècle ...», Paris 1848, S. 75/76.
270 vgl. Bd. II, S. 32.
271 Bd. I, S. 49 und Vortrag Rudolf Steiners vom 14. September 1908 in Leipzig, GA 106.
272 vgl. Bd. II, S. 188f.
273 vgl. z.B. *Sigismund von Gleich,* «Babylonien und Ägypten», Stuttgart 1938, S. 83.
274 vgl. Bd. I, S. 59.
275 *Alfred Weber,* vgl. unseren Bd. I, S. 62.
276 *Alfred Weber,* «Kultursoziologischer Versuch: Das alte Ägypten und Babylonien» (in «Archiv für Sozialwissenschaft und Sozialpolitik», 55. Band, Tübingen 1926, S. 48).
277 vgl. oben S. 149f. im Zusammenhang mit Mazarin und Bd. III, S. 213.
278 Breslau 1938, S. 54 – 56.
279 vgl. hierzu bereits Bd. III, S. 99 ff., wie auch meine früheren Aufsätze: 1. «Vom Reiche des ‹gemischten Königs› in der Geschichte» (in «Das Goetheanum» IX 28), 2. «Weiteres vom Reiche des ‹gemischten Königs› in Geschichte und Gegenwart» (a.a.O. IX 29).
280 «Französische Geschichte», 1. Band, Stuttgart und Tübingen 1852, S. 14.
281 «Französische Geschichte», sämtliche Werke, 10. Band, Leipzig 1869, S. 169.
282 Vortrag vom 19. Oktober 1918 in Dornach, GA 185; ähnlich im Vortrag vom 17. Oktober 1918 in Zürich, GA 73.
283 *Pierre Edouard Lémontey.* «Essai sur l'établissement monarchique de Louis XIV ...», Paris 1818, S. 333. Ähnlich reklamiert den Namen «Ludwig der Administrator» auch *Georges Pagès* in seinem Aufsatz «Ludwig XIV.» in Peter Richard Rohden, «Menschen, die Geschichte machten», II.Band, Wien 1931, S. 340.
284 *Erich Marcks* in einer Universitätsvorlesung über dieses Zeitalter.
285 Cohen-Portheim a. a. O. S. 48.
286 vgl. *Hermann Stegemann,* «Der Kampf um den Rhein», Stuttgart, Berlin, Leipzig 1924, S. 272.
287 «L'ancien régime et la révolution», 2ème édition, Paris 1856, S. 205.
288 zitiert nach Bonnemère a. a. O. III 16.
289 Sämtliche Werke XI, Leipzig 1869, S. 307, 308.
290 Bonnemère a.a.O. I 402, 457f., II 157, 169f.
291 vgl. Philippson a. a. 0. S. 244
292 Bonnemère a. a. O. II 185, 338.
293 Philippson a. a. O. S. 305.
294 *Henri Martin,* «La monarchie au XVIIe siècle», Paris 1848, S.4, 5.
295 Philippson a. a. O. S. 55
296 s. Philippson a. a. O. S. 205.

297 vgl. de Tocqueville a. a. O. S. 179.
298 a. a. O. I S. 3/4.
299 *Pflugk-Harttungs* Weltgeschichte, Neuzeit 1650 – 1815, Berlin 1908, im Abschnitt «Zeitalter Ludwigs XIV.» (S. 150/152) von M. Philippson, dessen Betrachtung in vielem sehr treffend gerade den inneren menschlich-moralischen Aspekt des Phänomens Ludwigs XIV. herausarbeitet.
300 Vortrag vom 18. Oktober 1914 in Dornach, GA 287 und vom 31. Oktober 1914 in Berlin, GA 157.
301 «Die Kunst im Zusammenhang der Kulturentwicklung», 5 Bände, München 1863 – 1874, 4. Band S. 613.
302 Karl Bartz a. a. O. S. 162, 171.
303 a. a. O. Band XI, S. 310.
304 Philippson in seinem Werke von 1879, S. 176/177.
305 Cohen-Portheim a. a. O. S. 44/45.
306 vgl. dazu oben S. 151f.
307 vgl. Bonnemère a. a. O. II S. 474.
308 Vortrag vom 7. Oktober 1911 in Karlsruhe, GA 131.
309 So z.B. *Samuel Sugenheim* in seinem Aufsatz «Der Widerruf des Edikts von Nantes und seine Folgen für Frankreich und Deutschland» (in «Aufsätze und biographische Skizzen zur französischen Geschichte», Berlin 1872) S. 6, 20 f.
310 Vgl. hierzu Bd. II, S. 76 ff., besonders S. 81 f.
311 Vgl. z.B. u. a. Bonnemère II S. 341 f.
312 Bonnemère II S. 360/361.
313 Sugenheim a. a. O. S. 35.
314 Sugenheim a. a. O., S. 52/53.
315 Sugenheim S. 45.
316 Sugenheim S. 50.
317 wie Rudolf Steiner hervorgehoben hat. Vgl. hierzu und sonst auch meine Aufsätze «Der Deutschritterorden und die Ursprünge des späteren Preußens» in «Die Drei» VIII 2, 3, 4 (Mai, Juni, Juli 1928), insbesondere S. 290.
318 Sugenheim S. 47.
319 Sugenheim S. 47.
320 Sugenheim S. 48.
321 Vgl. Karl Bartz a. a. O. S. 334.
322 Erich Marcks in einer Universitätsvorlesung.
323 Sugenheim S. 48/49.
324 Vgl. für diese französisch-preußischen Zusammenhänge übrigens auch Rudolf Steiners Hinweise in seinem Vortrag vom 18. Oktober 1914 in Dornach, GA 287.
325 vgl. Vortrag vom 15. Dezember 1918, GA 186.
326 nach einer Formulierung von Erich Marcks.
327 Vortrag vom 19. Oktober 1918 in Dornach, GA 185.

328 a. a. O. S. 205/206.
329 Friedrich Meinecke a. a. O. S. 303.
330 «Die großen Mächte», Ausgabe von Friedrich Meinecke (Insel-Bücherei Nr. 200, S. 20/21).
331 Mit diesen Worten (außer dem letzten Satz) gibt Friedrich Meinecke («Die Idee der Staatsräson ...», a. a. O. S. 310/311) Gedankengänge des Buches «Nouveaux interets des Princes de l'Europe ...» von 1685 wieder, das den politischen Publizisten *Gatien de Courtilz de Sandras* zum Verfasser hat
332 a. a. O. S. 242.
333 vgl. hiermit Bd. II, S. 151.
334 Französische Geschichte, Sämtliche Werke, 10. Band, a. a. O. S. 328.
335 vgl. z.B. Bonnemère a. a. O. I, S. 516/517.
336 Vortrag vom 13. Juli 1919 in Stuttgart, GA 192.
337 «Die großen Mächte» a. a. O. S. 21/22.
338 Die Materialien zu dieser Zusammenschau der Dinge findet man außer in dem oben Dargelegten 1. in Rudolf Steiners Vortrag vom 23. März 1924 in Dornach (GA 235), wo er in allerunmittelbarster Weise die Inspiration Johann Valentin Andreaes und die Lessings nebeneinanderstellt, 2. in Rudolf Steiners Vortrag vom 21. Dezember 1918 in Dornach (GA 186): «Bis zu Lessing haben die Deutschen sich bemüht, so zu sein wie die Franzosen.» (Hier spielen allerdings noch andere wichtige Gesichtspunkte in die Betrachtung mit hinein.) 3. in Rudolf Steiners Vortrag vom 18.Oktober 1914 in Dornach (GA 287), über Lessings Hamburgische Dramaturgie usw. 4. in meinen Aufsätzen «Lessing» in «Das Goetheanum» V 24 – 29 (Juni/Juli 1926), S. 212 (rosenkreuzerischer Gesichtspunkt), S. 219/220 (Lessing und Voltaire, Lessings Auseinandersetzung mit dem Franzosentum überhaupt; auch: Lessing und Friedrich d.Gr.), 5. in meinen «Geschichtsimpulsen des Rosenkreuzertums», Breslau 1938, S. 98 – 100.
339 vgl. z.B. Bonnemère I 457.
340 *S. Sugenheim*, «Frankreichs Einfluß auf und Beziehungen zu Deutschland», II. Band, Stuttgart 1856, S. 291/292.
341 *Schlosser*, Weltgeschichte, 27. Auflage, Band XIII (1910), S. 341.
342 Anordnung Louvois' an den Baron de Montclar «vom 16. Mai 1688» (muß offenbar heißen: 1689), vgl. Bonnemère a. a. O. II, S. 155.
343 vom 28. November 1916 in Dornach, GA 292.
344 Vortrag vom 15. November 1918 in Dornach, GA 185a.
345 Vortrag vom 13. Dezember 1916 in Dornach, GA 292.
346 vgl. meine «Geschichtsimpulse des Rosenkreuzertums», Breslau 1938, S. 26.
347 im Zusammenhang mit den Säulen des ersten Goetheanum-Baues und deren plastischen Motiven, Vorträge vom 18. und 19. Oktober 1914, gehalten in Dornach, GA 287; vgl. auch GA 157 und z.B. den Vortrag vom 3. Dezember 1914 in München, GA 174.

348 vgl. u. a. Bd. I, S. 98 f., Bd. II, S. 183.
349 Das Wort wird hier in dem Sinne gebraucht, der in Bd. II, S. 172 ff. entwickelt worden ist.
350 vgl. Bd. I, S. 167.
351 vgl. Bd. I, S. 96.
352 Bd. III, S. 48 ff.
353 vgl. hierzu z.B. auch den Vortrag Rudolf Steiners vom 18. Oktober 1914 in Dornach, GA 287.
354 Bd. III, S. 41 f.
355 vgl. z.B. Vortrag vom 17. April 1909, abends, in Düsseldorf, GA 110.
356 Bd. III, S. 135 f.
357 Vorträge vom 29. Mai 1924 in Dornach (GA 236) und vom 24. August 1924, abends, in London (GA 240).
358 Vortrag vom 15. Dezember 1919 in Dornach, GA 194.
359 Vortrag vom 20. Februar 1920 in Dornach, GA 196.
360 Philippson a. a. O. S. 517.
361 Philippson in Pflugk-Harttung a. a. O. S. 216.
362 Philippson in Pflugk-Harttung a. a. O. S. 206.
363 Cohen-Portheim a. a. O. S. 51 – 53.
364 vgl. z.B. Bartz a. a. O. S. 383.
365 vgl. über ihn meine Aufsätze: 1. «Voltaire« in «Die Drei» VI 4 (Juli 1926), 2. «Voltaire und das achtzehnte Jahrhundert» a. a. O. VI 5 (August 1926).
366 vgl. Bd. II, S. 86 ff.
367 Vortrag vom 22. November 1918 in Dornach, GA 185a.
368 «Sprüche in Prosa», Kürschners Deutsche National-Literatur, Goethes Werke 36, 2, S. 376.
369 Äußerung am 4. Dezember 1914 in München gegenüber dem Verfasser, den er für eine geschichtliche Arbeit (vgl. über diese Anm. 2) auf Ludwig XIV. hingewiesen hatte, im Verlaufe eines Gespräches über Ergebnisse dieser Arbeit.
370 z.B. im Vortrag vom 13. September 1914 in München (GA 174a) und in einer Fragenbeantwortung nach dem Vortrag vom 3. Dezember 1914 in München (GA 174a), ferner im Vortrag vom 18. Juli 1915 in Dornach (GA 162).
371 vgl. z.B. Vortrag vom 1. September 1914 in Berlin, GA 157, und den Vortrag vom 13. September 1914 in München, GA 174a.
372 vgl. zu alledem auch das Kapitel «Vom Wesen der Völker und ihren Kulturmissionen» in meinen «Menschheitsfragen der Gegenwart ...», Basel 1927, S. 71 – 95. – Vgl. übrigens auch die Angaben in *Ludwig Kleeberg*, «Wege und Worte», Basel 1928, S. 247.
373 zum Begriff der Besessenheit vgl. z.B. Bd. III, S. 69.
374 Vortrag vom 27. November 1916 in Dornach, GA 172; vgl. Bd. I, S. 199.
375 vgl. Bd. I, S. 46.

376 Vortrag vom 14. September 1908 in Leipzig, GA 106; vgl. Bd. I, S. 46.
377 vgl. Bd. II, S. 112.
378 vgl. oben S. 180f.
379 vgl. oben Fußnote S. 256f.
380 Vortrag vom 18. Juli 1915 in Dornach, GA 162.
381 Im Vortrag vom 20. Dezember 1914 in Dornach, GA 156.
382 Cohen-Portheim a. a. O. S. 42.
383 Vortrag vom 30. November 1918 in Dornach, GA 186; Hervorhebung von mir.
384 Vorträge vom 16. Mai 1910 in Hamburg, GA 120, und vom 9. März 1910 in Berlin, GA 116.
385 S. 118 f., besonders S. 120 ff. Vgl. übrigens auch GA 185a.
386 vgl. z.B. das realistische Werk von *Samuel Sugenheim,* «Frankreichs Einfluß auf und Beziehungen zu Deutschland», 2 Bände, Stuttgart 1845 und 1856.
387 im 3. Bande «Aus dem Jahrhundert des großen Krieges», z.B. 19. Auflage, Leipzig 1894, S. 256 f.
388 a. a. O. S. 249.
389 a. a. O. S. 244/245.
390 *K. A. Meißinger,* «Roman des Abendlandes», Leipzig 1939, S. 197.
391 Carrière a. a. O. Bd. 4, S. 570.
392 vgl. hierzu meine «Geschichtsimpulse des Rosenkreuzertums», Breslau 1938, S. 81 – 83.
393 Vortrag vom 19. Oktober 1918 in Dornach, GA 185.
394 Vortrag vom 17. Oktober 1918 in Zürich, GA 73.
395 in seinem öffentlichen Vortrag vom 26. Februar 1914 in Berlin (GA 63) über «Voltaire vom Gesichtspunkte der Geisteswissenschaft».
396 vgl. im übrigen über Voltaire meine in Anm. 365 genannten Aufsätze.
397 vgl. *Funck-Brentano,* «La Régence 1715 – 23», 1909.
398 Vgl. *Jules Michelet,* «Geschichte der Französischen Revolution», Band 5/6, 23. Kapitel. (Hier ist außerdem von dem Anteil die Rede, den schon Ludwig XIII. an dem Zustandekommen des Orléans-Vermögens hatte.)
399 vgl. Funck-Brentano a. a. O. S. 23, 24, 33.
400 W. Oncken und E. Heyck in Pflugk-Harttungs Weltgeschichte, Band Neuzeit 1650 – 1815, Berlin 1908, S. 251.
401 vgl. die Übersetzung Wien 1815, S. 71, 72, 81, 302/303.

Verzeichnis der zitierten Werke Rudolf Steiners

Alle Bände sind in der Gesamtausgabe im Rudolf Steiner Verlag, Dornach, erschienen.

GA 14: Vier Mysteriendramen. 4. Auflage 1981

GA 57: Wo und wie findet man den Geist? 2. Auflage 1984

GA 63: Geisteswissenschaft als Lebensgut. 2. Auflage 1986

GA 67: Das Ewige in der Menschenseele. 2. Auflage in Vorbereitung

GA 73: Die Ergänzung heutiger Wissenschaften durch Anthroposophie. 2. Auflage 1987

GA 102: Das Hereinwirken geistiger Wesenheiten in den Menschen. 3. Auflage 1984

GA 105: Welt, Erde und Mensch. 5. Auflage 1983

GA 106: Ägyptische Mythen und Mysterien. 4. Auflage 1978

GA 110: Geistige Hierarchien und ihre Widerspiegelung in der physischen Welt. 7. Auflage in Vorbereitung

GA 116: Der Christus-Impuls und die Entwickelung des Ich-Bewußtseins. 4. Auflage 1982

GA 120: Die Offenbarungen des Karma. 6. Auflage 1975

GA 130: Das esoterische Christentum und die geistige Führung der Menschheit. 3. Auflage 1987

GA 131: Von Jesus zu Christus. 7. Auflage 1988

GA 141: Das Leben zwischen dem Tode und der neuen Geburt im Verhältnis zu den kosmischen Tatsachen. 4. Auflage 1983

GA 147: Die Geheimnisse der Schwelle. 5. Auflage 1982

GA 155: Christus und die menschliche Seele. 2. Auflage 1982

GA 156: Okkultes Lesen und okkultes Hören. 2. Auflage 1987

GA 157: Menschenschicksale und Völkerschicksale. 3. Auflage 1981

GA 161: Wege der geistigen Erkenntnis und der Erneuerung künstlerischer Weltanschauung. 1. Auflage 1980

GA 162: Kunst- und Lebensfragen im Lichte der Geisteswissenschaft. 1. Auflage 1985

GA 167: Gegenwärtiges und Vergangenes im Menschengeiste. 2. Auflage 1962

GA 169: Weltwesen und Ichheit. 2. Auflage 1963

GA 171: Innere Entwicklungsimpulse der Menschheit. 2. Auflage 1984

GA 172: Das Karma des Berufes des Menschen in Anknüpfung an Goethes Leben. 4. Auflage 1980
GA 173: Zeitgeschichtliche Betrachtungen. Erster Teil. 2. Auflage 1978
GA 174: Zeitgeschichtliche Betrachtungen. Zweiter Teil. 2. Auflage 1983
GA 174 a: Mitteleuropa zwischen Ost und West. 2. Auflage 1982
GA 176: Menschliche und menschheitliche Entwicklungswahrheiten. 2. Auflage 1982
GA 177: Die spirituellen Hintergründe der äußeren Welt. 4. Auflage 1986
GA 181: Erdensterben und Weltenleben. Interimsausgabe 1986
GA 185: Geschichtliche Symptomatologie. 3. Auflage 1982
GA 185 a: Entwicklungsgeschichtliche Unterlagen zur Bildung eines sozialen Urteils. 2. Auflage 1963
GA 186: Die soziale Grundforderung unserer Zeit. 3. Auflage in Vorbereitung
GA 192: Geisteswissenschaftliche Behandlung sozialer und pädagogischer Fragen. 2. Auflage in Vorbereitung
GA 194: Die Sendung Michaels. 3. Auflage 1983
GA 196: Geistige und soziale Wandlungen in der Menschheitsentwicklung. 2. Auflage in Vorbereitung
GA 224: Die menschliche Seele in ihrem Zusammenhang mit göttlich-geistigen Individualitäten. 2. Auflage 1983
GA 227: Initiations-Erkenntnis. 4. Auflage 1982
GA 228: Initiationswissenschaft und Sternenerkenntnis. 2. Auflage 1985
GA 235: Esoterische Betrachtungen karmischer Zusammenhänge. Erster Band. 7. Auflage 1984
GA 236: Esoterische Betrachtungen karmischer Zusammenhänge. Zweiter Band. 6. Auflage 1988
GA 237: Esoterische Betrachtungen karmischer Zusammenhänge. Dritter Band. 7. Auflage 1982
GA 238: Esoterische Betrachtungen karmischer Zusammenhänge. Vierter Band. 5. Auflage 1981
GA 240: Esoterische Betrachtungen karmischer Zusammenhänge. Sechster Band. 4. Auflage 1986
GA 254: Die okkulte Bewegung im neunzehnten Jahrhundert und ihre Beziehung zur Weltkultur. 4. Auflage 1986
GA 287: Der Dornacher Bau als Wahrzeichen geschichtlichen Werdens und künstlerischer Umwandlungsimpulse. 1. Auflage 1985
GA 292: Kunstgeschichte als Abbild innerer geistiger Impulse. 2. Auflage 1981
GA 326: Der Entstehungsmoment der Naturwissenschaft in der Weltgeschichte und ihre seitherige Entwickelung. 3. Auflage 1977
GA 338: Wie wirkt man für den Impuls der Dreigliederung des sozialen Organismus? 4. Auflage 1986

Namenregister